丝绸之路考古

第6辑

罗 丰 主编

中国考古学会丝绸之路考古专业委员会
西北大学文化遗产学院 编
宁夏文物考古研究所

科学出版社
北京

图书在版编目(CIP)数据

丝绸之路考古. 第6辑/罗丰主编;中国考古学会丝绸之路考古专业委员会等编. —北京:科学出版社,2022.12

ISBN 978-7-03-073826-4

Ⅰ. ①丝… Ⅱ. ①罗… ②中… Ⅲ. ①丝绸之路-考古-文集 Ⅳ. K928.6-53

中国版本图书馆 CIP 数据核字(2022)第 221170 号

责任编辑:孙 莉 蔡鸿博 / 责任校对:何艳萍
责任印制:肖 兴 / 封面设计:张 放

科 学 出 版 社 出版
北京东黄城根北街16号
邮政编码:100717
http://www.sciencep.com

中国科学院印刷厂 印刷
科学出版社发行 各地新华书店经销

*

2022 年 12 月第 一 版 开本:889×1194 1/16
2022 年 12 月第一次印刷 印张:16
字数:460 000
定价:168.00 元
(如有印装质量问题,我社负责调换)

编 委 会

目　录

本辑特稿

论文与译著

书评与综述

夏鼐师承记

李　零

中国考古学家，论学养深厚、见多识广，无出夏鼐其右。他读书多、交游广，到过世界各国，看遗址，看博物馆，看东西，比谁都多。他有各种各样的老师，中国的，外国的，有些登堂入室，亲炙师教，有些私淑其学，从未谋面。他这一生，直接间接，受谁影响大？请看《夏鼐日记》[1]。

【案】

《夏鼐日记》，现在只有上海华东师范大学出版社 2011 年版。此书由夏鼐子女和王世民誊录，然后由王世民汇总通读定稿，史料价值极高，上篇已多次引用。

读 2011 年版，遗憾的是，书中外文从手写原文转录，拼写多误（如 1977 年夏鼐访问伊朗部分），卷十索引漏掉不少人名。我通读全书，将陆续发现的问题随时寄给王世民先生，希望以后能出修订本。

（一）夏鼐的旧学底子和外语能力

夏鼐读书，有从头至尾不中断之习惯，见《夏鼐日记》1947 年 3 月 11 日（卷四，109 页）。

他旧学底子好，博闻强记，对古书很熟，经史子集、金石学，什么都读。他曾编校《叶水心年谱》（稿寄同乡张一纯）和《真腊风土记》，对如何整理《大唐西域记》有很好的建议。

他的外语底子是英语。日语、法语是在清华学的，德语是在英国学的，俄语主要是解放后恶补的。

夏鼐说，他曾三次学俄语，第一次是 1935 年在英国，只上过两星期的夜班；第二次是 1949 年在浙大；第三次是 1953 年在考古所[2]。

夏鼐读中国书多，但很少之乎者也，老气横秋；读外国书多，深藏不露，从不喜欢卖弄外国理论和外国名词。更何况，解放后的新中国也不兴这一套。

【案】

20 世纪 50 年代和 60 年代是个举国学俄语的时代，中学时代，我学过六年俄语。1959 年古巴革命后，国家培养了一批学西班牙语的人材，我大姐就是学西班牙语。举国学英语是"文革"后、

"改开"以来的事了。

（二）蒋廷黻：夏鼐在清华大学的本科老师

蒋廷黻（1895~1965年）是夏鼐在清华大学的老师，为他打下现代史学的底子，让他学会用现代眼光看过去。

世人知有夏鼐者，都是因为他对考古学有大贡献，然而夏鼐的兴趣最初却不在考古。当年，在燕京、清华读书，他更喜欢社会科学和近现代史。他有他的现实关怀，并非象牙塔中的冬烘先生。

1930年，他在燕京大学社会学系，与瞿同祖同学。假如沿这条道走，他有可能成为另一个瞿同祖。

1931年，他转学清华大学历史学系，与吴晗同学。假如沿这条道走，他有可能成为另一个吴晗。

1931~1932年，夏鼐读过不少马克思主义原著和介绍苏联革命的书，如马克思的《哲学之贫困》（即《哲学的贫困》）、《共产党宣言》和《资本论》，恩格斯的《家庭、私有财产和国家之起源》（即《家庭、私有制和国家的起源》）、《费尔巴哈论》（即《路德维希·费尔巴哈和德国古典哲学的终结》）和《反杜林论》，列宁的《唯物论与经验批判论》（即《唯物主义和经验批判主义》）、《帝国主义》（即《帝国主义是资本主义的最高阶段》）和《国家与革命》，斯大林的《列宁主义》（即《列宁主义问题》），以及曹谷冰的《苏俄视察记》和胡愈之的《莫斯科印象记》等。

1934年6月22日，夏鼐从清华大学历史学系毕业，毕业论文是《太平天国前后长江各省之田赋问题》，导师是蒋廷黻。

蒋廷黻学问很好，但弃学从政。1935年12月任国民党行政院政务处长，从此离开清华大学。1936年1月16日，夏鼐在英国听说此事，曾说："我对于做官虽没有什么热心，但亦不反对人家去做官，尤其是现在中国的局面下，不应该再谈清高，规避做官。故此事的得失在于结局，是救起了中国，还是仅仅毁坏了几个学界闻人，如丁文江做淞沪督办，前车可鉴。"（卷二，4页）

1942年1月17日，夏鼐在重庆见到多年未见的老师，蒋廷黻叮嘱他"最好能多注意汉唐宋之古迹文物"，认为"其重要性实不下于先秦及史前之考古学也"（卷三，4页）。夏鼐调查古代遗迹、遗物，一向注意晚期的东西，甚至对近代文物、近代史料也很有兴趣。

【案】

知识分子读马列，一般都是"思改"（1951~1952年的"思想改造运动"）期间才开始读，夏鼐不同，他早就读过这类书。1949年后，他也读这类书，如《夏鼐日记》1978年10月11日~11月11日记，他曾细读《资本论》第1卷（卷八，246、251、252页）；1982年12月30日记，他曾指出李作智误引《德意志意识形态》手稿中马克思删掉的话。说明他对马克思的早期著作也很熟。他不是从马克思主义教科书读马克思主义，而是读原典。

蒋廷黻后来是国民党高官。1945年当过中国驻联合国常任代表，1961年任台湾驻美"大使"兼"驻联合国代表"，阻挠中华人民共和国进联合国。或问，他对自己的人生选择如何评价，他反问，后人记住的是张骞还是司马迁。

古人讲"三不朽"，立德、立功、立言（《左传》襄公二十四年）。"德"不是想"立"就能立起来的，刻意立德，难免虚伪，更何况谁也不是"道德完人"。"立功"要做官。蒋廷黻学问很好，弃学从政是不是可惜，夏鼐说得对，关键看结局。路子选的不对，不但误国，学也误了。

夏鼐不爱当官，但命中注定，难逃学术领导之职。1947年2月24日～1948年8月21日，傅斯年请夏鼐代理过史语所所长。解放后，夏鼐先后担任考古所的副所长和所长。1982年退下来，担任考古所的名义所长和社科院副院长。有人说，解放后担任学术领导者，很多人都把学问废了。这事当两说。不错，政治运动浪费了他们太多的学术生命，但解放后，百废待兴，他们担任学术领导，对学科建设有大功，这种贡献不是可以几本书、几篇文章计。

1952年他曾请辞副所长，60年代初又请辞所长，两次都未果。我理解，他更愿当一名学者。当所长，那是不得已。

（三）傅斯年、李济：夏鼐在清华大学的研究生导师；梁思永：夏鼐的考古实习老师

这三位都留过洋，到西天取过经。

傅斯年（1896～1950年）曾留学欧洲，先在爱丁堡大学、伦敦大学学自然科学，后在柏林大学学西方考据学（philology）。史语所的"语"就是学后者。

李济（1896～1979年）曾留学美国，在哈佛大学学体质人类学，回国致力于考古。

梁思永（1904～1954年）曾留学美国，在哈佛大学学史前考古。

1934年8月13日，夏鼐报考清华留美公费生考古学门（卷一，255～258和272页）。他本想到美国学社会经济史，听说没名额，所以报考古。后来知道有，后悔莫及。假如他真的去美国学社会经济史，他有可能成为另一个杨联陞或何炳棣（他俩都比夏鼐小，毕业晚，出国晚）。

但夏鼐却走了另一条路，当初不情愿，然而成就更大的路。他是"因祸得福"。

夏鼐就是夏鼐，命运造就了这位中国考古的一代宗师。

1934年8月21～25日，夏鼐参加考试，11月9日得通知书，清华大学指定傅斯年、李济为他的考古学导师。

《夏鼐日记》提到：

1934年10月2日："今天留美考试在报纸上发表，自己果然获取，前几天的传言证实了。不过自己本来预备弄的是中国近代史，这次突然考上了考古学，这样便要改变我整个一生的计划，对于这样一个重大的改变，我并没有预料到，我有些彷徨无主。下午去找吴晗君谈谈，他说：'昨天你还是预备弄近代史，今日突然要将终身弄考古学，昨夜可以说是你一生事业转变的枢纽，这一个转变实在太大，由近代史一跳而作考古，相差到数千年或数万年了。'"（卷一，264页）

1934年10月4日："我初入大学的头一年是弄社会学的，后来转入历史系，已经是十字街头钻入古塔中，但是对于十字街头终有些恋恋不舍，所以要攻中国近代史，以便进一步剖析当前的社会。现在忽而改读考古学，简直是爬到古塔顶上去弄古董。离十字街头更远了，喧扰的市声，渐隐渐微了。在塔顶旧室中，微弱的阳光下，徘徊于蛛丝鼠迹之中，虽有一种'怅望千秋一洒泪，萧条异代不同情'的诗意，但是这岂是现代式的生活？我总觉得这是我的职业，应该在职业以外去找一个可以安心立命的思想或信仰。但是到哪里去寻这种思想或信仰呢？"（卷一，265页）

这以后，他开始搁置自己的兴趣，大读特读考古书，权且当作"稻粱谋"。他没打算拿考古当自己的安身立命之所。

1934 年 10 月 30 日，夏鼐在北京拜见傅斯年，傅氏说："考古学有三方面可研究，一为 Prehistorical Excavation（史前时期的发掘），二为 Historical Excavation（历史时期的发掘），三为 Museum（博物馆）；将来出国可至英、美二国，以其参加实地工作之机会较多也，法国人太小气，不及英、美二国。"（卷一，270、271 页）

1935 年 1 月 3 日~3 月 9 日，夏鼐从北京赴南京，在中研院史语所读考古书，并四见李济，向他请教（1 月 4 日、2 月 7 日、2 月 28 日、3 月 9 日）[3]。3 月 3 日，他与吴襄在玄武湖划船，曾比较南京和北京。他说，"南京如暴发户，仍带伧奴故态。北平如已中落，犹带大家风度"（卷一，297 页）。看来他很怀念北京。3 月 10 日，他去安阳实习，参加殷墟第十一次发掘，带夏鼐实习的人是发掘主持人梁思永[4]。梁思永比他大六岁，他一直视为老师。

在安阳工地，夏鼐仍然认为自己不适合干考古。

《夏鼐日记》提到：

1935 年 3 月 17 日："又阅报，知今年留美公费生有经济史一门，殊自悔去年之投考考古学也。自家本是埋首读书的人，考古学的田野工作，注重组织及办事能干，殊非所长也。"（卷一，302 页）

同年 4 月 10 日："我自己觉得对于书本的嗜好，仍是太过分，对于田野工作的兴趣远不及对于书本的爱好。"（卷一，311、312 页）

同年 5 月 8 日："无疑的，我是不适宜干田野工作的，这不是指体格方面而言，而是指生活习惯而言，我的素养使我成为书呆子，关于统治工人及管理事务各方面皆是一个门外汉，勉强做去，未必见功，可是这有什么办法可想呢！"（卷一，320 页）

同年 5 月 26 日："我觉得自己不配弄考古，对于田野工作，已有些生厌了，觉得它的单调，不生兴味。"（卷一，326 页）

他的人生选择，几乎全都"事与愿违"：想去美国，却去了英国；想学近代，却学了古代；想啃书本，却干了考古。

当年，夏鼐留学，跟许多留学生一样，虚名与实学在心中交战。虚名是为尽快拿个洋博士，光耀乡里；实学是为求取真经，回来报效国家[5]。

1935 年 3 月 15 日，夏鼐在安阳工地跟梁思永商量到哪儿留学好，梁思永的建议是"以赴英爱丁堡（大学）随 G. Childe（柴尔德）学习为佳"（卷一，301 页），25 日再问，梁思永说"最好是赴英，入伦敦大学或爱丁堡大学；如赴美以 California（加利福尼亚）大学为佳，可以攻人类学，养成考古学之理论基础；如能赴德国 Menghin（门京）更佳，惟语言须另行学习耳"（卷一，305 页）[6]。

同年 4 月 1 日，夏鼐接李济信，李济的建议是"此次出国赴英较赴美为宜，先在伦敦大学住一年，然后赴爱丁堡或剑桥"（卷一，308 页）。另外，他有信给梁思永，提到"爱丁堡大学之 Childe（柴尔德），可以从之学比较考古学，剑桥大学之 Ellis Miunns（埃利斯·明斯）亦不错，伦敦大学之 Petrie（皮特里）已年老退休云"（卷一，308 页）。

李济、梁思永都是留美生，但他俩都鼓动夏鼐去英国。英国是当时的考古重镇。

同年 6 月 11 日，夏鼐在北京拜见傅斯年，傅斯年叮嘱他，"留学时须注意：（1）范围须稍狭，（2）择定一导师，（3）少与中国人来往。并云最好不要研究中国问题"（卷一，331 页）。这三条，一开始，夏鼐都没照办。

【案】

据王祥第说，1934 年清华招收留美公费生，考古和欧洲近代史各有一个名额，夏鼐想报欧洲近代史，杨绍震也想报，杨怕同时考，考不过夏，劝夏改报考古，夏鼐因此才走上考古之路[7]。

夏鼐录取后，认为自己不适合干考古，更适合啃书本，即使进了这个门，甚至当了考古学家，他也这样认为。如：

1. 1938 年，夏鼐在巴勒斯坦发掘杜维尔遗址，因语言不通，没办法监工指挥，只看别人怎样做。他说："自己又因为惯性沉默，很不适宜于团体的生活，别人大声谈笑，自己只在旁边跟着微笑而已，很是不自然。我知道自己将来决不会是一个良好的田野工作者。"[8]

2. 1948 年，夏鼐在史语所整理洮河流域的史前遗物，他说："自己总是对于书籍比较对于实物兴趣浓厚。"[9]

"怅望千秋一洒泪，萧条异代不同时"，见杜甫《咏怀古迹》。《夏鼐日记》引文的"情"字是"时"字之误，疑"情"草书似"時"，录入致误。但夏鼐《〈殷周金文集成〉前言》引文"时"亦作"情"[10]。

夏鼐初入考古之门是在国内。他有两个校方指定的导师，傅斯年和李济。

傅斯年到欧洲留学，一心只为取经，不以学位为念，跟陈寅恪一样。他的话实有先见之明。夏鼐留英，最初跟叶慈学中国考古。他想走捷径，拿个文凭回家，没听傅斯年的话，结果走了弯路。

李济是史语所考古组的奠基人，对 1949 年以前的中国考古影响很大，对 1949 年后的台湾考古影响也很大，但新中国的考古是梁思永、夏鼐另起炉灶。梁思永死后，中国考古靠夏鼐挑大梁。梁思永对夏鼐影响很大。

当时，梁思永不是他的正式导师，但手把手，带夏鼐实习，给他出主意，也应算老师。

梁思永是老病号，1941 年以来，一直卧床。夏鼐年轻时就落下消化系统的病（十二指肠溃疡），吃点什么，经常呕吐，经常跑医院。1954 年 2 月 12 日，夏鼐在中央人民医院（今北大人民医院）住院。2 月 23 日，突然推进一个病人，竟是梁思永。梁氏从 2 月 23 日入院到 4 月 2 日去世一共 40 天，他们住同一家医院，夏鼐是眼睁睁看他离去。梁思永去世的当天夜里，夏鼐草写《追悼梁思永先生》，"一直想着梁先生，20 年的师生情谊，欲抑制情绪也抑制不住"（卷五，81 页）。4 月 11 日他把这篇悼文写完，又删改一遍，删去五段，留在日记里[11]（卷五，83 页）。

注意，梁思永和李济都曾建议夏鼐投师柴尔德。李济说的"比较考古学"（comparative archaeology）一词，当指柴尔德对欧洲考古文化的比较研究和综合研究[12]。夏鼐一直把柴尔德定位于理论考古学和比较考古学的大师[13]。Miunns 是 Minns 之误[14]。

（四）叶慈：夏鼐留学英国的第一个导师

叶慈（Walter Perceval Yetts，1878～1957 年），伦敦大学考陶尔德艺术所（The Courtauld Institute of Art）教授。他编过一部《猷氏集古录》[15]。

人生多歧路。1935年，夏鼐到英国学考古，再次面临选择。欧洲考古，向分古典、近东、史前三门，他选哪一门？

夏鼐初到英国，埃及考古（属近东考古）的大老，伦敦大学的皮特里已退休，住在巴勒斯坦，夏鼐在伦敦，见不着；希腊考古（属古典考古）的大老，牛津大学的伊文斯，他也没见着。这两位都已八十来岁。

当时，吴雷做近东考古，惠勒做罗马帝国时期的英国考古（属古典考古），格兰维尔做埃及考古（属近东考古），柴尔德做史前考古。这几位，除吴雷五十来岁，大一点儿，其他几位也就四十来岁，正当年。

伦敦大学，跟考古有关，有二系二所。二系：埃及考古在埃及考古学系，系主任是格兰维尔；古典考古在考古学系，系主任是阿什莫尔（Bernard Ashmole，1894～1988年）。二系属于伦敦大学学院（University College London，简称UCL）。二所：近东考古在伦敦大学的考古研究所，暂无校址，借伦敦博物馆上课；中国考古在考陶尔德艺术所。

1935年9月21日，夏鼐是持李济的介绍信谒见叶慈，投在叶慈门下[16]。当时在叶慈门下攻读学位者还有吴金鼎和曾昭燏[17]。他们比夏鼐到得早。夏鼐发现，叶慈学问太差，曾昭燏和吴金鼎跟叶慈学，只不过为了拿学位[18]。曾昭燏拿硕士，前后花了两年零三个月。吴金鼎拿博士，前后花了四年。夏鼐拿博士，前后花了11年。一半时间在英国，花在听课、读书和调查、发掘上；一半时间花在国内，整论文和等待审查通过。

夏鼐到伦大的头一年，在四个地点上课。艺术所，学青铜、陶瓷、考古遗存的田野处理和室内处理、体质人类学。大学学院，学普通测量学、矿物与岩石。伦敦博物馆，学博物馆考古学、田野考古的目的与方法、考古绘图。工艺美术学校，学青铜铸造[19]。此外，他还经常跑伦敦的各大博物馆、图书馆和伦敦附近的名胜古迹。他在英国的图书馆看到中国近代史资料，仍然有兴趣。

叶慈对夏鼐很器重，但夏鼐看不起叶慈。他到伦大不久就发现，叶慈的中国学问根底太差，曾昭燏也有类似评价。虽然为了拿学位，他们都忍着，但最后，夏鼐还是没忍住。他觉得，骗骗外国人，拿个学位，聊以娱亲，这事不难，但如此混下去，学不到什么，只能糊弄自己。他很后悔，抱怨自己误入歧途，认为自己为了出国留学报考考古已是一误，跑到英国学中国考古更是错上加错[20]，所以下定决心，跟叶慈摊牌，以清华校方的命令为由，婉辞叶慈，转投格兰维尔门下，改学埃及考古。

夏鼐留学，本来想去美国。

1935年1月4日，他去史语所拜谒李济，李济"首以体格见询，谓田野工作，非有强健之体格不可，继言及中国考古学之重要，在于以全人类的观点来观察中国古代文化在世界中的位置；又述及将来赴美后或可入哈佛随Dixon（狄克逊）学考古方法，西方学者亦同行相妒，惟对于中国学生或可特别优待。又述及当前计划，谓可在所中读书数月，明春赴安阳实习，大约5月末即可结束云"[21]。

1936年3月22日，他读过狄克逊（Dixon）的书：*Building of Culture*，很欣赏。他在日记中说，"此书作者即李济先生之老师，前年底逝世，本来李先生的意思是要我上哈佛去跟他念考古学，因为他的逝世，始改令我来英。狄克逊氏为人类学家，而非考古学家，但我如果下学期不谋改变方针，则此间不仅学不着考古学，连人类学等相关学科也无法学习，则反不若去美为佳也"[22]。

1936 年 4 月 11 日，他给梅贻琦、傅斯年、李济写信，申请转学大学学院学埃及学。5 月 8 日，傅斯年复信说，"随叶慈学习，实无多少意义，此等大事，不可以'不好意思'了之也"。他认为，中国考古学之发达，有赖八种学问，即史前史、埃及学、亚述学（包括远东、小亚细亚）、古典考古学、拜占庭与阿拉伯考古学、印度考古学、大洋洲考古学、美洲考古学，而这八种，又以史前史、亚述学、印度考古学、大洋洲考古学四种最重要。与梁思永、李济的建议不同，他劝夏鼐"不必到爱丁堡，因史前考古，中国已有多人，梁思永先生即其最著者"。尽管在他看来，"埃及学不如古代西方亚洲考古学之可与中国考古学发生直接关系"，他仍然赞同夏鼐"舍叶慈而专学埃及学"[23]。

夏鼐跟叶慈告别是在 1936 年 7 月 11 日[24]。1937 年，李济访英，对自己送学生到英国学中国考古很后悔。他跟曾昭燏说，此后决不再送学生跟叶慈念书，吴金鼎"太老实，不知变化"，颇赞同夏鼐转系，"说这便是南人与北人气质的不同"[25]。他说的"北人气质"是"死要面子活受罪"。

夏鼐对叶慈的真实评价，见《夏鼐日记》1936 年的年终总结。他是先讲吴金鼎，再讲叶慈。他说，吴金鼎"人很忠厚，读书很用心，田野工作也很能吃苦，是不可多得的考古学人才，可惜功名心太切，跟了叶慈教授习中国考古学，不过为得博士头衔而已，论叶慈教授的学问，哪里配做他的导师。我以为他如果跟柴尔德教授或 Frankford（弗兰克福特），一定好得多。自然，那样是难得博士学位，他转眼便是 36 岁，一个人到了中年，饱受由于没有外国洋博士学位受歧视的刺激，自然要顾到功名，不能像傻子一般专为学问傻干，这又何能怪他！不过，为中国考古学的前途着想，未免为之惋惜而已"（卷二，84 页）。谈到叶慈，他的评价是，"一个将近 60 岁的老头儿，还是很努力苦干，他的精神自然很可佩服，但是一个不懂中文，又不懂考古学的人，做起中国考古学教授，却有点滑稽"（卷二，84 页），后面还有一些挖苦话。

1948 年 10 月 28 日，吴金鼎去世，夏鼐在《中央日报》11 月 17 日发表《追悼考古学家吴禹铭先生》[26]，他只提 1933 年吴金鼎跟皮特里在巴勒斯坦发掘，受到皮特里夸奖，只字未提吴的业师是叶慈教授。

1957 年 5 月 14 日，叶慈去世，夏鼐在《考古通讯》1958 年 2 期发表过一则消息，《英国汉学家叶慈教授逝世》，署名"作铭"[27]。终于提到吴金鼎的博士论文是在叶慈教授的指导下完成，并由叶慈介绍出版[28]，但仍然未提叶慈是他在伦大的第一个导师。

1964 年 12 月 22 日，曾昭燏在南京灵谷寺跳塔自杀[29]。夏鼐是 1965 年 1 月 18 日从宋伯胤来信才知道。向达曾去电吊唁[30]。夏鼐在日记中只是记录了这一事件，没有任何评论。

【案】

伊文思（Sir Arthur John Evans，1851~1941 年），米诺斯文明的发现者。《夏鼐日记》1936 年 10 月 16 日提到夏鼐赶到 Burlington House 去听伊文思讲演，因为迟到，没能进去听。当时，伊文思已 85 岁（卷二，75 页）；1942 年 1 月 26 日，他已回到中国，听说伊文思逝世（卷三，5 页）；1963 年 6 月 28~30 日和 7 月 2、3 日，他读过琼·伊文思（Dame Joan. Evans）的《时代与机遇：亚瑟·伊文思及其祖先的故事》（*Time and Chance：The Story of Arthur Evans and His Forebears*，1943），琼是亚瑟·伊文思同父异母的姊妹（卷六，349、350 页），柴尔德的同学。

吴雷（Leonard Woolley，1880～1960年），或译"吴理""伍雷""伍莱""伍利"，乌尔王陵的发掘者。《夏鼐日记》提到他的八本书：（1）《发掘过去》（*Digging Up the Past*，1930），见1936年2月23日（卷二，14页）；（2）《苏美尔人》（*The Sumerians*，1928），见1936年11月16～22日（卷二，80页）；（3）《苏美尔人的艺术发展》（*Development of Sumerian Art*，1935），见1937年10月19日（卷二，129页）；（4）《死城与活人》（*Dead Towns and Living Men*，1928），见1938年5月1～7日（卷二，212页）；（5）《新东方考古学》（*New East Archaeology*），1952年5月11日（卷四，482页）；（6）《发掘工作：考古奇遇记》（*Spadework：Adventure in Archaeology*，1955），见1957年1月30日（卷五，289页）；（7）《一个被遗忘的王国》（*A Forgotten Kingdom*，1953），1957年11月7日（卷五，336页）；（8）《挖出来的历史》（*History Unearthed*，1958），见1960年9月15日（卷六，120页）。最后一种有中文译本，书名作《考古发掘方法论》（胡肇椿译，商务印书馆，1935年）。1960年2月，吴雷去世，夏鼐写过《英国著名考古学家吴理逝世》，当时未发表，后收入《夏鼐文集》第四册，275～277页。其中提到吴雷的另外两本书：《迦勒底的乌尔》（*Ur of the Chaldees*，1929）、《乌尔的发掘》（*Excavation at Ur*，1954）。

1936年6月19日，曾昭燏从夏鼐处借观5月8日傅斯年致夏鼐信后，也给傅斯年写了一封信[31]。她在信中说，伦敦大学学院，埃及考古最强，其次是近东考古（美索不达米亚和伊朗），本来她也想转学埃及学，但夏鼐既然决定学埃及学，她就不想学了。夏鼐劝她学近东，放弃"一切科学的课程"，专注于"文字"和"历史"，但她还是不打算放弃从叶慈拿学位。

1937年，曾昭燏以《中国古代铜器铭文与花纹》获文学硕士学位。

汉学家招中国学生为徒，中国学生拜汉学家为师，各投所好，似乎两利。夏鼐婉辞叶慈而改投格兰维尔，非常明智。

夏鼐看不起叶慈，但夏鼐向他辞别，他依依不舍，一直把夏鼐送出门，直到他从视线中消失。无论如何，他毕竟是夏鼐在英国的第一个老师，真正的业师。

夏鼐的博士论文《埃及古珠考》与叶慈无关。

（五）惠勒：带夏鼐挖梅登堡遗址的田野考古大师

惠勒（Mortimer Wheeler，1890～1976年）发明"惠勒方格"，即探方发掘法，以田野发掘技术著称。二次大战前（1919～1937年），主要在英国从事罗马时期遗址的发掘，做英国考古；二次大战后（1944～1947年）任印度考古总监，参加过哈拉帕遗址的发掘，训练过印度的考古队伍，对印度考古贡献很大。

夏鼐留学英国时，惠勒是伦大考古所名誉所长和伦敦博物馆馆长。伦敦博物馆是夏鼐的四个上课地点之一，主要展英国的东西。

《夏鼐日记》提到：

1. 1935年10月30日："至伦敦博物馆谒见Dr. Wheeler（惠勒博士），询问课程，知1月15日起开始，每星期三下午3时在伦敦博物馆上课。顺便询及田野工作方法，提出安阳花土问题，他介绍他太太。惠勒夫人说，可以用Gum（树胶）、Dammar（垯马树胶），使Pigment（颜料）固着于土，又用石膏将土固凝，然后用铁板插入下端。"（卷一，382页）[32]

2. 1936 年 1 月 29 日："（上午）退课后，与惠勒夫人商洽，下星期起做实习工作。"（卷二，8 页）

3. 1936 年 4 月 19 日："前星期五阅报，知 Mrs. Wheeler（惠勒夫人）已逝世，关于技术的学习少一导师。"（卷二，35 页）

4. 1936 年 5 月 15～17 日，夏鼐随惠勒考察斯通亨治等遗址（卷二，39～42 页）。

5. 1936 年 7 月 25 日～9 月 5 日，夏鼐参加惠勒主持的梅登堡（Meidon Castle）发掘（卷二，56～68 页）；10 月 11 日，并再访梅登堡遗址（卷二，74 页）。

6. 1937 年 2 月 25 日："晚间参加 Society of Antiquites of London（伦敦古物学会）之常会，惠勒博士讲演去年梅登堡发掘之成绩，旧梦尚新，遗址草地上草的气息，下瞰全市阳光下的景物，一一尚在耳目间，而此生不知是否尚能重临其境，思之即为默然。"（卷二，96 页）

惠勒活得比较长。夏鼐再见惠勒是 1973 年 9 月 25 日～10 月 13 日访问伦敦，参加中国出土文物展开幕式。

《夏鼐日记》提到：

1. 1973 年 9 月 27 日："7 时半赴白厅，由文化大臣 Eccles（埃克尔斯）作主人，共 24 桌，190 人，遇及三十余年未见面的 Sir Mortimer Wheeler（莫蒂默·惠勒爵士），安排坐在我的旁边。"（卷七，384 页）

2. 1973 年 10 月 11 日："上午 9 时莫蒂默·惠勒爵士来访，送我两本他的著作，还亲笔写上题字。"（卷七，391 页）

3. 1977 年 3 月 17 日："上午在图书室翻阅新到西文书刊，知 M. Wheeler（惠勒）及 Baumgartel（鲍姆加特尔）二位已于去年及前年逝世，享年都 80 多岁。"[33]（卷八，84 页）

4. 1980 年 5 月 6 日："7 时 15 分又赴大学，副校长设宴招待，坐在我旁边的是此间考古学教授 B. S. J. Isserlis（伊塞利）（近年在 Sicily［西西里岛］发掘 Punic 遗址，与意大利考古学家 Tuza［图萨］很熟识），又有年轻的 Roman Britain（古罗马的不列颠）考古学讲师 L. A. S. Butler（布特勒），当我说到 1936 年在 Maiden Castle（梅登堡）发掘时，他说那时他还只有 2 岁。艾泽林说，曾看到中国考古发掘的照片，工作井井有条，不知如何取得如此水平，今天谈到后才知道曾从 Sir. Motimer Wheeler（莫蒂默·惠勒爵士）学习过田野考古方法的。谈至 10 时，散席告辞返宿舍。"（卷九，410 页）

夏鼐读过的惠勒著作，见于《夏鼐日记》，凡 11 种，主要是解放后读的：

1.《韦鲁拉米乌姆：一座比利时城和两座罗马城》（*Verulamium：A Belgic and Two Roman Cities*，1936），见 1948 年 8 月 27 日（卷二，225 页）。夏鼐说："氏为英伦田野工作考古学家之杰出者，此书系其在 1930～1934 年四季在 St-Albans（阿尔布斯街）之工作报告，观其如何搜集证据，如何整理发表，极见其精粹之处。"案：St-Albans，今通译"圣奥尔本斯"。圣奥尔本斯是英国赫特福德郡的小镇，在伦敦西北。韦鲁拉米乌姆是圣奥尔本斯在罗马帝国时期的古名，意为"沼泽上方之地"，公元 3 世纪为纪念罗马士兵圣奥尔本斯改名。原书括译的书名误作"弗朗西斯·培根：一座比利时城址与两座罗马城址"，初不明何故，后查 99 页"赴 St. Alabans（圣奥尔本斯），谒 F. Bacon（F. 培根）之墓"，始明其误。

2.《印度河文明》（*Indus Civilization*），见 1954 年 2 月 5 日（卷五，67 页）。

3.《巴基斯坦五千年》（*Five Thousand Years of Pakistan*，1950），见 1955 年 5 月 7 日（卷五，155 页）和 1965 年 4 月 8 日（卷七，102 页）。

4.《田野考古学》（*Archaeology from Earth*，1954），见《夏鼐日记》1955 年 7 月 27 日、8 月 21 日和 1957 年 1 月 21 日（卷五，169～170、173 页和 287 页）。案：题目，原书括译"来自田野的考古学"。

5.《帝国边界以外的罗马》（*Rome Beyond The Imperial Frontiers*，1954），见《夏鼐日记》1956 年 10 月 2 日（卷五，264 页）。

6.《继续发掘：古物学家笔记本的插页》（*Still Digging：Interleaves from an Antiquary's Notebook*，1956），见《夏鼐日记》1957 年 1 月 26 日（卷五，288 页）。案：题目，原书括译"古物收藏者笔记的继续发掘研究"。

7.《文明溯源面面观》（*Aspects of the Ascent of a Civilization*，1955），见《夏鼐日记》1960 年 7 月 5 日（卷六，107 页）。案：题目，原书括译"文明溯源诸问题"。

8.《早期印度和巴基斯坦》（*Early India and Pakistan*，1959），见《夏鼐日记》1965 年 5 月 1 日（卷七，107 页）。

9.《东方的辉煌》（*Splendours of the East*，1965），见《夏鼐日记》1966 年 3 月 20 日（卷七，197 页）。案：题目，原书括译"东方的光辉"。

10.《火烧波斯波利斯》（*Flames over Persepolis*，1968），见《夏鼐日记》1973 年 10 月 28 日和 10 月 30 日（卷七，394 页）。案：书名指亚历山大火烧波斯波利斯。原书括译的书名是"玻塞波利斯上空的火焰"。此书或即惠勒所送新作，为写《综述中国出土的波斯萨珊朝银币》而读。

此外，夏鼐还读过惠勒第二任夫人（Margaret Wheeler）的著作：《一部考古书》（*A Book of Archaeology*，1957），见《夏鼐日记》1965 年 5 月 1 日（卷五，421 页）。

【案】

惠勒夫妇并非夏鼐业师。他们对柴尔德的指导主要是田野训练和文物保护。

《埃及古珠考》的致谢名单和参考文献都没有惠勒。

（六）柴尔德：夏鼐仰慕已久的理论考古学大师

柴尔德（Vere Gordon Childe，1892～1957 年）是 20 世纪上半叶最伟大的考古学家，时任爱丁堡大学阿伯克龙比讲座教授。

夏鼐对叶慈失望后，打算于 1936 年暑假后转学爱丁堡大学。他向当时在柴尔德门下的清华校友周培智打听[34]。周培智回信说，爱大师资很差，系里除柴尔德外，没有任何讲师和助教，标本很少，鲜做发掘，学习时间长。他对柴尔德印象不好，说柴尔德对带学生完全不热心，"对于有色人种抱轻视之态度，弟在此亦以此与之屡次相左"，感受不愉快，打算 7 月中离开，劝夏鼐暑假中最好到爱丁堡亲眼看看，以免后悔[35]。最后，夏鼐还是放弃了转学爱大。1937 年，李济访英，曾在爱丁堡大学演讲，由柴尔德主持[36]。

柴尔德是世界级大师。夏鼐早就读过柴尔德的书，对柴尔德仰慕已久。夏鼐留英，本来是冲柴尔德去的。但他与柴尔德只有一面之缘，即 1936 年 10 月 10 日在英国皇家学会听过一次柴尔德的演讲[37]。另外，1938 年 11 月 8 日，夏鼐给柴尔德写信，"询问关于串珠"，11 月 10 日收到柴尔德回信[38]。他们的来往就这么一点儿。

《埃及古珠考》的致谢名单有柴尔德。

夏鼐读过的柴尔德著作，见于《夏鼐日记》，凡 25 种。其中 1～5 是留学前读过，6～9 是留学期间读过。10 以下是回国以后历年所读，13 以下是解放后所读。最后一次是 1983 年。

尽管夏鼐没能到爱丁堡追随柴尔德，但他一辈子都在读柴尔德的书，受教最深，还是柴尔德。

下面是《夏鼐日记》所见夏鼐读过的柴尔德著作。我核了一下，有些书名、译名与实际有出入，为了与本书下篇译名统一，我做了点修改，并注出中文本[39]。

1.《青铜时代》（*The Bronze Age*，1930），见 1934 年 11 月 13～15 日（卷一，273 页），又见 1936 年 6 月 6 日[40]（卷二，46 页，夏鼐纪念柴尔德文作"青铜器时代"）。

2.《欧洲文明的曙光》（*The Dawn of European Civilization*，1925），见 1935 年 1 月 29、30 日（卷一，290 页，"曙光"作"黎明"），又见 1950 年 5 月 19 日（卷四，299 页，"曙光"作"起源"），1952 年 6 月 26～28、30 日（卷四，491 页，"曙光"作"开端"），1974 年 1 月 22 日（卷七，410 页，"曙光"作"起源"）。

3.《远古的东方：欧洲史前史的东方序幕》（*The Most Ancient East：The Oriental Prelude to European Prehistory*，1928），见 1935 年 1 月 31 日、2 月 1 日（卷一，290 页，无副标题）。

4.《史前多瑙河》（*Danube in Prehistory*，1929），见 1935 年 2 月 19 日、23 日、25～27 日[41]（卷一，294～296 页，"史前"作"史前时代"）。

5.《欧亚大陆的有銎斧》（"*Eurasian Shaft-hole Axes*"），见 1935 年 3 月 29 日[42]（卷一，306 页）。

6.《远古东方新探：欧洲史前史的东方序幕》（*New Light on the Most Ancient East：The Oriental Prelude to European Prehistory*，1934），见 1936 年 5 月 1、3、5 日（卷二，37～38 页，省副标题），夏鼐云"摘录于书眉。此书颇佳"，又云"此君学识，可谓博而深，此书虽题材非其本行（史前考古学），而仍能表现其组织材料之能力，不可多得"。又见 1953 年 7 月 1 日（卷五，28、29 页，"新探"作"新线索"，省副标题，夏鼐纪念柴尔德文作"古代东方史的新发现"）。注意：夏鼐认为，此书不是讲史前考古学。

7.《人类创造自身》（*Man Makes Himself*，1936），见 1937 年 2 月 26 日（卷二，96 页，"自身"作"自己"，夏鼐纪念柴尔德文作"人类创造了自己"）。夏鼐云：此书系通俗读物，但写得极佳。氏读书极博，而组织力极强，故成就甚大（28 日追记：李先生由爱丁堡来书，谓"柴乐得教授仍是一个独身汉子，大约要住一辈子'站'了，谈锋极佳，人极可爱。周培智早已不考古了，现在大约学政治经济，我尚没有见着他，这是柴教授告诉我的"）此书旧有周进楷译本，题目作《远古文化史》（周谷城校，有上海群联出版社 1954 年本和北京中华书局 1958 年本），夏鼐曾写过这个中文本的评论，见《夏鼐文集》第四册，325～328 页。

8.《雅利安人：印欧人探源》（*The Aryan：A Study of Indo-European Origins*，1926），见 1938 年 11 月 26 日（卷二，232～233 页，"印欧人探源"作"印欧语系民族起源研究"）。

9.《苏格兰史前史》（*Prehistory of Scotland*，1935），见 1938 年 12 月 8 日（卷二，233 页）。

10.《历史上发生过什么》(*What Happened in History*，1942)，见 1947 年 8 月 12、16、17 日(卷四，138、139 页，"发生过什么"作"发生了什么事情"，夏鼐纪念柴尔德文作"历史上发生了什么事")，又见 1950 年 6 月 18 日(卷四，304 页)。

11.《进步与考古学》(*Progress and Archaeology*，1944)，见 1948 年 9 月 10 日(卷四，202 页，"进步"与"考古学"互倒，英文亦倒，夏鼐纪念柴尔德文作"进步和考古学")。此书有王祥第译稿，夏鼐曾校阅，未闻出版，见 1964 年 3 月 19 日和 3 月 24 日(卷七，17、18 页)。

12.《工具的故事》(*The Story of Tools*，1944)，见 1948 年 11 月 26 日(卷四，217 页)。此书有周进楷译本，题目作《工具发展小史》(中国科学图书仪器公司，1953 年)。1956 年 1 月 8 日，夏鼐曾读周进楷译本(卷五，201 页)。

13.《作为技术阶段的考古学时代》("Archaeology Age as Technical Stage"，1944)，见 1949 年 10 月 28 日(卷四，269 页)。此文有余敬东、沈辛成译本，附载 24 中文本中。

14、15.《苏联史前史》("Prehistory in the U. S. S. R"，1942)和《苏联考古学(森林地带)》("Archaeology in the U. S. S. R. The Forest Zone"，1943)，见 1950 年 2 月 2 日(卷四，283 页)。夏鼐云"下午阅《人类》1942 年各期，将柴尔德关于苏俄考古学二文作札记"。又见 1958 年 12 月 6、7 日(卷五，416 页)，夏鼐云"下午在家阅 *Man*(《人类》)杂志，1942～1943 年中柴尔德介绍苏联考古发现的文章"。案：二文发在 *Man*，vol. 42，43。

16.《不列颠群岛的史前社群》(*Prehistoric Communities of the British Isles*，1940)，见 1951 年 10 月 1、2 日(卷四，425 页，"社群"作"社会"，夏鼐纪念柴尔德文作"不列颠岛上的史前社会")。

17.《历史》(*History*，1947)，见 1952 年 4 月 26 日。夏鼐云"此是讨论各种史观，而归结于唯物史观"(卷四，479 页，"历史"作"历史学"，夏鼐纪念柴尔德文作"历史")。

18.《社会进化》(*Social Evolution*，1951)，见 1952 年 5 月 19、21 日(卷四，483～484 页，"进化"作"演化"，夏鼐纪念柴尔德文同)。

19.《从底格里斯河到塞文河最早的车子》("The first waggons and carts：from the Tigris to the Severn"，1951 年)[43] 见 1953 年 1 月 19、29 日(卷五，4～6 页)。案：waggon 即 wagon，wagon 是四轮车，cart 是两轮车。

20.《缀联过去：考古材料的阐释》(*Piercing Together the Past：The Interpretation of Archaeological Data*，1956 年)，见 1956 年 11 月 18 日(卷五，276 页。"缀联过去"作"历史的复原"，省副标题)。夏鼐纪念柴尔德文作"将过去补缀起来：考古资料的解释"。此书即《重缀过去》。

21.《史前考古学方法、目标的变化》("Changing Methods and Aims in Prehistoric Archaeology"，1935 年)，见 1957 年 2 月 25 日(卷五，293 页，原作"史前考古学目标和方法的变化"，"方法""目标"互倒，英文亦倒)，又见 1958 年 12 月 6 日(卷五，416 页)。

22.《回顾》("Retrospect"，1958 年)，见 1958 年 12 月 6、7 日(卷五，416 页)。夏鼐云"下午在家，阅《古物学》上所刊登柴尔德自述学术思想及 Piggott(皮戈特)的评论柴尔德著作；《史前学会通报》上的 Childe，*Changing Methods and Aims in Prehistory*(柴尔德：《史前学目标和方法的改变》)"(最后这种是文章，不应作斜体)。此文有沈辛成译本。

23.《社会与知识：人类传统的发展》(*Society and Knowledge：The Growth of Human Traditions*，

1956年），见1959年7月16日（卷六，39页）。

24.《考古学导论》（*A Short Introduction to Archaeology*，1956年），见1959年10月24日（卷六，55页），又见1983年1月1日、4日（卷九，205、206页）。此书有中文本（安志敏、安家瑗译，陈淳审校，上海三联书店，2013年）。夏鼐纪念柴尔德文举其代表作15种，没有此种。

25.《欧洲社会的史前史》（*Prehistory of European Society*，1958），见1960年3月6日（卷六，85页）。这是柴尔德的遗稿。

此外，1958年，夏鼐纪念柴尔德文还提到柴尔德讲苏格兰的三种书：《苏格兰先史》（1935年，即上《苏格兰史前史》）、《苏格兰人以前的苏格兰》（1946年，即《苏格兰人前的苏格兰》）和《欧洲的史前移民》（1950年，即《欧洲的史前迁徙》）。

1982年，夏鼐读过萨利·格林（Sally Green）的《柴尔德传》（*A Biography of Vere Gordon Childe*）；1983年，夏鼐读过布鲁斯·特里格的《柴尔德：考古学的革命》（*G. Childe：Revolutions in Archaeology*，1980），见《夏鼐日记》1982年11月14、15日、1983年10月24日、11月2～4日（卷九，189、296、298页）。

1957年10月19日，柴尔德逝世。1958年，夏鼐先后在《考古通讯》上发表《英国进步考古学家柴尔德逝世》（3期）和《评柴尔德著〈远古文化史〉中译本》（6期），署名"作铭"。"进步"二字在我国有特定含义。夏鼐说，"他是一个马克思主义者，又是一位权威的考古学家"，列举了他的15部代表作。其中《社会进化》一书提到1951年夏鼐亲自领导的辉县琉璃阁131号车马坑的发掘。1952年11月，柴尔德曾与王振铎通信（估计是通过李约瑟介绍，王振铎是李约瑟的朋友）向他请教这一发现[44]。

【案】

周培智（1902～1981年），字宁舍，安徽合肥人，1929年清华大学历史系毕业，1931～1934年在爱丁堡大学从柴尔德学，1938年回国，1949年离开大陆，1953年去台湾，先任教于台湾省立工学院（后改成功大学），后任教于淡江大学。王聿均称他获爱丁堡大学哲学博士学位，放弃经济学博士学位[45]。刘世安称他本可拿两个博士学位，一个是历史学的，一个是经济学的，因为急于回国，遂放弃攻读经济学博士[46]。但台湾出版物有1938年7月12日中国驻英使领馆报送教育部的两份文件，一份附周培智提供的爱丁堡大学毕业证，一份附周培智提供的爱丁堡大学经济学博士学位证书[47]。但上引《夏鼐日记》1937年2月28日补记说，"周培智早已不考古了，现在大约学政治经济"，1937年清华大学校长办公处编印的《清华同学录》，只说他是"M. A.（Univ. of Edingburgh），34（史前考古学）"。

《夏鼐日记》索引是"交往人物索引"，不收夏鼐没见过面的人物。今检索引，只有周培基（称"留英时期友人"），没有周培智，盖以周培智与夏鼐只有通信关系，两人没有见过面。其实，日记1937年4月24、27日（卷二，104、105页）提到的"周培基"，就是5月12、16日提到从爱丁堡来托夏鼐找房子的"周培智"，"周培基"即"周培智"之误。如日记1937年5月16日（卷二，109页）提到"周君培智来谈"，可见夏鼐跟他见过面。书中周培智八见（卷二，9、13、24、30、33、96、108、109页），周培基两见（卷二，104、105页），共出现过十次。

夏鼐留学英国，本来是冲柴尔德去的。柴尔德是当时最大的理论考古学家。李济、梁思永都建议夏鼐去爱丁堡拜柴尔德为师。他听周培智劝，没去爱丁堡跟柴尔德学，但读柴尔德书最多。柴尔德是他理论上的老师。他写博士论文，曾写信向柴尔德请教，论文致谢名单中也有柴尔德。

柴尔德的书有 27 部，从《夏鼐日记》和他纪念柴尔德的文章看，大部分他都读过，夏鼐没有读过的书，大概只有八部：《劳工如何执政》（1923 年）、《英国、爱尔兰皇家人类学会图录》（1926 年）、《斯卡拉布雷：奥克雷的皮科特人村庄》（1931 年）、《奥克雷的斯卡拉布雷古代居址》（1933 年）、《史前的苏格兰》（1940 年）、《知识的社会世界》（1949 年）、《巫术、手艺和科学》（1950 年）和《建筑部管辖古代遗迹图解指南》（1952 年）。

柴尔德的《绝命三书》，他读过一篇。

柴尔德五传，他读过两传。其他三传，两部作于他死后，他看不到。

柴尔德关注过 1951 年夏鼐领导的辉县发掘。夏鼐说，"我们很希望他能来我国一次，参观我国解放后考古学上的新收获。可惜这事现在是无法实现了"[48]。

柴尔德在《回顾》中说，他还想去苏联和中国看看，但怕旅途犯病。

罗泰说："Childe 的确很值得注意。非常可惜他没有去过中国。他退休之后应该不自杀而到中国去做外国专家、了解中国考古。那会给他的学问带来一个新的方向，再增加他学问的活力。"（2020 年 7 月 11 日来信）。是呀，假如他来中国，或许他就不会自杀了，我也这么想。

那时的中国正充满希望，多少发现已经露头，多少发现呼之欲出。

《埃及古珠考》的致谢名单有柴尔德，参考文献有上 6（即上划线者）。

（七）格兰维尔：夏鼐留学英国的第二个导师

格兰维尔（Stephen Glanville，1890～1977 年）是著名埃及考古学家皮特里的弟子，伦大埃及考古学系的系主任。

夏鼐改从格兰维尔学埃及考古，这更符合他的兴趣。他更想学考古、古文献、古文字并重的历史时期考古。他在致梅贻琦的一封长信中讲了自己申请延期和换专业的理由："伦大之考古学，以埃及考古学为最出名，亦为最佳，此外则为希腊罗马考古学。但无史前考古学之专科，如欲攻史前考古学，则不得不转学爱丁堡；如欲攻有史以后之考古学，则必须留在伦敦。此二者之选择，据生之意见，以攻有史以后之考古学为佳。因未离国以前，李济之先生嘱注意有史考古学，以国人研究考古学者，如李济之、梁思永二先生，皆为研究史前考古学。现在此间之周培智、吴金鼎二君，亦偏重史前。生当时亦以为然，但现下则知学习有史考古学，困难更多。第一，必须依导师意见，先学习其文字，以便以文籍与古物互证。第二，对于发掘及保存古物之技术，更须注意；不若史前之遗物，仅留石器、陶器、骨器，保存较易，技术较简。第三，则以参考书籍较丰富，欲得一眉目，非多费工夫阅读不可，此项情形，不论攻埃及考古学或希腊罗马考古学，皆属相同，惟希腊罗马考古学，着重大理石建筑及雕刻，与中国情形不同，且伦大此科远不及埃及考古学为佳，故生前月往与埃及考古学系主任格兰维尔教授（Prof. Glanville）接洽"[49]。

夏鼐第一次见格兰维尔只是了解情况。《夏鼐日记》1936 年 3 月 11 日："上午至不列颠博物馆。旋赴学院谒 Mr. Glanville（格兰维尔），乃前星期去信约期晤谈者。据云，如从之治埃及考古学，可以念 M. A.（文学硕士），但至少须三年，以二年学习一切基础知识，第三年专作论文。惟氏意以为专攻埃及学，未见得一定有用于将来之治中国考古学，并谓可向 Dr. Wheeler（惠勒博士）商洽，近东考古学或较有用。"（卷二，20 页）

1936 年 7 月 7 日，他还拜会过大学学院的印度考古学教授理查兹（Richards），询问改读印度考古学事，这位教授说，"印度考古学在英国大学中尚为新设之讲座，关于此学，以在印度为佳，而就历史而言，印度之考古学偏重 Alexander（亚历山大）东征以后之史实，而且依赖中国方面之帮助，始能审定确实之年代，史前遗址 Mohenjo-Daro（摩亨佐达罗）及 Harapa（哈拉帕）自属重要，但除此之外，尚罕他种发掘，故对于予改攻印度考古学并不赞成。就事实而论，目前只能攻埃及学，但可同时注重近东方面之考古学"（卷二，53 页）。最后，理查兹答应为夏鼐写信给格兰维尔。

夏鼐正式改读埃及考古学是 1936 年 9 月 21 日。《夏鼐日记》："至大学学院，晤格兰维尔教授，开始学习埃及象形文字。"（卷二，70 页）

他学埃及考古的过程可以分成八段：

第一段：1936 年 9 月 21 日～1937 年 8 月 31 日，跟伽丁内尔学埃及古文字，读伽丁内尔的《埃及文语法》。同时，读皮特里的《埃及史》[50]，以及布雷斯特德的《埃及的古史记载》等书[51]（卷二，70～121 页）。

第二段：1937 年 9 月 1 日～15 日。应中法教育会邀请，参加中国留欧学生到法国作半月游，参观卢浮宫、赛努奇、吉美等博物馆和巴黎的名胜古迹（卷二，121～125 页）。

第三段：1937 年 9 月 16 日～12 月 17 日，在伦大，上近东上古史、埃及宗教史、德文、埃及考古学、埃及文读本等课（卷二，125～136 页）。

第四段：1937 年 12 月 18 日～1938 年 3 月 1 日，参加迈尔斯（Oliver H. Myers）领导的埃及考察团。1937 年 12 月 18 日启程，途经都灵、威尼斯、亚历山大、开罗，12 月 29 日抵卢克索。1938 年 1 月 2 日～2 月 2 日参加阿尔曼特（Armant）附近托罗密神庙和撒哈拉遗址的考察和发掘，2 月 3 日～3 月 1 日在埃及考察（卷二，136～180 页）。

第五段：1938 年 3 月 2 日～4 月 23 日，从开罗前往加沙，到莱基考察团的工作站。3 月 2 日～4 月 3 日参加杜维尔（Duweir）遗址（古莱基城遗址）的发掘。4 月 4～8 日在耶路撒冷和伯利恒参观，然后去亚历山大。4 月 9 日从亚历山大启程，途经那不勒斯、罗马，4 月 23 日返伦敦（卷二，180～211 页）。

第六段：1938 年 4 月 24 日～1939 年 10 月 20 日，在伦敦。1938 年 5 月 1 日，开始整理皮特里藏品中的埃及串珠。1939 年 1 月 1 日，先将《古代埃及串珠集成》（*Corpus of Ancient Egyptian Beads*）整理完。然后，9 月 13 日开始写学位论文《古代埃及的串珠》（卷二，211～263 页）。

第七段：1939 年 10 月 21 日～1940 年 12 月 5 日，二战爆发，伦敦大学埃及考古学系停办，格兰维尔安排他再赴埃及，结合开罗博物馆的藏品继续研究埃及串珠。1940 年 1 月 15 日，写出论文第一章；6 月 30 日，写出论文第二章；9 月 15 日，写出论文第三章，10 月 8 日将《埃及串珠图谱》整理完。当时在开罗博物馆的埃及考古学家布伦顿和卢卡斯对他帮助很大（卷二，263～327 页）。

第八段：1940 年 12 月 6 日～1941 年 1 月 23 日。从开罗启程回国，先到耶路撒冷，参观耶路撒冷博物馆，拜会皮特里；然后去巴格达，参观萨马拉的考古博物馆、巴比伦遗址和伊拉克博物馆；然后去巴士拉，乘船，经波斯湾到卡拉奇。然后去孟买，参观威尔士王子博物馆。然后去加尔各答，参观印度博物馆。然后去仰光，经腊戌、畹町，到昆明（卷二，327～347 页）。

夏鼐回国后，把论文初稿交两位老师审阅，先请梁思永（1941 年 3 月 25 日）审[52]，后请李济审（1941 年 6 月 3 日）[53]，从 1941 年 3 月 27 日～1943 年 7 月 22 日，写出全稿[54]，1943 年 9 月 14 日修改打印[55]，10 月 30 日托人把杀青的稿子托曾昭燏带往重庆，交外交部航邮寄往英国[56]。

《夏鼐日记》提到：

1946 年 3 月 14 日："写了两封信，一给格兰维尔教授，询问论文已寄到否……"（卷四，32 页）

1946 年 4 月 28 日："傍晚得石璋如君转来格兰维尔教授之信，知论文已全部寄到，暑假前可以得学位，并谓设法使余再度赴英，给予薪给或奖学金，问余能留几年，余又心动矣。"（卷四，42 页）

1947 年 10 月 6 日："今日收到伦敦大学的文凭（1946 年），此事总算是告一段落。"（卷四，146 页）

格兰维尔的著作，夏鼐读过四部：

1.《埃及人》（Egyptians，1933），见《夏鼐日记》1936 年 1 月 12 日（卷二，3 页）。

2.《古代埃及的日常生活》（Daily Life in Ancient Egypt，1930），见《夏鼐日记》1936 年 11 月 1 日（卷二，78 页）。

3.《阿马尔纳的壁画》（The Mural Painting of el-Amarna，1929），见《夏鼐日记》1940 年 8 月 19 日（卷二，314、315 页），与 Frankford、Darias 合作。

4.《埃及遗产》（The Legacy of Egypt，1942），见《夏鼐日记》1953 年 8 月 27、29、30 日（卷二，37 页）。

【案】

格兰维尔是皮特里的弟子。他是直接指导夏鼐学埃及考古和写博士论文的老师，真正的业师。

《埃及古珠考》的致谢名单有格兰维尔，但参考文献没有他的著作。

《夏鼐日记》1982 年 5 月 24 日提到："阅《考古学》34 卷第 6 期（1981 年）中 Koseir 发掘等篇，埃及 Koseir 海港，当年（1939 年）格兰维尔教授曾有意发掘，准备以 Egyptian Exploration Society（埃及考察团）的名义申请执照，得到 Sir Robert Mard（罗伯特·马登爵士）的支持，曾约我参加，据云其处多中国瓷片，后以欧战爆发而作罢，匆匆 40 年。此次美国人发掘，乃 National Geographic Society（国际地理学会）[57]及 Smithsonian Institution（史密森学会）所赞助，开始于 1978 年，颇有收获。"（卷九，137 页）

（八）鲍姆加特尔：皮特里藏品的主要整理者

鲍姆加特尔（Elise Jenny Baumgartel，1892～1975 年），英国著名埃及学家。

夏鼐留英时就认识她，向她请教，见《夏鼐日记》1939 年 9 月 6、13 日，10 月 17、19 日（卷二，257、258、260、262、263 页）。

1953 年，夏鼐读鲍姆加特尔的《史前埃及的文化》（*Cultures of Prehistory Egypt*），见《夏鼐日记》1953 年 5 月 31 日（卷五，24 页）。

1973 年，夏鼐访英，重遇鲍姆加特尔，夏鼐说，她"年已 81 岁，当年在伦敦大学埃及考古学系时经常一起工作，现已退休，谈当年旧事，不胜今昔之感。他问及中国古代陶器或铜器有否'Z'徽标，又送我一册 Petrie，*Naqada Excavation，a Supplement*（皮特里：《涅伽达发掘》增补），1970"，见《夏鼐日记》1973 年 10 月 5 日（卷七，387、388 页）。

1975 年，鲍姆加特尔去世，夏鼐是过了两年才从西文书刊获知，见《夏鼐日记》1977 年 3 月 17 日（卷八，84 页）。

【案】

鲍姆加特尔，德裔，1892 年生于柏林，与柴尔德同岁。她曾先后就读于柏林大学和哥尼斯堡大学，学埃及学和考古学，1927 年获博士学位，获德国科学基金会资助（很少有女性获此基金），继续做考古研究。1933 年，希特勒上台，资助取消，她举家移民英国。约翰·迈尔斯帮她在伦敦找到两份临时性工作。1934 年，皮特里移居巴勒斯坦，把他在埃及发掘 42 年的藏品卖给伦敦大学学院皮特里埃及考古博物馆。皮特里的学生史蒂芬·格兰维尔任埃及学系系主任，慧眼识珠，聘请鲍姆加特尔为藏品编目整理（由蒙德赞助）。她是皮特里藏品的主要整理者，夏鼐整理的只是皮特里藏品中的珠子。1939 年，格兰维尔应征入伍后，她替格兰维尔上课，任该系临时助理。1940 年，任教牛津大学萨默维尔学院。《史前埃及的文化》是她的代表作，出版于 1947 年（续有修订）。1955 年，前往美国。1964 年，又重返英国。1970 年退休。夏鼐再次见到她，她已退休。《涅伽达发掘》补卷（即上引"《涅伽达发掘》增补"）是她根据 60 年代新发现的一批皮特里笔记本整理而成。

《埃及古珠考》的致谢名单有鲍姆加特尔，但参考文献没有她的著作。

（九）伽丁内尔：教夏鼐学埃及古文字的老师

伽丁内尔（Alain H. Gardiner，1879～1963 年）是伦敦大学学院考古系的埃及古文字学家。

1936 年 9 月 22 日～1937 年 3 月 17 日，夏鼐在伽丁内尔指导下学埃及古文字，读伽丁内尔的《埃及语法练习》（*Egyptian Grammar Exercises*），做习题。夏鼐说，"这半年来，大部分光阴都花费在这本书上，自思似乎并不值得，将来如有半年不弄这东西，便要大部忘掉了，何必今日费这番苦心去干。但是比起跟叶慈教授弄中国考古学，自胜百倍"（卷二，97、98 页）。

【案】

伽丁内尔是夏鼐学埃及古文字的老师，但《埃及古珠考》的致谢名单没有他，参考文献也没有他的著作。

（十）卡顿-汤普森

卡顿-汤普森（Miss Gertrude Caton-Thompson，1888～1985 年），皮特里的学生，埃及考古学家。

【案】

《埃及古珠考》的致谢名单有卡顿 - 汤普森，参考文献只有她的一篇文章："The Royal Anthropological Institute's Prehistoric Research Expedition to Kharga Oasis，Egypt. The Second Season's Discoveries"，*Man*，Vol. 32，1 June，pp. 129-135，此种未见《夏鼐日记》。

（十一）迈尔斯：带夏鼐到埃及参加考古实习的人

迈尔斯（Oliver H. Myers，1903～1966 年），皮特里一系的埃及考古学家。1937 年 8 月 31 日，柴尔德在伦敦初次见到迈尔斯，接洽考古实习事，后随迈尔斯去埃及发掘。《夏鼐日记》只记考古实习事，未提迈尔斯的著作。

【案】

《埃及古珠考》的致谢名单有迈尔斯，但参考文献没有他的著作。

（十二）布伦顿：夏鼐在开罗请教过的埃及学家

布伦顿（Guy Brunton，1878～1948 年），也是皮特里一系的埃及考古学家，时在开罗博物馆任职。1937 年 12 月 28 日，夏鼐在开罗初次见到布伦顿，参观开罗博物院的藏品，向布伦顿请教与埃及古珠有关的各种问题。

布伦顿的书，《夏鼐日记》所见，凡五种：

1.《卡乌与巴达里》之二（*Qua and Badari II*），见 1935 年 2 月 19 日（卷一，294 页）。

2.《卡乌与巴达里》之一（*Qua and Badari I*），见 1935 年 3 月 1、2 日（卷一，296 页），1943 年 7 月 23 日（卷三，124 页）。

3.《巴达里文明》（*The Badarian Civilization and Predynastic Remains near Badari*，1928），见 1938 年 12 月 27 日（卷一，296 页）。

4.《古洛卜》（*Gurob*，1927），与恩格尔巴赫（R. Engelbach）合写，见 1939 年 8 月 9 日（卷二，253 页）。

5.《拉浑之一：宝藏》（*Lahun I：The Treasure*，1920），见 1939 年 8 月 22、24 日（卷二，254、255 页）。

【案】

上述作品，1、2 两种是出国前所读，3～5 是留学时所读，回国后又重读。"卡乌"，原作"夸"。《古洛卜》，原作"古诺卜"。"拉浑"，原作"拉宏"。

《埃及古珠考》的致谢名单有布伦顿，参考文献有他的九种书，其中五种见于《夏鼐日记》（即上划线者）。

（十三）卢卡斯：夏鼐在开罗见到的埃及文物保护专家

卢卡斯（Alfred Lucas，1867～1945 年）是英国研究古器物材质和工艺的保护专家。1939 年 11 月 4 日，夏鼐在开罗博物院初次见到卢卡斯，向他请教与埃及古珠有关的问题。

卢卡斯的书,《夏鼐日记》所见,凡三种,去埃及前他就读过:

1.《古物的再现与复原》(*Antiques,Their Restoration and Presentation*,1932),见1936年4月19、22、23日(卷二,35页)。

2.《铁器的修复与保护》(*Iron Restoration and Preservation*,1934),见1936年4月22日(卷二,35页)。

去埃及后,他又读过:

3.《古代埃及的原料和工艺》(*Ancient Egyptian Material and Industries*,1934),见1938年4月26~30日、5月18日,1940年8月13日(卷二,212、213和314页),1952年8月24日,9月21、24、29日,10月1日(卷四,502、508~510页);1965年3月10日(卷七,95页)。

【案】

上述作品,1、2是出国前所读,3是在埃及所读,解放后又重读。

《埃及古珠考》的致谢名单有卢卡斯,参考文献有他的四种书,其中两种见《夏鼐日记》(即上划线者)。

(十四)皮特里:夏鼐归国途中拜见的埃及考古学大师

皮特里(Flinders Petrie,1853~1942年)是英国最著名的埃及考古学家。他的"序列断代法"影响很大。夏鼐的博士论文是以整理皮特里收藏的埃及串珠为基础。皮特里的书是主要参考书。

归国途中,他很想跟皮特里见一面[58]。1940年12月9日,夏鼐终于在耶路撒冷政府医院见到皮特里:

> 他躺在床上,银白色的头发垂在肩上。虽然他年事已高并且身体虚弱,但镜片后的眼睛却依然炯炯有神。他谈论了一下珠子,接着便转向他自己的考古生涯。墓葬排序和陶器分型方法,是由他在Naqada(涅加达)开创的。Pre-dynastic Period(前王朝时期)的年代系列,也是他奠定的。他赞赏布伦顿和惠勒的工作,但对迈尔斯却提出了严厉的批评。关于吴(金鼎)先生,他指出其能力出色地完成交给的任务,唯一的弱点是开动脑筋不够。关于叙利亚古文字的讨论持续了大约半小时。之后,我向他道别,皮特里太太说:"这不是永诀,而是再会,你还得再来看他。"我从皮特里太太处买了一本有皮特里签名的册子(《夏鼐日记》卷二,327、328页)。

1942年7月28日,皮特里去世,夏鼐正在家乡温州。他是第二年才听说这个消息[59]。

皮特里的书,见于《夏鼐日记》有32种(划线者见于《埃及古珠考》参考文献):

1.《史前埃及》(*Prehistory Egypt*,1920),见1935年2月16、17日(卷一,293页),1938年11月13、27日(卷二,232、233页)。

2.《工具与武器》(*Tools and Weapons*,1917),见1935年2月18日(卷一,293页)。

3.《考古学七十年》(*Seventy Years in Archaeology*,1931),见1935年10月1~3日(卷一,370页)。夏鼐读该书第一章序言后说,"作者并没有受过正式的教育,由他的父亲处学得化学、机械学、测量绘图,由他的母亲处学得矿石学及历史的爱好,由更上一代的祖先遗传了组织人员的才能，便借测量金字塔的机会，跨入考古学的范围。与他一比较，我所受的教育，自然是完备得多，但是我所读的多是偏于文史一方面的东西，与考古学不生关系，自己对于古物虽有嗜好，在初中时便喜欢拣古钱，但对于用人办事的才干太差劲了。现在由于偶然的机缘，逼入考古学的领域，将来的成败，实属不可预料，我只好不断努力，聊尽己责而已"（卷一，370 页）。

4.《考古学的方法和目标》（*Methods and Aims of Archaeology*，1912），见 1936 年 2 月 10 日（卷二，12 页）。

5.《上古加沙》之四（*Ancient Gaza* IV，1934），见 1936 年 3 月 1 日（卷二，16 页）。夏鼐说，"此系 1933 年 11 月 18 日～1934 年 4 月 4 日一季田野工作的报告，吴金鼎君曾参加此役，第一节之 'We welcomed a Chinese archaeologist，Wu Gin Ding（我们接待过一位中国的考古学家，吴金鼎）' 即吴君也。此种报告，似不及 Reissner（赖斯纳）的 *Naga ed-Deir III*（《纳戈代尔》之三）之佳，但较简易，亦未尝不可取法"（卷二，16 页）。

6.《文明的革命》（*The Revolutions of Civilization*，1912），见 1937 年 2 月 18 日（卷二，105 页）。夏鼐云，"此书立论虽新奇，但基点不固，无甚价值"。

7.《古代埃及的社会生活》（*Social Life of Ancient Egypt*，1923），见 1937 年 5 月 23 日、6 月 1～4 日（卷二，110、111 页）。

8.《具名滚筒印与圣甲虫宝石》（*Scarabs and Cylinders with Names*，1917），见 1937 年 6 月 11 日（卷二，112 页）。

9.《埃及历史》（*A History of Egypt*，*Vol. I-III*，1902，1904，1905），见 1937 年 7 月 15～17、25 日，8 月 6、14、19、23～26 日（卷二，116、117、119、120 页）。

10.《古代埃及的工艺美术》（*The Arts and Crafts of Ancient Egypt*，1910），见 1937 年 8 月 16 日（卷二，119、120 页）。

11.《古代埃及的宗教与道德》（*Religion and Conscience in Ancient Egypt*，1898），见 1937 年 10 月 7 日、1938 年 8 月 21 日（卷二，128、224 页）。

12.《埃及发掘十年（1881～1891 年）》（*Ten Years Digging in Egypt* 1881-1891），见 1938 年 8 月 6 日（卷二，222 页）。夏鼐云，"此书叙述氏最初考古工作，为通俗读物，插图丰富，虽内容大多复述于 *Seventy Years in Archaeology*（《考古学七十年》）中，仍值得一读"。

13.《护身符，大学学院埃及藏品图说》（*Amulets，Illustrated by the Egyptian Collection in University College*，1914），见 1938 年 10 月 29 日（卷二，231 页）。

14.《涅伽达和巴拉斯》（*Naqada and Ballas*，1896），见 1939 年 1 月 8 日（卷二，237 页）。与 Quibell 合著。

15.《狄奥斯波里斯·帕尔瓦》（*Diospolis Parva*，1901），见 1939 年 1 月 29 日（卷二，238 页）。

16.《格尔塞和马兹古纳的迷宫》（*The Labyrinth，Gerzeh and Mazghuneh*，1912），与 Wainright 和 Mackay 合著，见 1939 年 2 月 20 日（卷二，239 页）。

17.《塔尔罕 I 与孟菲斯 V》（*Tarkhan I and Memphis V*，1913），见 1939 年 5 月 5 日（卷二，246 页）。

18.《塔尔罕 II》（*Tarkhan II*，1914），见 1939 年 5 月 17 日（卷二，246 页）。

19.《侍臣墓与尼罗鳄墓》（*Tombs of the Courtiers and Oxyrhynkhos*，1925），见 1939 年 5 月 19 日（卷二，247 页）。

20.《埃及早王朝时期的皇家墓葬Ⅰ》（*Royal Tombs of the Earliest Dynasties*，*Part I*，1900），见 1939 年 6 月 3 日（卷二，248 页）。

21.《埃及早王朝时期的皇家墓葬Ⅱ》（*Royal Tombs of the Earliest Dynasties*，*Part II*，1901），见 1939 年 6 月 18 日（卷二，249 页）。

22.《阿拜多斯Ⅰ》（*Abydos I*，1902），见 1939 年 7 月 1 日（卷二，250 页）。

23.《阿拜多斯Ⅱ》（*Abydos II*，1903），见 1939 年 7 月 9 日（卷二，251 页）。

24.《科普托斯》（*Koptos*，1896），见 1939 年 8 月 4 日（卷二，252 页）。

25.《卡浑、古洛卜与哈瓦拉》（*Kahun*，*Gurob and Hawara*，1890），见 1939 年 8 月 16、18 日（卷二，253 页）。

26.《塞德蒙特Ⅰ～Ⅱ》（*Sedment I-II*，1924），与 Brunton 合著，见 1939 年 8 月 28 日（卷二，255 页）。

27.《孟菲斯》（*Menphis*，1909-1915），见 1939 年 8 月 31 日（卷二，255 页）。

28.《古代世界的纹饰》（*Decorative Patterns of the Ancient World*，1930），见 1939 年 9 月 14 日（卷二，258 页）。

29.《喜克索斯王朝与以色列城市》（*Hyksos and Israelite Cities*，1906），见 1939 年 9 月 17 日（卷二，259 页）。

30.《埃尔·阿马尔纳丘》（*Tell El Amarna*，1894），见 1939 年 11 月 2 日（卷二，269 页）。

31.《归纳的计量学》（*Inductive Metrology*，1877），见 1939 年 8 月 8 日（卷二，313 页）。

32.《皮特里的涅伽达发掘，1870 年补遗》（*Petrie's Naqada Excavation*，*a Supplement*，1870），见 1973 年 10 月 5 日（卷七，388 页）。本书由鲍姆加特尔整理成书。

【案】

皮特里是埃及考古学的泰斗。他那个时代，考古主要是个"动手动脚"的活动。学者型的考古学家很少。他是半路出家，干中学。

上述作品，1、2 是出国前所读，32 是解放后所读，绝大多数都是转读埃及考古后，为写论文而读。

夏鼐的博士论文是写皮特里收藏的埃及古珠，当然得读皮特里的书。皮特里的书，他读了很多，但跟皮特里只有一面之缘。他并不是皮特里的及门弟子，只是他的再传弟子。

《埃及古珠考》的致谢名单有皮特里，参考文献有皮特里的 49 种书，其中 21 种见于《夏鼐日记》（即上划线者）。

（十五）布雷斯特德：美国的埃及考古学家

布雷斯特德（James Henry Breasted，1865～1935 年）是柴尔德的朋友，美国的埃及学家。他的书，见于《夏鼐日记》，凡八种：

1.《文明的征服》（*The Conquest of Civilization*，1926），1934 年 6 月 3～5、15、16 日（卷一，

242 页）。

2.《埃及史》（*A History of Egypt，from the Earliest Times to the Persian Conquest*，1909），见 1936 年 9 月 10、11、15、17～20 日（卷二，68～70 页）。

3.《埃及的古史记载》（*Ancient Records of Egypt，1906-1907*），见 1937 年 6 月 28、29 日，7 月 15～17、25、30 日，8 月 6、10～14、20 日（卷二，114、115、118～120 页）。此书又见《埃及古珠考》参考书目。

4.《古代埃及宗教与思想的发展》（*Development of Religion and Thought in Ancient Egypt*，1912），见 1937 年 9 月 29 日、10 月 1 日（卷二，127 页）。

5.《良知的起源》（*The Dawn of Conscience*，1933），见 1937 年 10 月 2～4 日（卷二，127、128 页）。

6.《古埃及人史》（*A History of the Ancient Egyptians*，1908），见 1938 年 9 月 11 日（卷二，226 页）。

7.《芝加哥东方研究所》（"The Oriental Institute of the University of Chicago"，*American Journal of Semitic Languages and Literatures*，Vol. 35，1919，pp. 196-204），见 1939 年 3 月 25 日（卷二，221 页）。

8.《古代串珠》（"Ancient Beads"），见 1940 年 1 月 21 日（卷二，284 页）。

解放后，夏鼐还读过布雷斯特德的儿子（C. Breasted）为他写的传记：《探索过去的先驱》（*Pioneer of the Past*），见《夏鼐日记》1949 年 12 月 19～22 日（卷四，276 页）。

【案】

夏鼐没见过布雷斯特德。上述作品，1 是他出国前就读过，2～8 是出国后因改学埃及考古学才读。《文明的征服》，有中文译本（燕山出版社，2004 年）。

《埃及古珠考》的致谢名单没有布雷斯特德，参考文献只有上 3（即上划线者）。

（十六）其　　他

解放后，夏鼐为了介绍考古学的一般概念，参考过下述五书：

1. 滨田耕作《考古学通论》，见 1935 年 3 月 14 日。夏鼐在日记中说，"此书颇不恶，惜过于浅近通俗耳"（卷一，300 页）。1953 年 1～6 月，夏鼐给北大历史系考古专业授课，其《考古学通论讲义（之一）》就是以此书为参考书[60]。此书有中译本[61]。

2. 克劳福德（O. G. S. Crawford，1886～1957 年）《田野考古学》（*Archaeology in Field*），见《夏鼐日记》1953 年 11 月 13、22、29 日（卷五，50、52、53 页）。他读此书，可能与给北大历史系考古专业授课有关。

3. 驹井和爱《考古学概论》，见《夏鼐日记》1953 年 11 月 30 日，12 月 6、13、20 日（卷五，53～55 页）。夏鼐说，"好久未弄日文，读时颇吃力"（12 月 13 日）。他读此书，可能与给北大历史系考古专业授课有关。

4. 蒙盖特《苏联考古学》，见 1958 年 1 月 26 日（卷五，348 页），1960 年 6 月 13、14、23 日，7 月 1、3、14 日（卷六，103、105～107、109 页）。他读此书，可能与写作《再论考古学文化的命名问题》有关。此书有中译本[62]。

5. 蒙盖特和阿马尔里克合著《什么是考古学》，见 1958 年 11 月 1~13 日，1960 年 1 月 15 日，1961 年 2 月 12、15 日，3 月 9、12、18 日，5 月 7、18、21、23~27 日，6 月 4 日（卷 六，152~153、157~159、172、174~176、178 页）。夏鼐说，"这是我第一次从头到尾阅读过的俄文书"（1961 年 6 月 4 日）。他读此书，可能与写作《再论考古学文化的命名问题》有关。

【案】

夏鼐读书，有些是出于个人爱好，有些是出于工作需要。以上五种属于后一类。滨田耕作师从皮特里，被誉为"日本考古学之父"。克劳福德是柴尔德的好朋友。蒙盖特是苏联考古学家。

小　结

夏鼐学历史，老师是蒋廷黻。

夏鼐学考古，在中国有三个老师：傅斯年、李济、梁思永。傅斯年是历史学家，不是考古学家，但他对夏鼐有不少忠告。李济、梁思永曾建议夏鼐从柴尔德学。

夏鼐留学伦敦大学，注册导师，初为叶慈，后为格兰维尔。他看不起叶慈的学问，但叶慈毕竟当过他的老师，并且对他很器重。

夏鼐写博士论文，主要参考皮特里、布伦顿和布雷斯特德的书。田野技术，主要受惠于惠勒。

1980 年，夏鼐在他为《中国考古学研究》（日文版）写的序言中回忆，"1930 年代的英国考古学界，是巨星璀璨、大学者辈出的时代"[63]。他举了那个时代的五个代表人物：埃及考古学的皮特里、美索不达米亚考古的吴雷、希腊考古的伊文思、理论考古学及比较考古学的柴尔德、田野考古学的惠勒。五位大师，他受皮特里、柴尔德、惠勒影响最大。

埃及考古，他受皮特里影响最大（从书本学）。

考古学理论，他受柴尔德影响最大（从书本学）。

田野考古，他受惠勒影响最大（从干中学，学动手能力）。

注　释

[1] 《夏鼐日记》，上海华东师范大学出版社，2011 年。下凡引用日记原文，皆随文括注卷页，不再另出脚注。

[2] 《夏鼐日记》1953 年年终总结（卷五，58 页）。

[3] 《夏鼐日记》卷一，第 285~298 页。

[4] 《夏鼐日记》卷一，第 298~329 页。

[5] 参看《夏鼐日记》1935 年 4 月 1 日、10 月 5 日（卷一，308、372 页）。

[6] 门京（Osward Menghin，1888~1973 年），奥地利考古学家。

[7] 王祥第《哀思阵阵——纪念夏鼐逝世一周年（外一篇）》附录；翟雪笙《道德文章世人师——王祥第谈夏鼐同志二三事》，收入王世民编《夏鼐——考古泰斗》，文汇出版社，2021 年，第 57~61 页。

[8] 《夏鼐日记》1938 年 3 月 5 日（卷二，182 页）。

[9] 《夏鼐日记》1948 年 4 月 19 日（卷四，183 页）。

[10] 夏鼐《〈殷周金文集成〉前言》，《夏鼐文集》，社会科学文献出版社，2017 年，第 264 页。

［11］ 参看《夏鼐日记》卷五，第 71～81 和 83 页。

［12］ 比较考古学（comparative archaeology）一词比较少见。德国仍有这类研究，如德国考古研究所（Deutsches Archäologisches Institut，DAI），下设普通考古学与比较考古学委员会（Kommission für Allgemeine und Vergleichende Archäologie），今名欧洲以外诸文化考古学委员会（Kommission für Archäologie Außereuropäischer Kulturen）。案：李学勤写过一个小册子，叫《比较考古学随笔》（广西师范大学出版社，1997 年）。他说的"比较考古学"主要指跨文化的器物比较，与此不同。

［13］《夏鼐文集》第四册，第 426～428 页。

［14］ 明斯（Ellis Hovell Minns，1874～1953 年），剑桥大学彭布罗克学院古典学文学士毕业。毕业后，曾在巴黎短期居住，1898 年移居圣彼得堡，1902 年回到剑桥。1927～1938 年任剑桥大学迪斯尼讲座教授。1945 年授勋爵士。研究领域：斯拉夫考古、俄罗斯考古、斯基泰考古。

［15］ W. Perceval Yetts, *The George Eumorfopoulos Collection*：*Catalogue of the Chinese and Corean*，*Sculpture*，*Jades*，*Jewellery and Miscellaneous Objects*，London，1919.

［16］ 夏鼐初见叶慈是 1935 年 9 月 21 日，见《夏鼐日记》卷一，第 365 页。

［17］ 吴金鼎（1901～1948 年），山东安丘人，曾就读于齐鲁大学。1926 年考入清华国学院，师从李济。1928 年发现城子崖遗址，曾参加殷墟第四和第六次发掘。1933 年赴英留学，师从叶慈，曾随皮特里赴巴勒斯坦发掘。1937 年获博士学位。1938 年回国，先后供事于中央博物院筹备处和史语所。1948 年病故于山东济南。曾昭燏（1909～1964 年），湖南湘乡人，曾国藩四弟曾国潢的长曾孙女。南京中央大学和金陵大学毕业。1935 年赴英留学，师从叶慈。1937 年获硕士学位。后赴德国学博物馆学，参加田野考古。1938 年回伦敦大学，给叶慈当助教。同年回国，供事于中央博物院筹备处。1950 年任南京博物院副院长。1964 年跳灵谷塔自杀。

［18］《夏鼐日记》1936 年 11 月 8 日（卷二，78 页）。

［19］《夏鼐日记》1936 年 4 月 12 日附夏鼐致梅贻琦信（卷二，29 页），该信写于 4 月 11 日。

［20］《夏鼐日记》的牢骚话很多，如 1935 年 10 月 9、10、16、22～25、31 日和 11 月 12、13、27 日（卷一，374、375、378～381、383、389～390、394 页）；1936 年 1 月 17、24、26 日，2 月 11、12、24 日，11 月 8 日，以及 1936 年的年终总结（卷二，5～7、12、15、79、84 页）；1937 年 3 月 14 日（卷二，98 页）。曾昭燏也有类似抱怨，如 1935 年 9 月 12 日（卷一，360 页）。

［21］《夏鼐日记》1935 年 1 月 4 日（卷一，285 页）。

［22］《夏鼐日记》1936 年 3 月 22 日（卷二，22 页）。

［23］ 王世民《夏鼐和傅斯年的师承与别离》，《夏鼐先生纪念文集——纪念夏鼐先生诞辰一百周年》，科学出版社，2009 年，第 304～309 页。

［24］ 夏鼐最后见叶慈，见《夏鼐日记》1936 年 7 月 9、11 日（卷二，54 页）。夏鼐说，他临走时，叶慈把他送到门口，"直到墙壁遮断视线时才进去"。

［25］《夏鼐日记》1937 年 5 月 21 日（卷二，110 页）。

［26］《夏鼐文集》第四册，第 203～207 页。参看《夏鼐日记》1948 年 10 月 28～30 日（卷四，211 页）。

［27］《夏鼐文集》第四册，第 269、270 页。参看《夏鼐日记》1958 年 1 月 6 日（卷五，346 页）。

［28］ 吴金鼎是以《中国史前陶器》（Wu G. D.，*Prehistoric Pottery in China*，London：Kegan Paul，Trench，Trubner，1938）获博士学位，闻北京中华书局将出中文译本。

［29］ 曾昭燏留下的著作、年谱、日记、书信等有关资料，收入南京博物院编《曾昭燏文集》（文物出版社，2013 年）。

［30］ 参看《夏鼐日记》1964 年 1 月 18 日（卷七，85 页）。

［31］《曾昭燏文集·日记书信卷》收有此信。《夏鼐日记》1936 年 6 月 19 日（卷二，49 页）提到曾昭燏写此信。关于夏鼐的转学经过，可参看费尔德、汪涛《夏鼐先生的英伦之缘》和汪涛《对〈夏鼐先生的英伦之缘〉一文的几点补充》。二文收入中国社会科学院考古研究所编《夏鼐先生纪念文集——纪念夏鼐先生诞辰一百周年》（科学出版社，2009 年，第 310～320 页）。

［32］ 这是 Wheeler 的第一任夫人 Tessa Verney Wheeler（1893～1936 年），一位很有成就的考古学家。

［33］ 鲍姆加特尔，1939 年在伦敦多次见面，见《夏鼐日记》1939 年 9 月 6、13 日，10 月 17、19 日（卷二，257、258、262、263 页）。1973 年，夏鼐访英，再次在伦敦见面，见《夏鼐日记》1973 年 10 月 5 日（卷七，387、388 页）。

［34］ 1936 年 1 月 5 日、2 月 4、20 日，3 月 31 日，周培智有信给夏鼐，见《夏鼐日记》卷二，第 24、30、33 页。1936 年 2 月 2 日、15 日夏鼐有信给周培智，见《夏鼐日记》卷二，第 9、13 页。

［35］《夏鼐日记》1936 年 4 月 12 日（卷二，27～33 页）。案：格林说，爱丁堡时期的柴尔德，他的兴趣主要在研究，对带学生不太上心，考古系的设施也很差，因为屋顶漏雨，曾打着雨伞上课。

［36］ "Light of Recent Discoveries, Professor Chi's Review"，*Scotsman*，Friday，February 26，1937.

［37］《夏鼐日记》1938 年 10 月 10 日（卷二，229 页）。

［38］《夏鼐日记》1938 年 11 月 10 日（卷二，232 页）。

［39］ 参看 Peter Gathercole，Terry Irving，(eds.)，"A Childe Bibliography: A Hand-List of the Works of Vere Gordon Childe"，*European Journal of Archaeology*，Vol. 12（1-3），pp. 1-43.

［40］ 夏鼐《英国进步考古学家柴尔德逝世》，《夏鼐文集》第四册，271、272 页。

［41］ 夏鼐纪念柴尔德文把 1929 年印成 1527 年。

［42］ 刊于 *Eurasia Septentrionalis Antiqua*，vol. 9，1934。上引特里格书后的参考文献未收这一种。

［43］ 刊于 *Proceedings of the Prehistoric Society*，vol. 2，1951，pp. 177-194。上引特里格书后的参考文献未收这一种。

［44］ 王木南、李强《柴尔德与王振铎关于辉县琉璃阁墓中出土车制的询复信件》，《中国科技史杂志》2007 年第 28 卷第 1 期，第 47～49 页；王木南、李强《柴尔德与王振铎关于辉县琉璃阁墓中出土车制的询复信件译读》，《华夏考古》2007 年第 3 期，第 138～141 页。

［45］ 参看 http://www2.tku.edu.tw/~tahx/30years/Chuopp.html；《中国历史学会会讯》第 20 期（1986 年 5 月 10 日）所载王聿均为周培智所作小传，又周维强：《王聿均老师访问纪录》，《创系三十周年系庆专刊——口述历史》，台湾：淡江大学历史系，1997 年 3 月。周维强对王聿均的采访（台北："中研院"近史所，2003 年 6 月 22 日）。

［46］ 刘世安《我所知道的周培智主任》，《史化》1994 年 23 卷第 5 期，第 35～40 页。

［47］ 林清芬《抗战时期我国留学教育史料》第一册《各省考选留学生（一）》，台北：国史馆，1994 年 6 月 1 日，第 508、509 页。

［48］ 夏鼐《英国进步考古学家柴尔德逝世》，《夏鼐文集》第四册，第 271、272 页。

［49］ 夏鼐《陈请梅贻琦校长准予延长留学年限的信函》和傅斯年、李济两人的复信，收入《夏鼐文集》第四册，第 436～445 页。《夏鼐日记》1936 年 4 月 12 日也附有前信（卷二，30、31 页）。

［50］ 夏鼐读过的皮特里的书，详见下文。

［51］ 夏鼐读过的布雷斯特德的书，详见下文。

［52］《夏鼐日记》卷二，第 363、364 页。

［53］《夏鼐日记》卷二，第 373 页。

［54］《夏鼐日记》卷二，第 364 页；卷三，第 124 页。

［55］《夏鼐日记》卷三，第 133 页。

［56］《夏鼐日记》卷三，第 140、141 页。

［57］ "国际地理学会（National Geographical Society）"是"国家地理学会（National Geographic Society）"之误。

［58］ 1940 年他与皮特里通信，把部分稿子寄给皮特里向他请教，见《夏鼐日记》5 月 9 日，6 月 15、16 日，7 月 4、7 日，8 月 24 日，9 月 15 日，10 月 16 日（卷二，300、304～307、309、315、317、320 页）。

［59］《夏鼐日记》1943 年 7 月 3 日："傍晚至曾君处借书，闲谈中知 Petrie（皮特里）已于去年此时逝世，乃闲谈谒见皮特里时晤谈情形。"（卷三，120 页）

［60］《夏鼐文集》第一册，第 67～126 页。

［61］〔日〕滨田耕作著，俞戤华译《考古学通论》，商务印书馆，1931 年。

［62］〔苏〕A. Л. 蒙盖特著，中国科学院考古研究所资料室译《苏联考古学》(内部读物)，中国科学院资料室编，
　　　　1963 年。

［63］《夏鼐文集》第四册，第 426～428 页。

早期黄金技术与欧亚草原
——内蒙古鄂尔多斯地区西沟畔二号墓出土金银器的综合研究*

刘　艳　李　锐　杨军昌　刘睿良　赵国兴　谭盼盼

一、引　言

　　黄金制品由于价值高昂、易于携带，深受徙水草而居的游牧族群喜爱，在欧亚大陆的流通和传播极广，承载着丰富的历史文化信息，是研究早期物质文化交流与技术传播的最佳案例。近年，中国西北地区先秦时期的墓葬，如新疆维吾尔自治区阿勒泰地区的东塔勒德墓地、东天山地区的东黑沟、西沟遗址和甘肃张家川马家塬墓地，出土了大量制作精湛的黄金制品，无论工艺或装饰都体现出一种融合本土特色和外来影响的复杂风格。今见的不少黄金工艺如模压、珠化和花丝都起源于西亚，经由中亚草原传入中国[1]。作为一种外来的物质文化，黄金制品为了解古代中国与域外的交往提供了一个独特的窗口。

　　黄金在欧亚草原的使用和制作有着悠久的历史，但在商周社会，并不被中原地区的精英阶层所珍视[2]。自公元前4世纪开始，一些外来的技术和图像被融入本土黄金制作中，而且在新的社会语境中成为个人或群体身份的物质体现。草原文化对中国西北边地黄金制品的影响，一直是中西方学界讨论的热点。一般认为早期黄金技术的进入与战国时期中国边地与欧亚草原的频繁往来具有密切联系[3]。然而，在早期欧亚大陆文化交流愈加频繁的大背景下，一些关键问题，譬如：早期黄金制作中一些新样式和新工艺是如何产生的？本土社会如何回应外来物质文化的传入？是否存在外来

　　* 本文为教育部人文社科交叉学科规划基金项目"早期黄金艺术与文化交流——以新疆阿勒泰地区的考古发现为例"（项目编号：20YJAZH071）和中央高校基本科研业务费资助项目（项目编号：D5000220426）、文化遗产科技保护国际联合研究中心的阶段性成果。原文"China and the steppe：technological study of precious metalwork from Xigoupan Tomb 2（4th-3rd c. BCE）in the Ordos Region，Inner Mongolia"，*Heritage Science*，2021，46（9），p. 46，在翻译过程中，作者对原文内容进行了修订。

文化影响下的技术创新等等，尚未得到足够关注。

中国北方和西北边地的金银器考古遗存，为了解早期古代中国早期黄金技术的发展提供了丰富的实物资料。1979～1989 年，内蒙古鄂尔多斯地区准噶尔旗北部的西沟畔墓地共发现 12 座竖穴墓。其中二号墓（M2）保存较好，出土金银器最丰富。墓主人为一位成年男性，颈部有黄金项圈，头骨两侧有金耳坠一对，铜镜一面和圆形鹿纹金饰片一件，右手骨下有一件铁剑（外有金片包着的木制剑鞘，在金片结合处有圆金泡），腰部有金牌饰，两腿骨之间有铜圆片饰和金指套各一件，腰部两侧还有多件银花片，共出土金器 38 件、银器 12 件[4]。这座墓葬被认为属于史书中记载的匈奴人（公元前 209～公元 159 年）的墓葬，然而二号墓和其他墓葬出土的器物年代要早于公元前 2 世纪。

西沟畔墓地和鄂尔多斯地区其他遗址发现的一些数目可观、种类丰富的金银饰品，引起了学术界的广泛关注。不少学者展开了对中国北方边地的贵金属制品的制作、使用与流通等相关问题的探索。一般认为，西沟畔二号墓发现的一些铸造而成的金银器是中原工匠为满足边地市场需求而制作的器物[5]，与其他中国西北地区发现的金银器一样，它们都是早期中国与欧亚草原文化互动下的产物[6]。可惜目前少有对鄂尔多斯金银器的科学分析。王志浩、小田木治太郎等人曾用便携式 XRF 对西沟畔、碾房渠和石灰沟出土的部分金银器的金属成分进行了初步分析，发现金属含量构成具有很高的一致性，因此推断这三地出土的金银制品，是使用相同的金属原材料制作的[7]。由于便携式 XRF 获取数据的局限性和工艺研究方面的不足，关于鄂尔多斯金银器的来源与产地，尤其是鄂尔多斯动物纹金银饰品的工艺内涵、风格和产地等一系列问题仍需深入探讨。

本文从跨学科研究的视野，将微观世界下的材料分析引入早期文化交流的宏观研究当中，结合科学分析和艺术史、考古学研究，展开技术、风格和图像方面的比较研究。我们采用了超景深显微镜和带能谱仪的扫描电子显微镜对西沟畔二号墓金银器进行了无损分析，明确它们的制作工艺、技术特征、材料属性和金属成分，在装饰风格、技术特征、金属成分和工艺传统方面进行综合研究，并对中国早期金银器中出现的一些新样式和新工艺是否为外来影响下的本土创新，及其背后的文化动因这些问题进行探讨。

二、科 学 分 析

1. 分析方法

本研究采用无损分析方法，使用的仪器包括三维数码显微系统、带 X 射线能谱分析仪的扫描电子显微镜。所用分析仪器型号如下：光学显微镜，日本 HIROX Digital Microscope KH-7700；扫描电子显微镜，VEGA TS5136XM；能谱分析仪，INCA-300。

首先，使用三维数码显微系统对每一件文物表面进行观察，重点是观察加工痕迹与缺陷，比如纹饰线条、孔洞、饰件边缘、裂缝等，这是研究饰件加工工艺的基础。其次，在显微观察的基础上，进而在扫描电子显微镜中对一些特殊相进行更细致的观察，并利用能谱仪对文物本体及典型部位进行元素采集，以获取相关分析检测位置的元素信息（每件饰件的正反面都做检测，每面至少取三个区域或点进行测试，求其平均值）。最后，在观察与检测分析的基础上，进行综合研究，以明确文物本体的材质与加工工艺。

2. 分析样品

本研究选取四件黄金饰片和一件银节约进行无损分析，具体如下：

卧马纹金饰片（XGP1769.7），饰件为长方形，四边向背面折叠，表面有浅浮雕纹饰。饰件正面四周有凸起阳线作画框，中间有一条凸起线条将饰件的图案分为两组，每组图案由同向而卧的两匹马组成，两组图案沿着凸起的线条形成镜像图像。饰件正面纹饰整体呈浅浮雕状。饰件图案中四匹马的大小形状相似，但纹饰图案细部线条差异较大。在饰件表面有两个穿孔，用于固定和穿系（图一，1）。

图一　黄金饰片

1. 卧马纹金饰片（XGP1769.7）　2. 卧鹿纹金饰片（XGP1770.8）　3. 双兽纹金饰片（XGP1776.14）
4. 鸟形纹金饰片（XGP1785.23）

卧鹿纹金饰片（XGP1770.8），饰件为长方形，饰件正面四周有凸起阳线作画框，中间有凸起阳线把长方形画框一分为二，也把饰件纹饰图案分为两组，每组图案有一只屈肢卧鹿，其枝状鹿角伸至尾部，整体图案为相对逆向而卧的两只鹿。饰件正面纹饰图案凸出，背面纹饰图案下凹。两只鹿的大小形状相似，纹饰图案细部线条差异较大。该饰件表面有穿孔 18 个，用于固定饰件。饰件本体还有几处破裂（图一，2）。

双兽纹金饰片（XGP1776.14），饰件形为方形，正面四周有凸起阳线作画框，框内是对卧的兽形图案，屈肢前伸，尾巴上卷。饰件正面图案部位凸起，呈浅浮雕状，四角均有穿孔。相似形状的饰片在该墓葬中出土有 7 件，其尺寸大小相近（图一，3）。

鸟形纹金饰片（XGP1785.23），饰片整体图案似一站立的鸟形，形似秃鹫，张翅展尾。该饰片正面纹饰线条凸起，有穿孔 4 个。相似的饰片在该墓葬中出土有 7 件（图一，4）。

银虎头节约（XGP1800.38），饰件正面为虎头，下颚为鸟喙纹，四肢较小，下部为卷云状双鸟喙纹，背面有十字形穿孔（图二，1）。类似饰件在该墓葬中共出土有 7 件。

表一   无损分析金银器样品信息

样品编号	名称	质地	尺寸（cm）	重量（g）	完残情况	考古简报编号
XGP1769.7	卧马纹金饰片	金	长 11.7、宽 5.7	13.0	基本完整	M2：27
XGP1770.8	卧鹿纹金饰片	金	长 10.9、宽 7.9	16.0	基本完整	M2：46
XGP1776.14	双兽纹金饰片	金	长 7.6、宽 7.0	11.0	基本完整	M2：49～55
XGP1785.23	鸟形纹金饰片	金	长 4.7、宽 3.4	3.0	基本完整	M2：32～38
XGP1800.38	银虎头节约	银	长 2.9、宽 6.0	31.0	基本完整	M2：13～19

3. 分析结果

（1）制作工艺与技术特征

显微观察显示银虎头节约（XGP1800.38）采用了铸造工艺，眼睛的轮廓线条为刻划而成。从虎头左眼及周边部位的扫描电子显微镜照片（图二，2）可看到凸起的眼睛呈连续变化的弧状，眼眶是用凹下的"阴刻"表现，眼眶线条边缘比较光整圆滑，还可看到周边区域分布有大小不一的孔洞，在 SEM 中观察则更加清晰（图二，3），应为铸造缩松或缩孔，这些特征表明银虎头节约应为铸造成形的。

显微镜下观察发现，四件金饰片上的纹饰线条均为双面刻划工艺形成。为了实现浅浮雕的立体效果，每一线条都用不同力度的三次刻划或两次刻划，其中一次力度较大的刻划是从金饰片背面进行，另外两次或一次力度较弱的刻划是在正面进行，较大力度的刻划目的是让纹饰线条凸起。

图四中卧马纹金饰片（XGP1769.7）上的一组图案，正面纹饰图案为浅浮雕式凸起（图三，1），反面为凹进去的图像。由于黄金良好的延展性，当从背面用力刻划时，在金薄片表面就形成了凸起的一条窄带。在显微镜下，可清晰看到该饰件边缘画框线条、马耳及马鬃部位纹饰线条的特征。金饰件的边框部位 A 线凸起，由背面用力刻划形成，B1 线与 B2 线为正面刻划（图三，2），卧马耳朵的轮廓也由正、反面分别刻划形成浅浮雕的效果（图三，3、4）。在马鬃部位，可以看见 D1～D5

图二　银虎头节约（XGP1800.38）

1. 正面和反面　2. 虎头眼部刻划痕迹　3. 虎头上的铸造缩松或缩孔痕迹

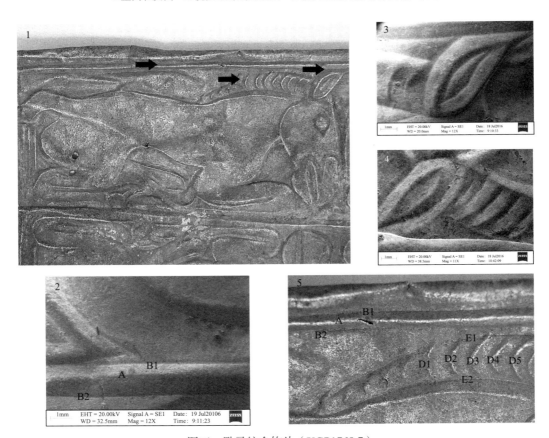

图三　卧马纹金饰片（XGP1769.7）

1. 正面　2. 边缘线条　3. 耳朵局部细节　4. 耳朵背面　5. 马鬃部位的刻划线条

线条是从背面用力刻划形成，E1、E2 线条是从正面刻划形成的（图三，5）。这种双面刻划的特征在扫描电镜中更为清晰。该金饰片表面并未见到任何捶打的痕迹，可见卧马纹金饰片的装饰明显采用了双面刻划工艺。为了使线条清晰而且具有立体感，有时适度用力并反复刻划也是必要的。

双面刻划工艺的使用在卧鹿纹金饰片（XGP1770.8）中表现得更明显，如图四所示，鹿头、鹿角、鹿耳朵，两面刻划的线条非常清晰：中间的线条从背面用力刻划，两侧的线条是从正面刻划，但力度稍弱。显微镜下可以清晰看到鹿角的纹饰线条特征，A 线是从金饰片背面用力刻划形成的线条，而 B1、B2 线是在正面刻划形成的线条（图四，1）。鹿角部位纹饰线条用了三条，但鹿下颌部位与身体上轮廓的线条则用了两条刻划线条形成（图四，1～3），鹿下颌上的 A 线是从金饰片背面用力刻划形成，而 B 线是在正面进行刻划形成，鹿身轮廓的 A 线是从金饰片背面用力刻划形成，而 B 线则是在正面进行刻划形成。这种双面刻划的技术特征在扫描电镜中观察会更为明显。鹿角部位的刻划，还可以见到一些技术缺陷，如刻划时的走刀现象及反复刻划的痕迹（图四，4、5）。

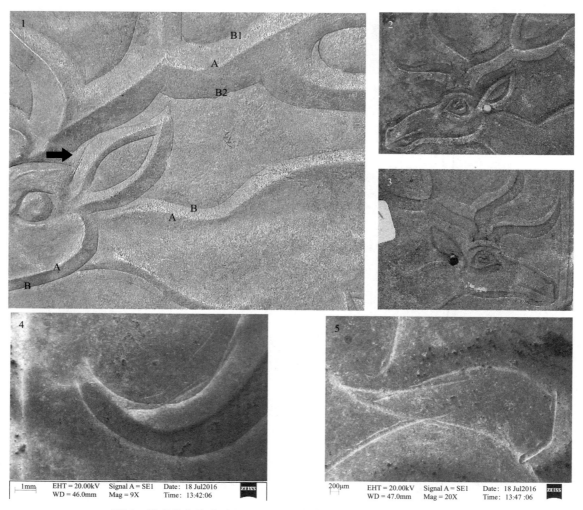

图四　卧鹿纹金饰片（XGP1770.8）鹿角、鹿耳朵和鹿身的刻划痕迹
1. 正面　2. 显微镜下鹿头的正面　3. 反面的刻划痕迹　4. 鹿角上的回刀　5. 反复刻划痕迹的 SEM 图像

图五显示双兽纹金饰片（XGP1776.14）图案线条也为刻划而成，其中 A 线由工具从金薄片

背面用力刻划形成，而 B 线均为在正面刻划形成，刻划形成浅浮雕的立体效果。鸟形纹金饰片（XGP1785.23）也具有相同的技术特征，A 线为主线，用工具从金饰片背面用力刻划形成，而 B 线均为在正面刻划形成，以突显浅浮雕的立体效果（图五，1、2），刻划的痕迹在扫描电镜中清晰可见（图五，3）。我们的模拟实验表明，工匠用的工具不是很尖锐，可能刀头比较钝，如使用太尖锐的工具，稍用力就会划透金片（图五，3；图六，4）。

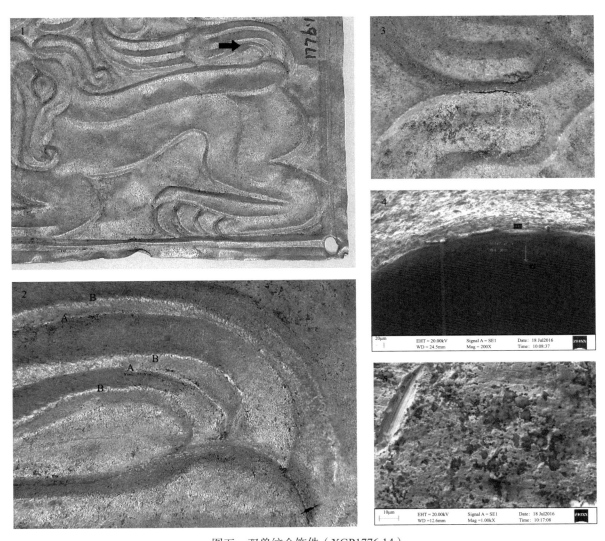

图五　双兽纹金饰件（XGP1776.14）

1. 正面　2. 尾巴局部细节　3. 局部裂纹　4. 金饰厚度 80～100μm　5. 局部划痕

　　进一步的观察中发现，这四件金饰片的边缘都不是很规整，可见，剪裁的刀具并不是很锋利。另外，显微观察还看到，四件金饰片均有"戳出"的孔（图六，5），用于穿绳，以便与衣物或其他东西相缀连。测量显示，戳出孔的直径约 1mm，也有几个孔较大，直径在约 2mm。扫描电镜分析中，我们对饰件断面也进行了观察，并对其厚度进行了测量，发现金饰片的厚度并不一致：卧马纹金饰片（XGP1769.7）厚约 200μm，卧鹿纹金饰片（XGP1770.8）厚约 80～93μm，双兽纹金饰片（XGP1776.14）厚约 80～100μm（图五，4），鸟形纹金饰片（XGP1785.23）厚约 68～72μm。

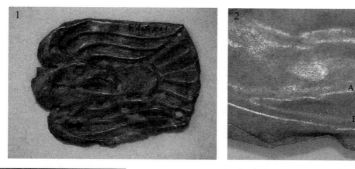

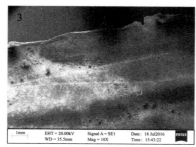

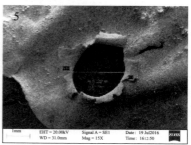

图六　鸟形纹金饰（XGP1785.23）

1. 正面　2. 翅膀细部正面显微照片　3. 局部划痕　4. 表面裂纹　5. 戳孔细节

（2）金属成分

从能谱分析的检测结果（表二）来看，卧马纹金饰片（XGP1769.7）中 Au 含量在 81 wt.%～91 wt.% 不等，卧鹿纹金饰片（XGP1770.8）中金含量在 78 wt.%～83 wt.% 不等，双兽纹金饰片（XGP1776.14）金含量在 88 wt.%～91 wt.% 之间，鸟形纹金饰片（XGP1785.23）金含量在 86 wt.%～93 wt.% 之间，其主要金、银元素分布很不均匀，有些含少量铜元素，应为自然金制成。银饰件的 EDS 检测结果显示，银节约的主要元素是银，含量为 87.1 wt.%～97.6 wt.%，但也含少量的铜，氯和硫元素则主要来自埋葬环境中的土壤。

表二　金饰件样品的 SEM-EDS 分析结果

样品编号	名称	分析部位	主要元素含量（wt.%）				厚度（μm）
			检测序号	Au	Ag	Cu	
XGP1769.7	卧马纹金饰片	正面	①	85.7	14.3	—	200
			②	81.3	18.7	—	
			③	89.2	10.8	—	
			④	91.0	9.0	—	
			平均值	86.8	13.2	—	
		背面	①	81.1	18.9	—	
			②	81.8	18.2	—	
			③	81.5	18.5	—	
			④	85.0	15.0	—	
			平均值	82.3	17.7	—	

续表

样品编号	名称	分析部位	主要元素含量（wt.%）				厚度（μm）
			检测序号	Au	Ag	Cu	
XGP1770.8	卧鹿纹金饰片	正面	①	79.6	18.9	1.5	80～93
			②	83.2	15.5	1.3	
			③	82.7	15.9	1.4	
			平均值	81.8	16.8	1.4	
		背面	①	78.1	20.6	1.3	80～93
			②	79.5	19.1	1.4	
			③	78.4	19.7	1.9	
			平均值	78.7	19.8	1.5	
XGP1776.14	双兽纹金饰片	正面	①	91.0	9.0	－	80～100
			②	89.9	10.1	－	
			③	88.4	11.6	－	
			④	89.0	11.0	－	
			⑤	88.6	11.4	－	
			⑥	88.8	11.2	－	
			平均值	89.3	10.7	－	
		背面	①	88.3	11.7	－	
			②	90.5	9.5	－	
			③	91.2	8.8	－	
			④	89.5	10.5	－	
			平均值	89.9	10.1		
XGP1785.23	鸟形纹金饰片	正面	①	90.1	9.9	－	68～72
			②	90.9	9.1	－	
			③	90.6	9.5	－	
			④	88.2	11.8	－	
			⑤	89.8	10.2	－	
			平均值	89.2	10.8		
		背面	①	86.4	12.6	1.0	
			②	90.4	9.6	－	
			③	93.2	6.0	0.8	
			④	89.3	10.7	－	
			⑤	90.9	9.1	－	
			平均值	90.0	9.6	0.4	

表三　银饰件样品的 EDS 分析结果

编号	名称	分析部位	检测序号	主要元素含量（wt.%）					备注
				Au	Ag	Cu	Cl	S	
XGP1800.38	银虎头节约	正面左耳	①	71.0	29.0	–	–	–	
		正面左耳	②	6.9	92.3	–	0.8	–	
		正面左耳	③	–	87.1		12.9	–	
		正面	④	–	97.3	1.6	1.1		
		正面	⑤	–	97.6	1.4	1.0		
		正面	⑥	–	97.5	1.1	1.4		
		正面	⑦		96.2	–	3.09	0.71	

三、双面刻划与秦人工艺传统

　　黄金具有非凡的延展性，可以被捶打成薄片，采用錾刻、刻划和锤揲等工艺可形成不同造型，还可结合珠化（也称"造粒""炸珠"）和花丝等细金工艺作为精细装饰。在青铜时代，黄金往往被捶打成金箔用于青铜和漆器的表面装饰，河南安阳殷墟遗址曾发现厚度仅为 10μm 的金箔[8]。早在公元前 9～前 7 世纪，中国西北边地就开始出现浅浮雕动物纹装饰的金饰片，如新疆阿勒泰地区东塔勒德墓地出土的雪豹造型的金饰片[9]。公元前 4～前 3 世纪之际，这类黄金饰片在鄂尔多斯地区风行一时。除了西沟畔二号墓出土的鹿纹等金饰，典型实例还包括内蒙古东胜碾房渠窖藏（公元前 4～前 3 世纪）发现的龙纹金饰片[10]、石灰沟遗址（公元前 4～前 3 世纪）出土的刺猬纹银饰[11] 和阿鲁柴登墓地（公元前 4～前 3 世纪）发现的虎纹金饰[12]。这些随葬丰富金银饰品墓葬的墓主人为北方边地的草原游牧民族部落首领和显贵，很多被归为匈奴，是亚洲大陆北部的游牧民族在漠北建立的部落联盟国家（公元前 4～1 世纪）[13]。

　　西沟畔黄金饰片上的一些浅浮雕动物纹，以往被认为是锤揲而成[14]，以上的分析结果表明其是采用了双面刻划工艺加工而成。在同时期的黄金遗存中，甘肃清水刘坪战国墓地（公元前 4～前 3 世纪）出土的大角鹿银饰片（图七，1），以及张家川马家塬三号墓和五号墓发现的金、银饰片上同样装饰着浅浮雕动物纹[15]，表面形貌特征与西沟畔金饰片相同，尤其是在银大角鹿的颈部、身体上，以及金虎的全身都有凸起的蜿蜒曲线（图七，2），来表现动物的毛发和行走的动感，显微镜下可以看到制作这些凸起的纹饰用了双面刻划工艺。类似的装饰风格最早出现在甘肃礼县大堡子山秦早期遗址（公元前 8～前 5 世纪），金薄片上装饰着鸥鸟纹、云纹和口唇纹[16]，在鸥鸟形金饰片的表面可以清晰见到与西沟畔金饰相同的形貌特征（图七，3、4），表面的凸纹应由背面用力刻划而成，甘肃清水刘坪出土的车舆金饰片（图七，5、6）上的刻划痕迹也非常明显，显然源自同一工艺传统。

图七　秦文化区出土双面刻划金、银饰片

1. 清水刘坪出土大角野山羊银饰　2. 马家塬三号墓出土虎形金饰片　3. 礼县大堡子山出土鸥鸟形金饰片　4. 礼县大堡子山出土鸥鸟形金饰片表面刻划痕迹　5. 清水刘坪出土车舆金饰片　6. 清水刘坪出土车舆金饰片显微镜下的刻划痕迹

　　刻划工艺在古代中国有悠久的历史，早在新石器时期，良渚文化和龙山文化玉器上的繁复纹饰，就已体现出十分娴熟的刻划工艺。商周时期的青铜器、骨器上也有不少刻划的装饰纹样。自前4世纪开始，金银器装饰开始流行双面刻划的动物形象，大量出现在礼县、清水刘坪、马家塬和西沟畔战国时期的墓葬中。金、银延展性很好，尤其是黄金的质地非常柔软，捶打成薄片后易于成型。这些双面刻划的动物纹饰片多集中在秦文化分布区。早期秦文化主要分布在甘肃东部和关中西部，包括天水地区的清水、张家川、秦安等县，而礼县大堡子山则为秦宪公所居"西新邑"[17]。秦文化区的甘肃礼县大堡子山、陕西宝鸡益门村、凤翔的秦早期遗址和甘肃张家川马家塬、清水刘坪的西戎墓，都发现了大量华美精细的黄金制品，体现出精英阶层对奢侈艺术品的青睐[18]。

　　在西沟畔二号墓，一些铸造的金银器都有汉字铭记，其中两件动物咬斗纹金牌饰都刻有不同的重量单位，其中一件铭刻"故寺"（图八，1~3），而七件银节约上的铭记除了同样标注重量单位，有的还有刻有"少府"二字（图八，4）。银节约被认为出自赵国的官府作坊，金牌饰铭记的风格和衡制单位则被认为与秦国有密切的关系，罗丰认为它们甚至可能就是在秦地制造的[19]。除了西沟畔这批带铭记的金银器之外，河北易县燕下都辛庄头30号墓出土的一批金器，也有汉字铭记，装饰题材有狼、马、大角野山羊、鹿、骆驼、熊和怪兽，体现出典型的斯基泰—西伯利亚风格，有的还镶嵌绿松石[20]。西安北郊尤家庄铸铜工匠墓中发现25件陶模具，上面装饰着一些斯基泰—西伯利亚风格动物纹，如怪兽纹（图八，5）、鹿角格力芬、大角野山羊和鹰虎搏斗纹都具有浓厚的草原风格[21]。这些具有草原文化特征的陶模工具和相关的黄金文物，为秦等北方诸国为邻近游牧族群制作符合游牧民族审美趣味的奢侈工艺品这一推论，提供了有力的佐证[22]。

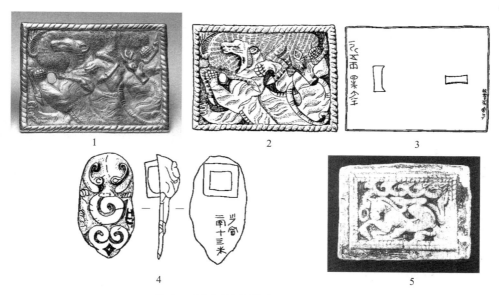

图八　草原风格的铸造金银器和陶模
1～3.西沟畔二号墓出土动物咬斗纹金牌饰　4.西沟畔二号墓出土银虎头节约上汉字铭记
5.西安市北郊铸铜工匠墓出土草原风格动物纹陶模

四、西北边地与中亚草原之间的文化互动

值得注意的是，在双面刻划金饰在秦文化区开始流行之际，模压金饰在中国西北边地和中亚草原的黄金装饰中十分风靡。欧亚草原发现的动物纹金饰片，上面的凸起图案多采用模压工艺，即把金薄片放在金属或骨制的阳文模具上按压成纹，或用一端有图案的特制工具，在金薄片上锤压而成，后者与古代罗马金币的制作工艺非常相似[23]。模压工艺的使用，可以快速制作大量图案重复的金饰，省时省力，与传统的铸造技术相比，节省了金料。

模压技术在中亚草原的出现不晚于前 7 世纪，在南西伯利亚地区的阿尔赞二号王陵（公元前 7世纪，图九，4）[24]，天山七河流域的伊塞克墓地（公元前 4～前 3 世纪，图九，5）[25]和哈萨克斯坦塔克塞一号墓地 6 号墓（公元前 6～前 5 世纪）[26]出土了成千上万的装饰着雪豹、虎、盘羊和鸟喙纹的金饰片（图九，5、6），这些华丽的金饰片往往被用于装饰衣物和冠饰，体现着持有者的权力与身份。中国西北边地和中亚草原发现的模压金饰中流行的斯基泰—西伯利亚风格的动物纹题表明两地之间的联系密切[27]。在中国境内，模压金器的典型实例包括甘肃马家塬四号墓出土的动物咬斗纹金饰片（图九，1）、新疆东天山巴里坤西沟一号墓（公元前 4～前 3 世纪）出土的盘羊纹车舆金饰[28]（图九，2）和内蒙古阿鲁柴登墓地出土的鸟形金饰片[29]（图九，3）。中国西北地区发现的大量装饰浅浮雕动物纹的金饰片可能是在西伯利亚—斯基泰模压技术东传下产生的。西沟畔墓金器中流行的双面刻划工艺，也见于甘肃张家川马家塬和清水刘坪，这些墓地的金银随葬品也包括一些模压制品，显示着它们之间的密切关系。用双面刻划工艺在金属薄片上塑造较为立体的动物形象，体现出当时工匠对金、银材料属性的逐步了解。在早期欧亚大陆物质文化交流愈加频繁的背景下，双面刻划技术不仅仅是传统刻划工艺上的新发展，也融合了一些新的观念，可以视作外来文化影响下的本土创新。

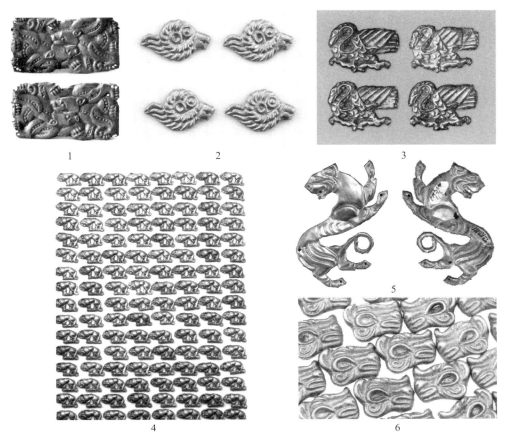

图九　中国西北地区和中亚草原出土的模压金饰
1.马家塬四号墓出土动物咬斗纹模压金饰片　2.巴里坤西沟一号墓出土盘羊纹金饰片　3.阿鲁柴登遗址出土鸟形金饰片
4.俄罗斯图瓦共和国阿尔赞二号王陵出土模压虎形金饰　5.天山七河流域伊塞克墓地出土虎形金饰片
6.哈萨克斯坦塔克塞一号墓地6号墓出土盘羊形金饰片

与制作工艺一样，贵金属的来源也是考古学研究的重点之一。金矿（沙金或脉金等金矿资源）只集中在少数地区，这意味着人群、矿产的移动，在很大程度上会促进不断增长的贸易和交换网络的形成。在上述装饰风格和技术分析的基础上，我们对中国西北、中原地区和欧亚草原出土的大量黄金文物的金属成分数据进行了比较分析（图一〇、图一一）。自然金常含有银和铜等杂质，一般银和铜的含量范围分别为 0 到 50 wt.% 和 0 到 1 wt.%～2 wt.%。铜含量越高，人工冶炼的可能性就越高。从图一〇可以看出，西沟畔金器中银（10 wt.%～20 wt.%）和铜元素的比例（＜2 wt.%）与中亚地区（蒙古、萨彦阿尔泰地区）、中国西北边地的其他考古遗址和中原地区（陕西，公元前4～前3世纪）出土的大部分金器数据有重叠，这表明这些地区金器均以自然金制作[30]。鉴于涉及时间和空间的范围广阔，以及银的百分比范围较大（5 wt.%～25 wt.%），在公元前一千纪，东亚地区可能已经采用多种来源的黄金制造器具。

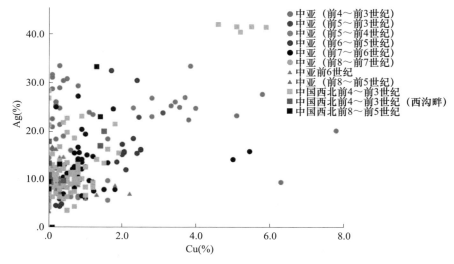

图一〇　中国中原地区、西北地区和中亚草原出土黄金制品的金属成分比较

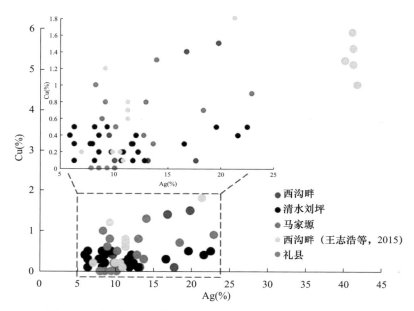

图一一　西沟畔、清水刘坪、马家塬、礼县黄金制品金属成分 EDS 分析结果和西沟畔金器
便携式 XRF 分析结果[31]

在以上各地出土金器金属成分的比较分析中，格外值得关注的是一组公元前 4～前 3 世纪中亚金器的成分数据，图一〇显示银（20 wt.%）和铜（2 wt.%～8 wt.%）含量远高于其他金器，铜含量明显超过了自然金中的铜元素阈值，很可能为人工冶炼的合金，即在黄金中特意添加铜（有时也可能是银）。一般情况下，铜元素的添加会使金器呈现玫瑰色。王志浩等用便携式 X 射线荧光光谱仪对西沟畔二号墓出土的五件金饰进行了分析，发现铜的含量（4 wt.%～6 wt.%）明显高于常态，而且银含量也很高（见图一一右上方），因此推断这些金饰片用人工冶炼的合金制成。值得注意的是，西沟畔一些金器中还含有锡（0.2 wt.%）和铅（0.1 wt.%）元素。如果对铜进行回收处理，这三种元素就可以得到合适的铅青铜（94∶4∶2），这是中国青

铜时代晚期青铜冶炼的常见合金配方。另一方面，锡和铅可能只是与黄金有关的杂质，但也有可能在铸造前，铅青铜被回收（再）用于黄金的冶炼。

五、结语与展望

　　以上科学分析的结果，为了解西沟畔金银制品的材料属性和制作工艺提供了新的思路。内蒙古鄂尔多斯地区西沟畔二号墓发现的黄金饰片与甘肃礼县、清水刘坪遗址发现的同类器物相比，具有相同的形貌和技术特征，都使用了双面刻划工艺来制作富有立体感的纹饰。公元前8～前3世纪，秦国势力逐渐强大，与北方诸国以及邻近的草原游牧族群都有着广泛交往。在欧亚大陆日益频繁的物质文化交流背景下，中国西北地区的黄金制作开始出现了一些外来文化影响下的本土技术创新，西沟畔墓和其他秦文化区发现的双面刻划金银饰片就是最典型的实例。此外，对中亚草原、中国西北边地和中原地区出土金器的金属成分分析结果显示，在公元前一千纪左右，欧亚大陆东部的黄金制作应使用了多种来源的自然金，尽管这些金矿的确切位置尚未可知。能谱分析的结果表明，西沟畔发现的一些黄金制品是为人工冶炼的黄金，而且西沟畔、礼县、清水刘坪发现的一些金器的金属成分非常相似。在今后研究工作中，需要进一步开展微量元素和铅同位素的分析，以确定这些黄金制品是否来自同一产地。此外，中国西北的东天山、陕西和鄂尔多斯地区之间的区域文化互动也值得关注和研究。

注　释

［1］ Yan Liu，"Exotica as prestige technology：the production of luxury gold in Western Han society"，*Antiquity*，2017，91，pp. 1588-1602.

［2］ Emma Bunker，"Gold in the ancient Chinese world：a cultural puzzle"，*Artibus Asiae*，1993，53，pp. 27-50；Jessica Rawson，"China and the steppe：arms，armour and ornaments"，*Orientations*，2015，46（5），pp. 28-35.

［3］ Jenny F. So，Emma Bunker，*Traders and raiders on China's northern frontier*，Seattle：University of Washington Press，1995；Yang Jianhua，Katheryn M. Linduff，"A contextual explanation for 'foreign' or 'steppic' factors exhibited in burials at the Majiayuan cemetery and the opening of the Tianshan Mountain corridor"，*Asian Archaeology*，2013，（1），pp. 73-84；新疆文物考古研究所《新疆哈巴河东塔勒德墓地发掘简报》，《文物》2013年第3期，第4～18页。

［4］ 伊克昭盟文物工作站、内蒙古文物工作队《西沟畔匈奴墓》，《文物》1980年第7期，第1～10页。

［5］ 田广金、郭素新《西沟畔匈奴墓反映的诸问题》，《文物》1980年第7期，第13～17页；Linduff K.，"Production of signature artifacts for the nomad market in the state of Qin during the late Warring States period in China"，in Mei J.，Rehren T.，（eds.），*Metallurgy and Civilisation：Eurasia and Beyond*，Archetype，2009，pp. 90～97；罗丰《中原制造——关于北方动物纹金属牌饰》，《文物》2010年第3期，第56～63转96页；邢义田《立体的历史——从图像看古代中国与域外文化》，三民书局，2014年。

［6］ Cosmo N. D.，"Ancient inner Asian nomads：their economic basis and its significance in Chinese history"，*Journal of Asian Studies*，1994，53（4），pp. 1092-1126；Honeychurch W.，"From steppe roads to silk roads：inner Asian nomads and early interregional exchange"，in Amitai R.，Biran M.，（eds.），*Nomads as Agents of Cultural Change*，University of Hawaii Press，2014，pp. 50-89.

［7］ 王志浩、小田木治太郎、广川守、菊地大树《对鄂尔多斯北方青铜文化时期金银器的新认识》,《草原文物》
2015 年第 1 期, 第 113～121 页。

［8］ 中国社科科学院考古研究所《殷墟发掘报告 1958—1961 年》, 文物出版社, 1987 年。

［9］ 新疆文物考古研究所《新疆哈巴河东塔勒德墓地发掘简报》,《文物》2013 年第 3 期, 第 4～14 页。

［10］ 伊克昭盟文物工作站《内蒙古东胜市碾房渠发现金银器窖藏》,《考古》1991 年第 5 期, 第 405～408 转
389 页。

［11］ 王志浩、武占海《伊金霍洛旗石灰沟发现的鄂尔多斯式文物》,《内蒙古文物考古》1992 年 1、2 期, 第
91～96 页。

［12］ 田广金、郭素新《内蒙古阿鲁柴登发现的匈奴遗物》,《考古》1980 年第 4 期, 第 333～364 转 368 页。

［13］ 乌恩岳斯图《北方草原考古学文化比较研究：青铜时代至匈奴时期》, 科学出版社, 2008 年; 乌恩岳斯图
《北方草原考古学文化研究：青铜时代至早期铁器时代》, 科学出版社, 2007 年。

［14］ Bunker E., "Significant changes in iconography and technology among ancient China's Northwestern pastoral
neighbours from the fourth to the first century B. C.", *Bulletin of the Asia Institute*, 1992, （6）, pp. 99-115.

［15］ 甘肃省文物考古研究所《西戎遗珍：马家塬战国墓地出土文物》, 文物出版社, 2014 年。

［16］ 国家文物局《秦韵——大堡子山出土文物精粹》, 文物出版社, 2015 年。

［17］ 梁云《考古学上所见秦与西戎的关系》,《西部考古》（第 11 辑）, 科学出版社, 2016 年, 第 112～146 页。

［18］ Liu Y., "Nomadic influences in Qin gold", *Orientations*, 2013, 44（2）, pp. 1-7.

［19］ 田广金、郭素新《西沟畔匈奴墓反映的诸问题》,《文物》1980 年第 7 期, 第 13～17 转 23 页; 罗丰《中原制
造——关于北方动物纹金属牌饰》,《文物》2010 年第 3 期, 第 56～63 转 96 页。

［20］ 河北省文物研究所《燕下都》（上册）, 文物出版社, 1996 年, 第 715～731 页。

［21］ 陕西省考古研究所《西安北郊战国铸铜工匠墓发掘简报》,《文物》2003 年第 9 期, 第 4～14 页。

［22］ Linduff K., "Production of signature artifacts for the nomad market in the state of Qin during the late Warring States
period in China", in Mei J., Rehren T., （eds.）, *Metallurgy and Civilisation：Eurasia and Beyond*, Archetype,
2009, pp. 90～97.

［23］ Treister, M. Y., "Hammering techniques", in J. Hargrave, （ed.）, *Greek and Roman jewellery and toreutics*
（*Colloquia Pontica 8*）, Brill, 2001; Higgins, R. A., *Greek and Roman Jewellery*, （2nd ed.）, British Museum,
1980; Williams, D., Ogden, J., *Greek Gold*, *Jewellery of the Classical World*, British Museum Press, 1994,
pp. 18-19.

［24］ Cugunov K. V., Parzinger H., Nagler A., *Der skythenzeitliche Fürstenkurgan Arzan 2 in Tuva*, Von Zabern,
2010.

［25］ Onggaruly A., "Barrow of the Saka Prince from Zhetysu", in Onggaruly A., （ed.）, *Gold of the Elite of the
Kazakh Steppes*, National Museum of the Republic of Kazakhstan, National Research Institute of Cultural Heritage
of Republic of Korea, 2018, pp. 212-233（In Russian and Kazakh）.

［26］ Onggaruly A., *Heritage of the Great Steppe：Masterpieces of Jewelery Art. Vol.V. Art Language. The Exhibition
Catalogue*, National Museum of the Republic of Kazakhstan, 2018（In Russian and Kazakh）.

［27］ Yan Liu, "Exotica as prestige technology：the production of luxury gold in Western Han society", *Antiquity*,
2017, 91, pp. 1588-1602.

［28］ 西北大学文化遗产学院、哈密地区文物局、巴里坤县文物局《新疆哈密巴里坤西沟遗址 1 号墓发掘简报》,
《文物》2016 年第 5 期, 第 15～31 页。

［29］ 张景明《中国北方草原古代金银器》, 文物出版社, 2005 年。

［30］ Yang J. C., Jett P., Chen J. L., *Gold in Ancient China* 2000-200 BCE, Cultural Relics Press, 2017.

［31］ 王志浩、小田木治太郎、广川守、菊地大树《对鄂尔多斯北方青铜文化时期金银器的新认识》,《草原文物》
2015 年第 1 期, 第 113～121 页。

巴泽雷克墓地出土楚文化遗物初探[*]

刘　翔　　蒋佳怡

　　1929 年发掘的巴泽雷克古墓，出土铜镜、丝绸、漆器等典型中国器物，这一发现引起发掘者和相关学者的注意。G. N. 鲁金科曾撰文专门论述中国与阿尔泰部落的关系，认为这些中国器物来自乌孙昆莫与西汉公主和亲时中央王朝的赠礼[1]。1951 年，以夏鼐先生为首的中国科学院考古研究所长沙工作队在长沙近郊首次开展科学考古发掘。得益于《长沙楚墓》等发掘报告的发表，我们能够一览新中国成立之初直至二十世纪九十年代鄂湘两地的考古工作及发现[2]。已经有学者注意到，巴泽雷克出土的四山镜、凤鸟丝绸和折纹漆器，与长沙、江陵两地，亦即战国晚期的楚地，有着密切关系[3]。

一、楚与楚文化

　　"蛮"，是熊绎被周成王分封时便在楚人身上打下的烙印，此后八百年，楚国在战乱纷争中不断成长，却终败于秦。兴盛于江汉之间的楚国，虽被周王朝和中原各诸侯国视为"南蛮"，然而其农业、商业、手工业并不落后，反而非常发达，楚文化也独具特色。《史记·楚世家》记载楚庄王问鼎中原，曾言"楚国折钩之喙，足以为九鼎"[4]；《史记·滑稽列传》记载"楚庄王之时，有所爱马，衣以文绣"[5]；《战国策·楚策三·张仪之楚》记载楚庄王所言"黄金珠玑犀象出于楚，寡人无求于晋国"[6]；楚国的珠子亦是远近闻名，《韩非子·外储说左上》记载"楚人有卖其珠于郑者，为木兰之椟，薰以桂椒，缀以珠玉，饰以玫瑰，辑以翡翠"[7]，《史记·春申君列传》记载"春申君客三千余人，其上客皆蹑珠履以见赵使"[8]。这些传世文献反映了楚国丰富的物产、繁荣的贸易和发达的手工业。

（一）铜　　镜

　　长沙楚墓出土的四山镜，是楚镜最为常见的一种。字体较短，花纹简单的四山镜出现较早，见于春秋晚期；字体瘦长，花纹繁缛的四山镜时代较晚，多与鼎、豆、壶共出，属于战国早期；四花八瓣四山镜流行于战国中期以后。此外，还有三山镜、五山镜等[9]。

　　*　本文得到榆林市科技计划项目"榆林地区欧亚草原铜器研究"（项目编号：CXY-2021-127）资助。

（二）刺　绣

江陵马山一号楚墓出土刺绣制品数量多、保存好，多选用质地轻薄、平面整洁的绢为绣地，采用锁绣针法[10]，花纹主题为龙凤，成品主要用作衣物的面和缘[11]。各地楚墓出土刺绣纹样形态各异，绣品整体采用左右对称，上下分区的布局；龙、凤、花、枝叶纹末端卷曲、相互结合，分区反复出现，流行花枝首尾相接；大量使用圆形图案、三瓣花图案做点缀和过渡；凤鸟形象极具特色，鸟喙一上一下，鸟头微昂，脸部以圆形凤眼抽象表示整体，鸟腿可分两部分，上部粗圆与身相接向下内收，下部窄细与爪相接，爪部张开呈"宝盖"状，通常立于枝叶上，与花叶纹融为一体（图一，1）。

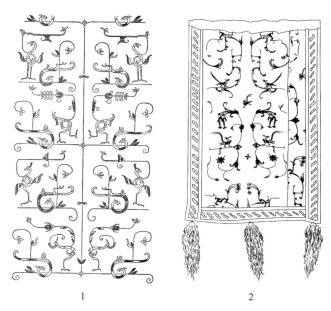

1　　　　　　　　　　2

图一　马山楚墓与巴泽雷克墓地出土绣品整体对比
1. 马山一号楚墓　2. 巴泽雷克 5 号墓

（三）玻　璃　珠

楚墓中出土的素面玻璃珠和蜻蜓眼玻璃珠，是楚文化又一典型特征。统计发现，大部分墓葬中出土的玻璃珠多为 1~2 颗：长沙楚墓中出土 1 颗玻璃珠的墓葬 26 座，出土 2 颗玻璃珠的墓葬 4 座，出土 7 颗的墓葬 1 座，仅 1 座墓出土 148 颗素面玻璃珠[12]；马山一号楚墓出土 2 颗蜻蜓眼玻璃珠[13]；江陵九店出土的素面玻璃珠均为串饰，但蜻蜓眼一墓中至多 2 颗，其中 M410 中，一颗位于外棺南侧挡板中部，一颗用丝带系在镜纽处，据此推测墓中零星出现的玻璃珠应该主要用于点缀器物[14]。文献记载楚人卖椟"缀以珠玉"，基于楚墓中出土玻璃珠的使用方式，推测点缀在"木兰之椟"上的"珠"指玻璃珠。同时，考古发现各等级楚墓均随葬玻璃珠，表明大量制造和广泛使用玻璃珠是楚人的一大特点。集中出土于湖北江陵的钾玻璃珠，是楚人在继承传统技术基础上发展而来的新产物。

（四）漆　　器

楚地漆器独树一帜。湖南、湖北两省，是出土战国至汉代漆器最多的地方，器类之杂、数量之多、制作之精、纹饰之繁、用途之广，代表了中国漆器制作的第一个高峰[15]。以凤凰山、马王堆等为代表的一批战汉时期墓葬，出土使用釦器、锥画、堆漆、镶嵌等工艺制作而成的漆器，长沙左家塘、江陵马山砖厂等楚墓，更是保存有中国最早的夹纻胎漆器[16]。楚国漆器常用木、竹做胎，木胎经研削、镟凿、卷接、雕刻成型，黑漆为底，红漆和其余各色彩漆绘制图案，包括抽象的几何纹、夸张的动物纹以及表现社会生活和神话传说的各类漆画，少见钿螺、嵌金银等装饰手法[17]。漆器的应用涉及楚人生活的各个领域：耳杯、盘、扇、梳等日常用品；棋盘、鼓等娱乐用品；屏风等装饰用品；棺、俑、镇墓兽等丧葬用品；弓弩、盾甲等武器；以及伞盖、车辕等车具，虎坐立凤、虎坐凤架等更是凸显了楚国漆器的制作水平和艺术特点[18]。

四山镜、凤纹刺绣、钾玻璃珠和漆器，这四类器物均流行或出现于战国中晚期的楚地，代表了楚人的手工业制造水平和文化特色，同类器物在阿尔泰山西北、新疆东部也有发现。目前尚未发现明确的四物共出的楚墓，仅江陵九店 M410 有铜镜（素面）、刺绣、漆器、玻璃珠共出[19]。

二、阿尔泰巴泽雷克冻土墓

阿尔泰山是一座西北—东南走向的断块山脉，横亘于哈萨克斯坦、俄罗斯、中国、蒙古交界处，山势西北高东南低，地貌类型多变，自然带多样，水资源丰富，自青铜时代便有游牧人群生活于此。公元前 5～前 3 世纪，阿尔泰地区被巴泽雷克文化人群占据，典型文化遗存即巴泽雷克冻土墓[20]。1929 年和 1947～1949 年两次发掘，揭示出巴泽雷克文化的基本面貌，确定了其文化特征和存续年代。

巴泽雷克墓地位于阿尔泰山脉巴泽雷克山谷中，两侧有高山融雪形成的河流，该地年平均气温低，冬季持续时间长，夏季持续时间短，昼夜温差大，地表植被以草原为主。墓地分北、中、南三部分，各有一至两座大型墓葬，周围有众多小型墓葬，地表均有圆形积石封堆。根据封堆和墓室大小，可区分大型墓葬和小型墓葬，大型墓葬封堆直径约 36～46 米，中心高 1.8～2 米，墓室高 4～5 米；小型墓葬封堆直径 10～15 米，中心无积石，墓室高 2.2～3 米。大型墓葬墓室内用圆木搭建双层椁室，随葬品和殉马数量多于小型墓葬，马鞍、缰绳和头饰在马匹下葬前被取下，而在小型墓葬中，这些东西直接佩戴在马的身上。

东西向的竖穴土坑墓室位于石堆中心，木棺紧贴墓室或椁室南壁东西向放置。由于被盗严重，仅能根据保存较好的 5 号墓和 2 号墓进行埋葬细节的推敲和复原。墓主仰身直肢，头向东，腿部微屈，右手放于尺骨处，左手肘部弯曲，放于胸部，头端常放置一件木质枕头或小凳。由于木棺内空间较小，合葬个体常上下叠放，中间用羊毛毯相隔，死者下葬时仅穿戴鞋帽，佩戴各种饰件，衣服和长裤放在墓室一角。随葬品集中在木棺北侧，包括铜器、陶器、木器、纺织品等。墓室北部殉葬马匹，因空间局促，马匹的摆放没有定式，但大多情况下将马头向东摆放，佩戴华丽头饰的马匹通常摆放在第一排，与马匹同时埋葬的还有马鞍、缰绳等马具和车轮。

据各类遗物和人骨的摆放位置，可将墓内空间分作三部分，南部摆放木棺和墓主，中部为随葬品，北部放置殉马和车具，似乎表现出巴泽雷克人群的下葬过程：先将放有死者的木棺摆放在墓室南部，随后可能会进行一些祭祀活动，将牛奶、奶酪等食物放入随葬的容器中，最后在北部略高于墓室的地方埋葬马匹和车轮。基于此，巴泽雷克墓地的随葬品组合也可大致归纳为三类：第一类为墓主穿戴、随葬的衣裤和配饰，第二类为木桌、陶壶、铜鍑等容器，第三类则是各种车马具。

三、巴泽雷克墓地出土楚文化相关遗物

（一）凤纹刺绣

巴泽雷克5号墓，位于墓地南部，属大型墓葬，男女合葬，椁室北部散落各种被盗墓者破坏的随葬品，墓室北部殉葬9匹马，随葬一辆马车。该墓北部殉马坑出土一件刺绣鞍褥和一辆被拆解的四轮马车，马具上贴敷漆皮，墓室内还出土绿松石珠。丝制刺绣鞍褥长226厘米、宽62厘米，刺绣图案为凤鸟神树，边缘装饰两圈窄带状的蓝色毛毡，里面是一条红褐色的毛毡，上面有三齿状的皮革剪裁装饰，贴有金箔和锡箔，下缘装饰有三个由皮项圈固定的毛质流苏。刺绣图案左右对称，上下分区，凤纹与花草叶纹相互结合构成一组图案并重复出现，凤鸟昂首立于枝叶，花枝首尾相接，末端卷曲，整体风格与江陵楚墓出土绣品如出一辙（图一）。略显僵硬立于枝叶上的凤鸟，与江陵楚墓中出土的刺绣凤鸟纹样类似，花枝末端点缀的太阳花和底端凤鸟夸张的冠部也可以在马山楚墓绣品中找到原型（图二，1～3）。绣品采用的锁绣也是楚地流行的刺绣技法。

值得注意的是，这件绣品经过改造，边缘的毛毡和皮饰显现出游牧文化因素，用作鞍褥，与楚地丝织品的用途大相径庭，

图二　巴泽雷克墓地与江陵楚墓凤纹细节对比
1. 巴泽雷克鞍褥刺绣纹样　2、3、5. 江陵马山楚墓部分刺绣纹样
4. 巴泽雷克毛毯纹样

这样明显的区别与阿尔泰地区寒冷气候和人群生业方式有关，轻薄的丝织品无法保温，易损的质地在骑马、狩猎过程中极易毁坏。5号墓椁壁上的毛毯，以拼花技法表现了狮身人面的斯芬克斯与巨大神鸟博斗的场面，神鸟一长一短略呈"宝盖"状的爪子，延伸卷曲结花的尾部，点缀有圆形图案的翅膀，上粗下细的凤腿以及逗号状的距，表明其形象来源很可能是楚国的凤鸟（图二，4、5）。左侧斯芬克斯原型为西亚神兽，右侧神鸟源于楚国，两兽相斗的题材和斯芬克斯头顶的鹿角是阿尔泰地区的流行元素，三种地域文化要素和谐共存，是东西方文化和平交流、互鉴共融的结果。

（二）马　　车

5号墓殉马坑中还随葬一辆被拆解的四轮马车，由桦木制成，无装饰，两轴四轮，车轮直径160厘米，每轮有34根70厘米长的辐条，前后轮间隔6厘米，车厢底部由六块木板拼接而成，边缘围接雕刻的木杆成栏，14根立柱支撑着圆角方形的顶盖形成车伞，还有两件车軛。巨大的车轮和狭小的前后轮距离，表明这辆马车不适合实际使用，可能是专门用于陪葬的明器，多根辐条的车轮则与墓地其余墓葬出土的实木车轮形制不同。就埋葬习俗来看，车马同坑在马家塬墓地和九店楚墓中亦有出现，但区别也十分明显。马家塬墓地将髹漆敷金、装饰华丽的马车叠放在墓道中，头蹄代整马葬在余处，少见以驾乘姿势殉葬的整马[21]，九店楚墓则是在墓坑北部单独设置一车马坑，马头向北，马身南北摆放，车舆向南，一车两马，东西向摆放两车四马，马车无装饰[22]。马家塬和楚墓的马车均为单轴双轮，圆形单杆伞盖，可见三地的车马埋葬均有差别。早在公元前14世纪，南高加索地区鲁查申（Lchashen）墓地出土被认为来自中国的单轴双轮多辐条马车[23]，当然也有学者持反对意见，认为这是高加索地区独立发展出的马车样式[24]。基于多轮辐（20～30根或更多）马车出现的数量极少，且与同一个墓葬中出土的青铜马车饰件形制差异较大，本文倾向于认为这种马车与中国的关系更加密切，那么巴泽雷克5号墓出土的34根辐条马车，应借鉴了中国马车的设计。

（三）铜　　镜

巴泽雷克6号墓，位于5号墓西北30米处，属小型墓葬，埋葬一位成年女性和一年轻女孩，无椁室，木棺紧贴墓室南壁放置，墓室北部殉葬3匹马，出土四山镜、漆盘、玻璃珠和玛瑙珠。四山镜，残，直径11.5厘米，厚约1毫米，边缘素卷约0.9厘米，双重方纽，中心置一小旋纽，四角伸出相连的两个心形叶纹，山字粗短。与长沙楚墓出土的IIc式四山镜形制相同，流行于战国晚期。在阿尔泰山西麓的一座墓葬中也有一面与巴泽雷克所出四山镜完全相同的铜镜[25]（图三）。俄罗斯阿尔泰边疆区佩尔沃迈县菲尔索沃-XIV墓地和阿尔泰共和国翁古代县亚洛曼-Ⅱ墓地出土三件铜锡铅三元合金铸造而成的铜镜，镜背纹饰均为典型中国图案[26]。

战国时期中国制作三元合金铜镜其铜、锡、铅分别占比约68%、24%和8%。菲尔索沃-XIV墓地铜镜含铜量介于50%～63%，平均为58.81%；含锡量介于27%～39%，平均为31.41%；含铅量介于7%～11%，平均为9.05%，因检测位置较多，结果波动较大，但是仍可发现相关数据，尤其是茬口处成分占比与临潼新丰和湖南长沙出土的同时期铜镜接近，应是中国制造。年代稍晚的亚洛曼-Ⅱ墓地出土的两面铜镜，平均铅含量高达 14.21% 和 12.58%，锡含量为 32.80% 和 29.15%，铜含量较低，平均占比 52.81% 和 56.27%，与菲尔索沃-ⅩⅣ墓地和中国铜镜配比不同，又明显区别于同墓地其余铜镜（表一）。

1　　　　　　　　　2　　　　　　　　　3

图三　阿尔泰地区与长沙楚墓出土四山镜
1. 巴泽雷克 6 号墓　2. 阿尔泰山西麓　3. 长沙楚墓

表一　阿尔泰山地区出土铜镜成分分析

遗址名称	年代	检测位置	Cu（%）	Sn（%）	Pb（%）
菲尔索沃-ⅩⅣ墓地	公元前 4 世纪末~前 3 世纪	正面	63.02	27.83	7.88
			50.14	38.41	10.88
		图案	56.28	32.39	10.48
		茬口	59.64	30.68	8.99
			61.59	29.97	8.08
			62.23	29.23	7.99
		平均	58.81	31.41	9.05
亚洛曼-Ⅱ墓地 M52	公元前 3 世纪	正面	44.22	39.25	16.15
		图案	47.57	39.62	12.46
		茬口	61.38	23.93	14.69
		去氧化物	58.07	28.4	13.53
		平均	52.81	32.80	14.21
亚洛曼-Ⅱ墓地 M61	公元前 2~前 1 世纪	正面	60.4	26.38	12.14
		图案	41.32	41.25	15.43
		茬口	61.15	23.04	11.93
			58.56	28.67	11.87
			59.91	26.42	12.88
		平均	56.27	29.15	12.85
亚洛曼-Ⅱ墓地 M57（仿制）	公元前 2~前 1 世纪	正面	89.28		0.52
		图案	88.7		1.41
		纽座	89.3		0.43
		去氧化物	88.93		1.36
			89.14		1.04
		平均	89.70		0.95

续表

遗址名称	年代	检测位置	Cu（%）	Sn（%）	Pb（%）
临潼新丰墓地[27]	战国中晚期至秦代		67.1	25.1	7.8
湖南长沙楚墓[28]	战国		68.81	23.75	7.67

巴泽雷克 2 号墓中还出土两面有柄镜，装在皮质和毛质的小袋中，由于被盗，无法得知这些铜镜的原始埋葬位置。楚墓中的铜镜也有镜衣包裹，常放在墓主头端或头箱，与梳子、篦等日常用品同出，用作日常梳妆。巴泽雷克墓地出土的铜镜除了日常生活使用外，也可能被用作沟通神灵、预测未来[29]。

（四）玻 璃 珠

巴泽雷克 5、6 号墓中出土玻璃珠（glass beads）、绿松石珠（six-sided turquoise beads）、玛瑙珠（cornelian beads），多用于点缀装饰皮包等，用途与楚地基本相同。根据对同时期墓葬中出土玻璃珠的成分分析，除巴泽雷克墓地外，俄罗斯奥伦堡州波克罗夫卡（Pokrovka）墓地[30]、克拉斯诺亚尔斯克州别列什（Beresh）墓地均出土 K_2O 含量较高的玻璃珠，该类玻璃珠通常被认为来自印度[31]（表二）。但是，印度地区发现的钾玻璃珠数量较少，且两地玻璃珠中 Na、Ca 两种微量元素含量相差较大，应不是同一原料配比。另外，巴泽雷克 5、6 号墓玻璃珠的用法与楚地一致，且与典型的楚地刺绣、铜镜等器物共出，或许说明阿尔泰地区的钾玻璃珠与楚国关系更为紧密。

表二　各地出土玻璃珠成分分析

样品编号	遗址名称	年代	Na₂O（%）	SiO₂（%）	K₂O（%）	CaO（%）	Al₂O₃（%）
1	别列什墓地	公元前 2～前 1 世纪	0.3		12	1.9	0.6
9	巴泽雷克墓地	公元前 5 世纪	0.5		20	5.0	1.4
P02：K23：B10：01	波克罗夫卡墓地	公元前 4～前 2 世纪	0.25	72.34	19.59	2.91	1.40
HBWKI-27	江陵九店[32]	公元前 5～前 3 世纪	1.10	67.46	11.67	3.62	6.84
HBWKI-30-A			0.24	70.33	12.75	3.8	6.96
HBWKI-30-A	江陵九店		1.12	70.04	13.44	3.64	3.98
HBWKI-47			2.54	67.62	11.93	3.22	5.96
XJ-5A	温宿包孜东 M41[33]	公元前 5～前 3 世纪	0.82	77.92	15.60	1.97	1.63
XJ-5B			0.81	78.71	14.18	2.36	1.63
TSY-12-3	洋海Ⅱ M154[34]		0.34	76.27	15.29	2.04	1.64
433	康宁博物馆藏印度玻璃珠[35]		0.83	80.4	10.7	3.89	0.83
1058			0.74	76.4	14.1	2.01	2.50

（五）漆　　器

巴泽雷克墓地出土的漆器最初并没有引起发掘者注意，但随着科技手段的发展，经过显微观察和成分分析，发现属于巴泽雷克文化的奇内塔Ⅱ（Chineta Ⅱ）、希别（Shchibe）等墓地出土的漆器成分相同，是中国制造且来源单一，在奇内塔Ⅱ、巴沙德勒（Bashadar）墓地还出土了夹纻胎漆器，说明这些漆器的来源地极有可能是发现了最早的夹纻胎的楚国[36]。

马车、刺绣这类贵族使用的器物出自大型墓葬5号墓，铜镜、漆器这类在楚地普遍出现的器物出自小型墓葬6号墓，进一步表明5、6号墓之间的等级差异。就墓地整体来看，5、6号墓相距较近，集中出土中国古物，两者之间可能存在密切联系。巴泽雷克与长沙、江陵相距甚远，楚地器物却出现在高山冻土墓中，这些遗物跨越数千千米，历经千年，反映出文化交流的广泛与深入，其传播路线和传播原因还值得进一步探讨。

四、联通两地的路线

东天山与中天山之间有一自然的断裂，形成了天然的南北通道，阿拉沟墓地便位于这一断口处。根据随葬器物组合和特征的演变，可将阿拉沟墓地的竖穴石室墓分为早晚两期，晚期墓葬出土了漆器和刺绣[37]。这件绣品残损严重，弯曲的粗线条表示该物的身形，短弧线将其身体分隔成段，中部一组平行的细线将身体隔为左右两部分，爪部代以状似流苏的细线条，整体风格与马山一号楚墓出土绣品上的龙凤相搏纹极其相似。龙凤相搏纹描绘凤鸟大步向前追啄一龙，龙反身躲避的情景，以弯曲的粗线条表示龙凤灵动的身躯，并用弧线分隔，尾部、爪部等用细线条表示[38]（图四）。

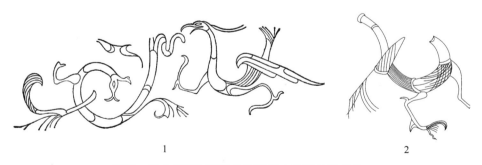

图四　马山楚墓与阿拉沟墓地出土刺绣纹样对比
1.江陵马山一号楚墓刺绣龙凤相搏纹　2.阿拉沟墓地出土绣品纹样

在阿拉沟附近，与阿拉沟墓地同属苏贝希文化的洋海墓地，共有墓葬521座，根据墓葬形制、器物组合和型式变化，可分为四期[39]。ⅡM154为三期后段遗存（公元前5世纪～前3世纪），出土串珠一件，由354颗大小不等的玻璃珠、玛瑙珠穿连而成，其中的紫色玻璃珠，成分分析结果显示为钾玻璃。无独有偶，温宿县包孜东墓地春秋—西汉时期的M58中，也有钾玻璃珠出土。

根据成分，Brill将印度玻璃分为两类：高铝低钙玻璃（high alumina low lime）（$Al_2O_3 > 3.5\%$，

CaO < 4.5%）和钾钙玻璃[40]，将中国出土玻璃制品分为五类：钠钙玻璃、铅钡玻璃、铅玻璃、钾钙玻璃、钾铅玻璃[41]。干福熹则将中国出土汉代以前玻璃制品分为四类：钠钙玻璃、钾钙玻璃、铅钡玻璃、钾玻璃，认为除钠钙玻璃，其余三类均为中国发明制造，钾元素源于原始釉瓷烧制技术，铅元素源于青铜铸造技术[42]。目前，关于中国钾玻璃珠来源有两种观点：一为古代印度传入，一为楚国当地制造。首先，两地出土最早的钾玻璃年代相近，且中国在数量上更胜一筹[43]，其次，扬子江流域成熟的原始釉瓷烧制技术是制造钾玻璃的技术基础[44]，江陵秦家嘴战国中期楚墓中发现穿孔处残留着烧结沙砾的蜻蜓眼，则是楚国烧制玻璃珠的直接证据[45]，故楚地钾玻璃珠应为本土烧制，中国西北和阿尔泰地区的钾玻璃珠也很可能与刺绣、漆器、铜镜等楚国器物一道传入。但是，根据成分对比发现，江陵楚墓、包孜东墓地、洋海墓地和巴泽雷克墓地的钾玻璃珠，K、Na、Ca 三种元素含量近似，Al 含量差异明显，楚地江陵出土的玻璃珠 Al 含量明显高于其他地区，应是高岭土所致（表二）。高岭土（$2SiO_2 \cdot Al_2O_3 \cdot 2H_2O$）是自然界中常见的一种非金属矿物，可塑性强、耐火性高，我国南方，尤其是江西、湖南两省，原生高岭土资源丰富，居全国前列[46]。由于 Al_2O_3 含量的显著差异，可以推断包孜东等墓地出土的钾玻璃不是楚国制品直接输入，其他元素近似的占比又显示这些玻璃珠使用了相同的助溶剂——草木灰，这一情况反映出新疆地区的钾玻璃是学习、借鉴楚地技术，采用本地原料制成，并且进一步影响了阿尔泰地区。

且末县扎滚鲁克墓地二期文化墓葬，约为春秋—西汉时期，出土刺绣、漆器等[47]。M54 出土刺绣残损严重，仅剩的纹样与西汉马王堆刺绣纹样中乘云纹类似[48]，而楚墓中不见类似风格图案（图五，4、5）。M44 出土漆器残片，黑底红彩，纹饰依稀可辨，与江陵九店楚墓出土陶器、漆器上的涡纹或勾连云纹相似[49]（图五，1~3）。M14 出土的翻转鹿纹木梳和箜篌，则与巴泽雷克文化的相似（图五，6~9）。上述遗物表明扎滚鲁克墓地与楚地和阿尔泰山地均有联系。

新疆北部与阿尔泰地区毗邻，阿勒泰地区塑柯尔特类型与巴泽雷克文化相似的墓葬制度体现出巴泽雷克文化人群的迁徙扩张，博格达山南北的苏贝希文化，尤其是阿拉沟墓地出土的动物纹牌饰，体现两地之间人群的交流，扎滚鲁克墓地出土的木梳和箜篌，说明巴泽雷克文化已经影响到塔里木盆地东南缘[50]。临近塔里木盆地东南缘便是一条从古至今都十分重要的交流通道——河西走廊。走廊东端的固原、天水、庆阳地区，发现大量与萨彦—阿尔泰地区类似的马具、武器、动物纹牌饰[51]，与这里的戎人部落为邻的，就是秦国，再向东去，就到了楚国。

公元前 300 年左右的一段时间内，秦楚两国频繁联姻，《史记·秦本纪》载"昭襄母，楚人，姓芈氏，号宣太后"[52]，《史记·楚世家》载"秦昭王初立，乃厚赂于楚。楚往迎妇"[53]。楚国公主携带大量本国制造的器物出嫁秦国不足为奇，秦国君主或将这些制作精美的器物赠予周边部落首领。诸如刺绣、漆器、铜镜等极具楚文化特色的"奢侈品"通过不断的物物交换，最终落入阿尔泰山巴泽雷克贵族手中。

与此同时，出土内蒙古中南部的大量牌饰、带扣等器物的装饰题材亦可在萨彦—阿尔泰地区找到原型，器背铭文表明这些器物可能是秦、赵两国工匠专为游牧贵族所造。燕下都和中山陵也有同类器物出土，说明北方各部落与诸侯国间也存在物质交流[54]。《史记·楚世家》载，楚庄王时"灭庸""伐宋""伐陈""围郑"[55]，楚惠王时"东侵，广地至泗上"[56]，楚怀王时"攻魏，破之于襄陵，得八邑"[57]可知楚国疆域一度可至今河南商丘、山东泗水一带。因黄棘之盟被扣押在秦国的楚怀王，出逃时直通楚国的道路被秦人阻挡，转而借道赵、魏两国，说明楚国与其北方各诸侯国在政治、军事上的反复往来和密切联系。大堡山墓地出土的羽地纹铜镜、哈密黑沟梁墓地出土的羽地纹铜镜和漆皮残片，进一步表明中国北方地区东西方向的交流与联系。据此，战国末期楚地典型器物在各诸侯国和北方各部落间几经易手，先北上至内蒙古中南部后转而西行，到达天山东部后折而北上，最终抵达阿尔泰山也是有可能的。

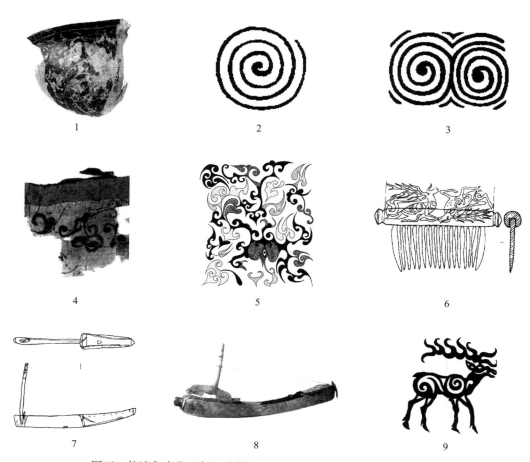

图五　扎滚鲁克墓地与江陵楚墓、巴泽雷克墓地的同类遗物和纹饰

1、4、6、7.扎滚鲁克墓地出土遗物　2.江陵九店楚墓陶器涡纹　3.江陵九店楚墓漆器涡纹
5.马王堆汉墓刺绣乘云纹　8、9.巴泽雷克笁篌和鹿纹

五、结　语

汉初，势力强盛的匈奴已占领新疆东部，而汉王朝正处于筚路蓝缕的初创期，经东天山北上出阿勒泰至阿尔泰山的路线必有重重阻力。为联合败于匈奴而西迁伊犁、大夏的乌孙、月氏，汉武帝遣张骞两次出使西域，更是促进了"丝绸之路"的繁盛，两相结合，导致阿尔泰地区与中原联系的日渐式微。尽管在公元前1世纪左右，大规模的军事反击使汉王朝先后收复河西走廊和西域，并将匈奴王族逐至漠北，最终导致匈奴内部分裂。但由于北迁的匈奴政治军事中心位于漠北而非阿尔泰山，故汉匈之间物质文化交流即便存在也不会在阿尔泰地区有明显表现，与之相对，蒙古和外贝加

尔地区的匈奴贵族墓葬受汉文化影响明显。

　　本文通过梳理相关考古材料，将江陵、长沙两地楚墓中出土的四山镜、凤纹刺绣、钾玻璃珠和漆器等典型楚文化遗物，与巴泽雷克冻土墓出土四山镜、凤纹刺绣、钾玻璃珠、漆器相比较，再结合巴泽雷克文化葬俗葬式、随葬品组合和典型随葬品，讨论战国时期阿尔泰地区与楚国的文化联系与交流。通过梳理新疆发现的刺绣、漆器、玻璃珠和巴泽雷克文化相关遗存，推测带有楚文化因素的器物极有可能经河西走廊，以物物交换的方式流转至阿尔泰山区。该路线最终的衰败，表明在匈奴的强压下阿尔泰地区与汉王朝之间的交流重重困难，说明文化交流与政治格局之间的密切关系。

注　　释

［1］　〔苏〕C. И. 鲁金科、潘孟陶《论中国与阿尔泰部落的古代关系》，《考古学报》1957 年第 2 期，第 37～48 页。

［2］　湖南省博物馆等《长沙楚墓》，文物出版社，2000 年。

［3］　马健《草原霸主——欧亚草原早期游牧民族的兴衰史》，商务印书馆，2014 年，第 162～172 页。

［4］　《史记》卷四〇《楚世家第十》，中华书局，1982 年，第 1700 页。

［5］　《史记》卷一二六《滑稽列传》，中华书局，1982 年，第 3200 页。

［6］　何建章注《战国策注释》，中华书局，1990 年，第 555 页。

［7］　（清）王先慎撰，钟哲点校《韩非子集解》，中华书局，1998 年，第 266 页。

［8］　《史记》卷七八《春申君列传》，中华书局，1982 年，第 2395 页。

［9］　孔祥星、刘一曼《中国古代铜镜》，文物出版社，1984 年，第 30～35 页。

［10］　刘露、李强、丛洪莲、钟蔚、严蓉、杨丽《马山一号墓中楚绣艺术特征探析》，《丝绸》2020 年第 7 期，第 98～104 页。

［11］　湖北省荆州地区博物馆《江陵马山一号楚墓》，文物出版社，1985 年，第 56～71 页。

［12］　湖南省博物馆等《长沙楚墓》，文物出版社，2000 年，第 339～344 页。

［13］　湖北省荆州地区博物馆《江陵马山一号楚墓》，文物出版社，1985 年，第 92、93 页。

［14］　湖北省文物考古研究所《江陵九店东周墓》，科学出版社，1995 年，第 332～333 页。

［15］　陈振裕《楚秦汉漆器艺术·湖北》，湖北美术出版社，1996 年，第 251～268 页。

［16］　张飞龙《中国漆工艺的传承与发展研究》，《中国生漆》2007 年第 2 期。

［17］　张正明《楚文化史》，上海人民出版社，1987 年，第 202～207 页。

［18］　刘玉堂《楚国经济史》，湖北教育出版社，1995 年，第 236～244 页。

［19］　湖北省文物考古研究所《江陵九店东周墓》，科学出版社，1995 年。

［20］　〔俄〕Sergei I. Rudenko 著，M. W. Thompson 译，*Frozen tombs of Siberia——The Pazyryk Burials of Iron-Age Horsemen*，University of California Press，1970.

［21］　赵吴成《甘肃马家塬战国墓马车的复原——兼谈族属问题》，《文物》2010 年第 6 期，第 75～83 页。

［22］　湖北省文物考古研究所《江陵九店东周墓》，科学出版社，1995 年，第 133～141 页。

［23］　Piggott, Stuart, "Chariots in the Caucasus and in China", *Antiquity*, 1974, 48（189）, pp. 16-24.

［24］　Pogrebova M., "The emergence of chariots and riding in the South Caucasus", *Oxford Journal of Archaeology*, 2003, 22（4）, pp. 397-409.

［25］　〔苏〕C. И. 鲁金科、潘孟陶《论中国与阿尔泰部落的古代关系》，《考古学报》1957 年第 2 期，第 37～48 页。

［26］　〔俄〕A. A. 提什金、H. H. 谢列金著，陕西省考古研究院译《金属镜：阿尔泰古代和中世纪的材料》，文物出版社，2021 年，第 62～66 页。

［27］　刘亚雄、陈坤龙、梅建军、孙伟刚、邵安定《陕西临潼新丰秦墓出土铜镜的科学分析》，《中原文物》2015 年第 4 期，第 111～115 页。

［28］　田长浒《中国古代青铜镜铸造技术的分析研究》，《成都科技大学学报》1984 年第 3 期，第 145～151 页。

［29］〔俄〕Sergei I. Rudenko 著，M. W. Thompson 译 . *Frozen tombs of Siberia——The Pazyryk Burials of Iron-Age Horsemen*，University of California Press，1970，pp. 114-116.

［30］Mark E. Hall，Leonid Yablonsky，"Chemical Analyses of Sarmatian Glass Beads from Pokrovka，Russia"，*Journal of Archaeological Science*，1998，（25），pp. 1239-1245.

［31］V. A. Galibin，"Ancient Indian glass beads in burials of Siberia and Middle Asia"，*Archaeological News*，1993，（2），pp.66-72.

［32］干福熹、赵虹霞、李青会、李玲、承焕生《湖北省出土战国玻璃制品的科技分析与研究》，《江汉考古》2010年第 2 期，第 108～116 页。

［33］李青会、黄教珍、李飞、干福熹《中国出土的一批战国古玻璃样品化学成分的检测》，《文物保护与考古科学》2006 年第 2 期，第 8～13 页。

［34］朱瑛培《新疆鄯善县洋海墓地出土玻璃珠的成分体系和制作工艺研究》，西北大学硕士学位论文，2018 年。

［35］R. H. Brill.，"Chemical Analyses of Some Early Indian Glasses"，*Archaeometry of Glass：Proceedings of the Archaeometry Session of the XIV International Congress on Glass*，1986，New Delhi，India，Calcutta：Indian Ceramic Society，1987，pp. 1-25.

［36］参见：Dashkovskiy P K，Novikova O G，"Chinese Lacquerware from the Pazyryk Burial Ground Chineta II，Altai"，*Archaeology Ethnology and Anthropology of Eurasia*，2017，45（4），pp. 102-111；Новикова О. Г.，Степанова Е. В.，Хаврин С. В.，"ИЗДЕЛИЯ С КИТАЙСКИМ ЛАКОМ ИЗ ПАЗЫРЫКСКОЙ КОЛЛЕКЦИИ ГОСУДАРСТВЕННОГО ЭРМИТАЖА"，*Теория и практика археологических исследований*，2013，（1），pp. 112-124；〔俄〕阿列克谢·提什金、张良仁《阿尔泰早期游牧民族墓葬出土的中国古代漆器》，《北方民族考古》（第 5 辑），科学出版社，2018 年，第 188～197 页。

［37］张玉忠《天山阿拉沟考古考察与研究》，《西北史地》，1987 年第 3 期，第 106～116 页。

［38］湖北省荆州地区博物馆《江陵马山一号楚墓》，文物出版社，1985 年，第 56～71 页。

［39］吐鲁番文物局等《新疆洋海墓地》，文物出版社，2019 年，第 594～605 页。

［40］R. H. Brill，"Chemical Analyses of Some Early Indian Glasses"，*Archaeometry of Glass：Proceedings of the Archaeometry Session of the XIV International Congress on Glass*，1986，New Delhi，India，Calcutta：Indian Ceramic Society，1987，pp. 1-25.

［41］R. H. Brill，J. H. Martin，"Physical Properties of Early Chinese Glasses"，*Scientific Research in Early Chinese Glass*，The Corning Museum of Glass，1991，pp. 109-111.

［42］Gan Fuxi，"Origin of Chinese ancient glasses——study on the earliest Chinese ancient glasses"，*Science in China*（Series E：Technological Sciences），2006，（06），pp. 701-713.

［43］Gan Fuxi，"Origin of Chinese ancient glasses——study on the earliest Chinese ancient glasses"，*Science in China*（Series E：Technological Sciences），2006，（06），pp. 701-713.

［44］干福熹、赵虹霞、李青会、李玲、承焕生《湖北省出土战国玻璃制品的科技分析与研究》，《江汉考古》2010年第 2 期，第 108～116 页。

［45］干福熹等《中国古代玻璃技术发展史》，上海科学技术出版社，2016 年，第 126 页。

［46］参见：刘小胡、张术根《湖南几种类型高岭土矿床的矿物学特征及成因分析》，《中国非金属矿工业导刊》2008 年第 1 期，第 46～50 页；阴江宁、丁建华、陈炳翰、刘建楠、刘新星《中国高岭土矿成矿地质特征与资源潜力评价》，《中国地质》2022 年第 49 卷第 1 期，第 121～134 页。

［47］王博、鲁礼鹏、徐辉鸿、艾尼瓦尔·沙山、玉素甫·买买提《新疆且末扎滚鲁克一号墓地发掘报告》，《考古学报》2003 年第 1 期，第 89～136 页。

［48］湖南省博物馆、中国科学院考古研究所《长沙马王堆一号汉墓》，文物出版社，1973 年，第 63 页。

［49］湖北省文物考古研究所《江陵九店东周墓》，科学出版社，1995 年，第 146、261 页。

［50］邵会秋《巴泽雷克文化在新疆的扩张与影响》，《边疆考古研究》2017 年第 1 期，第 179～195 页。

［51］马健《公元前 8～前 3 世纪的萨彦—阿尔泰——早期铁器时代欧亚东部草原文化交流》，《欧亚学刊》，中华书

局，2006 年，第 38～84 页。

［52］《史记》卷五《秦本纪》，中华书局，1982 年，第 209 页。

［53］《史记》卷四〇《楚世家》，中华书局，1982 年，第 1727 页。

［54］ 马健《公元前 8～前 3 世纪的萨彦—阿尔泰——早期铁器时代欧亚东部草原文化交流》，《欧亚学刊》，中华书局，2006 年，第 38～84 页。

［55］《史记》卷四〇《楚世家》，中华书局，1982 年，第 1700 页。

［56］《史记》卷四〇《楚世家》，中华书局，1982 年，第 1719 页。

［57］《史记》卷四〇《楚世家》，中华书局，1982 年，第 1721 页。

《罗布淖尔考古记》的丝绸之路生态史考察*

王子今

对于汉代丝绸之路史研究，黄文弼《罗布淖尔考古记》以历史学与考古学的完好结合，成就了公认的学术经典。其中对丝绸之路生态条件的充分关注与认真考察，体现出立足学术前沿的创新追求，亦达到了领先当时学界的高上水准。对于罗布淖尔古水系变迁的研究，对于罗布淖尔"更沙版绝水草不能致"等简文的揭示，对于节令所透露气候问题的注意，都提供了多学科综合研究的全新的学术识见。《罗布淖尔考古记》与丝绸之路史和生态环境史相关的研究有明显的启示意义和标范作用。当然有的具体意见，也还有讨论商榷和继续探索的空间。对"角驼"简文的重视，或许有益于丝路生态研究新的进步。

一、"水草"：丝绸之路交通的基本生态保障

据汉代史籍文献记述，"善水草"[1]"水草美"[2]"水草之利"[3]等自然地理条件对于游牧射猎经济发生、发育和发展有重要的意义。"随水草"[4]"逐水草"[5]"逐水草迁徙""逐水草移徙"[6]"逐水草往来"[7]等人群移动，体现了北方民族交通行为方面的活跃表现。被称为"行国"[8]的民族的"迁徙""移徙"，亦促进了欧亚大陆多元文化的融合与进步。"水草"生态，对于北边民族文化史的进程有重要意义。考察相关历史条件，对于丝绸之路史的理解和说明也有重要意义[9]。

从丝绸之路史的多种迹象看，"水草"，是交通往来最重要的生态保障。所谓"幕北寒苦无水草之地"[10]不宜于生存，也不宜于交通建设。

《史记》卷一〇九《李将军列传》记载李广治军风格，"及出击胡，而广行无部伍行陈，就善水草屯，舍止，人人自便"又说，"广既从大将军青击匈奴，既出塞，青捕虏知单于所居，乃自以精兵走之，而令广并于右将军军，出东道。东道少回远，而大军行水草少，其势不屯行。"裴骃《集解》："张晏曰：'以水草少，不可群辈。'"[11]"水草"条件与"道"及"行""屯行""群辈"而"行"的关系，表达得非常明朗。张骞有"凿空"之功[12]，然而他的西行经验得到肯定，亦基于对

---

* 基金项目：2020 年度国家社科基金中国历史研究院重大研究专项（"兰台学术计划"）"中华文明起源与历史文化研究专题"委托项目"中华文化基因的渊源与演进"（项目编号：20@WTC004）；2021 年国家社科基金后期资助项目重点项目"汉代丝绸之路生态史"（项目编号：21FZSA005）。

于沿途"善水草处"的知识:"留匈奴中久,导军,知善水草处,军得以无饥渴,因前使绝国功,封骞博望侯。"[13]

二、沙漠与水资源:西域交通条件

出土于湖北鄂城的一面汉镜,铭文可见"宜西北万里富昌长乐"[14],体现当时中原人对西北方向的特殊关注[15]。对于西域绝远之国的探索,司马相如赋作有"经营炎火而浮弱水兮,杭绝浮渚涉流沙"[16]语。汉代西北方向草原丝绸之路沿途地貌,大多不适合人们耕作与定居。汤因比曾经指出"草原"为交通提供了方便。他所谓"草原",使用"到处是野草和碎石的草原"的说法,或译作"表面是草地和砂砾的草原"[17]。这正是人们通常所谓荒漠、戈壁。中国西北方向的草原丝绸之路的大部分路段,正是绿洲和草场之外的这种地貌[18]。汤因比所谓"碎石""砂砾",即极端缺水的沙漠戈壁条件,上古以来称"流沙""大漠""瀚海",往往使用从"水"的字来形容[19]。

丝绸之路河西路段的水资源得到合理的利用。汉代屯戍事业对于这一生态条件又有所改善。《史记》卷二九《河渠书》记载,汉武帝"临河决",作《瓠子之歌》,"塞瓠子","而梁、楚之地复宁,无水灾"。"自是之后,用事者争言水利。朔方、西河、河西、酒泉皆引河及川谷以溉田"[20]。河西水利建设,可以得到汉简资料及渠流遗存的证明。

黄文弼考古实践所及西域地方,当时也有与屯田结合的水利经营。《汉书》卷九六(下)《西域传(下)》有关"乌孙国"的内容中,班固写道:"汉遣破羌将军辛武贤将兵万五千人至敦煌,遣使者案行表,穿卑鞮侯井以西,欲通渠转谷,积居庐仓以讨之。""穿卑鞮侯井以西",颜师古注:"孟康曰:'大井六通渠也,下泉流涌出,在白龙堆东土山下。'"[21]而就"积居庐仓",黄文弼有过详尽的考论。汉武帝"悔远征伐",而桑弘羊奏言:"故轮台东捷枝、渠犁皆故国,地广,饶水草,有溉田五千顷以上,处温和,田美,可益通沟渠,种五谷,与中国同时孰。""可遣屯田卒诣故轮台以东,置校尉三人分护,各举图地形,通利沟渠,务使以时益种五谷……田一岁,有积谷,募民壮健有累重敢徙者诣田所,就畜积为本业,益垦溉田,稍筑列亭,连城而西,以威西国,辅乌孙,为便。"汉武帝否决了这一方案,在"深陈既往之悔"的"轮台诏"中,确定"不复出军""思富养民"的战略转变[22]。

然而稍后的历史时段,西域地方依然有关于规模颇大的水利建设工程的深刻的历史记忆。如《水经注》卷二《河水》:"敦煌索劢,字彦义,有才略,刺史毛奕表行贰师将军,将酒泉、敦煌兵千人,至楼兰屯田。起白屋,召鄯善、焉耆、龟兹三国兵各千,横断注滨河。河断之日,水奋势激,波陵冒堤。劢厉声曰:'王尊建节,河堤不溢。王霸精诚,呼沱不流。水德神明,古今一也。'劢躬祷祀,水犹未减,乃列阵被杖,鼓噪讙叫,且刺且射。大战三日,水乃回减,灌浸沃衍,胡人称神。大田三年积粟百万,威服外国。其水东注泽,泽在楼兰国北扜泥城。其俗谓之东故城,去阳关千六百里,西北去乌垒千七百八十五里,至墨山国千八百六十五里,西北去车师千八百九十里"[23]。

对于索劢事迹的真实性,历来存在争议。清人沈炳巽引何氏云:"索劢事他无所考,疑其上有脱文。"[24]"刺史毛奕表行贰师将军"句后,清人赵一清引全氏曰:"贰师之官,后汉所无。且其时刺史秩卑，不得表行将军也。"又引何氏曰："其事无可考。"[25] 所谓"全氏曰"，即清代学者全祖望考校《水经注》文字时，就索劢事迹提出的全面否定的判断。然而清人储大文《存研楼文集》卷八《杂著·取道》引唐代地理书《皇华四达记》："冻凌山在于阗西南七百里，繇于阗东经图伦碛达且末镇千六百里，又七百里达鄯善。为晋行贰师将军索劢召鄯善、焉耆、龟兹三国兵横断注滨河，大田积谷百万地。"[26] 则取信《水经注》说。据宋郑樵《通志》卷六六《艺文略四·地理》："《皇华四达记》十卷，贾耽撰。"[27] 又宋洪迈《容斋续笔》卷一〇"舆地道里误"条说："唐贾耽《皇华四达记》"虽内地里程资料"不然者多矣"，但"所纪中都至外国，尤为详备"[28]。都肯定《皇华四达记》基本上可以说是严肃的地理学论著。陈连庆曾就此有所讨论："何义门定为东汉时事[29]。黄文弼先生罗布淖尔考古记引此证明汉代曾在楼兰屯田[30]，但又认为东汉一朝'楼兰故地不设官寺'，则又似以此事为西汉时事[31]。今按王尊为西汉末年人，《汉书》卷七七有传；王霸东汉初年人，《后汉书》卷五十有传，则《水经注》所记自非西汉时事，结合杨终上疏观之[32]，本文所记实为明章时代的屯田无疑。"[33] 李宝通对于魏晋南北朝时代西北屯田予以重视[34]，又曾经讨论蜀汉对楼兰的经营[35]。就索劢事迹，他对全祖望曾发表"此是后汉事"之说提出驳议，也不同意陈连庆言"明章时代"的意见，认为"索劢屯田事并非发生于东汉时期，范《史》、袁《纪》自然无从记载"。论者又讨论了"魏末晋初遣出'行贰师将军'之可能"，亦列举史料，证明"毛奕以刺史身份而表索劢'行贰师将军'，在魏晋之际应是完全可行的"。对于所谓"大田三年"，论者也发现了楼兰简纸文书中的对应信息，推定索劢屯田应在"嘉平四年"。索劢在楼兰经历景平五年、正元元年、正元二年，"前后恰好整整三年"[36]。《水经注》言索劢事迹虽不能得到其他史籍的验证，但所述情节的历史合理性，使得其记载亦未可轻易否定[37]。

特别值得注意的，是陈连庆指出"黄文弼先生罗布淖尔考古记引此证明汉代曾在楼兰屯田"，李宝通也注意到"楼兰简纸文书"中的相关信息。

三、"罗布淖尔水道之变迁与沙漠之移徙"研究

黄文弼《罗布淖尔考古记》的第一篇《绪论》中，第一章即《罗布淖尔水道之变迁与沙漠之移徙》。讨论以这样的层次进行：① 罗布淖尔名称及位置；② 水道变迁探查之经过；③ 水道变迁时代之推拟；④ 罗布沙漠之移徙；⑤ 附论河源问题。

以前有学者对于西域"水道"有所关注。而如黄文弼这样进行科学手段的考察，并与"沙漠""移徙"结合起来进行全面的研究，《罗布淖尔考古记》是具有开创意义的。附图的设计和制作也可以体现研究者的用心，附图一：最近水复故道之罗布淖尔；附图二：魏晋以后蒲昌海之推测；附图三：唐蒲昌海之推测；附图四：清初罗布淖尔形势图。

以古今生态环境变迁为考察的主要视角，是历史学具有革命性意义的进步。黄文弼《罗布淖尔考古记》是实现了这一进步的。

黄文弼写道："余于民国十九年除见海水复故道之外，又在海北岸发现古烽火台遗址，并掘获木简多支，有汉宣帝黄龙元年，及成帝元延五年年号，是在罗布古址中所得最早之文书，距今已

一千九百六十余年矣。而此遗址适在海北头一三角洲之海湾中。不唯可以证明此地在西汉时之繁荣，而且可以证明在西汉时海水之位置。"相关发现对于丝绸之路交通的意义也得到提示："又由其附近之大道，更可窥见当时道路绕海北岸及沿河西行之情形。"黄文弼还指出："自有此古物之发现，则现所见海水之复故道，余等可说所复者为二千年前后之故道，即《汉书·西域传》所称之古蒲昌海之故道也。是不惟赫定先生所推论海水积北岸之假定实现，且提早四百余年，而其位置亦偏向东北矣。并足以证明中国《史记》《汉书》及《水经注》所记真确无误也。"[38]

也就是说，这一研究成果体现了考古学与历史学的结合，不仅有生态环境史的意义，亦有交通地理学、民族地理学，以及军事史、农业史、水利史，甚至文献学史的意义。

四、罗布淖尔"更沙版绝水草"简文

黄文弼对于罗布淖尔出土汉简的研究，多有涉及丝绸之路交通条件的新见。有关丝绸之路生态环境的简文内容的揭示，意义也非常重要。例如《罗布淖尔考古记》第四篇《木简考释》第二章"释地"，对如下简文有所讨论：

简二二　　长一六七糎宽八糎厚三糎

缺用二私马至敦煌辄收入敦煌去渠犁二千八百里更沙版绝水草不能致即得用

简二三　　长三八糎宽八糎厚四糎

私马二匹

简二四　　长四三糎宽九糎厚一·五糎

缺绝水草五百里

简二五　　长二三一糎宽一五糎厚三糎

□□十去寰是六十里

正如黄文弼所说，这几枚简，都是关于西域交通"路程"的记录："按第二二、二三、二四简，皆记路程事。按第二二简：'敦煌去渠犁二千八百里'者，《汉书·西域传序》云：'都护治乌垒城，去阳关二千七百三十八里，与渠犁田官相近。'又《乌垒传》云：'乌垒与都护同治，其南三百三十里至渠犁。'是渠犁与乌垒南北相直。乌垒至阳关二千七百三十八里，阳关在敦煌之西。据《辛卯侍行记》阳关路考：'敦煌西南行七十里石俄堡，七十里南湖，即阳关。'据此是阳关至敦煌一百四十里，再加乌垒至阳关之数，共二千八百七十里。此简云：'敦煌去渠犁二千八百里'，如渠犁与乌垒南北对直，则超出七十八里，与《汉书》不合。但《水经注·河水（下）》云：'渠犁西北去乌垒三百三十里。'则渠犁应在乌垒之东南。又《汉书·渠犁传》云：'东南尉犁六百五十里。'[39]《尉犁传》云：'西至都护治所三百里。'而《渠犁传》云：'东北与尉犁接。'据此是尉犁与乌垒东西对直，而渠犁在乌垒之东南，尉犁之西南。若然，则渠犁至阳关不足二千七百三十八里，再加阳关至敦煌之数，又大致相符也。若以今地形考之，乌垒在今策特尔之南，以渠犁在乌垒之东南为算，则渠犁应在今尉犁之西南，约当经度八十五度二十分；敦煌在今九十四度五十分，中距九度三十分。此云二千八百里，一度约合汉里三百里，汉计里小故也。"所谓"渠犁在乌垒之东南，尉犁之西南"的方位判断，与谭其骧《中国历史地图集》标注的空间位置一致[40]。不过，我们以为黄文弼《罗布淖尔考古记》第四篇《木简考释》第二章"释地"对于简文的分析，更重要的，是有关"更沙版绝水草"的生态史料的发布。

黄文弼写道："简云：'更沙版绝水草'者，按由敦煌至渠犁途中，以今地形考之，自罗布淖尔往西，均沿河行，当无所谓绝水草，亦无沙版。简所云'更沙版绝水草'，当在罗布淖尔以东，与玉门阳关之间。《魏略·西戎传》云：'从玉门关西出，发都护井，回三陇沙北头，经居卢仓从沙西井转西北，过龙堆，到故楼兰，转西诣龟兹至葱岭为中道。'按今自敦煌大方盘城即玉门关以西有沙碛，作东南、西北向，或即此简所称为沙版也。然此处水草尚不乏。乏水草者，惟自罗布淖尔东岸至库木胡都克全为咸地，疑即古之白龙堆地，乏水草。故第二十二简及二十四简所云绝水草五百里，均指此一带言也；约当经度九十度二十分至九十二度。此云五百里，其计里与前简亦大致相若也。简云：'用私马致敦煌辄收入'者，盖汉制有官马私马之别。《史记·霍去病传》云：'两军之出塞，塞阅官及私马凡十四万匹，而复入塞者不满三万匹。'是汉时凡官私马出塞，所过亭塞，必须登记。此云'用私马致敦煌辄收入'者，盖禁止私马往西域之告令也。第二十三简'私马二匹'解释同上，惟原简二下尚有一横，疑随意所画，与上下字不连也。第二十五简字不明，可识者七字，'寰是'疑为地名，但不知何在也。"[41]

"更沙版绝水草"究竟是指西域丝绸之路哪一路段，相关分析自然非常重要。但是所谓"更沙版绝水草"作为出土文献资料对于生态史的意义，本身即值得我们珍视。

五、关于"角驼"的名物学思考

河西汉简提供了有关野生动物的若干信息。如"野马""野橐佗""野羊""鹿"等[42]。据《楼兰尼雅出土文书》，可见"貂""黄羊"[43]。《罗布淖尔考古记》第四篇《木简考释》第五章"释廪给"出现"角驼"简文，也值得我们注意：

简四七　长九〇糎宽一四糎厚四糎
缺□角驼二月癸卯死

黄文弼写道："按此简上缺，盖记牲畜事。角驼，即橐驼，《汉书·西域传》：'大月氏出一封橐驼。'角、橐音近相通。驼一作它。《西域传》：'鄯善有驴马，多橐它。'师古注曰：'它，古他字。'《流沙坠简杂事》九十八：'得橐它一匹到'可证也。"[44]

对于"角驼"进行名物学考论，似乎比较困难。近年面世的《中国古代动物名称考》未列入"角驼"[45]。所谓"角、橐音近相通"，似乎说服力不强。而《楼兰尼雅出土文书》明确可见"驼他"[46]。

唐人李洞《冬日送凉州刺史》诗："吏扫盘雕影，人遮散马乘。移军驼驮角，下塞掾河冰。猎近昆仑兽，吟招碛石僧。"[47]这几句就说到了多种禽兽，而"移军驼驮角"颇费解。清人吴伟业有《橐驼》诗可见"和角废驴鸣"句，注文："按：李洞有'移军驼驮角'之句，然诗意似与鸣角之声相和耳，俟考。"[48]好像是说"驼"的鸣叫"与鸣角之声相和"。这样的说法仍难以作为解读"角驼"的参考。

元人刘祁《归潜志》卷四写道："王特起，字正之，代州崞县人。少工词赋有声，年四十余方擢第。作诗极高，尝有《龙德联句》，为时所称。又《题杨叔玉所藏双峰竞秀图》云：'龙头矗双角，驼背堆寒峰。'诸公嘉其破的。"[49]《中州集》戊集第五"王监使特起"条说："《游龙德宫联句》云：'棘猴未穷巧，槐蚁或失王。'《赋双峰竞秀》云：'龙头矗双角，驼背堆寒峰。'《华山》云：'三峰盘地轴，一水落天绅。造化无遗巧，丹青总失真。'闲闲公屡哦此诗以为妙。"[50]这似乎是说，存在有"双角"的"驼"。然而正如清人胡凤丹《感遇》诗所写到的："业业复兢兢，抚衷益自耻。愿学无角驼，努力奋两耳。"[51]人们一般的常识，"驼"是"无角"的。

清人李元《蠕范》卷四《物食》可见对"豹"的多种解说，其中说到"驼牛豹"："曰驼牛豹，豹文，犀角，驼身，以乘且耕。出佛逝国。"[52]有关这种动物的知识，如果这里忽略"豹文"的外观皮毛描述，注意"犀角，驼身，以乘且耕"，令人联想到《汉书》卷九六（上）《西域传（上）》"罽宾国"所出"封牛"。颜师古注："封牛，项上隆起者也。"同卷"大月氏国"条颜师古注："脊上有一封也，封言其隆高，若封土也。今俗呼为封牛。"[53]"封牛"又作"犎牛"。《后汉书》卷六《顺帝纪》："疏勒国献师子、封牛。"李贤注："封牛，其领上肉隆起若封然，因以名之，即今之峰牛。"[54]这种动物是西域特产。《晋书》卷八六《张骏传》："西域诸国献汗血马、火浣布、犎牛、孔雀、巨象及诸珍异二百余品。"[55]《魏书》卷一〇二《西域传》"龟兹"条写道："出细毡，饶铜、铁、铅、麖皮、氍毹、铙沙、盐绿、雌黄、胡粉、安息香、良马、犎牛等。"又"康国"条："出马、驼、驴、犎牛、黄金、硇沙……"[56]如果确是西域所献珍兽，则罗布淖尔简文"□角驼二月癸卯死"对于其死亡的郑重记录当然是合理的。

汉代文献言西域"封牛""犎牛"，唐人或称"峰牛"者，很可能是现代动物学所谓"瘤牛"。《辞海·生物分册》介绍"瘤牛"："【瘤牛】（*Bos indicus*）哺乳纲，牛科。反刍家畜。因鬐甲部隆起如瘤，故名。毛多灰白色，亦有赤、褐、黑或花斑者。头面狭长，额平，耳大下垂，垂皮发达。皮肤致密，分泌有臭气的皮脂，能驱虫，有抗焦虫病的特征。耐热，性极温驯。原产亚洲和非洲热带地区。有乳用、役用、乳役兼用等类型。"[57]注意到毛有"花斑"者的迹象，则与前引李元《蠕范》卷四《物食》所谓"驼牛豹"相合。李元又说"以乘且耕"，提示了"性极温驯"适于"役用"的情形。而所谓"出佛逝国"的空间指向，正是"亚洲""热带地区"，即《汉书》卷九六（上）《西域传（上）》所说接近印度的"罽宾国"方位[58]。云南汉代文物发现可见表现"瘤牛"形象的实证资料。而这里，正是另一走向的丝绸之路经行的地方[59]。

以为"角驼"可能与"封牛""犎牛""峰牛"有关的推想，可能尚需进一步的考察。正确的态度或许仍以"俟考"为妥。如前引"《题杨叔玉所藏双峰竞秀图》云：'龙头矗双角，驼背堆寒峰'"，诗句似可理解为"封牛""犎牛""峰牛"，然而诗题既然确定是"双峰"，如果不是画家与诗人对西域珍奇动物的无知产生的误解，则可以作为这一推测的反证。

六、《罗布淖尔考古记》"释历"

历日之书，是汉代民间实用书。河西出土汉简多见相关内容。《罗布淖尔考古记》第四篇《木简考释》第三章"释历"举列一条简文，有两面文字：

简二六 长二一〇糎宽一二糎厚二糎

己未立春伏地再拜八月十三日请卿辱使幸幸大岁在酉在初伏问初伏门缺 正面

三月辛丑朔小三月辛丑朔小三月己未立夏夏己未立夏八月十九日九月十九缺 背面

黄文弼分析道："按此简正反两面写气节。"从反面文字提供的信息，"但以长历推之，应在河平元年"。

对于"立夏应为四月朔气，今变为三月中气者"，黄文弼说："盖以建始四年闰十月故也。是年闰十月，故以十一月朔癸卯为冬至节，依次递推，故立夏移入三月中气矣。但立夏在三月十九日者，盖中朔有大小不齐之故也。"论者引《周礼》贾疏："正月立春节，启蛰中；二月雨水节，春分中；三月清明节，谷雨中；四月立夏节，小满中"[60]宋代学者王应麟注意到二十四节气的序次，在汉代曾经发生过变动。他在《困学纪闻》卷五《仪礼》中写道："《夏小正》曰：'正月启蛰。'《月令》：孟春'蛰虫始振'。仲春'始雨水'。注云：'汉始以惊蛰为正月中，雨水为二月节。'《左传》：'启蛰而郊。'《正义》云：'太初以后，更改气名，以雨水为正月中，惊蛰为二月节，迄今不改。'《周书·时训》：'雨水之日，獭祭鱼。惊蛰之日，桃始华。'《易通卦验》：'先雨水次惊蛰，此汉太初后历也。'"[61]宋元之际学者金履祥也曾经进行节气序次的历史比较，推定周秦两汉时的气温可能高于宋元时代[62]。"汉始以惊蛰为正月中"的说法，清代经学论著中亦多有关注[63]。

《罗布淖尔考古记》"释历"的内容较早注意到汉代节气次序问题。认真研究罗布淖尔汉简并结合其他相关信息，或许可以发现有意义的汉代生态史料。

黄文弼《罗布淖尔考古记》中《自叙》写道，他在《高昌专集》《高昌陶集》出版之后，即"继续编辑蒲昌即罗布淖尔考古报告"。"二十四年冬，余又奉中央古物保管会之命驻西安整理碑林。西北科学考察团亦因余故，在西安设研究分所，继续编纂工作。""二十七年春，碑林工程告竣，余遂赴城固任西北联合大学教授，其年秋又接受中英庚款会协助，赴成都借四川大学工作。二十八年夏，川大迁峨嵋，余亦随校赴峨嵋，静居山中，重理旧稿，图版重编次，论文重删订。其年年底全部完成，以较旧稿，则此稿详密多矣。二十九年春，又受西北大学之聘，赴城固讲学，秋返川，迁居川西崇庆县，补充绪言七万余字，至本年年底完成，即本书之第一篇也。六年工作，至此遂告一段落。抗战期中，印刷困难，此稿藏之箧中者，已三年于兹矣。胜利后，余辞去西大教职，去夏来平，接受北平研究院之聘，得有暇日重审订旧稿……此稿亦于今春交北大出版部付印"这部名著之完成，与黄文弼几次说到的"西北联合大学""西北大学""西大"有着密切的关联。正值西北大学120年校庆之际，我们重读这些文字，自然感念至深。黄文弼对西北考古重要的科学贡献，以及他与西北大学深厚的学术情缘，我们通过对他的论著的学习，可以得到真切的体会。

正如黄文弼所说，就《罗布淖尔考古记》的内容而言，"西域与中国文化之关系"，"由此可得其大凡也"[64]。在丝绸之路史研究得到空前推进的今天，我们继续进行的工作，也是对学术先行者的比较好的纪念。

　　附记：本文撰写，得到中国社会科学院古代史研究所曾磊、中国人民大学国学院王泽的帮助。谨此深致谢意。

注　释

［1］《史记》卷一〇九《李将军列传》，中华书局，1982 年，第 2869 页。

［2］《史记》卷一一八《淮南衡山列传》，3090 页。

［3］《汉书》卷六九《赵充国传》，中华书局，1962 年，第 2980 页。

［4］《汉书》卷九六（上）《西域传（上）》，第 3897、3898 页。

［5］《汉书》卷九六（上）《西域传（上）》，第 3875、3876 页；《汉书》卷九六（下）《西域传（下）》，第 3901 页。

［6］《史记》卷一一〇《匈奴列传》，第 2879、2891 页。

［7］《汉书》卷九六（上）《西域传（上）》，第 3883 页。

［8］《史记》卷一二三《大宛列传》说"乌孙""行国"，"康居""行国，与月氏大同俗"，"奄蔡""行国，与康居大同俗"。"大月氏""行国也，随畜移徙，与匈奴同俗。"第 3161 页。

［9］王子今《从秦汉北边水草生态看民族文化》，《中国社会科学报》2020 年 8 月 14 日 4 版。

［10］《史记》卷一一〇《匈奴列传》，第 2912 页。

［11］《史记》，第 2869、2874 页。

［12］《史记》卷一二三《大宛列传》："乌孙使既见汉人众富厚，归报其国，其国乃益重汉。其后岁余，骞所遣使通大夏之属者皆颇与其人俱来，于是西北国始通于汉矣。然张骞凿空，其后使往者皆称博望侯，以为质于外国，外国由此信之。"第 3169 页。王子今《张骞凿空》，《光明日报》2017 年 5 月 18 日 02 版。

［13］《史记》卷一一一《卫将军骠骑列传》，第 2929 页；《史记》卷一二三《大宛列传》："骞以校尉从大将军击匈奴，知水草处，军得以不乏，乃封骞为博望侯。"第 3167 页。更突出了"知水草处，军得以不乏"的意义。

［14］湖北省博物馆、鄂州市博物馆《鄂城汉三国六朝铜镜》，文物出版社，1986 年，图版 46。

［15］周新《论鄂城汉镜铭文"宜西北万里"》，《南都学坛》2018 年第 1 期。

［16］《汉书》卷五七（下）《司马相如传（下）》，第 2596 页。

［17］〔英〕汤因比著，曹未风等译《历史研究》，上海人民出版社，1964 年，第 235 页。

［18］王子今《丝绸之路交通的草原方向和海洋方向》，《丝路文明》（第 5 辑），上海古籍出版社，2020 年。

［19］王子今《"瀚海"名实：草原丝绸之路的地理条件》，《甘肃社会科学》2021 年第 6 期。

［20］《史记》，第 1413、1414 页。

［21］《汉书》，第 3907 页。

［22］《汉书》卷九六（下）《西域传（下）》，第 3912～3914 页。

［23］（北魏）郦道元著，陈桥驿校证《水经注校证》，中华书局，2007 年，第 37 页。

［24］（北魏）郦道元撰，（清）沈炳巽注：《水经注集释订讹》卷二《河水（二）》，清文渊阁《四库全书》本，第 17 页。据《水经注集释订讹》"凡例"，"何氏"即何焯（"长洲何义门"先生）。所谓"何氏曰"，"从其后人假先生手批之本采入"。

［25］（北魏）郦道元撰，（清）赵一清注《水经注释》卷二《河水（二）》，清文渊阁《四库全书》本，第 17 页。

［26］（清）储大文撰《存研楼文集》，清文渊阁《四库全书》本，第 135 页。

［27］（宋）郑樵撰《通志》，中华书局，1987 年，第 781 页。

［28］（宋）洪迈撰，孔繁礼点校《容斋随笔》，中华书局 2005 年，第 346、347 页。

［29］原注："据《合校水经注》卷 2 所引。"

［30］ 原注："《罗布淖尔考古记》，第112页。"

［31］ 原注："《罗布淖尔考古记》，第63页。"

［32］ 今按：杨终上疏，即《后汉书》卷四八《杨终传》记载，"建初元年……上疏曰：'……自永平以来……加以北征匈奴，西开三十六国，频年服役，转输烦费。又远屯伊吾、楼兰、车师、戊己，民怀土思，怨结边域'……复上书曰：'……今伊吾之役，楼兰之屯，久而未还，非天意也。'帝从之，听还徙者，悉罢边屯。"中华书局，第1597、1598页。

［33］ 陈连庆《东汉的屯田制》，《东北师范大学社会科学集刊》1957年第1期；后收入《中国古代史研究——陈连庆教授学术论文集》，吉林文史出版社，1991年。

［34］ 李宝通《试论魏晋南北朝西北屯田的历史作用》，《简牍学研究》（第2辑），甘肃人民出版社，1998年。

［35］ 李宝通《蜀汉经略楼兰史脉索隐》，《简牍学研究》（第2辑），甘肃人民出版社，1998年。

［36］ 李宝通《两汉楼兰屯戍源流述考》，《简牍学研究》（第1辑），甘肃人民出版社，1997年；李宝通《敦煌索劢楼兰屯田时限探赜》，《敦煌研究》2002年第1期；李宝通《索劢楼兰屯田时限试考》，《简牍学研究汇刊》（第1辑）"第一届简帛学术讨论会论文集"，中国文化大学史学系、简帛学文教基金会筹备处，2003年。

［37］ 王子今《说索劢楼兰屯田射水事浅论》，《甘肃社会科学》2013年第6期。

［38］ 黄文弼《罗布淖尔考古记》，国立北京大学出版社，1948年，第4、5页。

［39］ 此处有误，第四篇《木简释考》注五："按《汉书·渠犁传》：'东通尉犁六百五十里'当有错误。渠犁至乌垒三百三十八里，是渠犁与尉犁至乌垒相差仅三十八里。虽一在南，一在东，方位不同，然决无一倍之差。故渠犁通尉犁里数有误。余疑《汉书·西域传》有错简；《渠犁传》：'自武帝初通西域'一下，疑全为'龟兹传'文，因所述皆龟兹王事也。如所论不误，则东通尉犁里数，为龟兹通尉犁里数，而非渠犁也。按龟兹通乌垒三百五十里，乌垒通尉犁三百里，合之适为六百五十里也。"黄文弼《罗布淖尔考古记》，第220页。

［40］ 谭其骧《中国历史地图集》（第2册），中国地图出版社，1982年，第37~38页。

［41］ 黄文弼《罗布淖尔考古记》，第196~198页。

［42］ 王子今《简牍资料所见汉代居延野生动物分布》，《鲁东大学学报（哲学社会科学版）》2012年第4期。

［43］ 林梅村《楼兰尼雅出土文书》，文物出版社，1985年，第60页，简340；第57页，简297。

［44］ 黄文弼《罗布淖尔考古记》，第205页。

［45］ 黄复生、王祖望、冯祚建《中国古代动物名称考》，科学出版社，2017年。

［46］ 林梅村《楼兰尼雅出土文书》，第68页，简452、简458。

［47］ （宋）李昉等编《文苑英华》卷二八〇，中华书局1966年5月版，第1421页。

［48］ （清）吴伟业撰，（清）靳荣藩注《吴诗集览》卷九（下）《五言律诗二之下》，清乾隆四十年凌云亭刻本，第454页。

［49］ （元）刘祁撰《归潜志》，清《武英殿聚珍版丛书》本，第16页。

［50］ （金）元好问编《中州集》，《四部丛刊》景元刊本，第143页。

［51］ （清）胡凤丹撰《退补斋诗文存》诗存卷五《古体诗》，清同治十二年退补斋鄂州刻本，第30页。

［52］ （清）李元撰《蠕范》，清《湖北丛书》本，第41页。

［53］ 《汉书》，第3885、3890页。

［54］ 《后汉书》，第263页。

［55］ 《晋书》，中华书局，1974，第2235页。

［56］ 《魏书》，中华书局，1974，第2266、2281页。

［57］ 《辞海·生物分册》，第575、576页。

［58］ 谭其骧《中国历史地图集》，第37、38页。

［59］ 谭其骧《中国历史地图集》，第31、32页。

［60］ 黄文弼《罗布淖尔考古记》，第199页。

［61］ （宋）王应麟著，（清）翁元圻等注，栾保群、田松青、吕宗力校点《困学纪闻》，上海古籍出版社，2008年，第610页。

［62］（清）秦嘉谟《月令粹编》卷二三："金氏履祥疑古者阳气特盛，启蛰独早。"清嘉庆十七年秦氏琳琅仙馆刻本，第 360 页。

［63］　王子今《秦汉时期生态环境研究》，北京大学出版社，2007 年，第 12～15 页。

［64］　黄文弼《罗布淖尔考古记》，第 2 页。

从波斯到固原

——无棺葬俗的演变*

马 伟

本文所谓的"无棺葬",是一种在北朝至隋唐时期墓葬中直接将尸体陈放在尸床或墓室地面从而埋葬的葬俗[1]。区别于专作陈棺用途的棺床,无棺葬或为直接采用仰身直肢等葬式将尸体置于尸床上,或采用二次葬敛骨殖在尸床或墓室地面,因此与汉地以棺殓葬的传统方式有着较大区别,而追索其渊薮来看,该葬俗可能受到了中亚地区丧葬文化的影响[2]。就无棺葬在汉地出现时间来看,自北朝时期就已有相当多的发现,除西安北周安伽墓、康业墓和史君墓以外,北魏时期平城一带的无棺葬,其中部分墓葬的墓主为粟特裔的可能性也较大[3]。目前学界普遍认为,以石棺床、石椁为葬具的做法应始自中国本土的传统[4],但对于采用无棺葬的动因及其功能聚讼不已。有学者认为,石椁与中亚地区发现的纳骨器(ossuary)功能上有一定的相似性[5];也有学者认为,粟特裔墓葬使用的石椁应是地表墓室纳吾斯(naus)的变化形式,也起到了禁止尸体接触泥土的效果[6];还有学者认为石葬具是粟特本土纳骨瓮与汉地葬具传统的结合[7]。笔者以为,不管是纳骨器还是纳吾斯,将石葬具直接与二者相比附的看法均忽略了如安伽墓、虞弘墓等墓葬的墓主骨殖并未放置在葬具之上,而是可能为二次葬的现象,因此,虽然使用了汉地石质葬具以贴合其中亚出身与信仰文化,但是在心理诉求上,粟特裔墓葬可能仍采用天葬或火烧骨殖的传统祆教葬仪先处理尸体后再埋入符合其等级身份的汉地建制墓葬中[8]。综上,笔者认为并不宜将石葬具的功能直接等同于纳骨器或纳吾斯[9]。

关于传统的中亚祆教徒葬仪礼俗的细节,张广达曾引述巴托里德的相关研究并做出如下总结:第一步,可以把尸体放在屋内挖成的坑穴中,或暂厝于专为这种用途而建造的室内;第二步,尸体被运到达克玛(Dakhma,专做曝尸之用的高层尸台),以备狗和猛禽去除尸肉;第三步,处理已去除尸肉的骨头,主要方法有二:一是骨骸留置原地,二是加以收敛,安置到一个封闭的构筑物中,或放到纳骨器中[10]。

因此,从某种意义上来讲,如果将古代伊朗地区和中亚地区出现的无棺葬俗与中国境内的无棺葬俗相比较,那么我们会发现中国境内的无棺葬俗与中亚地区的关系更为密切,在诸如新疆、固原

* 本文系国家社会科学基金西部项目"丝绸之路沿线所见金属下颌托组合覆面葬俗研究"(项目编号:22XKG003)阶段性成果。

等地，其丧葬形态也有较明显的异化现象。以下，尝试通过分析从波斯到中国的无棺葬俗的内容及其演变，从而讨论其变因及丧葬意涵的主要表达。

一、北朝至隋唐时期的内地无棺葬概况

从时间上看，无棺葬在北朝时期的多个政治文化中心都有发现[11]，如北魏时期无棺葬一般集中于大、中型墓葬中，不使用木棺，陈放尸体在木、砖或石质尸床上，均为一次葬，墓主头下还垫有石、白灰或土灰枕，在今大同与洛阳都有发现[12]；东魏北齐开始，墓葬中较频繁地设围屏石床，不使用木棺，并主要集中于邺城附近（今河北临漳）[13]；西魏北周时期无棺葬几乎均以大型墓葬为主，尤其是北周时期的无棺葬俗多出现于中亚粟特裔贵族墓中，其大多使用石椁或围屏石床，围屏石床雕刻有图案并开始局部贴金或直接为金地屏风，一些墓葬还采用了二次葬的现象，这些墓葬主要分布于咸阳原上[14]；进入隋代，粟特裔墓葬继续使用石椁一类的无棺葬俗[15]，同时如李静训等高等级的汉族贵族墓葬也开始使用石质葬具，石椁与石棺均有发现[16]；唐初，粟特裔族群已不再使用石椁或围屏石床一类的葬具，此时深受汉地墓葬制度的影响，开始在砖、青石或生土台上陈棺，一些粟特裔小型墓葬则是直接陈尸于生土、石质的尸床或墓室地面上，大多为一次葬，天葬或火葬等二次葬现象已有逐渐减少的趋势，同时墓葬内既发现有单人葬，也有二人合葬以及多人合葬于同一墓室的现象，这些墓葬集中的区域主要与粟特裔族群进入汉地后所形成的聚落有关。

比较来看，北朝至隋唐时期无棺葬俗的使用情况可大致分为三个阶段。

第一阶段，北朝早期无棺葬俗多出现于中型以上墓葬中，其中北魏至东魏北齐时期采用无棺葬俗的墓葬形制与其他墓葬无异，墓主至少为中高级官吏，如宋绍祖墓（北魏太和元年，477年）等[17]，在石椁内另设尸床，且不使用墓棺，因此这一葬俗并不十分普遍，且并非由鲜卑贵族所倡；反而在围屏石床上陈设墓棺的情况较为常见，如河南沁阳北魏墓与司马金龙墓（北魏太和八年，484年）在墓室内即发现有墓棺痕迹[18]。可见，由于北朝早期葬制尚未统一，包括葬具使用、葬式等在内的丧葬形态也具有多元化的特点，因此平城附近所谓无棺葬俗的集中化现象，虽然也可能与粟特裔族群的聚居有关，但正如前文所述，如石棺床、石椁等石质葬具的使用应还是受到了汉地传统的影响，因而至少在早期阶段该类葬俗的使用人群并未固定[19]。

第二阶段，北朝晚期至隋代的无棺葬俗则较为特殊，这些墓葬的墓主大都为粟特裔身份，墓葬建制也远超其身份等级，属于别敕葬，其相当重视石质葬具及墓葬规格，但是随葬品数量却往往相对较少，壁画内容也较为单一，体现出其对石质葬具的偏爱及特殊的信仰文化意涵。

第三阶段，进入唐代以后使用无棺葬的墓葬等级普遍不高，各地的粟特裔墓葬无棺葬俗的使用情况有所不同，其葬式和内容也有不少差异，因而，这无疑有助于我们进一步了解这种葬俗传播过程中的异化现象。

首先，北朝时期粟特裔墓葬中所采用的葬具以围屏石床为主[20]，而与占据少数的房形石椁相类似的是，二者都应是来自于中国本土的传统[21]。同样，唐代以砖砌或生土夯筑的台面为尸床的做法也应出自于汉地，因为，早在北齐娄叡墓与磁县湾漳北朝壁画墓中就已经发现有类似形制的棺床，二者只是在功能上存在差异[22]，进入唐代以后，一些粟特裔墓葬，如唐史道德墓（678年）

使用生土棺床、安元寿墓（683 年）使用砖砌棺床等现象[23]，均侧面说明该做法源自北朝。当然，也有一些学者认为，如安伽墓所出的围屏石床可能是与其中亚身份背景有关的"重床"，即中亚粟特裔王公贵族所坐的王座[24]；或是认为棺床是汉末至北朝时期流行的胡床的仿制品[25]。这些看法角度颇为新颖，对于讨论粟特裔族群使用棺床的动因具有一定的启发意义，但尚需更多的考古发现佐证。因此，我们也可以尝试性认为，正是由于在中亚地区有着与汉地形制相似的陈设或风习，才使得粟特裔墓葬中最终较容易出现经过其吸收与改造的"棺床"，其外部形式可能具有"俗同华戎"的特点，但内核无疑是与粟特裔族群的信仰文化息息相关的。

与粟特裔墓葬不约而同地使用石葬具情况所相似的是，这些原本用于置棺的石棺床的功能也被大大弱化，绝大多数粟特裔墓葬中不仅不置墓棺，甚至连墓主的骨殖也并未妥善安置于棺床上。可见，粟特裔族群使用石质葬具的出发点并不是受王朝制度的影响，而是主要出于族群性观念的考虑[26]。目前，多数学者认为北朝时期出现的无棺葬可能是粟特本土葬俗的部分反映，这一认识无疑已经在中亚地区的相关考古发现中有所证实，因为，不管是以纳骨器盛放骨殖再放入地表墓室纳吾斯中的做法，还是天葬或火葬后直接收厝骨殖放置别处的处理方式，不使用棺椁均是该类葬俗的基本特点。从宏观层面上看，粟特裔墓葬是否使用无棺葬俗，与该地区粟特裔族群的汉化进程有着密切的联系，而从微观层面上看，各地区无棺葬俗内容上的一些差异，也体现了这种葬俗传播过程的复杂性。因此，我们可以尝试借由西亚、中亚地区无棺葬的葬俗基本特点入手，试图从源头处分析其丧葬原境，从而讨论从中亚至固原无棺葬俗的动态变化。

二、西亚、中亚地区无棺葬的演变

（一）波斯本土早期无棺葬的出现

琐罗亚斯德教作为一种古老的世界性宗教，随着时空的变化与推移，变异必然时有发生，因而其变异的结果是在传播过程中在不同区域产生不同版本的琐罗亚斯德教[27]。因此，这里所谓的波斯本土的琐罗亚斯德教，其实也可分出阿契美尼德王朝时期的琐罗亚斯德教版本以及萨珊王朝时期的版本。前者包含有较多原始宗教的成分，散见于一些古希腊作家的著作或是历代的传说见闻中，后者则是目前全世界学者都试图还原的版本，较之于前，该版本更接近于宗教的范畴，特点为规范化与体系化[28]。而之所以将中亚地区流传的琐罗亚斯德教称之为中亚版或粟特版，是因为该地区除了继承有较多萨珊波斯琐罗亚斯德教仪轨以及本地区原始崇拜的影响以外，事天、拜火以及一些丧葬礼仪还存有更早阶段阿契美尼德王朝时期的影子[29]。同时，由于中亚地区特殊的地理位置与长久以来在周边大国夹缝中生存的局面，使得该版本的琐罗亚斯德教有着明显的地域特色与多元化倾向，民俗化的内容也相对较多。

总体来看，古代波斯地区的琐罗亚斯德教的天葬习俗是该教区别于其他宗教的一大特征，此种葬俗在现存的琐罗亚斯德教经典《曾德—阿维斯塔经》（Zend-Avesta）中可以找到根据，据该经第一部分《闻迪达德》（Vendidad，又称辟邪经）第三章第四、五节记载，教徒要把死者放在鸟兽出没的山顶上，让狗或鸟噬咬[30]。而与伊朗人同出一系的印度人，在吠陀时代则采用火葬的做法，中亚人在青铜时代后期也实行火葬，就连米底人，除麻葛部落外，也未有采用天葬的习惯[31]。可见，即使是在阿契美尼德王朝时期，包括波斯人在内并未完全接受麻葛僧的丧葬习俗。那么，所谓天葬（无棺葬）的葬俗形态到底是什么样子？这里，我们可以借助伊朗现存琐罗亚斯德教徒的仪式与丧葬观念，尝试理解一些源自古代伊朗地区的相关信仰。

琐罗亚斯德教徒在亲者死亡时，面临的最紧要的两项任务，其一为谨慎、迅速地处理受污染的尸体，其二为帮助死者的灵魂到达天堂[32]。第一项任务必须在一天之内完成，而传统的丧葬仪式则要求有狗在场，因为根据教义规定，狗可以在生者与死者之间充当某种媒介，他们认为狗的凝视可以驱赶恶魔、消除污染，一些经典还记载有人死后灵魂必经的审判之桥（the Chinvat Bridge）上等待有两只狗，用吠叫吓跑附身于死者灵魂上的恶魔，也阻止那些生前残害狗的人经过该桥的事迹[33]。而在呼吸停止后，亲属应抬出死者尸体将其放置在一间屋子（生死屋）里的石板上，周围撒上沙子用以保护土地，同时通过犬视（Sagdīd）反抗尸魔对死者的污染（犬视仪式共分三次，第一次为死后立即进行，第二次为裹尸布裹好尸体送至达克玛前，第三次为在达克玛里剪开尸布时），此外还要在离尸体三步远处点燃圣火，燃烧布德·那克什根，以抵抗邪恶力量。同时，常人不得接触尸体，只能由专司搬运的"不净人"运至尸台。最后，分别在死亡后的第四天黎明、第三十天以及第一次周年纪念时为死者举行简短的仪式[34]。

此外，《闻迪达德》第六章也明确记载了尸体的处理方式，即祛除尸魔的过程，书中采用问答的形式，问："应该怎样安放尸体？"答："放在最高处，让鸟兽啄食，而且要用金属或石块、兽角将死者头发、双足缚住，否则鸟兽会将他拖至水中或植物之间。"问："然后又怎样安放骸骨？"答："可放在容器中，免与兽类接触，也不可玷污雨水。如果无法置办容器，则可任其安放地上，让日光来照射。"[35]该记述指明了死者尸体的最终归宿，即收敛入容器中。在东伊朗地区，早期祆教徒安放骸骨的石壶已有不少发现，有的还有铭文，石壶的作用即将来复活后的最后审判。如前文所举阿塞拜疆的一处祆教崖墓，地处乌鲁米亚湖东南，有一座小山，高出平地五米，分前室与墓室，墓室内的四个石龛显然是供二次葬收敛尸体之用，其上可能原置有骨壶[36]。这些骨壶的形制虽然与中亚地区的纳骨器有所区别，但无疑也对中亚地区产生了影响。

在埋葬死者的整个丧葬仪式过程中，我们随处可见狗对于琐罗亚斯德教徒的重要意义，这种对于忠诚、邪恶的认识可能混合有原始的自然崇拜或信仰的成分[37]。而在仔细观察犬视的三个环节后，我们似乎可以理解琐罗亚斯德教徒不使用墓棺的葬俗观念。首先第一次犬视，是在死者尸体放入铁棺并停在生死屋前，以犬凝视驱邪，这时所使用的铁棺既有避免尸体接触地面的作用，也是第二次犬视后仪式的必要器具；其次第二次犬视，是死者用裹尸布裹好置于棺中，抬至达克玛的所前所实施的，由亲属抬棺，因此这时地铁棺与第一次情况类似，无疑也具有避免尸体直接接触地面的功能；直至第三次犬视，死者抬入达克玛内，剪开裹尸布露出死者头部，实施最后一次犬视后尸体抬离铁棺，净化才得以结束，尸体放置在事先准备好的石头上，此时用于盛放死者的铁棺已经不再发挥作用，死者最终在达克玛内完成天葬仪式。分析来看，用于暂厝尸体及方便移动的墓棺与实施天葬的尸台相比，后者无疑才是死者骨殖的最终归宿，这与汉地的墓棺使用传统显然不同。而就二者都使用的墓棺来看，对于琐罗亚斯德教徒来说，墓棺的使用是尸体净化环节未完成前的"临时居所"，它无法代替达克玛之于死者的意义，更无法使死者灵魂最终到达天堂，使用铁棺而不是木棺，也与琐罗亚斯德教认为木头是不洁净的观念有关；但汉地使用的墓棺，不管是停放尸体，还是最终安葬，其存在的意义始终都是墓主死后的最终居所。可见，两地的丧葬观念存在着较大的差异。这方面，在考古材料中也能找到相应的证据[38]。

在古代波斯地区，无棺葬显然经历了更为复杂的演变过程，其出现与王朝的制度与统治秩序不无关系。首先，可以明确的是，虽然阿契美尼德王朝的国王们大力推行琐罗亚斯德教，但是根据考古发现来看，他们死后的遗体并不遵照天葬的习惯，而是先经过防腐处理后入土为安的[39]，因此，天葬的习俗可能只在麻葛僧中间小范围地流行。到了帕提亚王朝后期，国王们开始复兴琐罗亚斯德教，不但承认该教神祇，甚至也会曝弃王族的尸体，做到了先前阿契美尼德王朝所未能实行的教律[40]。萨珊王朝时期，教律进一步严苛，据载，一位名叫索西斯（Seoses）的大臣因将死尸埋入地里而被处死[41]。可见，这一时期由于严苛的律法，天葬习俗才真正被确立并实施，但是天葬的习惯可能又与阿契美尼德王朝时期不同，据林悟殊研究，萨珊王朝时期，天葬所使用的曝尸台是露天安放并避开野兽的四周围起来的建筑，亲人将死者放在尸台上边，让其自然风化或鸟啄[42]，因此可视作对"弃尸于山"的做法进行了一些改革。

总结来看，从阿契美尼德王朝至萨珊王朝时期，除部分国王使用了天葬习俗外，王族葬入密封完好的崖墓的方式被作为一种王族传统而保留了下来[43]，如在波斯波利斯附近的位于洛斯达姆（Naqsh-e-Rostam）的帝王谷，就埋葬有四位阿契美尼德王朝时期的国王，山脚下还有萨珊王朝时期留下的大型浮雕。王族尸体放入石制坟墓，不使用天葬习俗，除了有保全尸体的作用外，可能还与崖墓与雕塑传统有关，因为大量的纪功性石雕与崖墓上的浮雕既能彰显神圣王权的功能，也利于表现整个帝国的艺术传统，所以才会出现与王族丧葬观念相关的属于帕提亚帝国时期的 Tang-e Sarvak 遗址（1～3 世纪）[44]，或是属于萨珊王朝时期的 Sar-Mashad 遗址[45]（3 世纪）阿尔达希尔二世（Ardashir II）岩雕（4 世纪）[46]以及王朝后期开凿于库思老二世（Khosrau II）在位时期（590～628 年）的 Ta-k-i-Bustan 的石窟浮雕[47]等，均刻画了具有礼仪性质的雕塑与复杂的狩猎图。而帝国治下的平民与僧侣则在王朝的更迭中，逐渐践行并播迁此种天葬的习俗，最终在萨珊王朝时期形成了国民必须遵守的教规，并在历经千年后仍保留下来了一部分仪式，使我们得以管窥琐罗亚斯德教早期无棺葬的丧葬语境。

古代波斯地区的无棺葬（主要为天葬习俗），从阿契美尼德王朝时期"弃尸于山"任鸟兽噬咬的形态，到最终在萨珊王朝时期以四周围起来的达克玛的建筑形式隔绝野兽，任尸体自然风化或鸟啄的教规，其丧葬形态经历了逐步确立并完善的过程，内容似乎也更能为大众所接受。同时，使用人群也从一开始只在麻葛僧之间小范围流行到最终帝国治下平民一律实施，甚至是部分国王也效法的巨大改变。这既是王权统治的需要，侧面也反映了该宗教的发展与壮大。可以说，不管是阿契美尼德王朝时期初创不使用墓棺的天葬法，还是萨珊王朝时期对该做法的接续并完善，古代波斯无棺葬的出现都直接影响了中亚地区甚至是入华粟特裔的丧葬观念。究其原因，这其中既有王朝统治区域波及中亚地区的影响，同时也与无棺葬不悖中亚本土的习俗有着重要的关系。所以我们可以看到一种有趣的现象，即源自阿契美尼德王朝时期的任鸟兽撕咬尸体的习惯，竟被远在中亚地区的粟特裔族群所保存，使得无棺葬有了长足的发展，并呈现出多元化的葬俗形态。

（二）中亚地区无棺葬的发展

从 20 世纪 20 年代至 60 年代间，苏联考古学家陆续在包括塔吉克斯坦西部的片治肯特[48]、撒马尔罕附近的阿弗拉西阿卜、比什凯克东部楚河流域的克拉斯纳亚·雷切卡、阿克·贝希姆以及花剌子模地区的一些遗址中相继发现无棺葬俗，它们从公元前 5 世纪至公元 6～8 世纪间始终流传有序，因此，学界对这类葬俗的文化属性已经有了较多讨论[49]。"他山之石，可以攻玉"，这里我们可以先借助汉文文献语境中有关中亚无棺葬的记述，了解该地区此种丧葬文化的特殊性，再对中亚地区习见的无棺葬俗作一些分析。

《西蕃记》中记载有公元 7 世纪的康国葬俗，其全文为：

> 俗事天神，崇敬甚重。云神儿七月死，失骸骨。事神之人，每至其月，俱著黑叠衣，徒跣；抚胸号哭，涕泪交流。丈夫妇女三五百人，散在草野，求天儿骸骨，七日便止。国城外，别有二百余户，专知丧事，别筑一院，其内养狗。每有人死，即往取尸；置此院内，令狗食之。肉尽，收骸骨埋殡，无棺椁[50]。

这里的康国人，无疑就是指中亚的粟特裔族群，而记载则描绘了极具当地特色的中亚琐罗亚斯德教丧葬礼仪，则可能与无棺葬俗有关。首先，"俗事天神"的记述与粟特地区的自然崇拜与袄教信仰有关，相关考古发现已有证明，如葛乐耐曾对粟特地区比雅—乃曼（Biya-Nayman）出土的纳骨器上的图像进行了研究，他认为画面上的三位男神与三位女神，可以认为是天空、水、土地、植物、动物和火六大元素（图一），是阿胡拉·马兹达（Ahura Mazda）的从神，同时还可能与特定物质世界关联[51]；还有发现于乌兹别克斯坦南部的纳骨器，其表面刻有祭司主持仪式，善神拉什奴（Rashn）手持天平正主持着死者灵魂的审判仪式，刻画了典型的琐罗亚斯德教的葬仪[52]。此外，丧礼中亲者恸哭的场景也在粟特地区的图像艺术中有较多表现，与之相伴的，有时还有"劈面割耳"的习俗，是内亚殡葬文化的一大特色[53]，11 世纪比鲁尼（Biruni）记载有"粟特裔在粟特历年十二月末行祭祖之礼，他们哀悼、哭泣，搔碎自己脸部，并为死者贡献食物饮料"[54]。片治肯特 2 号遗址南墙曾发现的一幅"哭丧图"则进一步还原了此种葬俗（图二），该画面左侧为娜娜女神形象，神情悲叹，右侧一些亲属围着死者遗体哭泣，除了"洗尸者"外，其余亲者要离开房屋，画面中在院子内有人举着象征净化仪式的水瓶，画面下方围坐的青年男子可能是即将徒步送葬队伍的组成人员，展现了一幅生动的丧礼仪式，而与纳骨器上描绘自然保护神所相似的是，娜娜女神也有护佑死者灵魂的意义[55]。最后，"康国别院""养狗"及"令狗食之"的习俗，与现代伊朗地区的琐罗亚斯德教徒的习惯也有一定的渊源，在琐罗亚斯德教盛行的村落，人们无论何时举行宗教仪式，总要有狗的存在，因此每家每户都养有狗，祭司在死者死去不久，立即牵着狗去往死者家中进行犬视仪式[56]，此类令狗食之的习俗是与阿契美尼德王朝时期麻葛僧的天葬习俗息息相关的，而相关考古发现也证明了，中亚地区有些民族早在阿契美尼德王朝时期就流行着天葬的习俗[57]。

种种迹象表明，中亚粟特裔葬俗渊源，虽然后来接受了来自于萨珊王朝时期琐罗亚斯德教的影响，但是其中亚版的袄教丧葬观念，其源头比萨珊王朝更为古老。之所以中亚地区保存有阿契美尼德王朝时期的信仰遗痕，主要原因是中亚粟特裔族群在阿契美尼德王朝时期就主要持有琐罗亚斯德教信仰，后来又并不像古代波斯地区那样经历了较为强烈的希腊化阶段，因此信仰中的原始成分得到了极大程度的保留，并与当地既有的原生性葬俗进行了融合，其以骨瓮代替古代波斯地区的达克玛，是一种将天葬和火葬合流的结果[58]，是波斯版琐罗亚斯德教东传过程中发生的变异现象[59]。

图一　公元7世纪中亚地区出土的带有自然神祇崇拜的纳骨器线图
（采自葛乐耐著，毛铭译《粟特纳骨瓮上的歌舞和神祇》，图六）

图二　片治肯特2号遗址1号房间南墙粟特壁画"哭丧图"
（采自雅库博夫斯基等著《古代片治肯特绘画》，1954年，图版19）

目前，已知的中亚地区祆教徒无棺葬俗根据形态差异可分为三种，其一为实施狗噬鸟啄的天葬后骨殖去肉并收敛至封闭的建筑或纳骨器中；其二为火葬后收敛骨殖放入纳骨器中；其三为直接葬于祆教圣殿或庙宇的篝火余烬中。较之于古代波斯的琐罗亚斯德教葬仪，中亚祆教徒的无棺葬俗中混合有较多的内亚化因素与该地区的原始葬仪，其根源可以追溯到原始的魔力崇拜与祖先崇拜中去，后经不断的融合与发展则还具有了多元化与复杂化的特点[60]。

（1）分析来看，第一种任狗噬鸟啄的天葬习俗是对波斯本土琐罗亚斯德教葬仪的发展，因为该地区在阿契美尼德王朝时期既有的丧葬仪式的基础上，添加了将骨殖放入纳骨器的做法。就已发现的中亚祆教纳骨器来看，公元6~8世纪，有较多纳骨器的侧面堆塑有羊头（或兽头），表面装饰仿牧人毡帐上的花纹，器壁上方镂空，象征帐幕的木架，表现出一种帐幕式的形制，说明此时纳骨器葬俗掺入了突厥文化因素（图三）[61]。这些纳骨器，最终被妥善保管在地表墓室纳吾斯中，东西向排列，一座纳吾斯中可放置有一到数十个数量不等的纳骨器，显然同属于某一家族（史氏墓地、盐池窖子梁墓地及安菩墓夫妇并列的东西向排列的墓序可能与之相似）。同时，纳吾斯中还随葬有陶器、钱币、戒指、手镯等，可见其用途为死者的"死后居所"，而并非如古代波斯琐罗亚斯德教徒将所谓石壶直接放入达克玛中，两地的无棺葬俗内容差别明显（图四）。

图三　公元 7 世纪 Sivaz 遗址出土堆塑羊头的纳骨器
（采自沈睿文《中古中国祆教信仰与丧葬》，第 159 页，图 4-15）

图四　片治肯特 17～19 号纳吾斯
（采自努尔兰·肯加哈买提《碎叶》，第 266 页，图 6-3，7b）

关于纳骨瓮的起源与文化属性，至今尚未形成定论，不过学者们都倾向认为公元 6～8 世纪中亚地区的纳骨瓮属于祆教徒葬俗[62]。如巴托里德认为，纳骨瓮只出现在俄属突厥斯坦，内装死者骨殖，外饰图画或浮雕[63]；而拉波波尔特则认为纳骨瓮大概出现于公元前 2 世纪，在贵霜时代型式最多，可能是东伊朗部落天葬与火葬合流的结果[64]。

对此，葛乐耐有着不同的见解，他认为虽然至少在青铜时代晚期，中亚很多地区还主要流行着土葬与火葬，并不采用琐罗亚斯德教所规定的天葬，但是，到了早期铁器时代晚期的粟特农耕文明的墓葬，如粟特南部的德扎尔库坦遗址则已经出现了将死者遗骸曝晒、骨肉分离后，收集在坑中再二次入瓮的习俗。亚历山大东征时期（前 332～前 323 年），撒马尔罕古城附近甚至还发现有曝尸用途的达克玛，进一步佐证了这种以瓮盛骨的做法在中亚由来已久[65]，同时他还认为花剌子模地区可能从阿契美尼德王朝时期开始就已经有意识地收集去除血肉的骨殖并将其放入纳骨器中，将器盖做成了人首状，该葬俗很可能是由西亚迁徙至中亚的族群所带入并旋即被中亚袄教徒沿用。目前，已知中亚地区最早的纳骨器是公元前4世纪的大型葬罐，其上部画有人物图像，用来盛放中亚袄教徒遗骸，应属于纳骨瓮的早期形态；当公元5～6世纪该葬俗进一步在粟特地区扩散以后，塔式纳骨器开始流行，直到公元7世纪受突厥影响以后，胸式（帐幕式）纳骨瓮则成为了主流[66]。

以上关于纳骨器的起源时间存在一些分歧，但是不难看出，各家观点都倾向于认为中亚袄教徒使用纳骨器作为主要葬具的时间较早[67]。从中亚地区早期发现的纳骨器来看，应既有外来因素的介入，也有极具本土化特色的大型陶瓮流行。譬如，与罗马帝国时期巴勒斯坦地区的纳骨器形制相似的小型骨瓮，就发现于波斯东部靠近中亚的玛吉亚那行省的木鹿（Merv）古城的犹太人墓地中，显然是接受了罗马文化影响的犹太教徒习见使用的一种葬具，而与之毗邻的中亚地区也在希腊罗马化影响下逐渐接受了此类葬俗。而早期铁器时代发现的骨瓮，则可能是受原始信仰影响的古老天葬习俗的表现，其文化属性应也与袄教无涉。但不可否认的是，在前伊斯兰时代普遍流行的纳骨器葬俗，可能是部分中亚袄教徒对琐罗亚斯德教义的一种本土化的改造，从而方便了该教在中亚地区的播迁。在中亚地区突厥时代帐幕式纳骨器成为主流以后，则在原有的粟特文化因素之上又添加了浓重的突厥游牧色彩，同时还使得部分突厥人完成了袄教化的转变。

（2）比较之下，火葬并放入纳骨器的习俗在中亚地区的发展，则可视作本土化因素与外来因素共同作用的结果。已知中亚最早的火葬习俗，是花剌子模地区时代为公元前二千年末期的阿米拉巴德（Амирабад）文化的塔吉斯干（Тагискен）圆形墓穴。虽然墓葬都被盗掘，但是燃火的痕迹却很清晰，因此，我们或许可以推测这里焚烧尸体的现象可能与火葬习俗有关[68]。可见，位于中亚绿洲边缘地带的花剌子模地区，可能在琐罗亚斯德教传入前火葬习俗已经开始流行，在这里，早期的统治者常修建巨大的陵墓，并使用土葬或火葬的葬俗，如科依—克雷尔干—卡拉（卡拉卡尔帕克斯坦图尔特库尔区）遗址；中亚北部地区青铜时代的安德罗诺沃（Andronovo）文化典型的缸形器也可能用于火葬，该葬俗还影响了帕米尔高原至天山西端再到阿尔泰山西端一线，如卡菲尔甘（Kafirnigan）河谷的土哈尔（Tulkhar）发现的青铜时代后期的火葬（公元前1千纪初）[69]，其属于游牧文化的遗存，同时也是一种持续性的共同文化因素[70]。而虽然花剌子模地区公元1世纪的齐尔佩克（Chil'pyk）遗址中也发现可能与袄教徒葬仪有关的达克玛，但是真正属于袄教徒的火葬习俗则出现较晚，大都集中于粟特地区，时间约为公元3～5世纪[71]。因此，我们也可以说，粟特地区袄教徒的火葬习俗可能受到花剌子模既有习俗的影响，目前，根据花剌子模的阿卡察可汗—卡拉（Akchakhan-kala）遗址的最新发现来看，该都城遗址的中央建筑中，发现有年代为公元前1世纪下半叶至公元1世纪上半叶的人首鸟身壁画，被认为是斯劳沙（Srōsh）神的形象[72]，这说明花剌子模与古波斯的琐罗亚斯德教之间的差距可能很小。

汉文典籍对中亚地区火葬习俗的记载时间较晚，除对突厥烧葬的专门记载外，对粟特地区石国火葬习俗的记载十分引人注目。据《隋书·石国传》记载："以王父母烧余之骨，金瓮盛之，置于床，巡绕而行，散以花香杂果，王率臣下设祭焉。礼终，王与夫人出就别帐，臣下以次列坐，享宴而罢。"这里的石国，即恰其—柘枝，在今乌兹别克斯坦首都塔什干一带，属粟特地区[73]。以金瓮盛放烧余之骨，显然是为了彰显王族祆教徒的身份；同书《石国传》下该段文字之前，还有"国城之东南立屋，置座于中"的记载，"屋"与"座"推测应分别为暂厝死者的"生死屋"与"胡床"[74]。根据前文对于突厥烧葬与粟特裔族群火葬的分析，以烧余之骨盛入纳骨器，是粟特祆教徒的做法，而葬礼中所出现的帐幕与巡绕祭奠等现象，则在粟特地区的壁画与纳骨瓮图像中也有所描绘，表明了公元6～7世纪部分粟特裔族群可能出现了突厥化的倾向，因而才会出现将突厥葬俗融入祆教葬仪当中的做法[75]。

虽然，目前我们仍无从究明中亚粟特裔火葬习俗出现的时间，但是以现有的考古发现来看，将尸体焚烧并置入纳骨器的做法，应属于将使死者肉骨分离并敛入纳骨器做法的变体。而火葬的做法，一方面与该地区既有火葬习俗有关，表现为一种对火的原始崇拜与净化观念；另一方面则可能与阿契美尼德时期中亚地区持有琐罗亚斯德教信仰的信众对圣火的崇拜有关。因为根据波斯传统的琐罗亚斯德教义，圣坛中的圣火被视作独立的神祇，它可以监督它的礼拜者，接受人们的祭祀，聆听他们的祈祷，圣火还有净化与抵御邪恶入侵的作用[76]。我们可以想象，中亚祆教徒出于对圣火的崇拜，于是毫不犹豫地将死去亲者的尸体放入象征净化的圣火中，直至尸魔消除，再收集死者的骨殖放入纳骨瓮中，最终使亲人的灵魂得以到达天堂。此外，还应注意到在中亚粟特裔族群的墓葬中，除明显的祆教信仰因素外，随处可见民俗与原始信仰的影响，如对偶像崇拜的重视等，因此才会出现一些与琐罗亚斯德部分教义相悖的"特殊现象"。因而，虽然我们可以发现，将尸体靠近燃火的做法在古代波斯琐罗亚斯德教义中都被视作禁忌，但是在中亚地区，祆教徒却有焚烧尸体的做法，这种极具地域文化特色的葬俗改造，恐怕也是中亚祆教区别于波斯本土琐罗亚斯德教的魅力所在。

（3）如果将前两种葬俗统称为纳骨器葬俗，那么第三种直接将死者尸体放入火焰并可能不作任何处理的做法，则属于一种较为小众且极端的无棺葬丧葬形态。琐罗亚斯德教所进行的丧葬仪式是埋葬洁净的骨殖，但在冷却的篝火灰烬中保留骨殖的做法，则属于该仪式的变体。应该说，此类相关葬俗的出现，可能与中亚地区流行的庙宇或圣祠崇拜有关[77]。

根据前苏联考古学家在花剌子模的考古工作显示，科依—克雷尔干—卡拉遗址（公元前4世纪～公元4世纪）的庙宇中，有一处可能与焚烧尸体有关的停尸房[78]。该处遗址为圆筒形建筑，直径约80米，可能是根据早期的祭祀象征而建，在该遗址中也发现有一些陶制纳骨瓮碎片，其表面刻有作为神的已故王者形象，可见该座庙宇——陵墓建筑显然是专供祭祀被奉若神明的祖先的。这种形制，很可能在琐罗亚斯德教作为一种宗教正式出现前，就已经闻名于世[79]。因此，该处或许为庙宇的遗址及其所发现的尸体直接火葬的行为，可能是中亚本土原始信仰的体现，其使用这种葬俗的个体很可能持有对火的原始性崇拜，相似的遗址还见于塔什—克尔曼·特佩（Tash-k'irman Tepe）等五处火庙[80]。

真正意义上属于中亚粟特裔祆教徒圣祠的遗址可能出现在大约公元3～8世纪。譬如位于布哈拉绿洲上的谢塔拉克一期遗址，该遗址的第二阶段建筑形制，与第一阶段相似，均为正方形，中心建有四花瓣形的高台，直径约30多米，吸收了原有的建筑形式，而在其北墙西侧还发现有3米×2米的篝火灰烬，在灰烬中有人的遗骸[81]。发掘者根据对遗址形制与功能的分析，认为这是一处明显带有圣火崇拜的圣殿[82]。该处圣祠中采取的直接火葬并不收敛骨殖的做法，可能代表了一种中亚粟特裔极端袄教徒的特殊葬俗，他们或许以投身信徒们终日祭祀、守候的圣火为荣，表现出了一种盲目且极端的圣火崇拜思想。

这一做法虽然极端，但是在琐罗亚斯德教义中并非无迹可寻。古代波斯传统的琐罗亚斯德教常有把自然之物神格化并加以崇拜的做法，对于火崇拜来说，最高级别的圣火是对古代胜利之神韦勒特拉伽那（Verethraghna；或称瓦拉赫兰，Varahrām）的崇拜，这种祭祀甚至可以追溯至公元前4世纪左右[83]。出于对该神祇的献祭需要信徒们也将圣火以神名而命名，并将圣祠越修越大，愈发富丽堂皇，以匹配对圣火与神的崇敬之情。此现象一定程度上代表了某一时期人们对火与神的狂热而普遍的崇拜，而显然，处于阿契美尼德王朝治下的粟特地区也有可能受到了该狂热信仰的影响，并与本地区固有的火葬习俗进行了融合。因此，在极端圣火崇拜的影响下，在神圣殿堂的圣火中完成丧葬仪式，已经并不需要收敛骨殖再做埋葬处理了。

综之，三类中亚粟特裔族群无棺葬的不同形态，可能分别代表了三种不同的信仰人群。第一种天葬后收敛骨殖置入纳骨器的袄教徒，可能代表了受传统琐罗亚斯德教义影响较深的人群，因而对天葬的做法几乎不做改动，而纳骨器本就兼具中亚本土与外来信仰两种因素的影响，因此，可将此类人群称作传统的中亚袄教徒；而第二种火葬后收敛骨殖置入纳骨器的袄教徒，则可能代表了受中亚本土化葬俗影响较深的人群，他们不惜违背传统琐罗亚斯德教义，以火葬的方式处理尸体，但最终仍将骨殖置入纳骨器中，因此，他们可能属于"新"中亚袄教徒；第三种将尸体直接火葬并不作处理的袄教徒，则可能属于持某种极端信仰的人群，他们一方面深受中亚本土的原始火崇拜的影响，一方面则可能还受到了来自古代波斯地区的圣火圣祠崇拜的影响，因此，也不能排除他们是中亚粟特裔麻葛僧的可能，适宜称他们为极端的中亚袄教徒。

中亚地区无棺葬俗的发展，始终是与该地区粟特裔族群的信仰文化息息相关的。因为，不管是与阿契美尼德王朝时期的琐罗亚斯德教义的亲近感，还是葬仪中带有中亚原始信仰与自然崇拜的符号，抑或是突厥时代与游牧文化的关联性来说，形式上的多元与信仰的内核的坚持是中亚粟特裔族群无棺葬俗不断接续的有效保证。这就要求我们在分辨这些不同类型的无棺葬时，既要对不同元素一一甄别，厘清其葬俗渊源；同时也要认识到其丧葬内核的表达可能是始终如一的。正是由于对袄教信仰内核的坚持，才保证了粟特裔族群聚族而居和袄教化的特色，因此，也才可能在与突厥、汉地的文化接触过程中不被轻易同化。这种形式多元、内核单一的无棺葬模式，在入华粟特裔族群中也有相当多的表现，如在内地就有新疆吐鲁番、宁夏盐池及固原三地发现有无棺葬的现象，盐池窨子梁唐墓的无棺葬与古代波斯本土的天葬较为接近，具有一定的原生文化特征，而葬俗改造性内容较少，已有学者有过较深入的讨论[84]，此不赘述；而新疆吐鲁番及固原两地的无棺葬俗则有明显的异化倾向，因此特点鲜明，以下分别从葬俗渊源角度出发，对新疆和固原两个地区[85]出现的无棺葬俗作一些分析。

（三）新疆、固原地区所见无棺葬的异同

新疆吐鲁番地区粟特裔墓葬中的特殊性葬俗，与中亚地区的纳骨器葬俗存在一定的联系，在北朝晚期以后，虽然西域及内地的入华粟特裔墓葬使用无棺葬的现象有所减少，但是种种迹象表明，一些入华粟特裔墓葬中仍存有无棺葬俗的遗痕。如交河故城沟西墓地 M26 和 M28 两座墓葬中发现

的骨渣，即可能都与火葬习俗有关，M26 烧余骨渣置于墓室中部，M28 则是在墓室中已有二人葬于生土尸台的情况下，另将一人的烧余骨灰放入陶罐中并置于墓室南壁龛内，因此 M28 中的三人可能属于直系亲属。或许我们可以将其称之为受中亚文化影响而产生的无棺葬俗。

　　但是，一些学者还将吐鲁番地区交河沟西康氏墓地及巴达木康氏墓地中使用生土尸床及苇席陈放尸体的做法也称之为受中亚影响的"无棺葬"[86]，这一看法笔者难以认同。黄文弼早年考察交河沟西墓葬中的生土尸床及苇席时，将其描述作"砌土为塌，高尺余，铺以苇席，死者横卧席上，外有木板拦之，无棺椁，陶器即陈于死者头旁"[87]，其与北朝晚期粟特裔贵族墓葬中所谓以石葬具隔离死者尸体与地面接触的做法有较大区别，也与中原地区常置墓主于棺椁下葬的做法明显不同，那么该做法到底出自何处？此问题恐怕要从吐鲁番当地的丧葬传统中寻找答案。事实上，新疆鄯善县公元前 2000 年末至前 1000 年前半期的洋海墓地就发现有将死者置于尸床，并在其上平铺苇席的做法。如在洋海一号墓地中，墓口大都用木棍作梁，覆盖杂草或芦苇，葬具多使用木质的长方形尸床，用榫卯连接，上面平铺长条细木棍或苇席，也有墓底铺苇席、茅草的现象[88]，苇席在当地也不只用作葬具，还是墓葬内相关陈设的主要原材料，可见，以苇席和尸床来陈放死者的做法在吐鲁番地区由来已久。这一现象在阿斯塔那的一些唐代墓葬中也有较多发现，所以该做法应是地方性传统的表现[89]，而并非来自中亚地区。正如陈戈所言，吐鲁番地区历史时期的文化渊源除中原汉化影响以外，当地的土著文化也起着重要的作用，因此该地区晋唐墓葬的丧葬文化应是当地原有的青铜时代文化和外来文化相互结合的产物[90]，这一认识无疑切中肯綮，即告诉我们不宜过分夸大汉化或外来文化对吐鲁番地区历史时期文化的影响，或强调其可能是多种外来文化因素共同影响的结果。公元 7～8 世纪吐鲁番地区的粟特裔居民在接受汉化改造的同时，也深受当地丧葬传统的影响，以吐鲁番地区较常见的芦苇编织成席并作为葬具，应该说，这是该地区大多数入华粟特裔平民的普遍选择，因而不宜将该葬俗归入无棺葬中去。

　　从中亚地区来看，祆教徒使用的纳骨器，其中多数用陶制成，也有部分石膏制成的，形态不一，外壁还绘有图案[91]。由于这些纳骨器有时单独放置于纳吾斯中，有时还会数十个集中放置，并安装木门，有的学者借此认为此种地表建筑只是纳骨器的收纳所，而非墓葬[92]。这种说法有误，首先，就中亚地区已发现达克玛的用途来看，既有公共天葬所，如现存最早的发现于粟特地区厄库干（Erkurgan）的希腊化时代的达克玛，就是公共使用的塔状建筑[93]，此外也有专门为一个家族而建的小型达克玛，如粟特地区发现的杜尔门—帖佩（Durmen-tepe）遗址[94]。同样，我们也可以认为用于安置纳骨器的纳吾斯，既能用于个体骨殖埋葬，还可能是家族、亲族或是公共性质的用途。因此，如果只是收纳骨殖的临时场所，则并不需要出现形制各异、大小不同，且有明显身份差异的纳吾斯，这一点从发现于片治肯特古城南部墓葬区发现有单室和双室两种不同形制的地表纳吾斯可看出（图五，4、5），碎叶古城北塬发现的土丘墓，墓室并未砌体，使用一次即封，这些墓葬随葬有祆教徒的骨瓮，即为辅证[95]。与此同时，这些所谓的地表纳吾斯中还常有死者生前所使用的随身饰品及专门用作随葬的陶器，无疑再次说明了纳吾斯作为死者"居所"的意义，大部分随葬品直接置于纳吾斯内的地面上，避免了与死者接触而污染尸体，同时摆放有序，未见任何移动的痕迹，门也从外部密封。此外，根据琐罗亚斯德的基本教义，经历遗体净化仪式后的安葬处一般要作一次性密封处理，更要避免与纳骨器的直接接触，因此，如果纳吾斯是重复可开启的骨殖收纳所，显然会与基本葬仪相悖（图五）。综合以上分析，笔者仍倾向于认为纳吾斯可能是使用一次即封的地表墓室，是经中亚祆教徒异化改变后的产物。

　　不过，虽然新疆地区使用苇席与尸床陈放死者尸体的做法并不属于与中亚有关的无棺葬俗，也绝非其变体，但是这并不意味着交河沟西与巴达木墓地中出现的敛骨入陶罐的现象在新疆地区较为少见。事实上，如果将以上两处墓地的丧葬形态看作是胡汉融合的产物，那么，该地区似乎还存在着一种受汉化影响较弱的，且真正意义上源自中亚的无棺葬，即所谓纳骨器及相关葬俗，为我们提供了粟特裔族群在入华后部分保留其民族文化特征的证据。以下，我们可以先尝试廓清纳骨器与用于安置纳骨器的建筑纳吾斯之间的联系，及纳吾斯的功能后，再分析新疆地区此类葬俗的形式与内容。

　　而新疆地区已发现的用于安置纳骨器的土洞墓，则进一步佐证了以上的说法。同时，我们也发现，粟特裔族群在进入吐鲁番盆地的初期仍在使用本土的天葬习俗[96]。如新疆吐峪沟曾出土有两件纳骨器，存放于崖壁土洞墓中，墓室平面呈长方形。其中 M2 开有墓门，用土块封闭，墓顶略弧，与中亚地区祆教徒修建的纳吾斯较为接近（图五，1）。纳骨器呈东西向安放于墓室之中，据简报提示，该地区此前也出土有类似该墓纳骨器形制的陶棺[97]。吐峪沟在此前的考古发掘中，有许多祆教文化的遗痕，吐峪沟石窟中还可以找到从祆教改造而来的蛛丝马迹，符合吐鲁番文书所记"先祆后佛"的记述。因此，此处发现的纳骨器及墓室可能与中亚祆教徒的葬仪有关[98]，当然出于谨慎，在无明显的宗教元素出现时，我们或许可以说，吐峪沟发现的该类葬俗仅仅只是受到了中亚地区文化的影响，并可能带有一定的特殊丧葬意涵的表达[99]。

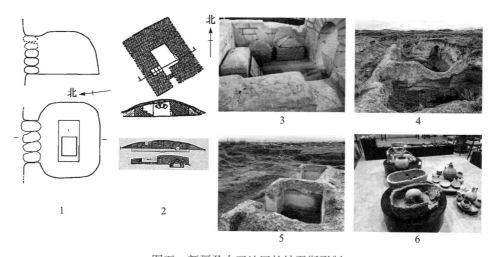

图五　新疆及中亚地区的纳吾斯形制

　　1. 吐峪沟 M2 平、剖面图（采自《新疆鄯善县吐峪沟发现陶棺葬》，第 88 页，图三）　2. 片治肯特古城 6 号纳吾斯平、剖面图及不同大小纳吾斯的剖面差异（采自《碎叶》，第 265 页，图 6-37a；*ЦЕНТРАЛЬНАЯ АЗИЯ ОТ АХЕМЕНИДОВ ДО ТИМУРИДОВ*，Санкт-Петербург，2004，p. 270）　3. 乌兹别克斯坦国家历史博物馆藏公元 6～7 世纪祆教纳吾斯结构复原（采自王静、沈睿文《刺鹅荐庙：大使厅南壁壁画研究》，图版二，4）　4. 片治肯特城南双室结构纳吾斯（自北向南摄，片治肯特古城南墓葬区，目前发现五十余座）　5. 片治肯特城南单室结构纳吾斯（自北向南摄，片治肯特古城）　6. 片治肯特古城纳吾斯所出纳骨瓮及陶器（采自鲁达基国家历史古城博物馆）

　　除仿照中亚，并完全恢复将纳骨器置入纳吾斯中下葬的习俗外，新疆地区单个或多个纳骨器集中放置、埋葬的现象则更为普遍。如根据《焉耆七个星出土纳骨器研究》一文我们得知，焉耆七个星佛寺遗址中曾出土有 4 个纳骨器（图六），虽然后来有 3 个已经不存，但是残存物依然有许多信息[100]。焉耆出土的纳骨器残片推测可能为椭圆形箱式纳骨器，可能原来有盖，器表正面有两个棕叶饰图案。其形制与纹饰均接近于粟特地区发现的公元 7~8 世纪的陶质纳骨器，与新疆境内的库车、吐鲁番以及吉木萨尔发现的纳骨器也有一定的相似性，因此，其年代应大致在公元 7~8 世纪的范围内[101]。而对于焉耆发现的纳骨器中骨殖焚烧痕迹的相关判断来看，该文作者的观点似乎较为保守，认为火烧的做法不是来自于粟特本土[102]。但根据前文所述，葬俗的外部表现形式的变化并不能直接左右其内核的展示，虽然中亚地区粟特裔族群在与古代波斯、突厥以及汉地的文化接触中掺入了一些较为多元的原始文化因素，但这并不代表着其信仰文化的意涵被抹杀，恰恰相反，一些祆教徒所特有的丧葬文化在比较中可能被进一步保留或加强了。因此，我们仍倾向认为，焉耆所发现的焚烧行为确系中亚粟特祆教徒的葬俗表达[103]。

图六　新疆焉耆七个星发现的纳骨器
（采自毕波《焉耆七个星出土纳骨器研究》，第 47 页，图 1）

　　除以上所举以外，新疆地区也有一些属性存疑的纳骨器发现，如 20 世纪 50 年代，新疆库车皮朗古城曾发现有一定数量的纳骨器（图七），其中一件为椭圆形，器身有蔓草纹饰，其形制较符合中亚地区公元 7 世纪所流行的纳骨器[104]。而在新疆博物馆中，也收藏有数量不等的纳骨器，其中一件被命名为"雕花陶盆"（图八），器身上部分为蔓草纹，中间为菱格十字纹，其下为卷曲莨苕纹，器盖遗失，其形制应也为典型的产自中亚的纳骨器[105]。与上述吐峪沟纳骨器相比，这类纳骨器在新疆发现的数量较多，形制与中亚相仿，葬俗内容与中亚相近，虽然在进入新疆以后，这些纳骨器表并无明显的与祆教有涉的图案出现，葬俗内容、形式也有较大的简化措施，使用人群上也不再为入华的粟特裔族群所独有，但是述其渊源，无疑也是徙入新疆地区的中亚粟特裔族群带来的[106]。

图七　新疆库车皮朗古城纳骨器及中亚发现形制相似者
（分别采自陈凌《中国境内中古祆教徒葬俗考论（之一）》，第 329 页，图四；*МАТЕРИАЛЫ И ИССЛЕДОВАНИЯ ПО ИСТОРИИ КИРГИЗИ КИРГИЗСТАНА*，выпуск IV，1941，Оссуарий V - Ⅶ）

图八　新疆博物馆藏雕花纳骨器及中亚发现形制相似者

（分别采自陈凌《中国境内中古祆教徒葬俗考论（之一）》，第 329 页，图五；*МАТЕРИАЛЫ И ИССЛЕДОВАНИЯ ЛО АРХЕОЛОГИИ СССР*，No. 14，Москва，1950，Таблина 1.ХII）

　　总结来看，新疆地区的无棺葬俗，仍带有较为明显的中亚文化标识，也具有一定的汉地改造性特征。一方面，该地区发现的部分无棺葬仍基本保持了与中亚地区相一致的葬俗特点；另一方面，该地区的粟特后裔大都著籍编户，汉化程度日渐深厚，一些墓主甚至已经发生了类似文献所记"由祆入佛"的信仰变化。如从纳骨器形制与器表图案的变化（图九）我们可以发现，无棺葬俗经历了从宗教仪轨向民俗的转变，在这一过程中，葬俗形态的异化倾向较为明显，信仰含义也渐渐消失[107]。

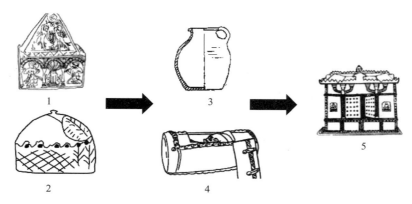

图九　公元 6～8 世纪中亚至内地纳骨器形制变化

1. 中亚莫拉—库尔干遗址发现塔式纳骨器　2. 中亚帐幕式纳骨器　3. 新疆交河故城沟西康氏墓地 M28 汉式骨灰罐
4. 新疆鄯善 81STAM2 发现中亚圆筒形纳骨器　5. 故宫藏唐代汉式建筑型纳骨器

　　从时间上看，至迟在公元 4 世纪初中亚粟特裔族群已进入新疆地区塔里木盆地的绿洲王国[108]，并开始从事陆上丝绸贸易活动，并在随后的公元 5～8 世纪频繁活动于天山南北地区，他们中一部分人入籍编户，履行兵役或在官田中从事农业生产，或是从事翻译、葡萄酒酿造、工匠等职业，生活习性较之于前已发生了较大的变化，但粟特裔族群的文化也深深影响了吐鲁番地区的其他民族，说明他们非常注意保持本民族文化特征[109]；另一部分则继续呈网络状向内地区域徙居行商，聚居生活，并最终形成聚落（新疆的石城镇、蒲桃城等，内地则有如敦煌从化乡、凉州以及原州一带）。中亚到西域，不管是在地缘角度，还是文化角度上，始终具有一衣带水的情感联系，因此我们在新疆地区不但可以观察到保存较好的中亚本土葬俗，也能最早看到汉地与中亚丧葬文化的折中与改造现象的出现。这无疑对于研究徙入内地入华粟特裔族群的丧葬文化有着重要启示作用。

　　同样地，早年间一些外国学者曾注意到了汉文史料中的所谓祆庙，给出了"Baga Temple"的译法，是因为注意到了新疆各地的祆庙与正统琐罗亚斯德教的差别[110]，姜伯勤通过对吐鲁番地区出土高昌时期的文书研究后认为，"Baga"即胡天神，亦即祆神[111]；姚崇新等学者则进一步指出，高昌、伊吾等地祆寺的主尊神，除阿胡拉·马兹达以外，也有可能是其他祆神^[112]，结合发现于佛教石窟中的众多祆神形象，则还说明了该种宗教在内地的传播过程中，具有明显的异化表现，其宗教更可能是由中亚粟特人改造并传至内地，因而具有较强的中亚特色。

而相较于新疆地区，内地各个区域入华粟特裔墓葬中本土化葬俗的保留，程度也各不相同，以固原入华粟特裔墓葬为例，其"异质感"明显的葬俗特征明显已融入至该地区的墓葬等级制度中，墓葬形制、随葬品等方面均与一般隋唐墓无异并无二致。与新疆地区相比，无棺葬俗的改造性较强，形态也有所简化，已不再使用纳骨器，为我们展现了一幅"兼收并蓄"的丧葬文化图景。

固原隋唐墓葬所见无棺葬俗主要有两处，一处为南塬隋唐墓地，一处为九龙山墓葬。南塬隋唐墓地发现采用无棺葬俗的墓葬有 M21 和 M25，根据人骨体质特征显示，2 座墓葬墓主均为中亚白种人，墓主的头向并不朝北（图一〇、图一一）。首先，头向不朝北的葬式在内地粟特裔墓葬中较为常见，也符合祆教徒对于方位的一般认识^[113]。其次，以上两座墓葬的墓室内也未发现明显葬具迹象，墓主尸体被直接置于墓室地面上，此做法与北朝粟特裔墓葬不使用葬具的情况相似，但由于南塬 M21、M25 墓主为平民身份，因此放置尸体的地面在简单垫平处理后直接使用。该墓地同时还发现有 M8、M16、M30、M39 四座只随葬动物完整骨架的"空墓"（图一二），墓室中并无迁葬的迹象。无独有偶，山西汾阳市发现的曹怡墓（655 年），墓室内也未见墓主遗骸与葬具，只残存器物 15 件，简报推测为火葬墓^[114]。因而这一现象并未孤证，巧合的是，《曹怡墓志》记载其父曹遵任介州萨宝府车骑骑都尉，曹怡本人也被授予骑都尉一职，此官职与史射勿所授"帅都督"相似，均为勋官，另根据《通典》所记，萨宝府骑都尉一职应属五品，结合墓主使用火葬的情况来看，虽然墓主接受了"体制化"改造，但其在身份认同性上应部分保持有粟特裔的丧葬特征。而固原南塬墓地发现的 4 座"空墓"，不见墓主尸骨，但葬有完整羊骨架、猪犬齿与卵石，其墓葬带有一定的内亚风气。由此可推测，这些墓葬或许采用火葬或天葬习俗并将尸体厝于别处，墓室仅仅只被用作祭祀场所。这里，我们或许可以将其归入无棺葬俗当中去。

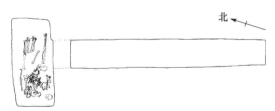

图一〇　固原南塬墓地 M21 平面图
（采自《固原南塬汉唐墓地》，第 67 页，图二三 A）

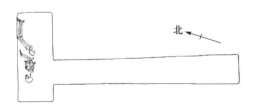

图一一　固原南塬墓地 M25 平面图
（采自《固原南塬汉唐墓地》，第 72 页，图二五）

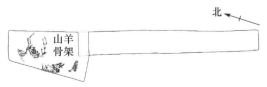

图一二　固原南塬墓地 M30 平面图
（采自《固原南塬汉唐墓地》，第 77 页，图二八）

相比之下，九龙山隋唐墓葬的祆教信仰意味则更为浓厚。首先，该处发现的 4 座隋唐墓葬时代相近，为隋末至唐初。4 座墓葬中有 M28 与 M33 两墓墓主可能为中亚族群。其中，M4 未发现葬具，也未见尸床与葬具，为单人葬，墓主尸骨置于墓室地面，头西脚东；M16 也为单人葬，未见葬具，尸骨置于生土砌筑的尸床上，头朝南；M28 为夫妻合葬墓，人骨置于生土尸床中部，未发现葬具，头朝南（图一三）；M33 为夫妻合葬墓，人骨置于墓室底部南北两侧，头均朝东（图一四）。九龙山的 4 座墓葬均采用无棺葬俗，直接将墓主尸体置于墓室地面或生土尸床上，同时也伴出具有中亚文化特色的覆面组合金属下颌托葬俗，下颌托上的具有一定祆教意味的图案从侧面说明了这些墓葬中所出现的葬式、葬俗可能部分存有祆教信仰遗痕。此外，该处墓地中墓主并无明显中亚类型白种人特征的墓葬，但也发现了与粟特裔族群丧葬文化有关的葬俗，可见，固原地区隋唐时期胡汉文化交互影响，甚至交融的现象也十分明显。

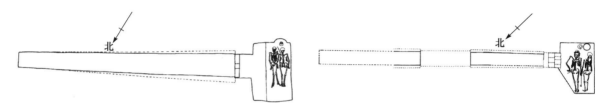

图一三　固原九龙山 M28 平面图　　　　　　　　图一四　固原九龙山 M33 平面图
（采自《固原九龙山汉唐墓葬》，第 123 页，图五〇）　　（采自《固原九龙山汉唐墓葬》，第 126 页，图五一）

　　总结来看，固原地区粟特裔墓葬的无棺葬俗特点鲜明。首先，采用无棺葬的粟特裔墓葬均使用了土葬的方式，墓葬形制与随葬品的种类符合该地区隋唐墓葬建制；其次，在这些无棺葬中可能还存在着天葬的行为，如在南塬墓地中墓序排列相近的 M29、M30 两座墓葬，墓向相同、位置相近，M29 墓主为中亚类型白种人，M30 为只葬完整山羊骨架的"空墓"，因此两座墓葬的族属背景可能相同，在整个墓地中这样的空墓还有 M8、M16 和 M39 三座，这些"空墓"与 4 座粟特裔墓葬一致的是，墓葬形制简单，并出现了使用无棺葬、天葬以及木棺葬等葬俗的不同选择，说明这些粟特裔居民的汉化程度存在世代性差异；最后，九龙山的 4 座隋唐墓所表现出的与祆教信仰相关的葬俗特征，明确了粟特裔族群，尤其是身份地位并不显赫的粟特裔平民在入华后可能仍保留着祆教信仰，这种信仰文化中还掺入了一定的内亚习俗。

　　我们可以尝试将固原地区粟特裔墓葬折中的无棺葬俗，理解为中亚粟特裔族群的生存之道。经前文所述，中亚地区对波斯本土琐罗亚斯德教义及无棺葬俗的变通与改造，是中亚粟特裔族群在与异文化的接触中，选择性地吸收对方文化的特点并为我所用的普遍现象。因此，当被中亚地区改造后的琐罗亚斯德教，经粟特裔族群的迁徙与商业活动带入汉地后，必然带有十分鲜明的中亚烙印。而经过汉地的二次改造后，虽然删除了较多原始形态，但是无棺葬俗的族群性特征依然显著。这是因为无棺葬作为一种与某一地区或族群直接相关的葬俗，与汉地流传的使用墓棺的葬俗习惯在本质上存在差别，因此经仔细挑选并与汉地传统葬俗差异明显的本土化葬俗，无疑是用以标识自身族群性、保留民族属性与记忆的最佳选择，与北朝晚期至隋唐时期粟特裔贵族墓葬的无棺葬相比，固原地区粟特裔墓葬中的无棺葬在形式上已呈现出较多改造与融合的特点。因此，汉地粟特裔族群无棺葬俗内容的变化，主要代表了其入华后族群认同的差异性，从身份认同的情况来看，显然做到了国家认同与族群自我认同之间的平衡，其内容已与源头波斯地区的琐罗亚斯德教所流行的无棺葬大相径庭了。

三、无棺葬的诸元素与变因

前文总结了从波斯本土至内地无棺葬的动态变化进程，尤其发现了无棺葬在中亚地区葬俗内容的多元化与复杂性，这使得中亚地区粟特裔族群在进入汉地时葬俗的使用上有了较多的选择空间。以下根据前文总结的无棺葬的发展与改造，总结无棺葬俗出现的诸元素及组合形式，并尝试分析其产生的变因。

我们可以将古代波斯经中亚直至固原地区已发现的无棺葬根据葬俗内容的差异分为天葬、火葬与土葬三类。古代波斯地区主要流行天葬，中亚地区则以天葬与火葬习俗为主，新疆与固原地区以土葬为主，还有少量天葬现象，新疆地区还发现有火葬习俗。其中天葬是最符合琐罗亚斯德教葬仪与教规的原生性葬俗形态，火葬与土葬则可能为宗教播迁过程中的改造行为。但是这里的改造并不意味着完全违背教旨与葬仪，而是对传统做法进行某种程度的折中，因而也产生了许多无棺葬俗的新形态，我们可以暂时将其称作葬俗元素。这些无棺葬的元素，有些是由同一地区不同阶段发展而来的，有些则受时空范围的变化而动态变化，如下表详示。

表一　从波斯至固原无棺葬俗的嬗变

	基本元素	改造元素	墓葬图像题材
波斯	① 第一阶段：弃尸于山，鸟啄兽噬后另葬高处石壶内，以麻葛僧为中心的葬俗 ② 第二阶段：天葬于达克玛葬尸台，隔绝野兽，自然风干或鸟啄，大众信仰并实施的教规	① 天葬内容 ② 使用人群 表现出阶段性改造的特征，与宗教的确立与复兴有关	无棺葬使用铭文或符号刻在石壶表面 王族墓葬使用图像较为丰富，主要为宫廷仪式、战斗与祭仪，狩猎图（主要为王族）
中亚	① 天葬于达克玛葬尸台，并收敛骨殖入纳骨器并置入纳吾斯 ② 火葬后收敛骨殖入纳骨器 ③ 直接在圣火场所实施火葬	① 达克玛的形式多样，并非塔型或居高处结构 ② 纳骨器的使用 ③ 火葬的使用 ④ 极端性葬俗的使用 表现出较强地域性特色，与中亚地区民俗文化与原始信仰有关	主要有四类：第一，英雄史诗与国王纪功；第二，出行、宴饮、狩猎、婚丧、礼仪；第三，多神信仰，将佛似袄；第四，与葬仪有关的图像，表现仪式过程、死后世界、祥瑞以及花草纹饰 后两类主要用于纳骨器外壁图案
新疆	火葬后收敛骨殖入纳骨器另收骨殖葬于他处	基本沿袭中亚，但将骨灰罐祔葬于夫妻合葬墓的做法可视作对汉地传统的折中	纳骨器图案以花卉植物纹饰为主，较少见信仰类图像
固原	以夫妻合葬墓居多，不使用墓棺，尸体直接置于尸床或墓室地面上，头向大都不向北，还发现有天葬现象	与中亚本土化葬俗具有一定的渊源关系，但是均采用了土葬的方式，汉化程度已深	无

如表所示，古代波斯无棺葬俗元素的形成，主要受该地区不同阶段宗教发展的影响，因此呈现出阶段性特征。第一阶段的基本元素为弃尸于山（鸟啄兽噬）、另葬于高处（石壶或接近太阳的地方），使用人群为麻葛祭司或虔诚的琐罗亚斯德教徒；第二阶段的基本元素为隔绝野兽的达克玛（自然风干或鸟啄），使用人群为萨珊王朝治下全体国民。比较来看，两个阶段的改造元素主要集中

在天葬做法与安放死者场所两方面。在天葬做法上,从弃尸于山转变为在专门修建的建筑内实施天葬;从任鸟兽噬咬转变为隔绝野兽的做法,任其自然风干或鸟啄。在安放死者场所上,由原来的高处转变为安放入无顶盖的塔或围起来的高台建筑达克玛内。可见,天葬尸台达克玛在第二阶段中也有坟墓的作用。这里还存在一种与传统教义相悖的墓葬类型,即王族的坟墓,这些坟墓虽然未采用无棺葬俗,甚至在尸体上涂满香料,并将死者完好地葬在岩墓中,墓室还刻有图像,但是王族的坟墓被认为存在保护灵,不管生死都能保护民众,同时石制封闭的墓穴也有隔绝尸体的作用,可视作无棺葬俗为适应统治者所作出的让步[115]。而在与丧葬有关的图像方面,一般会在石壶表面刻有铭文或宗教类符号,王族的坟墓由于具有保护灵与神圣统治的意义,因此狩猎图、战斗与祭祀以及君权神授等图像元素常常出现。

中亚地区无棺葬俗元素的形成则较为复杂,由于受本土民俗文化与原始信仰的影响,改造元素略多于基本元素。在天葬习俗上,基本元素接近于古代波斯第一阶段,主要为鸟兽噬咬与达克玛(形式多样,不一定为塔或围式建筑),改造元素则为纳骨器及纳吾斯的使用,达克玛也不再作为安放死者的墓葬。在火葬习俗上,则为该地区的首创,以是否敛骨的差异分为两种。两类无棺葬俗使用人群为中亚粟特裔族群,王族与平民共同使用,区别是王族的纳骨器还可能设专门的胡床用以安置。火葬习俗的加入,也是中亚祆教与传统琐罗亚斯德教葬仪的区别之一。在墓葬图像方面,中亚地区除继承古代波斯狩猎图、战斗、英雄史诗及信仰类图像外,还有表现婚丧出行、宴饮等世俗化的图像。

新疆与固原地区的无棺葬,由于是中亚粟特裔族群所带入,因而与中亚地区的无棺葬俗具有一定的联系。在以上区域中,葬俗的异化现象均十分明显。新疆地区的无棺葬俗虽然仍具有中亚无棺葬俗的基本元素,但是已作了很多折中的处理。固原地区的无棺葬俗中还掺入了一定的内亚习性,相比于中亚地区而言,葬俗的形式与内容均有了较大的变化。

整体上,如果我们将产生于古代波斯地区的无棺葬俗作为该类葬俗的基本形态,那么中亚地区、新疆与固原地区粟特裔墓葬对无棺葬俗的改造则可视作是对基本形态诸元素的“添加”与“删除”[116]。首先,我们可根据天葬这一基本元素的保留情况来判断中亚、新疆及固原三地无棺葬俗的差异,从高至低依次为中亚地区>新疆地区≥固原地区,其中,新疆与固原地区的无棺葬与中亚地区较为接近,体现出了宗教传播过程中的适应性原则;其次,在改造元素中,中亚地区的“添加”性因素无疑表现最多,据前文所述,在该区域广泛流传的无棺葬俗中,显然既有古代波斯的深远影响,也存在本土化“新元素”的添加,这使得无棺葬俗的形式更为多样化,与之相伴的是,该地区粟特裔无棺葬俗在进入汉地后也具有了多元化的特点;最后,新疆地区除直接继承中亚地区无棺葬俗形态以外,大部分粟特裔墓葬与固原地区均是在与国家认同不悖的情况下对中亚地区既有无棺葬俗元素的“删除”,仅保留不使用墓棺的传统,或是通过其他特殊性葬俗以加强其族群边界。

分析来看,古代波斯地区的无棺葬阶段性特征明显,无棺葬元素的出现及变因均与王朝的统治息息相关,经历了葬俗内容的明确化与大众化。如古代波斯用于天葬的达克玛(dakhma)一词,最早源于印欧语 dhmbh,意为“坟墓”,这可能代表了早期生活在今伊朗地区的雅利安人也使用过土葬的习俗[117]。分化约在公元前 2000 年左右产生,此时,由于阶级分化的出现,古代波斯地区一些部落由此产生了“天界复活”的观念,因而尸体不再埋入地下,而是使用天葬后让灵魂升天,并将余下的遗骸收集并埋掉，这应该是琐罗亚斯德教天葬习俗的祖型[118]。而至迟在阿契美尼德王朝统治时期以前，在今东伊朗地区播迁的古老玛兹达教在苏鲁支在整合下，才确立了基本教义，并以《伽萨》(Gathas) 传世，称为琐罗亚斯德教，公元前 600 年左右西传至米底，约半个世纪后才在阿契美尼德王朝广泛传播[119]；阿契美尼德王朝时期的琐罗亚斯德教较之于前，内容更为丰富，由于加入了原始宗教的成分，教义与习俗成为了地区性文化传统，统治者的大力扶持与祭司数量的增加，使得无棺葬俗的基本元素固定了下来，因此，到公元前 6 世纪至公元前 3 世纪，这一词语方被用来指称曝尸的场所。此后，在帕提亚王朝时代，琐罗亚斯德教进一步发展壮大，并且它的分支密特拉 (Mithra) 教在这一时期更具势力，因而曝晒于太阳下的天葬法被保留了下来。而真正改造元素的大量出现，则与萨珊王朝大力复兴琐罗亚斯德教有关。这一时期，琐罗亚斯德教取得了国教的崇高地位，历代国王均为该教信徒。同时，大量自古传承的古代波斯信仰与琐罗亚斯德教义、赞歌等文献被重新整理与注释形成的《阿维斯塔》，使得宗教经典成为国王驭众的最高法典[120]。在这一阶段，达克玛正式成为明确的围式无顶建筑，专门用于实施天葬，葬仪的改造与确立，标志着古代波斯地区无棺葬俗的最终形成。

而中亚地区的无棺葬俗，则具有流传最广、时间最长、改造元素较多、内容最为丰富的特点[121]。该地区的无棺葬的变因主要与地域性特征有关。粟特地区从来没有建立过强大的国家，虽然常依附于强大的邻国，但是在文化上粟特裔族群保持有较大的独立性，他们常常将异文化加以改造并为我所用，因而至少在伊斯兰文化进入之前，该地区始终保持着一种稳定的地区性祆教文化。

在地理观念上，粟特地区常以自我为中心，再以方位将周边地区强大的国家加以标识组成其眼中的世界观，如据《新唐书》载："何，或曰屈霜你迦，曰贵霜匿，即康居小王附墨城故地。城左有重楼，北绘中华古帝，东突厥、婆罗门，西波斯、拂菻等诸王，其君旦诣拜则退。贞观十五年，遣使者入朝。"[122]与文献记述相类似的图像还出现在撒马尔罕大使厅壁画上，国王常常位于画幅的中心位置[123]。该世界观念还意味着这些区域文化对粟特地区的影响，或是表现了粟特地区与周边地区与国家的接触情况，谢尔盖·A. 亚岑科 (Sergey A. Yatsenko) 同时还认为该壁画还反映了撒马尔罕统治者对于区域政治活动的野心与抱负，如与邻近地区赤鄂衍那（又名石汗那）王室的联姻，在过去一个世纪中接见了唐朝使者团，以及遥远的高丽使者来访等事迹即为体现[124]。在政治理念上，粟特的管理秩序中缺乏等级森严的结构，粟特王朝也常常短命，即使是在公元 7～8 世纪的繁荣时期，王朝也传不过两代[125]，即使在萨珊、嚈哒以及突厥的控制下，粟特地区九姓国的政治活动也保持相对的独立。在文化内涵上，粟特社会一方面表现出强烈的市民文化特征[126]，商贸与城市的发展使得大型都市的文化积淀深厚，普通市民大都依附于贵族，另一方面所谓的国家机器则较为弱小，城邦联盟实际也很松散，并最终形成了以贵族文化为中主导的模式。正是出于粟特地区较为稳定的社会结构与"强大的市民，弱小的国王"的统治秩序，才使得粟特地区在与古代波斯的交往中保持了较多的个性，这种个性并不会随着波斯王朝的更迭而旋即变化，而是伴随着地域性文化的逐步增强最终将异文化改造并吸收。

此外，根据波斯本土的琐罗亚斯德教的传播轨迹来看，中亚地区接受琐罗亚斯德教影响的时间可能还要稍早于西亚、中东地区[127]，其中巴克特里亚地区又是中亚地区中最早接受琐罗亚斯德教影响的区域，其王维什塔斯坦 (Vishtaspa) 曾为该教的保护者[128]。这就意味着中亚地区有更多的时间可以糅合本地习俗与外来宗教，同时还保存了较多的琐罗亚斯德教早期的内容。虽然公元830年左右，粟特中心（即康国）撒马尔罕地区的琐罗亚斯德教徒仍继续向波斯宗教首领询问新落成的达克玛的使用仪式[129]，但事实上，在萨珊王朝重新控制该地区后所推行的琐罗亚斯德教信仰，应是一种杂糅了多个时期不同琐罗亚斯德教元素以及本土化习俗的综合产物，是变异了的琐罗亚斯德教，从其最终呈现的形态来看，无疑更为符合粟特地区的既有习惯[130]。

而大约从公元7世纪中叶开始，伴随着阿拉伯帝国逐步征服伊朗与中亚的步伐，一些琐罗亚斯德教徒被迫迁徙至印度，从而形成了今天被称作帕尔西人（Parsis）的印度琐罗亚斯德教群体。此后，相关学者通过对19世纪上半叶发现的印度琐罗亚斯德教村落帕尔西人的丧葬礼俗及信仰等方面的考察，使得达克玛一词开始被译作"寂静塔"并为学界所广泛使用[131]。

纵观中亚地区对琐罗亚斯德教的继承与发展历史来看，恰如葛乐耐的总结，即葬俗最能反映中亚本地人民对琐罗亚斯德教原则的继承与变革[132]。而经上文所述，无棺葬（即达克玛）作为一种承自波斯并在中亚地区不断发展且与粟特裔祆教徒有关的葬俗，虽然各个历史时期对其形制与功能的描述不尽相同，在进入汉地后也经历了改造与发展的历程，但均恪守了琐罗亚斯德教的基本教义与丧葬仪轨。而在内地的大部分地区，入华粟特裔族群是否使用无棺葬俗，则与在华时间的长短及距离中亚的远近有关。

在北朝早期，北魏平城及附近已开始出现了与粟特裔族群有关的无棺葬俗，并部分影响了该地区的汉族墓葬；在北朝晚期至隋代，一些粟特裔贵族墓葬内的图像也显示，他们在入华后可能还保留着符合琐罗亚斯德教葬仪的葬俗活动，种族与文化的特征较为鲜明。

而当进入隋末唐初后，随着墓葬制度的完善与等级的森严，粟特裔墓葬葬俗的选择则开始出现了分化，隋末唐初一些在地方上有所影响的粟特裔家族放弃了无棺葬俗，墓葬建制也向中原地区靠拢，更多的粟特裔平民及后裔，则因为在华时间的增加，出于被动选择的原因汉化程度渐深。与之相比，固原入华粟特裔族群所使用无棺葬俗的特点较为特殊。根据葬俗内容显示，该地区的粟特裔族群一方面受汉化影响，出于国家认同而普遍采用了具有同一性的墓葬形制，另一方面则由于区域内文化多元与生活环境胡化的特点，使得粟特裔平民可以部分呈现其民族文化特征。固原地区粟特裔平民因善于牧养马匹、牛、羊与聚居的习惯，使得内亚化习俗在墓葬中较常出现，即使是经汉化改造已深的史氏家族墓葬，也有殉狗的助葬行为以及火祭等现象出现，这似乎说明了当地粟特裔族群继续保持了与中亚相仿的生活习性，也一定程度上使得无棺葬俗得到了保留[133]。

四、结　语

本文首先对汉地出现的无棺葬俗进行了简要分析，北魏至隋代内地的无棺葬主要集中于都城附近，使用人群虽然多为官宦阶层，但墓主的族属并不固定，而北周至隋代无棺葬则主要发现于入华粟特裔墓葬中，其特点显著，一些元素的出现还将其源头指向了中亚地区；隋末唐初，粟特裔墓葬的葬俗情况出现了分化，一些享受政治殊遇的粟特裔家族放弃使用无棺葬俗，而受唐初宽容政策的影响，一些粟特裔平民墓葬则继续使用无棺葬俗，并还保留了一些具有祆教信仰意涵的特殊性葬俗内容。总结来看，入华粟特裔墓葬的无棺葬在内地不同区域有着较大的差异，但在墓葬形制、随葬品等其他方面则均与汉地几无二致。

借由内地无棺葬俗内容的阶段性差异与简化趋势，本文还试图通过分析从波斯本土，经中亚地区直至中国境内无棺葬俗的变因，了解无棺葬俗的基本元素与历时性变化，尤其是发现了该类葬俗在中亚地区经历了葬俗内容的"添加"过程，使得无棺葬俗既保存了古代波斯不同王朝时期的葬俗特点，又与中亚地区既有的本土化葬俗进行了杂糅，呈现出多元化与民俗化的特征。可以说，内地如新疆、固原等地的无棺葬俗，皆是针对中亚地区改造后的同类葬俗的再"删除"。这种在进入汉地后的删除过程，除了具有"接地气"的目的外，可能也与粟特裔族群生活习性的变化有着较大的关联。

总体来看，在中国境内，固原地区所见无棺葬俗与内地其他区域相比，较有地域性特色。该地区的无棺葬俗显然是一种汉地折中的产物，但无棺葬俗的祆教属性却是内地其他地区所无法比拟的，尤其是一些具有浓厚的中亚文化背景的特殊性葬俗的出现，使得我们得以觇得中亚地区该类原生性葬俗的面貌。

值得注意的是，不管是新疆地区还是固原地区，其所呈现出的无棺葬俗以及墓葬中出现的其他特殊葬俗，无疑是在中亚地区业已改造完成的产物，有一些葬俗还带有浓重的内亚烙印，其向内地的传播途径是直接经由这些葬俗的使用人群所带入的。经过本文的考察加深了我们对无棺葬俗在不同时空条件下嬗变的再认识，如当我们追索固原地区南塬墓地发现的可能为天葬习俗遗痕的此类葬俗渊源时，已不宜将其直接与古代波斯的天葬习俗相类比，因为其葬俗内容与意涵均可能发生了明显的异变，固原隋唐时期粟特裔墓葬的大多特殊性葬俗均具有类似的特点。如果在研究中，我们仅仅对相关遗存的文化因素进行分析比对，而忽略了墓葬的出土原境与墓主身份背景的讨论，那么有关葬俗渊源的分析很可能是片面且危险的，这也是详细讨论无棺葬俗这一特殊性葬俗渊源的主要意义所在。

<h2 style="text-align:center">注　释</h2>

[1] 这里的"尸床"指的是与陈棺之用的棺床形制相似，但并不用作陈棺，而是直接陈尸之用的床台，同时尸床也并不等同于汉地受墓葬等级所限无法置棺的棺床，而可能与某种族群性特征与信仰文化有关的特殊葬俗。

[2] 关于祆教葬俗内容及其研究情况的简介，参看林悟殊《内陆欧亚祆教研究述评》，《内陆欧亚古代史研究》，福建人民出版社，2005 年，第 399～418 页。

[3] 刘振东《论北朝时期无棺葬》，《考古与文物》2014 年第 5 期，第 93 页。

[4] 杨泓《北朝至隋唐从西域来华民族人士墓葬概说》，《华学》（第八辑），紫禁城出版社，2006 年，第 223～227 页；林圣智《北朝晚期汉地粟特裔葬具与北魏墓葬文化——以北齐安阳石棺床为主的考察》，《"中央"研究院历史语言研究所集刊》第 81 本第 3 分册，2010 年，第 513～596 页；有关石葬具传统来源问题的讨论，另详参姚崇新《北朝晚期至隋入华粟特裔葬俗再考察——以新发现的入华粟特裔墓葬为中心》，收入荣新江、罗丰主编《粟特人在中国：考古发现与出土文献的新印证》（下册），科学出版社，2016 年，第 594～620 页，此据氏著《观音与神僧——中古宗教艺术与西域史论》，商务印书馆，2019 年，第 276～285 页。

[5] 郑岩《魏晋南北朝壁画墓研究》，文物出版社，2002 年，第 260、261 页；V. Hansen, *Silk Road*, New York, 2012, p.143.

[6] 〔俄〕蒙盖特（A. L. Mongait）《苏联考古学》，中国社会科学院考古研究所资料室（内部资料），1963 年，第 269～276 页；并参努尔兰·肯加哈买提《碎叶》，上海古籍出版社，2017 年，第 265 页。

［7］ 珍妮·罗丝（J. Rose）认为入华粟特裔所使用的石质葬具与纳骨瓮具有相似的作用，详参 J. Rose,
Zoroastrianism, IB Tauris, 2011, p. 159. 相似观点并参马晓玲《北朝至隋唐时期入华粟特裔墓葬研究》，西北
大学博士学位论文，2015 年，第 206 页，该文作者全面总结了国内已发现的北朝至隋唐时期粟特裔墓葬的形
制、随葬品以及葬俗特征，也对相关葬俗的来源进行了分析，但是较少涉及古代波斯至中亚的相关葬俗差异。

［8］ 新疆焉耆七个星（Shikshin）佛寺遗址北区曾发现有三具陶棺，其中一具保存有经火焚烧的碎人骨，根据陶棺
的图像显示该陶棺应为粟特祆教徒的葬具，是除安伽墓烧骨葬以外，又一族属明确的可能为祆教葬俗的例证。
详参〔日〕影山悦子《東トルキスタン出土のオツスアリ（ゾロアスター教徒の納骨器）》，《オリエント》40
（1），1997 年，第 84 页。中亚古老的火葬习俗一直与祆教葬俗如影随形，因此也有学者认为使用纳骨器的方
式，是源自东伊朗地区天葬、火葬合流的结果，见〔俄〕拉波波尔特（Rapoport Y. A.）《花剌子模的盛骨瓮
（花剌子模宗教史）》，《苏联民族学》1962 年第 4 期，第 80～83 页。

［9］ 张广达《再读晚唐苏谅妻马氏双语墓志》，《国学研究》（第 10 卷），北京大学出版社，2002 年；此据氏著《文
本、图像与文化流传》，广西师范大学出版社，2008 年，第 268、269 页。

［10］ 张广达《祆教对唐代中国之影响三例》，《法国汉学》（第 1 辑），清华大学出版社，1996 年，第 241 页。关于
中亚地区祆教葬俗的总结，详参〔俄〕巴托里德（V. V. Barthold）著，耿世民译《中亚简史（外一种）》，中
华书局，2005 年，第 8 页。

［11］ 前揭刘振东《论北朝时期无棺葬》，第 84 页。

［12］ 前揭刘振东《论北朝时期无棺葬》，第 84～86 页。

［13］ 赵超《介绍胡客翟门生墓门志铭及石屏风》，收入荣新江、罗丰主编《粟特裔在中国：考古发现与出土文献
的新印证》，第 673～684 页。

［14］ 北周时期的粟特裔贵族墓，主要发现有安伽、康业、史君墓，有关墓葬形制及葬式详参陕西省考古研究所
《西安北周安伽墓》，文物出版社，2003 年，第 6～15 页；西安市文物保护研究所《西安北周康业墓发掘简
报》，《文物》2008 年第 6 期，第 14 页；西安市文物保护研究所《西安市北周史君石椁墓》，《考古》2004 年
第 7 期，第 38、39 页。

［15］ 相关墓葬的形制及葬式参看山西省考古研究所、太原市考古研究所、太原市晋源区文物旅游局《太原隋代虞
弘墓情理简报》，《文物》2001 年第 1 期，第 29、30 页，此据山西省考古研究所、太原市考古研究所、太原
市晋源区文物旅游局《太原隋虞弘墓》，文物出版社，2005 年，第 11～14 页。

［16］ 唐金裕《西安西郊隋李静训墓发掘简报》，《考古》1959 年第 9 期，第 471～472 页。

［17］ 山西省考古研究所、大同市考古研究所《大同市北魏宋绍祖墓发掘简报》，《文物》2001 年第 7 期，第 22 页，
图六。

［18］ 邓宏里、蔡全法《沁阳县西向发现北朝墓及画像石棺床》，《中原文物》1983 年第 1 期，第 4～12 页；山西
省大同市博物馆、山西省文物工作委员会《山西大同石家寨北魏司马金龙墓》，《文物》1972 年第 3 期，第
21、22 页。

［19］ 虽然刘振东、沈睿文等学者关于汉地无棺葬俗使用人群的判断大体无误，但值得再次审视的是，所谓不使用
墓棺的葬俗习惯，其本身可能具有"俗同华戎"的现象，因此，粟特裔族群所使用的无棺葬俗，应是受到了
汉地既有传统影响，并与其自身种族文化相结合的产物，而非"舶来品"，特于此处说明。

［20］ 这里的石床或石堂等葬具，显然并非汉地用以陈棺的传统，而是直接置放尸体，或是使用二次葬不放置于石
床或石堂之上的做法。

［21］ 前揭姚崇新《北朝晚期至隋入华粟特裔葬俗在考察——以新发现的入华粟特裔墓葬为中心》，第 603 页。

［22］ 山西省考古研究所、太原市文物管理委员会《太原市北齐娄叡墓发掘简报》，第 4 页；并参中国社会科学院
考古研究所、河北省文物考古研究所《磁县湾漳北朝壁画墓》，科学出版社，2003 年，第 20 页。

［23］ 宁夏固原博物馆《宁夏固原唐史道德墓清理简报》，《文物》1985 年第 11 期，第 21 页；昭陵博物馆《唐安元
寿夫妇墓发掘简报》，《文物》1988 年第 12 期，第 37 页。

［24］ 前揭张广达《再读晚唐苏谅妻与马氏双语墓志》，第 268、269 页。

［25］ 前揭邓宏里、蔡全法《沁阳县西向发现北朝墓及画像石棺床》，第 10 页。

［26］ 据巫鸿提示，四川地区的房形石棺可以看作北朝与隋代房形石椁的原型，这种形制的葬具即使在汉人中间，也并非主流，参看巫鸿著，郑岩译《华化与复古——房形椁的启示》，《南京艺术学院学报（美术与设计版）》2005 年第 2 期，第 3、4 页；又林圣智也通过安阳出土北齐粟特裔石棺床的图像配置，认为石棺床延续了北魏围屏的成规，但是无疑在北魏时期这种使用围屏石棺床作为葬具的现象也并不普遍，有着一定的地域分布，详所撰《北朝时代における葬具の图像と机能——石棺床围屏の墓主肖像と孝子传图を例として—》，《美术史》第 154 号，2003 年，第 207～226 页。

［27］ 林悟殊《〈伊朗琐罗亚斯德教村落〉中译本序（二）》，〔英〕玛丽·博伊斯（Mary Boyce）著，张小贵、殷小平译《伊朗琐罗亚斯德教村落》，中华书局，2005 年，第 7 页。即使是在伊朗地区内部，琐罗亚斯德教的分歧依然存在，祖尔万（Zurwan）教义、琐罗亚斯德确立的马兹达教义以及西亚地区穆护们所持传统的琐罗亚斯德教义等不同派别共同存在于伊朗语地区，同时这些教派又在信仰东传过程中混淆到了一起。详参张广达《吐鲁番出土汉语文书中所见伊朗语地区宗教的踪迹》，《敦煌吐鲁番研究》第四卷，北京大学出版社，1999 年，后收入氏著《文本、图像与文化流传》，广西师范大学出版社，2008 年，第 224、225 页。有关阿契美尼德王朝时期琐罗亚斯德教的播迁与不同版本，参看姚崇新、王媛媛、陈怀宇《敦煌三夷教与中古社会》，甘肃教育出版社，2011 年，第 3～18、51 页；并参张小贵《谈祆说化一家言——蔡鸿生教授祆教研究的思路》，收入陈春生主编《学理与方法——蔡鸿生教授执教中山大学五十周年纪念文集》，博士苑出版社，2007 年，第 246～249 页。

［28］ 在希罗多德（Herodotus）的著作《历史》卷一第一四〇节记载"据说波斯人的尸体是只有被狗或禽撕裂之后才埋葬的。麻葛僧有这种风俗，那是毫无疑问的，因为他们是公然这样实行的。"参希罗多德著，王以铸译《历史》，商务印书馆，1998 年，第 3、87 页。

［29］ 早在阿契美尼德王朝时期，中亚地区就在其控制之下，《阿维斯塔》中《耶斯特》（Yasht）第十篇中存有花刺子模、粟特、木鹿和巴克特里亚的记载，因此中亚粟特裔的琐罗亚斯德信仰应自阿契美尼德时期就已经展开。近年来，有关中亚地区贵霜琐罗亚斯德教的关注也有逐渐增强的趋势，参看 Frantz Grenet, "Zoroastrianism in Central Asia", in Michael Stausberg, Yuhan Sohrab-Dinshaw Vevaina, (eds.), *The Wiley Blackwell Companion to Zoroastrianism*, Chichester：John Wiley & Sons, Ltd., 2015, pp. 129-146.

［30］ *The Sacred Books of the East Series*, Vol. IV, The Zend-Avesta, Part I, p.72.

［31］ 林悟殊《中古琐罗亚斯德教葬俗及其在中亚的遗痕》，《波斯祆教与古代中国》，新文丰出版公司，1995 年，第 86 页。

［32］ 〔英〕玛丽·博伊斯《伊朗琐罗亚斯德教村落》，中华书局，2005 年，第 152 页。

［33］ 上采《里瓦雅特》（Rivayats）书信集所记，此据《伊朗琐罗亚斯德教村落》，第 157 页；并参该书西文原文 Mary Boyce, *A Persian Stronghold of Zoroastrianism*, Lanham, New York & London, 1989, pp. 192-193.

［34］ 琐罗亚斯德教义认为，死后第四日黎明，送葬者共同祈祷时，灵魂才开始升天，因此在黎明前将祭祀物由祭司献给圣火，使灵魂离开人世的最后一刻得到安慰，见《伊朗琐罗亚斯德教村落》，第 166、167 页。又葛乐耐（F. Grenet）认为，第四日黎明的喀哈茹姆（Čahārom）仪式中保护灵魂升天的使者，实际是琐罗亚斯德教八大祭司之一的斯劳沙（Sraoša），有着抵御恶魔的作用，详参 Frantz Grenet, "L'art zoroastrien en Sogdiane：Étude d'iconographie funéraire", *Mesopotamia*, 21, 1986, pp. 104-105.

［35］ 参龚方震、晏可佳《祆教史》，上海社会科学院出版社，1998 年，第 8 页。

［36］ 龚方震、晏可佳《祆教史》，上海社会科学院出版社，1998 年，第 136 页。

［37］ 这种原始的善恶观念不但用于衡量死者的善业与恶业，同时也将自然界中的动物分为善类与恶类，如在灵魂通过钦瓦特桥时，如骆驼等善类动物顺利通过该桥，意味着它们适宜进入天堂。详参 F. Grenet, P. Riboud, Yang Junkai（杨军凯）, "Zoroastrian Scenes on a newly Discovered Sogdian Tomb in Xi'an, Northern China", *Studia Iranica*, Vol.33, No.2, 2004, pp. 276-283.

［38］ 根据沈睿文提示，天水石马坪石棺床墓墓底铺地砖下垫有一层厚 1 厘米的沙土，沙土下复有一层厚约 2 厘米的木炭，这种使尸体隔绝地面的做法无疑与波斯地区琐罗亚斯德教徒暂厝尸体的屋子铺地砖与撒沙土的做法类似，即防止尸体污染土壤，但是后者又使用了汉地的木棺作为死者的最终安息居所，可见丧葬观念兼具了

琐罗亚斯德教义与汉地传统，为一种折中处理，也从侧面说明了两地丧葬传统的巨大差异，相同做法还见于何弘敬墓。参氏著《中古中国祆教信仰与丧葬》，上海古籍出版社，2019 年，第 144 页。又天水市博物馆《天水市发现隋唐屏风石棺床墓》，《考古》1992 年第 1 期，第 46～54 页；邯郸市文管所《河北大名县发现何弘敬墓志》，《考古》1984 年第 8 期，第 721 页。

［39］ Mary Boyce, *A History of Zoroastrianism*, Vol. Ⅱ, Leiden, 1982, pp. 41-43.

［40］ 公元一世纪希腊作家特拉博（Strabo）报道原文，此据〔美〕W. M. 麦高文著，章巽译《中亚古国史》，中华书局，1958 年，第 84 页。

［41］ 前揭林悟殊《中古琐罗亚斯德教葬俗及其在中亚的遗痕》，第 88 页。

［42］ 前揭林悟殊《中古琐罗亚斯德教葬俗及其在中亚的遗痕》，第 91 页。

［43］ 王小甫认为古代波斯王室墓葬的完整保存可能与其"王者灵光"的观念有关，即以国王的在天之灵保佑其子民，详参氏著《拜火教与突厥兴衰——以古代突厥斗战神研究为中心》，《历史研究》2007 年第 1 期，第 24～40 页。

［44］ Tang-e Sarvak 遗址位于伊朗西南部，相关石雕图片见 E. Haerinck, Tang-e Sarvak, 2005. http：//www.iranicaon-line.org/articles/tang-e sarvak-1.

［45］ Sar-Mashad 遗址位于伊朗法尔斯省毕沙普以南，参 E. Yarshater, "The Seleucid, Parthian and Sasanian Periods", *The Cambridge History of Iran*, Vol 5（2）, Cambridge University Press, 2008, p. 1118.

［46］ Prudence O. Harper, *In Search of a Cultural Identity：Monuments and Artifacts of the Sasanian Near East, 3rd to 7th Century A. D. Bibliotheca Persica*, New York, 2006, fig. 18.

［47］ Prudence O. Harper, *Silver Vessels of the Sasanian Period, the Metropolitan Museum of Art*, New York, 1981, fig. 43, p.123.

［48］ 在这些遗址中，以片治肯特城址的发掘历时最长，遗存的保存情况也相对较好，自 1948 年至今，先后由雅库博夫斯基（A. Y. Yakubovskii）、季雅科诺夫（M. M. Djakonov）、别列尼茨基（A. M. Belenitki）、马尔沙克（B. I. Marshak）、卢湃沙（Pavel. B. Lurje）等人领导考古队对其展开了系统性发掘与保护，自 1998 年开始，片治肯特的城内建筑遗迹得到了全面性揭露，从而辨识出了宫殿区、城市区、墓葬区、寺庙区等详细的城市功能分区，2014 年还发现了新的寺庙遗址和火坛遗迹，相关发现已于 2015 年结集出版，题为《2014 年片治肯特考古报告》。此外，在 2018 年的发掘中，寺庙区以北的空地上再次发现柱础和壁画痕迹，可能为片治肯特古城的第三座寺庙所在。

［49］ 如张椕曾总结了中亚地区所发现的骨瓮，认为其集中于楚河与塔拉斯河流域、泽拉夫尚河流域、阿姆河下游三角洲及木鹿地区，形制以长方形瓮身、尖状体瓮盖为主，木鹿地区的纳骨瓮呈高体穹窿顶式，带有明显的希腊罗马化特征。详参氏著《北朝至隋唐时期入华胡人石葬具的研究》，西北大学硕士学位论文，2009 年，第 29～32 页。

［50］ 《通典》卷一九三，中华书局，1988 年，第 5256 页。

［51］ 〔法〕葛乐耐著，毛铭译《北朝粟特本土纳骨瓮上的祆教主题》，载张庆捷主编《4—6 世纪的北中国与欧亚大陆》，科学出版社，2006 年，第 195、196 页；并参姚崇新《北朝晚期至隋入华粟特裔葬俗再考察——以新发现的入华粟特裔墓葬为中心》，第 609 页。

［52］ F. Grenet, "Zoroastrian Themes on Early Medieval Sogdian Ossuaries", in Pheroza J. Godrej, Firoza P. Mistree,（eds.）, *A Zoroastrian Tapestry：Art, Religion and Culture*, Ahmedabad：Mapin Publishers, 2002, p. 94.

［53］ 蔡鸿生《唐代九姓胡与突厥文化》，中华书局，1998 年，第 24～27 页。

［54］ 《比鲁尼选集》（俄译本）（第一卷），1957 年，255 页，此据前揭龚方震、晏可佳《祆教史》，第 159 页。

［55］ 姜伯勤《中国祆教艺术史研究》，生活·读书·新知三联书店，2004 年，第 261 页。

［56］ 前揭玛丽·博伊斯《伊朗琐罗亚斯德教村落》，第 159 页。

［57］ G. Frumkin, *Archaeology in Soviet Central Asia*, Leiden, 1970, pp. 22, 92, 96, 99-103, 125, 151.

［58］ 〔苏〕A. Ю. 雅库博夫斯基撰，佟景韩译《边吉肯特绘画研究诸问题》，《美术研究》1958 年第 3 期，第 77～103 页；并参蔡鸿生《唐代九姓胡与突厥文化》，中华书局，1998 年，第 135 页。

［59］　张小贵《中古华化祆教考述》，文物出版社，2010 年，第 69 页。

［60］　中亚地区早在青铜时代至早期铁器时代的考古学文化就带有很强的游牧色彩，其可能是当地一些原始性葬俗及祖先崇拜的源头，详参梁云《康居文化刍论》，《文物》2018 年第 7 期，第 77～79 页。

［61］　沈睿文《中古中国祆教信仰与丧葬》，第 159 页；并参蔡鸿生《唐代九姓胡与突厥文化》，第 135 页。蔡氏认为纳骨瓮上护火的动物新添入羊的形象，即能代表突厥游牧文化对中亚祆教的影响。固原地区隋唐墓葬中也发现有只随葬羊骨架的"空墓"，很可能为入华粟特裔内亚化葬俗的体现。

［62］　林悟殊《西安北周安伽墓葬式的再思考》，《考古与文物》2005 年第 5 期，第 67 页。

［63］　〔俄〕巴托里德著，耿世民译《中亚简史》（外一种），中华书局，2005 年，第 8 页；蔡鸿生《唐代九姓胡与突厥文化》，第 135 页。

［64］　〔俄〕拉波波尔特《花剌子模的盛骨瓮（花剌子模宗教史）》，《苏联民族学》1962 年第 4 期，第 80～83 页。

［65］　〔法〕葛乐耐著，毛铭译《驶向撒马尔罕的金色旅程》，漓江出版社，2016 年，第 164 页。

［66］　前揭葛乐耐《驶向撒马尔罕的金色旅程》，第 166、167 页；并参 L. V. Pavchinskaia, "Sogdian Ossuaries", *Bulletin of the Asia Institute*, 1994,（8），pp. 209-225. 该文还认为纳骨瓮的形制差异与入华粟特裔族群使用石葬具存异问题类似，即代表了其所持不同的粟特地域文化及信仰差异，其中，中中亚地区的（撒马尔罕等地）东部与西部族群的纳骨瓮形制、装饰风格与制作工艺相近，南中亚地区（Kesh 等地，今沙赫里夏勃兹地区）与西中亚地区（布哈拉等地）相近，这一观点似乎也解释了康业、安伽与史君墓所用石葬具形制不同的原因，但还有待于更多考古发现的印证。

［67］　在花剌子模地区的卡拉勃—盖尔古堡及卡拉勒—盖依遗址曾发现了一批完整的纳骨器，这些纳骨器有圆形，也有方形，有的还加盖，为我们提供了花剌子模地区至迟在公元 1 世纪已存在祆教葬仪的证据。前揭龚方震、晏可佳《祆教史》，第 165 页。

［68］　〔俄〕И. 札巴罗夫、Г. 德列斯维扬斯卡娅著，高永久、张宏莉译《中亚宗教概述》，兰州大学出版社，2002 年，第 45 页。

［69］　G. Frumkin, *Archaeology in Soviet Central Asia*, Leiden: E. J. Brill, 1970, p. 68.

［70］　沈睿文《内亚游牧社会丧葬中的马》，此据氏著《中古中国祆教信仰与丧葬》，第 375 页。

［71］　前揭葛乐耐《驶向撒马尔罕的金色旅程》，第 164 页。

［72］　A. Betts, V. Yagodin, F. Grent, et al., "The Akchakhan-kala Wall Paintings: New Perspectives on Kingship and Religion in Ancient Chorasmia", *Journal of Inner Asian Art and Aychaeology*, Vol. 7, 2012/2016, p. 309, pl. 3. 中译版参〔澳〕艾莉森·贝茨著，孙丹译，陈星灿校《乌兹别克斯坦阿卡察可汗—卡拉遗址出土的公元前后的壁画》，《南方文物》2016 年第 3 期，第 14～22 页。

［73］　塔什干与粟特文化的联系不仅体现在火葬习俗中，还表现在如宫殿、城堡和家庭圣火堂等一些建筑中，如公元 7～8 世纪塔什干在宫廷的主建筑中必然设置祭台，其上为盛满灰烬的深坑，并有严格按照琐罗亚斯德教规定布置的环形走廊，一些陵墓同时还扮演着庙宇的功能，墓中盛放骨瓮，中心建筑四周有祈祷室与拜火堂，同时也有祭司的住房，这些情况均表明石国的火葬极有可能是严格履行了古波斯本土的琐罗亚斯德教义，其做法在各粟特城邦国家中无疑也具有一定的普遍性。详参前揭 И. 札巴罗夫、Г. 德列斯维扬斯卡娅《中亚宗教概述》，第 126～154 页。

［74］　《周书·突厥传》记"死者，停于帐……统帐走马七匝，一诣帐门，以刀剺面，且哭，血泪俱流，如此者七度，乃止……"见《周书》卷五〇，中华书局，1971 年，第 910 页；《隋书·突厥传》也记"绕帐走马七匝，一诣帐门，以刀剺面，且哭，血泪俱流，如此者七度，乃止。"见《隋书》卷八四，中华书局，1973 年，第 1864 页。已知突厥烧葬以死者及生前衣物等一齐焚烧，以烧之灰埋葬，这与上述祆教徒"烧余之骨"做法不同，但绕帐而行的祭祀行为二者却有一定的相似性，体现出了突厥文化对粟特裔族群的影响。相关讨论详参前揭沈睿文《中古中国祆教信仰与丧葬》，第 255～258 页。

［75］　前揭蔡鸿生《唐代九姓胡与突厥文化》，第 15 页。

［76］　前揭玛丽·博伊斯《伊朗琐罗亚斯德教村落》，第 77、160 页。

［77］　除文中介绍出现火葬现象的圣祠以外，中亚地区还在如阿富汗境内的阿伊·哈奴姆城（Ai Khanum）、阿姆

河右岸的塔赫特·伊·桑金（Takht-i-Sangin）均发现了希腊—巴克特里亚时期的神庙，供奉着阿胡拉·马兹达、密特拉等神祇，也有发现布满灰烬的祭坛。但是一些学者将内地所建祆庙的形制渊源直接与波斯本土相联系的做法，似乎不妥，因为这些祆庙不管是从信仰文化层面还是建筑风格来看，均与中亚粟特裔族群有着密切的关联。有关敦煌地区祆庙形制的讨论详参张小贵、刘振《敦煌祆庙渊源考》，《敦煌研究》2020 年第 3 期，第 101 页。

［78］ 其首次建筑时期约在公元前 4 世纪至前 3 世纪，公元 1 世纪下半叶之前是废弃的，公元 3 世纪初至 4 世纪末才又开始有人居住。详参〔苏〕С. П. 托尔斯托夫、Б. И. 瓦因别尔格《科依—克雷尔干—卡拉——公元前 4 世纪至公元 4 世纪花剌子模文化遗迹》，《花剌子模民族志学考古调查团丛刊》（第 5 卷），莫斯科，1967 年，此据前揭《中亚宗教概述》，第 127 页。

［79］ 前揭 И. 札巴罗夫、Г. 德列斯维扬斯卡娅《中亚宗教概述》，第 148 页；姚崇新、王媛媛、陈怀宇《敦煌三夷教与中古社会》，甘肃教育出版社，2013 年，第 51 页。

［80］ A. Betts, V. Yagodin, "The Tashk'irman-tepe Cult Complex: an Hypothesis for the Establishment of Fire Temples in Ancient Chorasmia", in Ken Parry, (ed.), *Art Architecture and Religion along the Silk Roads*, Turnhout: Brepols, 2008, p. 2, note 4, fig. 1.

［81］ P. A. 默哈迈德扎诺夫《谢塔拉克 1 期发掘工作》，载《公元 3～8 世纪古代布哈拉绿洲文化》，塔什干（Toshkent），1983 年，第 56、121 页。

［82］ 前揭 И. 札巴罗夫、Г. 德列斯维扬斯卡娅《中亚宗教概述》，第 96 页；姚崇新、王媛媛、陈怀宇《敦煌三夷教与中古社会》，第 49 页。

［83］ 前揭玛丽·博伊斯《伊朗琐罗亚斯德教村落》，第 78、79 页。

［84］ 马晓玲《中国境内粟特人家族墓地的考古学观察》，收入北京大学考古文博学院、北京大学中国考古学研究中心主编《考古学研究（十一）：丝绸之路考古研究专号》，科学出版社，2020 年，第 221～238 页；并参沈睿文《中古中国祆教信仰与丧葬》，第 164～171 页。

［85］ 这里之所以选择新疆与固原地区，在于两地无棺葬俗异化的方向具有明显的差异，并且特征均十分鲜明，相比之下，与固原地区在地理上更为接近的盐池地区所发现的无棺葬俗，则选择了完全照搬波斯崖墓的方式，因而异化之感并不明显，所以本文不选择将其与固原地区无棺葬俗进行直接比较，特此说明。

［86］ 前揭沈睿文《中古中国祆教信仰与丧葬》，第 298、299 页。

［87］ 黄文弼《高昌砖集》（增订本）《校事记》，考古学特刊第二号，中国科学院，1951 年，第 1～7 页。

［88］ 新疆文物考古研究所、吐鲁番地区文物局《鄯善县洋海一号墓地发掘简报》，《新疆文物》2004 年第 1 期，第 3 页。

［89］ 于海琴、李辉朝《交河沟西粟特康氏家族的汉元素》，《吐鲁番学研究》2011 年第 2 期，第 9、10 页。

［90］ 陈戈《苏贝希文化的源流及与其他文化的关系》，《西域研究》2002 年第 2 期，第 14、15 页。

［91］ 前揭巴托里德《中亚简史》，第 8、9 页。

［92］ 陈凌《中国境内中古祆教徒葬俗考论（之一）》，《古代文明》（第 12 卷），2018 年，第 327 页。

［93］ F. Grenet, "Zoroastrian Funerary Practices in Sogdiana and Chorasmia and among Expatriate Sogdian Communities in China", pp. 18-20.

［94］ 前揭葛乐耐《驶向撒马尔罕的金色旅程》，第 164 页。

［95］ 前揭努尔兰·肯加哈买提《碎叶》，第 260～262 页。

［96］ 见林梅村《从考古发现看火祆教在中国的初传》，《西域研究》1996 年第 4 期，收入氏著《汉唐西域与中国文明》，文物出版社，1998 年，第 102～112 页。

［97］ 吐鲁番地区文管所《新疆鄯善县吐峪沟发现陶棺葬》，《考古》1986 年第 1 期，第 87～89 页。

［98］ 前揭陈凌《中国境内中古祆教徒葬俗考论（之一）》，第 328 页。

［99］ 沈睿文认为在尚无宗教符号或其他信息出现前，新疆地区已发现的大多数纳骨瓮其文化属性可能并非来自祆教徒，详参沈睿文《吐峪沟所见纳骨器的宗教属性》，收入氏著《中古中国祆教信仰与丧葬》，上海古籍出版社，2019 年，第 335～355 页。

[100] 毕波《焉耆七个星出土纳骨器研究》，荣新江、罗丰主编《粟特人在中国：考古发现与出土文献的新印证（上）》，科学出版社，2016年，第45~52页。

[101] 前揭毕波《焉耆七个星出土纳骨器研究》，第50页。

[102] 前揭毕波《焉耆七个星出土纳骨器研究》，第51页。

[103] 刘永增《莫高窟第158窟的纳骨器与粟特裔的丧葬习俗》，《敦煌研究》2004年第2期，第13~18页。

[104] 黄文弼《新疆考古发掘报告（1957—1958）》，文物出版社，1983年，第54~61页；并参前揭葛乐耐《驶向撒马尔罕的金色旅程》，第167页。

[105] 新疆维吾尔自治区博物馆《新疆出土文物》，文物出版社，1975年，图版169，第120页；此据前揭陈凌《中国境内中古祆教徒葬俗考论（之一）》，第329页。此种蔓草纹常见于中亚地区的双耳罐与纳骨器上，表现为尖瓣末端呈圆涡状的棕叶饰，详参〔俄〕鲍里斯·艾里克·马尔沙克（Boris Ilich Marshak）撰，李梅田、付承章、吴忧译《粟特银器》第二章《流派A、B、C器皿与亚洲艺术在造型、装饰技法上的联系》，上海古籍出版社，2019年，第62页。

[106] 根据影山悦子的研究，除焉耆曾发现4个纳骨器以外（有3个已经不存），新疆地区目前发现粟特裔纳骨器共有5件（套），分别是吐峪沟2件、吉木萨尔北庭故城1件、库车麻扎坦村2件无盖纳骨器（还有2件纳骨器器盖），共计8个，年代大约在公元7~8世纪，是当时生活在西州、北庭和龟兹的粟特裔祆教徒的葬具。因此，我们似乎可以认为，这些出土于佛寺遗址，或是器表并无祆教信仰图案的纳骨器葬俗，是入华粟特裔族群出于在汉地生活的需要而对其种族与文化进行"隐性"的表达。详参〔日〕影山悦子《東トルキスタン出土のオツスアリ（ゾロアスター教の納骨器)》，《オリエント》40（1），1997年，第84页。

[107] 学界对于在中国境内粟特后裔是否持琐罗亚斯德教信仰的判定一直是持有谨慎态度的，原因是因为宗教信仰与人群之间的关系并非绝对一成不变，因而对于那些入华已久的粟特移民来说，其原有宗教属性的湮灭甚至是转变是其汉化的必然，虽然部分信仰文化逐渐作为历史记忆而保留，但是也不宜将其直接等同于持有某一信仰，或是直接将某种葬俗与具体的宗教做直接对接。新疆塔什库尔干县吉尔赞喀勒墓地（距今2400~2600年）发现的所谓"木质火坛"属于早期琐罗亚斯德教文化元素的说法无疑即属于较为草率地认定案例，相关讨论文章对这一说法或有支持、或有反对，笔者从后者意见。支持者详参巫新华《2013年新疆塔什库尔干吉尔赞喀勒墓地的考古发掘》，《西域研究》2014年第1期，第124~127页；持相似观点者见刘文锁《曲什曼：古代新疆拜火教遗址的新发现》（《新疆师范大学学报》2015年第2期，第68~73页）一文，该文在同意巫氏意见的同时，也指出了其葬俗可能具有一定的复杂性特征。而持反对意见者另见张小贵《入华祆教火坛杂考》，北京大学考古文博学院、北京大学中国考古学研究中心编《考古学研究（十一）》，科学出版社，2020年，第265~287页；张良仁《关于吉尔赞喀勒墓地用火遗物的一点看法》，《元史及民族与边疆研究集刊》（第三十八辑），上海古籍出版社，2021年，第198~208页。

[108] 从吐鲁番安乐城废佛塔中出土的《金明光经》卷二题记上有关于胡天的记载，可知信奉祆教的粟特裔族群公元5世纪前半叶已在高昌生活，但是从他们的汉化程度来看，其进入吐鲁番地区的时间可能更早。此外，从楼兰地区出土的粟特语文书来看，这里至少在前凉时期就生活了不在少数的粟特裔居民。前揭荣新江《中古中国与外来文明（修订本）》，第25、41页。

[109] 前揭李肖《交河沟西康家墓地与交河粟特移民的汉化》，第271、272页。

[110] A. Waley, "Some Reference to Iranian Temples in the Tun-huang Region"，《"中央"研究院历史语言研究所集刊》第28本（庆祝胡适先生65岁纪念论文集），台北：商务印书馆，1956年，第123页。

[111] 姜伯勤《敦煌吐鲁番文书与丝绸之路》，文物出版社，1994年，第243~260页。

[112] 前揭姚崇新、王媛媛、陈怀宇《敦煌三夷教与中古社会》，2011年，第23~26页；并参姚崇新《"素画"与"塑画"——再论唐代伊吾祆庙的"素书"》，中国人民大学国学院编《国学的传承与创新——冯其庸先生从事教学与科研六十周年庆贺学术文集》，上海古籍出版社，2013年，第972~989页。

[113] 《曾德—阿维斯塔》（Zend-Avesta）第一部分《闻迪达德》（Vendidād，可译作《伏魔法典》）认为，犬视后尸魔以苍蝇的形式飞到北方，因此以北方为忌，同时在方位的认识上，北方被认为是恶的象征。详参前揭林悟殊《波斯祆教与古代中国》，第100页；*The Sacred Books of the East*，vol. IV，*The Zend-Avesta*，Part I,

pp. 97-98.

［114］ 山西省考古所、汾阳市博物馆《山西汾阳唐曹怡墓发掘简报》,《文物》2014 年第 11 期, 第 28～32 页。

［115］ 前揭龚方震、晏可佳《祆教史》, 第 92 页。

［116］ 日本学者富永仲基曾在《出定后语》一书中提出佛教圣典并非释尊直说, 而是随时代的推移添加而成, 即 "加上" 原则。详参〔日〕富永仲基著, 自译《出定后语》, 收入蓝吉富主编《现代佛学大系》(第 29 册), 台北: 弥勒出版社, 1984 年, 第 1～61 页。同样的, "加上" 原则还被一些学者成功运用解释中古三夷教的图像研究中去, 详见姚崇新《十字莲花: 唐元景教艺术中的佛教因素》,《敦煌吐鲁番研究》(第十七卷), 2017 年, 第 215～262 页; 同氏《略论宗教图像母题之间的借鉴问题》, 荣新江、朱玉麒主编《丝绸之路新探索: 考古、文献与学术史》, 凤凰出版社, 2019 年, 第 88～112 页。这里将无棺葬俗从波斯至固原流传过程的内容与形式的变化称为 "添加" 与 "删除" 无疑也具有相似的学术意义, 因为, 我们不能将内地流传的无棺葬俗, 甚至是祆教信仰直接等同于波斯本土的琐罗亚斯德教的相关规定; 通过对波斯至固原途经如中亚、新疆地区同类葬俗的比较可知, 固原地区所出现的无棺葬俗主要是对中亚祆教无棺葬俗内容的部分 "删除", 而这一葬俗在传入固原地区之前, 已在中亚地区进行了多次 "添加"; 此外与新疆地区相比, 固原地区无棺葬俗的 "删除" 内容则更多, 同时两地无棺葬俗形态的差异, 也昭示着这种来自中亚地区的被改造后的琐罗亚斯德教葬俗, 其内容与形式, 及伴生的其他葬俗可能更为多元。

［117］ 前揭龚方震、晏可佳《祆教史》, 第 49 页。

［118］ 前揭龚方震、晏可佳《祆教史》, 第 50 页。

［119］ 林悟殊《〈伽萨〉——琐罗亚斯德教的原始经典》, 见氏著《波斯祆教与古代中国》, 第 32 页。

［120］ 李铁匠选译《古代伊朗史料选辑 (上古史部分)》, 商务印书馆, 1992 年, 第 35～52 页。

［121］ 一些语言学方面的研究表明,《阿维斯塔》起源于东伊朗与中亚南部地区, 因为该经记载了东伊朗、木鹿、粟特、巴克特里亚等地。但是琐罗亚斯德教真正开始制度化则是到了阿契美尼德王朝时期, 因此我们可以说, 古代波斯的琐罗亚斯德教虽然起源上可能与中亚有一定的关联, 但是中亚地区后来所流行的祆教中的反圣像与祠火传统则也受到了前者的影响, 一些祆庙建筑也接受了希腊罗马的影响。可见, 中亚版祆教既存在圣火崇拜, 也有神像崇拜的传统, 这一点亦可从深受中亚祆教影响的新疆等地出土文书中记载的 "祆庙素书" 现象觇其一隅。前文玛丽·博伊斯的相关著作已有部分涉及, 另详参前揭张小贵、刘振《敦煌祆庙渊源考》, 第 102、103 页。

［122］《新唐书》卷二二一《西域传 (下)》, 中华书局, 1975 年, 第 6247 页。

［123］ 前揭葛乐耐《驶向撒马尔罕的金色旅程》, 第 12 页。

［124］ Sergey A. Yatsenko, "The Costume of Foreign Embassies and Inhabitants of Samarkand on Wall Painting of 7th c. in the 'Hall of Ambassadors' from Afrasiab as a Historical Source", *Transoxiana*, Vol. 1, No.8, Junio 2004. Cf.

［125］〔俄〕马尔夏克 (Boris Marshak) 著, 毛铭译《突厥人、粟特裔与娜娜女神》, 漓江出版社, 2016 年, 第 74～76 页。

［126］ 这里的市民, 包括贵族、商贾、工匠等在内的自由人, 市民虽然拥有一定的自治权, 但显然自治委员会和统治权仍在贵族阶层中。详见前揭马尔夏克《突厥人、粟特裔与娜娜女神》, 第 74 页。

［127］ 前揭姚崇新、王媛媛、陈怀宇《敦煌三夷教与中古社会》, 第 51 页。

［128］〔美〕麦高文 (William Montgomery McGovern) 撰, 章巽译《中亚古国史》, 第 253、254 页。

［129］ B. N. Dhabhar, "The Persian Rivayats of Hormazyar Framarz and others, their version with introduction and notes", pp. 104-105; 并参 Mary Boyce, *A Persian Stronghold of Zoroastrianism*, Lanham, New York&London 1989, pp. 157-158.

［130］ 韩香《波斯锦与锁子甲: 中古中国与萨珊文明》第四章《中古外来宗教与波斯文明》, 社会科学文献出版社, 2022 年, 第 294、295 页。

［131］ Firoze M. Kotwal, "The Parsi Dakhma: Its History and Consecration", in R. Gyselen, (ed.), *Au Carrefour des Religions. Mélanges offerts à Philippe Gignoux*, Bures-sur-Yvette: Groupe pour l'Étude de la Civilization du Moyen Orient, 1995, pp. 161-162. 此据张小贵《达克玛与纳骨瓮: 中古琐罗亚斯德教葬俗的传播与演变》,

罗丰主编《丝绸之路考古》（第 4 辑），科学出版社，2020 年，第 85 页。

[132] F. Grenet，*Les pratiques funéraires dans l'Asie centrale sédentaire de la conquête grecque à l'islamisation*，Paris：Éditions du CNRS，1984. 并参张小贵《达克玛与纳骨瓮：中古琐罗亚斯德教的传播与演变》，第 97 页。

[133] 据荣新江提示，开元二年（714 年）九月，太常少卿姜晦上疏，请以空名告身到六胡州换马一事表明了此地仍保持着畜牧生活形态。同样地，与六胡州毗邻的原州，入华粟特裔族群除朝廷经营的官牧活动外，同时也会大量牧养私马，他们的生计仍主要是牧马或兼营畜牧业劳动。因此，朝廷为得到这些优良马种，常以高价收购，"以一缣易一马"，可见，当地的入华粟特裔族群也保留着部落畜牧状态，而此种生活习性的保留与唐朝马政的实施有很大关系。详所撰《唐代六胡州粟特裔的畜牧生活形态》，收入氏著《中古中国与粟特文明》，生活·读书·新知三联书店，2014 年，第 74 页。

"拂庐"再考
——以青海郭里木棺板画为中心

赛本加　于　春

　　2002 年，青海省文物考古研究所、海西州民族博物馆对青海德令哈市郭里木乡的两座墓葬展开了抢救性发掘工作。在此过程中首次发现了吐蕃时期的彩绘棺板画。这一资料的问世，对研究吐蕃时期青藏高原上的饮食起居、服饰、丧葬习俗、文化交流等提供了珍贵的材料。本文旨在梳理前贤研究的基础上，进一步讨论棺板画中出现的帐篷图像及其在吐蕃藏文中对应的词汇，进而考辨"拂庐"二字是否来自藏文音译。

一、青海发现棺板画中的帐篷图像

　　郭里木乡墓葬出土的棺板画集中在第 1、2 号墓出土的四个侧板上，分别简称为一、二号棺板画[1]。在已公布的图像中，可见有数顶呈圆形的帐篷，前设帐门，门帘收卷于帐门上方，门帘与门框两侧饰有镶边，顶部设有圆形气孔，呈喇叭形向上翻卷（图一）[2]。

图一　郭里木棺板画中的帐篷图
1. 郭里木 1A　2、3. 郭里木 1B　4. 郭里木 2A　5. 郭里木 2B
（图片出处见注释 8、13）

郭里木发现的棺板画受到众多学者的关注，许新国[3]、罗世平[4]、林梅村[5]、柳春诚、程起骏[6]、霍巍[7]、仝涛[8]、艾米·海勒[9]等学者相继撰文研究。对于郭里木棺板画中的帐篷，目前在学界主要有两种不同的观点：一种认为这些呈圆形的帐篷应是《旧唐书·吐蕃传》中的"拂庐"，第二种认为是"穹庐"。

许新国根据王尧对"拂庐"的解读[10]，认为郭里木棺板画中的"毡帐"是唐人所谓的"拂庐"，实际上是"氆氇"的音译[11]。罗世平也认为：棺板画上的帐篷顶部有喇叭形的圆孔，吐蕃称作"拂庐"，并根据《新唐书·吐蕃传》中"有城郭庐舍不肯处，联毳帐以居，号大拂庐，容数百人。其卫侯严，而牙甚隘。部人处小拂庐"[12]的记载，认为它不仅能遮风挡雨，而且形制大小有贵贱等级的区别。一号棺板画上的两座拂庐前后相连，与"联毳帐以居"的说法相照应。另用《新唐书·吐蕃传》中收录刘元鼎的《使吐蕃经见纪略》、后弘期藏文史料《娘氏教法源流》等文献记载，根据吐蕃人的集会议盟，军政料集、论功行赏、婚丧嫁娶、降神祭祖等活动都会安排宴饮，称棺板画中的内容为"拂庐宴饮"[13]。霍巍也认为居住帐篷的风俗在吐蕃赞普和王室当中十分流行，郭里木棺板画的发现从实物的角度证明了吐蕃时期习惯居于毡帐（拂庐）以及许多重大活动放置在毡帐中举行的风俗习惯[14]。

吕红亮则认为郭里木木棺板画所描绘的几顶帐篷，无一例外都是史书所载的"穹庐"，即典型的"蒙古包"，进而指出青藏高原游牧民传统的"黑帐篷"即唐宋文献中的"拂庐"。他指出史书中的"穹庐"涉及匈奴、乌孙、乌桓、鲜卑、柔然、突厥、契丹、吐谷浑、高车等诸多北方民族，并用《汉书》颜师古注"穹庐，旃帐也，其形穹隆，古曰穹庐"，又《南齐书·魏虏传》言鲜卑的毡帐"形制平圆"，认为"穹庐"的基本形状为圆形。吕红亮指出"拂庐"似最早见于《通典》对吐蕃的描述，其后的新、旧唐书的记载也大体与此接近，认为"拂庐"专指吐蕃的毡帐，根据文献中以高、广袤的定量描述，认为其应该是一种方形帐篷[15]。

另外，程起骏、柳春诚认为郭里木一号墓棺板画 B 板中的三顶大帐为圆形有顶，实为吐谷浑人的"百子帐"[16]。

除了郭里木棺板画之外，近期公布的青海藏医药文化博物馆、青海湟源县古道博物馆、海西州民族博物馆、都兰县博物馆收藏的棺板画[17]，以及在乌兰泉沟墓壁画上也绘制了立面呈圆形的帐篷图像（图二）[18]。

值得注意的是，青海藏医药文化博物馆收集的 10 件棺板画中，有两件棺板上面绘制了数顶帐篷，不仅包括圆形帐篷，还有方形帐篷。在棺板 ZB-M002 中绘制了两顶圆拱形帐篷和一顶尖顶长方形帐篷图像。圆拱形帐篷，顶部有圆形天窗，前方设有长方形门（图三，1）。尖顶长方形帐篷，正面设门，两侧分别有索绳斜拉于地，尖顶及两角绘有草叶状的纹饰。在棺板 ZB-M006 中，用墨线勾勒出立面呈圆拱形、山字形帐篷、尖顶的圭形帐篷（图三，2）。在这些棺板中，ZB-M00001 的 ^{14}C 测年结果为公元 390～430 年，年代早于郭里木乡发现的棺板画[19]。

以往研究认为，根据平面形制和固定方式，世界范围内游牧民族所用的帐篷可分为两种：一种是自黑海地区经过中亚，东至蒙古高原东缘的圆形帐篷；另一种是西起北非诸国，经过中东，东到阿富汗和巴基斯坦地区乃至青藏高原的方形帐篷[20]。目前我国发现的考古材料中，圆形帐篷的形象最早出现在河西地区（图四），在甘肃酒泉西沟村魏晋墓[21]、嘉峪关西晋墓画像砖上就绘有圆形

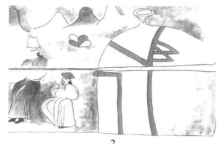
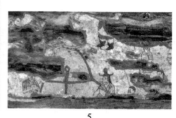

图二　青海地区出土的帐篷图

1.青海湟源县古道博物馆藏　2.青海海西州民族博物馆藏　3.青海都兰县博物馆藏
4.青海湟源县古道博物馆藏　5.青海乌兰泉沟墓壁画
（图片出处见注释 17、18）

图三　青海藏医药文化博物馆彩绘木棺板画中的帐篷图
（图片出处见注释 19）

图四　敦煌壁画中的"草庐"

1.西千佛洞第 10 窟（北魏）　2.莫高窟第 231 窟（中唐）　3.莫高窟第 61 窟（五代）
（图片和说明文字引自注释 29）

帐篷[22]，在山西大同沙岭北魏墓葬壁画[23]中也有出现。北朝以后入华粟特人的墓葬中，安伽墓围屏石榻上出现3例圆形帐篷[24]、史君墓石堂上出现1例[25]。入华粟特人虞弘墓石椁椁壁浮雕仅见方形帐篷的形象[26]。程嘉芬把方形帐篷作为入华西域人汉化程度的一项重要参考，她认为虞弘墓石质葬具上的方形帐篷以及人物服饰、用器等较多地保留了中亚因素，而安伽墓石榻浮雕上除了圆形帐篷，也见中式亭台、回廊以及歇山顶建筑，史君墓中也出现汉式木构建筑风格，表明在一定程度上接受了中原文化[27]。

青海藏医药文化博物馆收集的棺板画中出现了祆教圣火坛与祭司，其中圣火坛与日本美秀（Miho）博物馆藏石棺床屏风中出现的圣火坛相似，而带有口罩的祭司图像与上述粟特人墓葬中的石质葬具上的祭司图像有相似之处[28]。青海藏医药文化博物馆所藏棺板画虽然出土信息不明确，无法与墓葬形制等因素共同讨论，但通过棺板画上的内容与测年结果可以确定，早在4～5世纪，生活在青海地区的人群曾使用不同形制的帐篷。

根据目前发现的考古材料，青海地区吐蕃时期圆形帐篷成为主流，顶上凸起的喇叭形气孔向外翻卷。这种帐篷的形制，与敦煌佛教洞窟壁画中的"草庐"形制较为相似。宿白先生在讨论敦煌莫高窟五台山壁画的时候，曾经注意到在莫高窟第61窟"五台山图"中有33座形制相同的"草庐"（图四），自名为"庵"。"结草为庐，是佛教徒苦修的所在，这种草庐样式，不是我国形制，我们由印度石刻、中亚石刻，一直到西域，敦煌以西的壁画中，都可以随时发现"[29]。

莫高窟现存7处五台山图，除了上述的五代第61窟之外，中唐第159窟、222窟、237窟、361窟，晚唐第9窟、144窟，其中年代最早的为第159窟和361窟[30]。第361窟的五台山图是长庆四年（824年）吐蕃遣使到唐求"五台山图"十余年后绘制的，有学者认为其底本来源于吐蕃的可能性非常大[31]。虽然无法确定棺板画上的圆形帐篷与敦煌壁画上的草庐之间的直接关联，但由此可推想，此类型的小型圆形帐篷图像在吐蕃时期是比较流行的。

二、吐蕃帐篷与"拂庐"再考

如前文所述，有学者认为郭里木棺板画中的帐篷图像为《通典》或《唐书·吐蕃传》等文献中出现的"拂庐"。"拂庐"一词被普遍认为是古藏文的音译，但对"拂庐"所对应的藏语词汇在学界有不同看法。佐藤长曾讨论"拂庐"与《大事纪年》中频繁出现的"pho brang"的关系，认为"pho"是由"'pho ba（动、移动）"演变而来，"brang"现在解作胸、住处，原意是"圆的东西"，"pho brang"为"流动的房屋"，并指出《大事纪年》中的"pho brang"专指赞普的帐篷[32]。

劳弗尔最早提出"拂庐"对应的藏语为"sbra"，根据藏汉对音规律"sbra"的发音为"bra"，汉语音节中的"fu"即藏文的"ba"，音节"lu"为下加字"ra"[33]。刘铁程认为"sbra"的第一个辅音可以略而不译，剩下基字"ba"和"ra"，又举例说明[f]与[ph]音可以通转；下加字"ra"与基字分别发音，支持了劳弗尔的观点[34]。尼玛才让也认为"sbra"与"拂庐"相对音[35]。

伯希和1915年发表了《汉语音译吐蕃名称考》一文，认为劳弗尔（"sbra"为拂庐）的对音在"在语音角度难以接受"，他认为拂在藏文中需要与一个"ph"音来对应，进而给出了"'phru"的对音[36]，此词在藏语中为"顶子"之意。

王尧认为用牛、羊毛混合或专用羊毛织出来的料子叫作"phru"，汉译为"氆氇"，把整幅的氆氇联结起来做成毡帐，每一幅大约有三十到四十厘米左右。唐人称之为"拂庐"，实际上还是"phru"的音译[37]。如前文所述，这一观点得到许新国、罗世平等学者的支持。但目前发现的吐蕃时期藏文文献中，尚未检索出"phru"表示帐篷的记载。直到成书于 12 世纪中叶的《弟吾宗教源流》中，"phru dpon"一词作为吐蕃时期官吏名称出现，主要管理牧业相关的事宜[38]。直至 15 世纪的文学作品中"phru ma"作为军营名称出现[39]，夏鲁译师却窘桑波释为"胎衣"或"军帐"[40]，觉顿译师、格西季麦当取解释为"牙帐（pho brang）"或"军帐（dmag sgar）"[41]，"phru btab"也有搭建军帐之意。

在吐蕃时期的藏文文献中，可以释为帐篷的词汇主要有"sbra"和"gur"。例如在敦煌藏文文献 P.t.1289 里有一条记载言"何处搭建青蓝色牛毛帐篷（thang sbra sngon mo gang nas phub）"[42]，王尧解释"sbra"是人们常说的黑色牛毛所制的帐篷，曾作为拉萨东郊的地名出现于《唐蕃会盟碑》中，碑文"sbra stod tshal"，意思就是上部帐篷园。《五部遗教》也有"蕃（吐蕃）军队搭建黑帐篷（sbra nag）"的记载[43]，"sbra"或"sbra nag"作为黑帐篷的名称沿用至今。

除了"sbra"，也有用"gur"来表示帐篷的记载。如在敦煌藏文文献 P.t.1283 即《北方若干国君之王统叙记》中记载了北方民族的各类帐篷，"奚人之北境为鞑子部落，帐篷支架（gur shing）悉用鱼骨，复盖于篷上遮罩物（gur gyogs），上焉者用鱼皮，下者用白桦树皮……于多滥葛（?）（Do le man）部落处，产上等稷子、油菜籽等。有五部落，均以桦树皮复盖帐篷（gur）……其北之下方，有契骨（khe rged）部落。以白桦树皮为帐篷（gur gro bas gyog）……由此向北，有燕然（ye dre）七部落，并无国君任事。常与回鹘征战，以桦树皮做帐篷（gur）"[44]。

如上记载所示，北方民族使用鱼皮、桦树皮等制作的帐篷用"gur"来表示。根据森安孝夫的研究，认为敦煌藏文文献 P.t.1283 写卷为 8 世纪中叶的文献，其下限在 8 世纪 60 年代[45]。除了对北方民族帐篷的记载之外，在敦煌藏文文献 P.t.239、P.t.1042、P.t.1289 写卷中也见"gur"的记载，如敦煌藏文文献 P.t.1289 记载"帐篷搭建在噶尔隆山谷（gur kar lung du pub ste）"[46]。

在被认为是吐蕃时期苯教丧葬仪轨的敦煌藏文文献 P.t.1042 中，多见"gur"作为后缀的词，如"tugs gur""ring gur""shugs gur"等，这些词都与帐篷相关，其中"ring gur"就是灵帐之意，与《大事纪年》中的"ring khang（灵堂）"、都兰出土丝织品上面的墨书题记"spur khang（停尸房）"[47]具有相同的功能，即尸体停厝期间专门用来装殓尸体的设施[48]，从郭里木一号棺板画 B 板中 7 人围绕帐篷哀悼痛哭的场面来看，这顶帐篷应是作为停厝尸体的灵帐（ring gur）。

另在青海都兰热水吐蕃墓 M10 中发现 11 支古藏文简牍，其中 M10：4-1 记载"黄河大帐（rma gur po che）产之普兴缎面，绿绸里夹衣及悉诺涅缎红镶边衣，黑漆长筒靴共三件"[49]，用"gur po che"表示大帐篷。在《五部遗教》中描述桑耶寺壁画时，有"国王搭建绸缎大帐篷，蕃域千户之众青年居于一处（rgyal pos za 'og gur chen phub nas su//bod khams stong sde'i gzhon skyes thams cad tshogs）"[50]的记载，可见除了毛毡，吐蕃时期绸缎亦作为帐篷的材料使用，这一记载与宋代高承的《事物纪原》载"豪贵稍以青绢布为之"相符。

值得注意的是在蒙语中也使用"ger"来表示帐篷，与藏文"gur"具有相近的发音，今日在藏文中把蒙古包称之为"sog gur"[51]。因此，郭里木棺板画中呈圆形的帐篷，应该就是吐蕃时期藏文文献中的"gur"。

"sbra"和"gur"这两个具有帐篷之意的藏文词汇,"gur"在发音上与"拂庐"相去甚远,显然不是"拂庐"的音译;"sbra"一词早在1914年就被劳弗尔比定为"拂庐",然而我们通过汉藏双语镌刻而成的《唐蕃会盟碑》上,可以找到与"sbra"具有类似结构的吐蕃时期名位相关的词汇,如 chab srid ky-i blon po chen po zhang khr-i btsan khod ne stang(宰相同平章事尚绮立赞窟宁悉当)、snam phyi pa mch-ims zhang brtan bzher stag tsab(悉南纸波琛尚旦热悉诺帀)、bka'-i phrin blon bran ka blon stag bzher hab ken(给事中勃阑伽论悉诺热合乾)、rtsis pa chen po rngegs blon stag z-igs rgan khol(资悉波折遁额论悉诺昔干库)[52],这些名位中出现与"sbra"一样具有复辅音结构的"stang(悉当)""snam(悉南)""stag(悉诺)"等词,均把上加字"sa"与基字(ming gzhi)分开进行音译,"sbra"作为"拂庐"的对应词不符当时的音译规律。

那么,唐代文献中"拂庐"究竟是什么呢?

《说文》曰"庐,寄也。秋冬去,春夏居。"清代段玉裁《说文解字注》解释"庐"为"寄也,秋冬去,春夏居。大雅:于时庐旅。毛传曰:庐,寄也。小雅:中田有庐。笺云:中田,田中也,农人作庐焉,以便其田事"[53]。可见,"庐"本为春夏之时便于农事而在田边修建的临时建筑,因其主要用草筑城,故称之为"草庐"。《汉书》颜师古注"穹庐,旃帐也,其形穹隆,古曰穹庐",在这个解释中"穹庐"之"穹"为表示形状的词汇,"庐"为临时居所,前后二字应分而释之。

最早将"拂庐"二字分而释之的是宋代学者高承,他在《事物纪原》中写道:"吐蕃处于大毡帐,名拂庐,高宗永徽五年献之,高五丈,广袤各二十七步,其后豪贵稍以青绢布为之,其始以拂于穹庐为号也"[54],可以解读为毛毡或青绢布拂于穹庐称为"拂庐"。综上所述,笔者认为"拂庐"并非"sbra"和"gur"音译,应代指吐蕃使用的可移动的帐篷,其制作材料主要毡或青绢布,并无形制、大小、等级上的特指。郭里木棺板画中的帐篷图像,既是"gur",也是唐人文献中的"拂庐"。

注　释

[1] 霍巍《青海出土吐蕃棺板画的初步观察与研究》,《西藏研究》2007年第2期,第49～61页。

[2] 霍巍《吐蕃时代考古新发现及其研究》,科学出版社,2012年,第151页。

[3] 许新国《郭里木吐蕃墓葬棺板画研究》,《中国藏学》2005年第1期,第56～69页。

[4] 罗世平《天堂喜宴——青海海西州郭里木棺板画笺证》,《文物》2006年第7期,第68～82页。

[5] 林梅村《丝绸之路考古十五讲》,北京大学出版社,2006年,第268～275页。

[6] 柳春诚、程起骏《吐谷浑人绚丽多彩的生活画卷——德令哈市郭里木乡出土棺板画研读》,《中国土族》2004年第4期,第4～9页。

[7] 霍巍《青海出土吐蕃棺板画的初步观察与研究》,《西藏研究》2007年第2期,第49～61页。

[8] Tong Tao, Patrick Wertmann, "The coffin paintings of the Tubo Period from the Northern Tibetan Plateau", in Wagner, Mayke, Wang Wei,(eds.), *Bridging Eurasia*, German Archaeological Institute, Beijing Branch office, Mainz: Verlag Philipp von Zabern, 2010, pp. 187-211, 图一, 2～5.

[9] Amy Heller, "Observations on Painted Coffin Panels of the Tibetan Empire", in Christoph Cüppers, Robert Mayer, Michael Walter,(eds.), *Tibet after Empire Culture*, *Society and Religion between 850-1000*, Lumbini: Lumbini International Research Institute, 2013, pp. 117-168.

［10］　王尧《西藏文史考信集》，中国藏学出版社，1994 年，第 277～292 页。

［11］　许新国《西垂至地与东西方文明》，北京燕山出版社，2006 年，第 301～322 页。

［12］　罗广武《两唐书吐蕃传译注》，中国藏学出版社，2014 年，第 178 页。

［13］　罗世平《天堂喜宴—青海海西州郭里木棺板画笺证》，《文物》2006 年第 7 期，第 68～82 页，图一，1。

［14］　霍巍《吐蕃时代考古新发现及其研究》，科学出版社，2012 年，第 435 页。

［15］　吕红亮《"穹庐"与"拂庐"——青海郭里木吐蕃棺板画毡帐图像试析》，《敦煌辑刊》2011 年第 3 期，第 70～83 页。

［16］　程起骏、柳春诚《一位吐谷浑可汗的盛大葬礼——青海省德林哈市郭里木乡出土彩绘棺板画 B 板研读》，《群文天地》2012 年第 1 期，第 30～35 页。

［17］　青海省博物馆、青海民族博物馆《尘封千年的岁月记忆：丝绸之路（青海道）沿线古代彩绘木棺板画》，文物出版社，2019 年，第 114～177 页，图二，1～4。

［18］　中国社会科学院考古研究所等《青海乌兰县泉沟一号墓发掘简报》，《考古》2020 年第 8 期，第 19～37 页，图二，5。

［19］　张建林、才洛太《青海藏医院博物馆藏彩绘棺板》，in Shing Müller, Thomas O. Höllmann, Sonja Filip,（eds.）, *Early Medieval North China：Archaeological and Textual Evidence*, Wiesbaden：Otto Harrassowitz GmbH & Co. KG, 2019, pp. 261-282, 图三 1-2。

［20］　程嘉芬《考古材料所见魏晋隋唐时期圆形毡帐形象变化及其所反映的族群互动关系初论》，《边疆考古研究》（第 16 辑），科学出版社，2014 年，第 205～224 页。

［21］　甘肃省文物考古研究所《甘肃酒泉西沟村魏晋墓发掘报告》，《文物》，1996 年第 7 期，第 4～38 页。

［22］　甘肃省文物队等《嘉峪关壁画墓发掘报告》，文物出版社，1985 年，第 46～76 页。

［23］　大同市考古研究所《山西大同沙岭北魏壁画墓发掘简报》，《文物》2006 年第 10 期，第 4～24 页。

［24］　陕西省考古研究所《西安北周安伽墓》，文物出版社，2003 年，第 20～40 页。

［25］　西安市文物保护考古所《西安北周凉州萨保史君墓发掘简报》，《文物》2005 年第 3 期，第 4～33 页。

［26］　山西省考古研究所等《太原隋虞弘墓》，文物出版社，2005 年，第 106～111 页。

［27］　程嘉芬《北朝时期的方形帐篷与族群活动》，《中原文物》2014 年，第 4 期，第 40～45 页。

［28］　张建林、才洛太《青海藏医院博物馆藏彩绘棺板》，Shing Müller, Thomas O. Höllmann, Sonja Filip, *Early Medieval North China：Archaeological and Textual Evidence*, Wiesbaden：Otto Harrassowitz GmbH & Co. KG, 2019, pp. 261-282.

［29］　宿白《敦煌莫高窟中"五台山图"》，《文物》1951 年第 2 期，第 49～71 页。

［30］　赵声良《敦煌壁画五台山图》，江苏凤凰美术出版社，2018 年，第 29 页。

［31］　赵晓星《梵室殊严—敦煌莫高窟第 361 窟研究》，甘肃人民美术出版社，2017 年，第 96 页。

［32］　〔日〕佐藤长著，邓锐龄译《古代西藏史研究·总论》，《西藏民族学院学报（哲学社会科学版）》，2007 年，第 2 期，第 1～11 页。

［33］　Berthold Laufer, "Bird divination among the Tibetans, Notes on document Pelliot No3530, With A Study of Tibetan Phonology of The Ninth Century", *T'oung pao*, 1914,（15）, p. 92.

［34］　刘铁程《"拂庐"考辨》，《西藏研究》2011 年第 1 期，第 110～118 页。

［35］　尼玛才让《"拂庐"辩难》，《西藏研究》2013 年第 6 期，第 100～105 页。

［36］　Paul Pelliot, "Quelques transcriptions chinoises de noms Tibetains", *T'oung pao*, 1915,（16）, p. 22.

［37］　王尧《西藏文史考信集》，中国藏学出版社，1994 年，第 277～292 页。

［38］　弟吴贤者《弟吴宗教源流》（藏文），西藏藏文古籍出版社，2010 年，第 252 页；巴俄·祖拉陈瓦《智者喜宴》（藏文），民族出版社，2006 年，第 103 页。

［39］　象雄·曲旺札巴《罗摩衍那》（藏文），四川民族出版社，1981 年，第 153 页。

［40］　夏鲁译师等《藏文正字学集》（藏文），青海民族出版社，1998 年，第 46 页。

［41］　夏鲁译师等《藏文正字学集》（藏文），青海民族出版社，1998 年，第 405 页；格西季麦当取《藏文正字》

（藏文），甘肃民族出版社，1981 年，第 71 页。

［42］〔日〕今枝由郎等《法国国家图书馆所藏藏文文献选集》（第 4 卷·音节索引），东京外国语大学亚非语言文化研究所，2001 年，第 73 页。

［43］邬坚林巴《五部遗教（藏文）》，民族出版社，1986 年，第 118 页。

［44］王尧、陈践《敦煌古藏文本〈北方若干国军之王统叙记〉文书》，《敦煌学辑刊》1980 年，第 16～22 页。

［45］〔日〕森安孝夫《丝绸之路与唐帝国》，讲谈社，2016，第 329～347 页。

［46］〔日〕今枝由郎等《法国国家图书馆所藏藏文文献选集》（第 4 卷·音节索引），东京外国语大学亚非语言文化研究所，2001，第 74 页。

［47］Amy Heller，"Two Inscribed Fabrics and their Historical Context：Some Observations on Esthetics and Silk Trade in Tibet，ih to 9th Century，Entlang der Seidenstrasse：frühmittelalterliche Kunst zwischen Persien und China in der Abegg-Stiftung"，*Riggisberger Berichte*，（6），Riggisberg，1998，pp. 95-118.

［48］仝涛《青海郭里木吐蕃棺板画所见丧礼图考释》，《考古》2012 年第 11 期，第 76～88 页。

［49］王尧、陈践《青海出土简牍考释》，《西藏研究》1991 年第 3 期，第 127～135 页。

［50］邬坚林巴《五部遗教》（藏文），民族出版社，1986 年，第 139 页。

［51］才让《青海海西都兰等处吐蕃墓与吐蕃文化之关系再探讨》，《都兰吐蕃文化全国学术论坛论文集》，文物出版社，2017 年，第 117～130 页。

［52］王尧《吐蕃金石录·藏文碑刻考释》，中国藏学出版社，2012 年，第 28～31 页。

［53］（清）段玉裁《说文解字注》，中华书局，2013 年，第 447 页。

［54］（宋）高承撰，（明）李果订，金圆、许沛藻点校《事物纪原》，中华书局，1989 年，第 407 页。

两部新比定的"般若经/现观庄严释"梵文写本

关　迪

在"原民族宫藏梵文写本"[1]中的夏拉达体梵文贝叶经散叶[2]中，笔者新比定出了两部《二万五千颂般若经》的注释。这两部写本在王森目录中列为第 17 号（目录中标注为梵文经残叶）。通过比对，可以确认这两部写本属于《现观庄严论》的注释传统，即将《般若经》与《现观庄严论》的内容相配合，以对《般若经》进行注释。这两部写本不属于藏译的二十一种现观注释[3]之列，也不属于目前所见的藏文大藏经的收录范围，亦未知其作者。

写本 A 仅一叶，且只有正面，反面无文字（图一），疑似为因抄错而被遗弃的写本。写本字体为夏拉达（Śāradā）体，书写年代约为 11~13 世纪。共 9 行，字迹清晰，基本没有"多、错、少"等抄写错误。写本对经文段落的划分与狮子贤的《八品二万五千颂般若》基本相同，但词句并不完全一致。写本 A 引用的"三智"相关的经文顺序与狮子贤不同，而与玄奘译本相同：

（1）写本中"三智愚分别（trisarvajñatāsaṃmoha-vikalpa）"合为一段，而在狮子贤《八品二万五千颂》中则开为三段。

图一　写本 A

（2）写本"三智愚分别"的段落起始于善现问佛"如来如何教授一切智"，而狮子贤的相应段落则起始于善现说"佛说所谓一切相智一切相智"。

（3）三智的顺序不同。写本的三智顺序是"一切智、道智、一切相智"，狮子贤的顺序是"一切相智、道智、一切智"。写本的顺序与玄奘译本相同：

> 具寿善现复白佛言："如来曾说一切智智略有三种，谓一切智、道相智、一切相智。如是三智其相云何？有何差别？"[4]

（4）狮子贤在三智段落前另有一段"总说第二能取分别"，而在写本 A 中未出现。

此外，"寂静道愚分别（śāntimārgasaṃmoha-vikapla）"的部分，段落划分也与狮子贤不同。写本 A 注释方式也与狮子贤不同：狮子贤的注释是先引用全部经文，再列出《现观庄严论》中的概念以注释经文；写本 A 则是先列出《现观庄严论》中的概念，再引用相对应的一句经文。A 写本的内容对应于《现观庄严论》第五品"修道顶加行（bhāvanāmārgamūrdhaprayoga，sgom lam rtse sbyor）"的部分。

写本 B 仅一叶，字体为夏拉达体，书写年代约为 11～13 世纪（图二）。正面较为模糊，11 行，反面相对清晰，12 行。同样是配合《二万五千颂般若》的注释，但引用方式与注释方式皆与写本 A 不同。其内容同样对应于《现观庄严论》第五品"修道顶加行"的部分，但由于行文风格与写本 A 差异较大，应与写本 A 分属不同的注释。至于作者与抄录者是否为同一人，有待进一步研究。

图二　写本 B

下文是写本 A 的抄录本（diplomatic edition）及相关段落的对照[5]，对应的部分用下划线标出。

写本 A 正面：

1 bhate tat kathaṃ dānapāramitāṃ paripūrayitvā yāvat prajñāpāramitāṃ bodhisattvaniyāmam avakramiṣyati buddhakṣetraṃ pariśodhayiṣyati sattvān paripācayiṣyati sarvākārajñatām anuprāpsyati sarvākārajñatām anuprāpsya dharmacakraṃ pravartayiṣyati buddha

2 kṛtyaṃ kariṣyati sattvān saṃsārāt parimocayiṣyatīti ‖ ‖ **yānatraya-niryāṇavikalpaḥ** yadi bhagavann akṛtānabhisaṃskṛtās sarvadharmāḥ katham eṣāṃ bhagavaṃs trayāṇāṃ yānānāṃ vyavasthānam bhaviṣyatīti ‖ ‖ **dakṣiṇāśudddhi-vikalpaḥ** yadi bhaga

3 van nirmitasya ca tathāgatasya ca viśeṣo nāsti dakṣiṇā pariśuddhiḥ kathaṃ bhaviṣyati ya ime bhagavaṃs tathāgate dakṣiṇāṃ pratiṣṭhāpayiṣyati sā na kṣīyate yāvat sattvānupadhiśeṣāyāṃ nirvāṇadhātau

parinirvāsyatīti || || **caryā-vikopana-vikalpaḥ**

4 evaṃ khalu subhūte bodhisattvena mahāsattvena prajñāpāramitāyām caritavyaṃ dharmāṇāṃ dharmatām avataritavyaṃ sā ca dharmatā na vikopayitavyeti || || **trisarvajñatāsammoha-vikalpaḥ** kathaṃ punar bhagavan sarvajñatā tathāgatena nirdiṣṭā mārgajñatā tathāgatena

5 nirdiṣṭā sarvākārajñatâpi tathāgatena nirdiṣṭā āsām bhagavaṃs tisṛṇām api sarvajñaОtāṇāṃ kim nānā-karaṇam iti || || **śānti-mārgasammohavikalpaḥ** prajñāpāramitā prajñāpāramiteti bhagavann ucyate kenārthena prajñāpāramitety ucyate su

6 bhūte sarvadharmāṇāṃ tenārthena prajñāpāramitety ucyate api tu khalu punas subhūte etayā saОrv aśrāvakapratyekabuddhabodhisattvaś ca tathāgatāś cārhantas samyaksambuddhāḥ pāraṃgatās tenārtheneti pra......|| || **tathātādisaṃyogaviyogavikalpaḥ** a

7 pi tu khalu punas subhūte prajñāpāramitāyāṃ tathatāntargatā bhūtakoṭir dharmadhātur antargatas teno Оucyate prajñāpāramiteti | nêyaṃ prajñājñāpāramitā kenacid dharmeṇa saṃyuktā visaṃyuktā vetyādi || || **asamatvasammoha-vikalpaḥ** api tu khalu

8 subhūte iyaṃ prajñāpāramitā sarvadharmāṇāṃ cāririkā sarvapratibhānānāṃ sarvālokānām* anācchedyeyaṃ subhūte prajñāpāramitā māreṇa vā mārakāyikābhir vā devatābhiś śrāvakapratyekabuddha yānikair vā pudgalair yāvan na kenacid anyatīrthikaiḥ pratyamitrair vā i

9 yam prajñāpāramitā cchettuṃ bodhisattvasyeti || || **duḥkhādisammohavikalpaḥ** punar aparaṃ subhūte bodhisattvena mahāsattveneha gambhirāyāṃ prajñāpāramitāyām arthe caritavyam .. anityārthe duḥkhārthe anātmārthe śāntārthe caritavyaṃ duḥkhajñānārthe caritavyaṃ samudaya

梵文校本对应：

Kimura 1992，p. 118

subhūtir āha: yadi bhagavan bodhisattvo mahāsattvaḥ prajñāpāramitāyāñ caran rūpaṃ nopalabhate, vedanāṃ saṃjñāṃ saṃskārān, vijñānan nopalabhate, yāvad anuttarāṃ samyaksaṃbodhin nopalabhate. tat kathaṃ dānapāramitāṃ paripūrya śīlapāramitāṃ paripūrya kṣāntipāramitāṃ paripūrya vīryapāramitāṃ paripūrya dhyānapāramitāṃ paripūrya prajñāpāramitāṃ paripūrya bodhisattvaniyāmam avakramiṣyati, bodhisattvaniyāmam avakramya buddhakṣetraṃ pariśodhayiṣyati, buddhakṣetraṃ pariśodhya sattvān paripācayiṣyati, sattvān paripācya sarvākārajñatām anuprāpsyati sarvākārajñatām anuprāpya dharmacakraṃ pravartayiṣyati, dharmacakraṃ pravartya buddhakṛtyaṃ kariṣyati, buddhakṛtyaṃ kṛtvā sattvān saṃsārāt parimocayiṣyati?

......

Subhūtir āha: yadi bhagavann akṛtā avikṛtā anabhisaṃskṛtāḥ sarvadharmāḥ, katham yeṣām bhagavaṃs trayāṇāṃ yānānāṃ vyavasthānaṃ bhavati?

......

p. 122

Subhūtir āha: yadi bhagavan nirmitasya ca tathāgatasya ca viśeṣo nāsti dakṣiṇā pariśuddhiḥ kathaṃ bhaviṣyati? ya ime bhagavaṃs tathāgate dakṣiṇāṃ pratiṣṭhāpayanti sā na jātu kṣīyate yāvat te sattvā anupadhiśeṣāyāṃ nirvāṇadhātau parinirvāsyati.

......

evaṃ khalu subhūte bodhisattvena mahāsattvena prajñāpāramitāyām caritavyaṃ dharmāṇāṃ dharmatāyām avataritavyaṃ sā ca dharmatā na vikopayitavyā.

p. 124

Subhūtir āha：kathaṃ punar bhagavan sarv'ākārajñatā tathāgatena nirdiṣṭā，mārg'ākārajñatā 'pi tathāgatena nirdiṣṭā，sarvajñatā 'pi tathāgatena nirdiṣṭā? āsāṃ bhagavaṃs tisṛṇāṃ sarvajñatānāṃ kiṃ nānā-karaṇam?

......

p. 127

evam ukte āyuṣmān subhūtir bhagavantam etad avocat：prajñāpāramitā prajñāpāramiteti bhagavann ucyate，kenārthena prajñāpāramitety ucyate?

bhagavān āha：paramapāramitaiṣā subhūte sarvadharmāṇām agamanārthena prajñāpāramitety ucyate. api tu khalu punaḥ subhūte etayā prajñāpāramitayā sarvaśrāvakapratyekabuddhā bodhisattvāś ca mahāsattvās tathāgatā arhantaḥ samyaksaṃbuddhāḥ pāraṅgatās tenārthena prajñāpāramitety ucyate.

api tu khalu punaḥ subhūte prajñāpāramitāyāṃ tathatā 'ntargatā，bhūtakoṭir antargatā，dharmadhātur antargataḥ tenocyate prajñāpāramiteti | api tu khalu punaḥ subhūte nêyaṃ prajñāpāramitā kenacid dharmeṇa saṃyuktā vā visaṃyuktā vā sanidarśanā vā 'nidarśanā vā sapratighā vā apratighā vā.

......

api tu khalu punaḥ subhūte iyaṃ prajñāpāramitā sarvadharmāṇāṃ cārikā sarvapratibhānānāṃ sarvālokānām anācchedyeyaṃ subhūte prajñāpāramitā māreṇa vā mārakāyikābhir devatābhiḥ śrāvakapratyekabuddhayānikair vā pudgalair，yāvan na kenacid anyatīrthikaiḥ pratyamitrair vā iyaṃ prajñāpāramitā śakyā cchettuṃ bodhisattvasya mahāsattvasya.

......

p. 128

punar aparaṃ subhūte bodhisattvena mahāsattveneha gambhīrāyāṃ prajñāpāramitāyām arthe caritavyam anityārthe caritavyam，duḥkhārthe caritavyam，anātmārthe caritavyam，śāntārthe caritavyam，duḥkhajñānārthe caritavyaṃ，samudayajñānārthe caritavyam

......

玄奘译本对应：

《大般若波罗蜜多经》卷四六二，《大正藏》(第 7 册)，no. 220.

335a2-14：具寿善现复白佛言："诸菩萨摩诃萨行深般若波罗蜜多时，若不得色，亦不得受、想、行、识乃至亦不得一切智智者，云何能圆满布施波罗蜜多乃至般若波罗蜜多？若不能圆满布施波罗蜜多乃至般若波罗蜜多，云何能入菩萨正性离生？若不能入菩萨正性离生，云何能成熟有情？若不能成熟有情，云何能严净佛土？若不能[6]严净佛土，云何能得一切智智？若不能得一切智智，云何能转正法轮作诸佛事？若不能转正法轮作诸佛事，云何能解脱无量、无数百千具胝那庾多诸有情众生老病死，令得究竟安乐涅槃？"

335a26-28：具寿善现复白佛言："若一切法无为无作，不应施设三乘有异，谓声闻乘、若独觉乘、若无上乘。"

336a11-17：具寿善现复白佛言："若如来身与所变化等无差别，云何能作世间施主真净福田？若诸有情为涅槃故，于如来所供养恭敬其福无尽，乃至最后入无余依般涅槃界，如是若有为涅槃故供养恭敬佛变化者，所获福聚亦应无尽，乃至最后入无余依般涅槃界。"

336b9-13："复次，善现！诸菩萨摩诃萨应以如是诸法法性而为定量，行深般若波罗蜜多，方便善巧入诸法法性已，而于诸法不坏法性，谓不分别：此是般若波罗蜜多乃至布施波罗蜜多，此是般若波罗蜜多乃至布施波罗蜜多法性。"

337b10-12：具寿善现复白佛言："如来曾说一切智智略有三种，谓一切智、道相智、一切相智。如是三智其相云何？有何差别？"

338b16-24：尔时，具寿善现白佛言："世尊！如来常说甚深般若波罗蜜多，甚深般若波罗蜜多何因缘故名为般若波罗蜜多？"佛告善现："甚深般若波罗蜜多，到一切法究竟彼岸，故名般若波罗蜜多。复次，善现！由深般若波罗蜜多，声闻、独觉、菩萨、如来能到彼岸，故名般若波罗蜜多。复次，善现！甚深般若波罗蜜多，分析诸法过极微量，竟不见有少实可得故，名般若波罗蜜多。"

338b24-c1："复次，善现！此深般若波罗蜜多，苞[7]含真如、法界、法性，广说乃至不思议界，故名般若波罗蜜多。复次，善现！于深般若波罗蜜多，无有少法若合若散、若有色若无色、若有见若无见、若有对若无对，故名般若波罗蜜多。所以者何？甚深般若波罗蜜多，非合、非散、无色、无见、无对、一相，所谓无相。"

338c1-12："复次，善现！甚深般若波罗蜜多能生一切微妙善法，能发一切智慧辩才，能引一切世、出世乐，能达一切甚深法义，故名般若波罗蜜多。复次，善现！甚深般若波罗蜜多理趣坚实，不可动坏，若菩萨摩诃萨行深般若波罗蜜多，一切恶魔及魔眷属、声闻、独觉、外道、梵志、恶友、怨雠皆不能坏。所以者何？甚深般若波罗蜜多，说一切法自相皆空，诸恶魔等皆不可得，故名般若波罗蜜多。善现！诸菩萨摩诃萨应[8]如实行如是般若波罗蜜多甚深义趣，谓一切法自相皆空，一切恶缘无能动坏。"

338c12-19："复次，善现！诸菩萨摩诃萨欲行般若波罗蜜多甚深义趣，应行无常义、苦义、空义、无我义、寂静义、远离义，应行苦、集、灭、道慧义，应行苦、集、灭、道智义，应行法、类、他心智义，应行世俗、胜义智义，应行尽、无生智义，应行尽所有、如所有智义。善现！诸菩萨摩诃萨为行般若波罗蜜多甚深义趣，应行般若波罗蜜多。"

抄录本中使用的符号

.. 　不可辨认的 akṣara

○ 　穿绳孔

* 　virāma

参 考 文 献

Takayasu Kimura，*Pañcaviṃśatisāhasrikā Prajñāpāramitā V*，Tokyo：Sankibo Busshorin Oublishing Co.，1992.

T《大正新修大藏经》。

关迪、朱竞旻《〈现观庄严论〉印度二十一部注释梵藏汉文本及〈金鬘疏〉翻译项目简介》，中国人民大学"经典翻译与宗教传播"会议论文，2011 年。

叶少勇《新发现的梵文贝叶写本〈中论颂〉与〈佛护释〉》，《北京大学学报（哲学社会科学版）》2010 年第 1 期，第 99～107 页。

叶少勇、李学竹、加纳和雄《一组夏拉达体梵文贝叶经散叶的初步报告》，《西藏贝叶经研究》，藏文古籍出版社，2016.

注　　释

［1］　关于"原民族宫藏梵文写本"的相关信息，可以参见叶少勇，2010。

［2］　关于这批夏拉达体梵文贝叶经散叶的详细报告，可以参见叶少勇、李学竹、加纳和雄，2016。

［3］　详见关迪、朱竞旻，2011。

［4］　《大般若波罗蜜多经》卷四六二，《大正藏》（第 7 册），no. 220，p.337，b10-12.

［5］　梵文精校本使用 Takayasu Kimura（木村高尉）1992，汉译本使用《大正藏》。

［6］　能【大】，能成熟有情【宋】【元】【明】。

［7］　苞【大】，包【明】。

［8］　应如【CB】【丽 -CB】【碛 -CB】，如应【大】。

从黄文弼所获两件文书看龟兹于阗间的交通路线

荣新江

黄文弼在他的几次西域考古调查过程中，获得了大量的各种类型的文物资料，其中也包括纸本文献。这些文献既有汉语的写本和印本，也有各种胡语文书，包括回鹘语、粟特语、龟兹语、据史德语、梵语、于阗语、中古波斯语、藏语、蒙古语等等，其中不乏具有十分重要的学术价值的文书。我们曾经把学者们对于黄文弼所获胡汉各种语言文书的研究成果汇集成书，即拙编《黄文弼所获西域文献论集》（科学出版社，2013年），可以全面了解黄文弼所获文书对于许多学术领域的贡献。

本文选择黄文弼所得两件不太引人注意的汉语文书残片，就其内容加以申论。因为这两件发现于古代龟兹国范围的文书内容涉及唐代的于阗，故此在我从事于阗史的研究过程中，一直萦绕心怀，反复琢磨。今接西北大学召开"黄文弼与丝绸之路"学术研讨会之机会，略加申说。这两件残文引发我对于唐代于阗与龟兹之间交通道路的关注，而沿于阗河（今和田河）贯通塔克拉玛干大沙漠的这条南北通道，曾经是一条重要的丝绸之路，也是黄文弼先生的西域考古之路。

黄文弼发现的两件文书，一件我们定名为《唐碛西行军押官杨思礼等辩辞》，编号考3447、K7512，现据《塔里木盆地考古记》所刊图版，参照黄文弼的录文，用今日整理文书的规范方式，校录如下：

（前缺）
1 □□
2 碛行军押官杨思礼请取□〔
3 阗镇军库讫。被问依□〔
4 　　　　　更问〔
（后缺）

黄文弼《塔里木盆地考古记》对此描述说：

杨思礼残牒，出拜城克子尔明屋佛洞。长14.2、宽11.4厘米。起"碛行"迄"被问依"。按此残纸为押官杨思礼赴于阗镇军库文书，惜多残破，仅存两行，然亦足珍贵。第一行首"碛"字旁，有一"√"，为倒字记号，则"碛"上当有一字，仍著向下记号。然"碛"上何字？我以为是"西"字，盖指碛西行军，且亦因沿碛西节度使而得名。

　　杨思礼即碛西行军中之押官派往于阗镇军库取械，并已办讫呈报之文书，观下文"于阗镇军库讫被问依"之语可证。是此纸当为唐开元时所写。

　　此纸"阗"上缺字，按"阗"上当为"于"字。

书中还用了一些篇幅，引用史料，来考证碛西节度使之设立、押官制度和于阗镇的设立等问题[1]。

此件是 1928 年 12 月出土于拜城克孜尔石窟[2]。经过我们多年整理敦煌吐鲁番和西域出土文书的经验来看，黄文弼对文书的解说十分到位，"碛西""于阗"的读法都完全可以成立，对于碛西行军押官的解说也都合于唐朝制度。

另一件是仅存六个字的文书残片，编号 2050，尺寸为 9 厘米 ×3 厘米。录文如下：

（前缺）

1　　］一十人于阗兵

（后缺）

1957～1958 年黄文弼率中国科学院考古研究所人员赴新疆进行考古，曾发掘库车县北约 23 千米处的苏巴什遗址，主要工作地点在铜厂河西遗址南端的古城遗址。在古城西面和北面土岗上，有许多寺庙建筑遗迹，简称"西寺区"。其中位于古城西北的甲地，为一组长方形建筑，共五间房址，位于中间一间最大，编号 T1。这组房址应是寺庙遗址，中间（T1）为正堂。此文书出土于此[3]。

由于两件文书较短，所以前人研究成果不多。黄文弼先生哲嗣黄烈先生在《谈汉唐西域四个古文化区汉文的流行》一文中，曾用前一件文书来说明唐朝时期龟兹流行汉文问题[4]。笔者在《于阗在唐朝安西四镇中的地位》一文中曾提示这两件文书的价值，前者所记碛西行军取用于阗镇军库的物资，证明于阗军镇在安西四镇中的重要地位；后者证明于阗兵还曾支援过安西都护府的大本营龟兹[5]。其他偶有涉及者，基本是作为史料而已[6]。

两件文书内容不多，一件涉及碛西行军押官杨思礼请取于阗镇军库的物资，一件表明曾有于阗士兵到达了龟兹境内，因此都涉及到于阗与龟兹之间的物资和人员流动[7]。这样的物资和人员往来，是经过两地之间一条交通要道来实现的。

《新唐书》卷四三下《地理志》"安西入西域道"条保存的贾耽《皇华四达记》云[8]：

　　安西西出柘厥关，渡白马河，百八十里西入俱毗罗碛。经苦井，百二十里至俱毗罗城。又六十里至阿悉言城。又六十里至拨换城，一曰威戎城，曰姑墨州，南临思浑河。

　　自拨换南而东，经昆岗，渡赤河，又西南经神山、睢阳、咸泊，又南经疎树，九百三十里至于阗镇城。

《太平寰宇记》卷一五六"安西大都护府"条记[9]：

　　正西至拨换五百六十里。又从拨换正南渡思浑河，又东南经昆冈、三叉等守戍，一十五日程，至于阗大城，约千余里。

由此，可以勾画出一条从龟兹都城（安西节度使驻地）向西，经俱毗罗碛、苦井、俱毗罗城、阿悉言城，到拨换（今阿克苏），然后南下偏东行，经昆岗，渡赤河，又西南经神山、睢阳、咸泊、疏树，最后到达于阗镇城（今和田约特干）。在昆岗南，《太平寰宇记》有"三叉"戍。

从龟兹到拨换，是自汉代以来西域北道的干线，没有什么特别之处。这里记录的从拨换到于阗的道路，应当是第一次详细记录下来的南北穿越塔克拉玛干沙漠的道路，这条道路显然是沿和田河而行。以前我们对这条道路不甚了然，随着和田地区出土的文书，我们有了更为丰富的认识。

《皇华四达记》提到的"神山"，多见于和田出土汉语文书，其中与出土地直接关联的并不多，但值得注意的是斯坦因在麻札塔格（Mazar Tagh）所获 M.T.096（Or.8212/1535）号残文书，仅存一行文字[10]：

（前缺）
1　　□请状附至神山馆，通 [

这里似乎是说这件状文附带送到神山馆，而这件文书发现在麻札塔格，则这里就是唐代的神山之地[11]。按唐朝交通制度，官道上每三十里置一驿，非通途大道则立馆。那么，这里的神山馆就是唐朝确定的官道上的一个馆驿。

2004年李吟屏先生刊布一件据传发现于和田策勒县达玛沟乡的文书也提到了"神山馆"[12]：

1　］□□安□驴十二头 [
2　］□得行文赴安西□□
3　］过神山馆 [

这好像是一位商人携带着驴十二头，在获得行文后前往安西（龟兹），途经神山馆时的记录。

又麻札塔格出土 M.T.0634（Or.8212/709）号文书《唐贞元六年（790）善政坊罗勃帝芬等纳神山马料抄》文字如下[13]：

（前缺）
1　善政坊罗勃帝芬神山纳 马 料，青 麦 □ [
2　斗。贞元六年十月四日，馆子王仵郎抄。
3　宜 货坊杨师 神山 □□ 料，青麦壹 [
4　　　］年 十月四日馆子 [
（后缺）

善政坊、宜货坊大概是于阗都城内的坊，这里的百姓在向神山纳马料时，神山馆的馆子王仵郎要发给纳税者抄，以作凭证。这里的馆子应当就是神山堡的馆子，抄分两份，一份分别交给纳税人，一份连抄存底[14]。这里的一份应当就是神山馆存底的抄，因此在麻札塔格被发现。

在德国慕尼黑五大洲博物馆（Museum Fünf Kontinente）保存的弗兰克（August Hermann Francke）和田收集品中，也有一件《唐送神山馆马料人帐》，编号 Ho.1（205a+b）+Ho.3（205），系两个编号三个残片，残片大小为 13 厘米 ×8.2 厘米，15.3 厘米 ×7.1 厘米，9 厘米 ×4.4 厘米，3 行。Ho.1（205a+b）两残片应上下排列，但无法直接缀合；中间为 Ho.3（205）。保存的文字如下[15]：

（前缺）

1　送神山馆粮马料人司马 ［　　　　　］麦一石六斗 　　尉迟仙奴 青麦一石六斗寸抄。

2　萨波盆达门青麦［□□ ］ 　康□ ［　　　　　　］□□罗守真

3　青麦一石六斗尉迟光奴 ［

（后缺）

此件得自英国驻喀什总领事，或出土于麻札塔格遗址。文书记前往神山馆送粮食和马料的人名单及小字所记所承担的粮料数额，运送人看名字胡汉兼有，其中尉迟仙奴、尉迟光奴还像是兄弟二人。人名上有勾画，表明事情已经做完，也就是粮料已经送达神山馆，由相关人员做了勾记。这也证明这件文书应当出土于麻札塔格。

麻札塔格位于塔克拉玛干大沙漠的西部，地处东经 79°44′～80°48′，北纬 38°27′～38°44′，是大沙漠中最大的一座山体，大致呈东西走向，山体宽约 2～8 千米，相对高度 100～400 米。其东部紧临和田河岸，在临河处有两个山嘴，南侧陡峭，北侧舒缓，颇有气势。北边的山嘴由白云石组成，呈白色；南边的山嘴由红砂泥岩组成，呈红色。因此，当地人又称之为红白山。在红山嘴上有古戍堡一座，紧依山体北面顺坡垒筑，南凭陡峭断岩，东近河岸，形势险要。古戍堡之西，在同一山脊上约 50 米处有烽燧一座。西方探险家和黄文弼先后在这里做过发掘，出土了汉语、于阗语、藏语、粟特语等文书。斯坦因在古堡遗址附近的一座垃圾堆里发掘到大量文书，内容十分丰富，既有汉语文书，又有大量的于阗语和藏语文书[16]。戍堡和烽燧属于唐代，于阗语用表示"山"的普通名词 gara 而来的 gari 来称呼这里[17]，唐朝文书称此戍堡为"神山堡"，见斯文赫定收集品种的 Hedin 24 号文书汉语于阗语双语文书《唐贞元十四年（798 年）闰四月典史怀仆牒为尽收人畜入坎城事》："乘驼人桑宜本口报称：闻神山堡鼓（下残）。"[18]此戍堡一直沿用到吐蕃占领时期，古藏文文书则用 Shing-shan 指称此地[19]。贝利指出，Hedin 24 的"神山"正是藏文 Shing-shan 的来源[20]。藏语文书大多是吐蕃占领这一地区时留下的，年代在 9 世纪初叶以后[21]。于阗语文书则唐朝、吐蕃时期的均有[22]。戍堡下方有后来修建的麻札，故名麻札塔格（麻札维吾尔语意为"坟"，塔格意为"山"）。

麻札塔格出土的神山堡或神山馆的文书，为我们考察沿于阗河的南北交通给了一个很好的坐标点。

德藏和田出土文书 T Ⅳ Chotan（MIK Ⅲ 7587）《唐于阗镇神山等馆支粮历》为我们提供了丰富的信息[23]：

（前缺）

1　　　　　　］□□□□□ ［
　　　　　　　　　　　到　　二月十□ ［

2　　　　　］□一石二斗，至二月十七日 ［

3　□阳清，食米六㪷，至二 月 ［　　　　　］ 十八 日草泽 馆
4　 子 一人、欣衡馆一人、连衡馆 四 人、谋常馆一人、般运子一人，
5　 共 八人，食米一㪷六升。□ 十 九日，草泽馆一人、欣衡
6　一人、连衡四人、谋常一人、般运子一人，共八人，
7　食 米 一㪷、麦一㪷。 廿日，神山已北四 馆 ［
8　 米 一㪷八升。二月九日，都巡二人停 十一 日，食 米
9　四㪷八升，马两疋，食米一㪷。都巡停十二，马两疋，食□［
10　 □□。 二 月十七日，押官田□八入军后至，到二月九十（十九） 日 ，
11　　　　　］阳清急付已北四馆及看使料并脚力人 粮 ［
12　　　　　］ 石 五㪷三升。廿一日，神山已北四馆々子八人，食□
13　　　　　］ 石 五㪷，破用讫。廿二日，神山已北四馆［
14　　　　　］米一㪷六升。
15　　　　　］四㪷　　　　　麨八㪷
16　　　　　　　］米二㪷，一人取米二 㪷 ［
　　　（后缺）

文书记于阗北于阗河西岸的神山及以北草泽、欣衡、连衡、谋常四所馆驿支用粮食账，这四个馆被合称为"神山已北四馆"，因为是以神山为基点来说的，所以这四个馆的记录顺序，应表明它们的位置是从南到北，依次为草泽馆、欣衡馆、连衡馆、谋常馆[24]。该文书所记应当是神山馆当地的支出，包括从四个馆来的馆子和般运子，还有探寻敌情的都巡，有经过的押官，还有某位叫阳清的人，及脚力人等等，表明文书是属于神山馆，由此推知，神山以北四馆都应是属于于阗镇的馆，它们在可能归神山馆供给和统领。

草泽馆未见其他文书记载，设置馆驿一般要就水草泉泽所在，因此这里是一个叫"草泽"的地方。

欣衡馆又见中国人民大学博物馆藏 GXW0176《唐彦肭状为欣衡馆主曹小奴买驴事》，我们整理组的录文如下[25]：

1　欣衡馆主曹小奴 买驴四 ［
2　右件人去七月十日交馆便买上件驴，将准作前件
3　钱。自立帖，限八月廿日付足。限已早满，频从索，一钱不
4　还。驴复转卖却两［头，々］别六千文。彦肭今被征回残
5　踏面卅石已上［　　　　　］ 急 ，伏 望 征上件钱，将 籴 □［
6　　　　　　　　］ 衡 ［
　　　（后缺）

欣衡馆主应当是该馆平日运作的负责人。这位曹小奴买驴一头，但是到了还钱之日却一文不还，所以被卖主名彦肭的人告到官府，希望向曹小奴讨回钱债。驴是交通路线上的重要蓄力[26]，

馆主曹小奴利用自己的身份来倒卖。这位曹小奴，看名字很像是一个粟特曹国的后裔，"小奴"可以对应粟特语的 βntk，音译作"槃陀"。

值得注意的是，在麻札塔格发现的 M.T.092v（Or. 8212/1557）《唐别奏康云汉文书》中，欣衡一名还和连衡一起出现[27]：

（前缺）

```
1    别奉（奏）康云汉   作人石者羯   都 多 [
2    奴伊礼然   奴伏浑   马一匹   驴 [
3    牛三头   揄论都督首领弓 弩 [
4        ] 左右觅战   胡数浑   马 [
5        ] 连衡监官王瓒   欣衡监官□□ [
```

（后缺）

这件文书是一个康国粟特商人康云汉携带着作人、奴隶以及牲口经过连衡和欣衡两个馆时，由负责馆驿的监官检查通过的记录。文书记录的形式与过所大致相同，应当康云汉持有，但是到了神山馆以后，可能换了新的过所或公验一类文书，所以这件就留在了神山，而被后人在麻札塔格发现。从先连衡再欣衡的记录顺序来看，康云汉一行是从拨换南向往于阗行走的路线，文书发现地在麻札塔格，这样就给我们留下一个"连衡—欣衡—神山"的道路顺序，这和《唐于阗镇神山等馆支粮历》的记录顺序相反，但前后一致，只是缺了草泽馆，可能另有记录。连衡、欣衡的记录顺序，印证了我们关于神山已北四馆顺序的看法。

欣衡、连衡一起的记录，还见于人大博藏 GXW0192《唐某年十月欣衡连衡等馆领物帐》，文字如下[28]：

（前缺）

```
1    □ 米陆斗 [
2    斗，油伍胜 [
3    故，壹白。十月 九 [
4    欣衡十月马踏拾伍硕 [
5    陆斗充使料，九月、十月□ [
6    羊，一白羊。十月十九日李□ 领 □□□□ [
7    连衡九月、十月使料，米陆斗，酒两□ [
8    升，羊肆口，两口白，两口故（殺）。十月 廿 九日李□领。
```

（余白）

这里提到"欣衡十月马踏拾伍硕""连衡九月、十月使料，米陆斗，酒两□"，推测这件文书也是神山馆所写，是两所馆破用粮食、酒、马料等各项支出。但因为是按日记录顺序，所以欣衡、连衡的前后出现不表示顺序，但它们相连在一起出现，可能还是因为它们是相接壤的两个馆。

《唐于阗镇神山等馆支粮历》所记神山已北四馆中最北面的谋常馆，又见于斯坦因在麻札塔格发掘到的 M.T.0628r（Or.8212/708r）《唐于阗谋常监馆粮米帐》，残文如下[29]：

（前缺）

1　　　　　　　]谋常监馆二人粮

2　　　　　　]监馆二人粮，米四胜。

3　　　　]二人粮，米四胜。

4　　　　]六胜。

（后缺）

文书上残，没有保存更多的馆名。"谋常监馆"应当就是谋常馆的管理者，这里供给粮食的单位应当就是神山馆。

人大博所藏 GXW0217《唐谋常昆岗等馆用粮帐》，为我们提供了谋常馆与昆岗一起出现的信息，极为重要[30]：

（前缺）

1　廿五日□□[

2　一人路粮面五升。　[

3　谋常馆润十月五日，昆[

4　同日昆岗请都[

5　三斗。十六日都[

6　十七日都[

（后缺）

"昆岗"一名见于上引贾耽《皇华四达记》，在赤河（今塔里木河）以北[31]，是从拨换南下于阗的第一个重要地方，与这件文书中的"昆岗"应当可以勘同。昆岗与谋常馆记录在一起，说明两者距离不远，很可能昆岗和谋常是相连接的两个馆。试看上引《唐于阗镇神山等馆支粮历》所记神山以北四所馆的顺序是草泽、欣衡、连衡、谋常，前面已经论证过，这应当是从神山向北依次记录的，所以谋常在最北端，而据 GXW0217《唐谋常昆岗等馆用粮帐》，谋常北面应当就是昆岗。位于塔里木河北面的昆岗，照理说应当属于拨换的范围，也就是属于龟兹国或龟兹都督府的辖境[32]，但这里记其所用粮食也是由神山堡提供。敦煌写本《沙州图经》卷三（P.2005）"一十九所驿"条所记瓜州的四所驿，即瓜沙之间第五道上的双泉驿、第五驿、冷泉驿、胡桐驿四所驿，虽然行政上归属瓜州，但却是由"沙州百姓越界捉"[33]，即有沙州百姓来供给和管理。我想昆岗的情形应当相同，其地虽在龟兹范围，但交通系统属于于阗，故此由神山馆为基地的于阗馆驿系统来管理和供应。

至此，我们可以把《皇华四达记》中的相关记录，补充如下：自拨换南而东，经昆岗、（三叉），渡赤河，又西南经（谋常、连衡、欣衡、草泽）、神山、睢阳、咸泊，又南经疏树，九百三十里至于阗镇城。因为过赤河后，道路是偏西南行的，所以这四个馆的位置应当和神山一样，都在于阗河的西岸[34]。

还应当讨论的是"神山路"问题。俄藏和田出土文书 Дx.18917《贞元四年（788年）五月杰谢百姓瑟□诺牒为伊鲁欠负钱事》文字如下[35]：

1　 杰谢 百姓伊鲁

2　 右件人，先欠负 [　　　　　]年正月内，被所由萨

3　 波思略掣 [　　　　　　　　]与前游奕副使

4　 赵刚取 [　　　　　　　]理，又其妇人更自取

5　 钱一千五 [　　　　　　]伊鲁见在神山路

6　 探候，昨被思 略 [　　　　]诺，将钱四千三百

7　 文赎来在此，更觅得钱四百文，余欠六百文，

8　 作油麻价，秋熟便送来。其妇人将去，共平

9　 章，赵副使不肯。伏望 骠 骑 □ 鉴 ，请处分。

10　牒件状如前，谨牒。

11　　　 贞元四年五月　　日，杰谢百姓瑟□诺 [

12　 "勒还妇人，即须发

13　 遣。廿一日□（押字）。"

这里是百姓瑟□诺牒，提到杰谢百姓伊鲁"见在神山路探候"，但和所由萨波思略等人产生账务纠纷。我们在整理这件文书的时候，在前人的基础上进一步论证了神山堡和杰谢镇（丹丹乌里克）之间道路的存在，并认为这条路在唐朝时称作"神山路"[36]。陈国灿先生则认为"神山路"当指拨换与于阗间的官道，因神山堡的重要性而得名[37]。然而，伊鲁为杰谢的百姓，杰谢与于阗河之间的距离是75千米，如果往于阗河沿线的所谓"神山路"探候，似乎于里程无法说得过去；而于阗河沿岸道路的巡探，更应当来自于阗河沿岸的乡村，这一带的人口要比杰谢多得多。因此，陈先生的说法从里程和派役制度的角度都难讲通，难以成立。

经由于阗河的南北交通道路，自西汉时期即已开通。《汉书·西域传》记："姑墨（阿克苏）南至于阗马行十五日。"北魏以后，利用者更多，直到唐朝，使者之外，也多为求法僧所经行。殷晴先生的《古代于阗的南北交通》[38]和李吟屏先生的《和田历代交通路线研究》[39]两文对这条道路从两汉到清朝时期的情形，做了详细的阐述，此不赘述。

1929年4月，黄文弼先生从北向南，沿和田河考察，其蒙新考察日记给我们留下其沿途所见所闻的详细记录，现摘录其4月13日日记云[40]：

上午9点15分发自干河曲，向西行，渡河至西岸，约行10分钟，又经行树林，9点半上和阗大道，在丛林荆棘中显出坦途，沙土横藉，马驴足迹，驼畜粪旦，皆可证其为往来通衢。

作为中国传统的知识分子，黄文弼先生非常关注《史记》《汉书》《水经注》等书所记的"南河"，所以在穿行和田河的过程中，他不断横跨和田河床，攀上两岸的沙山，往东西纵深数里，寻找南河遗迹[41]，其精神可嘉。与此同时，他对南北纵贯和田河的交通道路也做了详细的考察和记

录，证实在他脚下，应当就有那一条古老的交通道路，其间散布着馆驿遗址。

　　黄文弼先生曾先后执教于北京大学和西北大学，他在多次考察新疆古迹时，发现大量考古和文献材料，并及时做了整理与刊布。我们今天在西安西北大学聚会纪念这位 20 世纪 20 年代新疆考古孤独的先行者，不禁想起尚爱松先生《奉慰黄文弼先生》的诗句：

　　　　大漠歌仍壮，长安日正圆。但见烟袅袅，哪有泪潸潸。

　　附记：2022 年 7 月 2 日完稿，提交 2022 年 7 月 6、7 日西北大学主办"黄文弼与丝绸之路"学术研讨会。本论文系 2019 年度国家社会科学基金重大项目"中国西北科学考查团文献史料整理与研究"（批准号：19ZDA215）阶段性成果之一。

注　释

[1] 黄文弼《塔里木盆地考古记》，科学出版社，1958 年，第 95、96 页，图 4（图版柒壹）。参看杨文和《中国历史博物馆藏法书大观》（第 11 卷）《晋唐写经·晋唐文书》，柳原书店、上海教育出版社，1999 年，第 158（图），231 页（录文），误记为"吐鲁番盆地出土"。

[2] 黄文弼《塔里木盆地考古记》，第 36、37 页。

[3] 黄文弼《新疆考古的发现》，《考古》1959 年第 2 期，第 78 页。黄文弼《新疆考古发掘报告（1957—1958）》，文物出版社，1983 年，考古经过见第 79~82 页；文书记录见 90 页，图版六六，3。

[4] 《纪念陈寅恪教授国际学术讨论会文集》，中山大学出版社，1980 年，第 427 页。

[5] 《西域研究》1992 年第 3 期，第 61 页。

[6] 徐伯夫《唐代西域史上的几个问题》，《西域史论丛》（第 2 辑），新疆人民出版社，1985 年，第 74 页；王永兴《唐代前期西北军事研究》，中国社会科学出版社，1994 年，第 44 页；石墨林《唐安西都护府史事编年》，新疆人民出版社，2012 年，第 462 页；庆昭蓉《吐火罗语世俗文献与古代龟兹历史》，北京大学出版社，2017 年，第 63 页。

[7] 文欣《和田新出〈唐于阗镇守军勘印历〉考释》，《西域历史语言研究集刊》（第 2 辑），科学出版社，2009 年，第 111~123 页。

[8] 《新唐书》卷四三《地理志》，中华书局，1975 年，第 1149~1151 页。

[9] 《太平寰宇记》卷一五六，中华书局，2007 年，第 2999、3000 页。

[10] 沙知、吴芳思（F. Wood）《斯坦因第三次中亚考古所获汉文文献（非佛经部分）》第 2 册，上海辞书出版社，2005 年，第 205 页。

[11] 参看侯灿《麻札塔格古戍堡及其在丝绸之路上的重要位置》，《文物》1987 年第 3 期，第 63~75 页；殷晴《丝绸之路和古代于阗》，《西域史论丛》（第 3 辑），新疆人民出版社，1990 年，第 77 页。

[12] 李吟屏《近年发现于新疆和田的四件唐代汉文文书残页考释》，《西域研究》2004 年第 3 期，第 88、89 页。

[13] 沙知、吴芳思（F. Wood）《斯坦因第三次中亚考古所获汉文文献（非佛经部分）》第 1 册，上海辞书出版社，2005 年，第 188 页。

[14] 关于唐代的抄，参看关尾史郎《コータン出土唐代税制関係文書小考——領抄文書を中心として》，《平田耿二教授還暦記念論文集：歴史における史料の発見——あたらしい"讀み"へむけて》，东京，1997 年，第 177~204 页。

[15] 西脇常記《もう一つのドイツ中央アジア将来文献——フランケ·コレクションについて》，《中国古典社会における仏教の諸相》，东京：知泉書館，2009 年，第 238、239 页。录文不够准确，笔者 2017 年在该馆调查时重录。

[16] A. Stein, *Serindia. Detailed Report of Explorations in Central Asia and Westernmost China*，vols. 5，Oxford：

Clarendon Press，1921，pp. 1288-1291.

［17］ S. Konow，"A Saka Name of Mazar-tagh"，in S. M. Katre，P. K. Gode，（eds.），*A Volume of Eastern and Indian Studies presented to Professor F. W. Thomas on his 72nd Birthday*，1939，pp. 146-147.

［18］ 张广达、荣新江《于阗史丛考》（增订本），中国人民大学出版社，2008 年，第 241～246 页；荣新江《汉语—于阗语双语文书的历史学考察》，《语言背后的历史——西域古典语言学高峰论坛论文集》，上海古籍出版社，2012 年，第 20～22 页。

［19］ F. W. Thomas，*Tibetan Literary Texts and Documents Concerning Chinese Turkestan*，II，London：The Royal Asiatic Society，1951，pp. 198-199 & 219. 杨铭《吐蕃简牍中所见的西域地名》，《新疆社会科学》1989 年第 1 期，第 87～94 页；收入作者《吐蕃统治敦煌研究》，台北：新文丰出版公司，1997 年，第 209～222 页。

［20］ H. W. Bailey，*Khotanese Texts*，vol. IV：*Saka Texts from Khotan in the Hedin Collection*，（1st ed.），Cambridge，1961，p. 93.

［21］ 部分文书由托马斯（F. W. Thomas）发表，见 *Tibetan Literary Texts and Documents Concerning Chinese Turkestan*，II，pp. 167-260.

［22］ H. W. Bailey，*Khotanese Texts*，vol. II，（1st ed.），Cambridge，1954，pp. 71-72；H. W. Bailey，*Khotanese Texts*，vol. I-III，Cambridge，1969，pp. 146-147 & 149；H. W. Bailey，*Khotanese Texts*，vol. V，Cambridge，1963，pp. 192-226 & 385-387；P. O. Skjærvø，*Khotanese Manuscripts from Chinese Turkestan in the British Library. A complete catalogue with texts and translations*，with contribution by U. Sims-Williams，London：British Library Publishing，2002 相关部分。

［23］ 池田温解说《トルファン古寫本展解說》，东京：朝日新闻社，1991 年，No.7。

［24］ 林梅村在讨论这条道路时，曾将草泽、欣衡、谋常自北向南排列，见所撰《穿越塔克拉玛干沙漠》，《文物天地》1995 年第 2 期，第 22～26 页；1995 年第 3 期，第 21～23 转 33 页；后改名《汉唐和田河的古代交通》，收入作者《汉唐西域与中国文明》，文物出版社，1998 年，第 211～226 页。陈国灿先生在讨论此文时曾说到："草泽馆、欣衡馆、连卫馆、谋常馆。究竟是从北往南列，还是从南往北列？尚无法得知。"最后复原的路线是"昆岗—赤河—草泽—欣衡—连卫—谋常—神山"，见所撰《唐代的"神山路"与拨换城》，《魏晋南北朝隋唐史资料》（第 24 辑），武汉大学出版社，2008 年，第 196～205 页；又载新疆龟兹学会《龟兹学研究》（第 3 辑），新疆大学出版社，2008 年，第 9～19 页。

［25］ 刘子凡《于阗镇守军与当地社会》，《西域研究》2014 年第 1 期，第 21、22 页有此文书录文和讨论。

［26］ 参看荣新江《北周史君墓石椁所见之粟特商队》，《文物》2005 年第 3 期，第 52、53 页。

［27］ 沙知、吴芳思（F. Wood）《斯坦因第三次中亚考古所获汉文文献（非佛经部分）》第 2 册，第 217 页。

［28］ 刘子凡《于阗镇守军与当地社会》，第 20 页录此文书，但第 6、8 行领物人"李衫"之名不能确定。

［29］ 沙知、吴芳思（F. Wood）《斯坦因第三次中亚考古所获汉文文献（非佛经部分）》第 1 册，第 187 页。

［30］ 刘子凡《于阗镇守军与当地社会》，第 20 页录此文书第 4 行昆岗下一字为"馆"，但字形不类，当时读书班成员认为可能是"请"字。

［31］ 谭其骧《中国历史地图集》第 5 册，中国地图出版社，1982 年，第 63、64 页标注了其位置。

［32］ 郭声波、买买提祖农·阿布都克力木《毗沙都督府羁縻州之我见——兼评〈唐代于阗的羁縻州与地理区划研究〉》，《西域研究》2014 年第 2 期，第 48 页就特别强调这一点。

［33］ 池田温《沙州图经略考》，《榎博士还历记念东洋史论丛》，东京：山川出版社，1974 年，第 64～69 页。

［34］ 郭声波、买买提祖农·阿布都克力木《毗沙都督府羁縻州之我见——兼评〈唐代于阗的羁縻州与地理区划研究〉》图 1 将它们画在东岸，似不准确。

［35］ 张广达、荣新江《于阗史丛考》（增订本），第 272、273 页。

［36］ 张广达、荣新江《圣彼得堡藏和田出土汉文文书考释》，《敦煌吐鲁番研究》（第 6 卷），北京大学出版社，2002 年；此据同作者《于阗史丛考》（增订本），第 273 页。

［37］ 陈国灿《唐代的"神山路"与拨换城》，《魏晋南北朝隋唐史资料》（第 24 辑），第 196～205 页。

［38］ 文载《历史研究》1992 年第 3 期，第 85～99 页。

［39］ 文载马大正、王嵘、杨镰《西域考察与研究》，新疆人民出版社，1994 年，第 173～194 页。

［40］ 黄文弼遗著，黄烈整理《黄文弼蒙新考察日记（1927—1930）》，文物出版社，1990 年，第 409 页。

［41］ 参看《黄文弼蒙新考察日记（1927—1930）》，第 403～420 页。其简要行记，见《塔里木盆地考古记》，第 46～48 页。

粟特艺术东传与丝绸之路青海道
——以彩绘棺板画为考察核心*

曹中俊

中古时期，大量来自中亚地区的粟特人沿丝绸之路入华开展商贸、文化交流等活动，足迹遍布中国大地。随着虞弘、安伽、康业、史君等众多中亚胡人墓葬的发现，极大地推动了国内外学者对入华粟特人的深入研究。但值得注意的是，与丝绸之路河西道平行的丝绸之路青海道（河南道）同样是我国中古时期沟通西域的重要通道，其连接的是今天新疆、甘肃、青海及四川等地。当时大量粟特人经青海道进入青海等地，随之粟特艺术东传至此。这直接影响了当时雄踞在青藏高原地区的吐蕃及吐谷浑人的审美情趣、生活方式、丧葬仪式。

近三十余年，青海地区出土的棺板画蕴含历史文化之丰富为研究粟特艺术东传青海提供了大量线索。鉴于大多学者关注的是青海出土棺板画中人物族属[1]、服饰[2]及棺板装饰[3]等问题，还未有学者从青海道视阈下粟特艺术东传的角度深度剖析青海出土棺板画中的粟特民族服饰、粟特金银器皿、粟特风格构图程序等内容。透过分析青海出土棺板画中与粟特艺术相关的具体内容，可以为我们研究粟特艺术东传路线、粟特人来华路径及粟特与吐蕃、吐谷浑的民族间文化交流提供新的线索与思路。

一、青海地区出土的棺板画

近三十余年，青海地区出土数十块彩绘棺板画，这些棺板画主要集中于青海省海西州一带，分布在德令哈市、都兰县及乌兰县等地。棺板画上的多幅彩色画面，具有浓厚的少数民族和宗教色彩，是研究丝绸之路青海道上粟特艺术东传及中外文化交流的重要材料。

（一）青海省德令哈市出土棺板画

出土于青海省德令哈市的数块棺板画均是墓葬被盗后采集而得。2002 年 8 月，青海考古人员，

＊ 本成果为江苏高校哲学社会科学研究项目"丝绸之路青海道与粟特艺术东传研究"（项目编号：2022 SJYB2359）阶段性成果之一。

在德令哈市郭里木乡夏塔图草场一座被盗的墓葬旁采集到一块较为完整的木棺板画，随后对不远处的两座古墓进行发掘，出土的3具木棺"四面均有彩绘"[4]。其中一号墓有两块较为完整的棺板画，学界将其命名为一号墓棺板画A板（M1-A）（图一）和B板（M1-B）（图二）。M1-A绘有贵族射牛、男女野合、帐居宴饮、多人狩猎等场景；M1-B主要绘有分定权势、幡帝招魂、牛马献祭、灵帐哭丧及击鼓骑射等场景。

图一　郭里木夏塔图一号墓棺板画A板（M1-A）临摹图[5]

图二　郭里木夏塔图一号墓棺板画B板（M1-B）临摹图[6]

另外，二号墓也出土有完整的木棺板画[7]，学界将其命名为二号墓棺板画A板（M2-A）和B板（M2-B）。根据已公布的彩绘图案[8]及线描图[9]，可知M2-A由狩猎、射牛、帐居和众人宴饮醉酒等画面组成（图三）。M2-B大部分漫患不清，只见少量的男女人物、毡帐、马匹等（图四）。

图三　郭里木夏塔图二号墓棺板画A板（M2-A）线描图

图四　郭里木夏塔图二号墓棺板画 B 板（M2-B）线描图[10]

（二）青海省都兰县出土棺板画

近年青海省都兰县也出土了较多彩绘棺板画，皆为当地文物工作者在该县采集或抢救性发掘清理过程中发现的，画面题材内容、构图方式与德令哈市郭里木木棺板画多有相似之处。

2008 年 7 月，都兰县一盗掘古墓案件公开审判，相关盗掘文物被送至青海省文物考古研究所进行鉴定。后经学者撰文公布相关丝织品和棺板画，其中 2 件棺板画为木棺的两侧板，A 面绘有牧马图和帐居图，B 面自左向右分别绘有男女野合图、祈福图、射人图及哀悼图[11]。

出土于都兰县的还有侧板 6 件、盖板 1 件、挡板 1 件及一些采集到的木棺板画。其中侧板 1，呈梯形，由三块木板拼合而成。整个画面为山丘迎宾图[12]。侧板 2，长条状木板上绘制了四组图像，分别为：头戴"山"字形冠人物、持"旆"男子、持锤击鼓人物及戴头巾女子[13]。侧板 3，据称出自都兰县，原物已不见，仅有的照片也只是原物的一部分，残存的画面中主要有宴饮乐舞、穹帐、耕作、牛羊及狩猎等场景[14]。侧板 4，梯形，三块木板拼合而成。据称其出自都兰县，现仅存照片，画面从上到下大致可分为三层，有山丘、马队、武士、穹帐、牛羊及饮酒等场景[15]。侧板 5、6 出于都兰吐蕃 1 号大墓。两侧板分别在环状联珠纹内画有 12 生肖的图案[16]。

盖板，由四块木板拼合而成，整个画面绘制了三组图像，分别为：双翼神兽、二人二牛耕作及群羊图。挡板，由三块木板拼合而成，绘有玄武图像[17]。另于都兰县采集到的四块木棺板画"仅 2 块可完整拼合，应是木棺挡板的一部分，表现的应是'骑射祭祀'的场景"[18]。

此外，青海都兰热水墓葬群也出土多件彩绘木条或木板，其内容与郭里木的相似。其中都兰热水一号墓出土有彩绘木棍 1 件、彩绘木板 4 件、彩绘木构件 4 件，涉及马匹、花纹、花瓣及植物图案等[19]。都兰热水二号墓出土有彩绘木条 2 件及彩绘木板 5 件，残损较为严重，从残存的木板或木条来看，上面大多绘有花纹或花瓣[20]。都兰热水三号墓中出土有一件彩绘木箱[21]，木箱的四个侧面皆有彩绘画面。

（三）青海省乌兰县出土木棺板画

2008 年，青海省考古工作者于乌兰县两处不同地方先后采集到数块彩绘木棺，上面皆绘有彩色画面。

2008 年 3 月，乌兰县希里沟镇泉沟地区一座古墓被盗掘[22]，青海省文物考古研究所工作人员前往勘察。其中残存棺板和木棺档头上均有彩绘。墓葬前室东壁和北壁是青砖垒砌，其余墓室墙壁皆由长方形木板砌壁，在前后室四壁木板、门框上方、两边立木及前室立柱上，包括墓顶上皆绘有彩绘图案。木棺前挡板上也绘有彩色图案，现已脱落不清，今仍可见一怪兽像，据说这一怪兽形象前所未见[23]。2018年，该墓由中国社会科学院考古研究所和海西蒙古族藏族自治州民族博物馆等单位联合进行发掘，使得该墓相关图像资料得以正式公布[24]。

2008年3月，青海省海西州民族博物馆研究人员在乌兰县茶卡镇茶卡乡冬季牧场的一座被盗挖的墓葬旁边，采集到一块木棺盖板[25]，盖板两侧坡面均绘有彩色狩猎图案。2017年，有学者撰文公布了同前盖板当年一同采集到的另外3件棺板画。其中棺侧板残件1件，残长139厘米，其上由右至左尚可见大约分为两组的18个男女人物形象[26]，另外2件彩棺残件已几乎看不到任何彩绘痕迹。

（四）其他流落中国民间及海外的棺板画

青海省海西州出土数具木棺板画，原流散于中国民间现多入藏青海藏文化博物院（青海藏医药文化博物馆）[27]，但至今仍有一些棺板画散落于中国民间及海外（图五）[28]。其中一具木棺侧板为青海省文物考古研究所在民间调查所知，由调查者描述可知，这块木棺侧板，由三块木板上下拼合而成，绘画的风格、构图、内容题材与郭里木所出木棺板画一致，可以基本上确定系从郭里木一带的古墓中盗掘所获[29]。

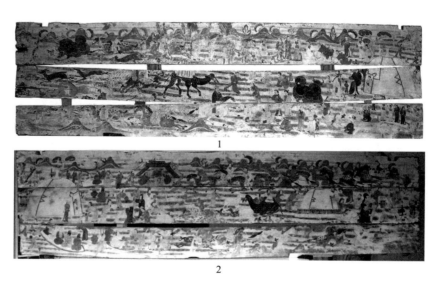

图五　美国普利兹克家族藏彩绘木棺照片[30]
1.美国普利兹克家族藏彩绘木棺（左侧板）　2.美国普利兹克家族藏彩绘木棺（右侧板）

二、青海出土棺板画蕴含的粟特艺术

中古时期，原居于中西亚地区的粟特胡人经丝绸之路不断徙华，人员组成有使者、质子、商人、僧侣、工匠、伎乐等。粟特胡人的入华也为中原地区带来了阵阵胡风胡韵，而青海地区亦是粟特艺术东传进程中的重要一环，该地区出土的棺板画则为我们研究这一课题提供了切入点。

（一）棺板画中的粟特风格民族服饰

青海地区出土棺板画中的人物所穿服饰有着浓厚的地域及民族特色，与同期中原传统服饰有着较大差别。经统计，棺板画中的人物服饰复杂多样，既有主体民族服饰，也有非主体民族服饰；既有各式头巾、帽子，也有形式多样的长袍。

观察青海出土棺板画中的男子服饰主要有三种，即圆领直襟束腰长袍、三角形翻领对襟束腰长袍及斜襟左衽束腰长袍。

首先，棺板画中人物所穿的圆领直襟束腰长袍在棺板画中较常出现（图六）。以郭里木夏塔图 M1-A 上的人物为例（图七），在帐居宴饮图中较后一座毡帐旁站立二人，靠近门侧的一人穿着圆领直襟束腰长袍，其衣领围绕颈部一周，在胸前形成直下式的衣襟。这种圆领长袍穿起来便捷，且防寒保暖，适合高原上的游牧民族穿着。在旧题阎立本所画《步辇图》中的禄东赞（图八，1），身穿小袖圆领直襟团窠花锦长袍，与棺板画中的圆领直襟长袍服饰十分相似。类似的圆领直襟长袍服饰在唐章怀太子墓壁画"客使图"、中亚地区的片治肯特古城壁

图六　圆领直襟束腰长袍[31]

画及撒马尔罕大使厅壁画（图八，2、3）中均可见到。这说明粟特在与唐朝、吐蕃交往的过程中，独具粟特民族特色的服饰与工艺影响并传播到了中原及青藏高原地区。且目前所见此类圆领直襟锦袍服饰大多是粟特贵族、吐蕃使节所穿，由此可见，郭里木棺板画中的侍从人员所穿这种圆领直襟长袍应该是在盛大场合或某些特殊场合（如丧葬仪式）中吐蕃人选择的特殊服饰。

图七　郭里木夏塔图 M1-A 帐居宴饮图

其次是棺板画中人物所穿的三角形翻领对襟束腰长袍（图九）。这种长袍在棺板画中出现的频率最高，是棺板画中主体民族——吐蕃的主要服饰之一。人们头戴高筒形头巾或扁平头巾，衣领分为小三角形翻领和大三角形翻领，腰间有束带，衣袖较长可盖住双手，长袍直至靴面。这类服饰在

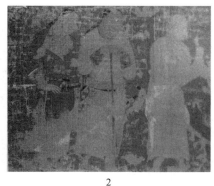

图八 各式圆领直襟长袍

1.《步辇图》禄东赞[32] 2. 撒马尔罕大使厅西墙壁画[33] 3. 撒马尔罕大使厅壁画《赤鄂衍那使图》[34]

图九 三角形翻领对襟束腰长袍[35]

中亚、西亚等地区较为常见，尤其是在石窟壁画中多有发现。如克孜尔第 199 窟和第 192 窟龟兹供养人像中即身穿大三角形翻领对襟长袍，腰有束带，脚蹬黑色上翘筒靴，衣袖及衣领都有镶边图案（图一〇）。敦煌莫高窟第 285 窟及第 359 等窟中都可看到粟特供养人的形象，粟特供养人所穿服饰即为三角形翻领对襟长袍。在第 158 窟和第 159 窟中可以看到吐蕃赞普的形象，第 158 窟中的赞普身着长袍（图一一），"衣领翻在前后两面形成三角形翻边，并展现出长袍里面的一两层内衣，两袖长得笼住双手"[36]。第 159 窟吐蕃赞普身着长袍，衣领呈三角形，翻在两边。且袖口有深色镶边，长袍上有联珠团窠图案（图一二）。其余几位藏人形象也可见身穿长袍，"这些宽领几乎都从肩上翻至后背，又延伸到胸部下面，在靠髋部处塞进腰带中"[37]。

我们亦可在敦煌 8 世纪绢画《劳度叉斗圣变》中看到所绘三位吐蕃人都身穿大三角形翻领长袍，与青海棺板画中出现的三角形翻领对襟束腰长袍十分相似，就连三人脸上的赭面和头巾都与棺板画上的人物形象如出一辙。针对这种三角形翻领对襟束腰长袍，据法国学者海瑟·噶尔美（Heather Karmay）推测，吐蕃人的圆领直襟长袍可能与三角形翻领对襟束腰长袍没什么区别，"三角形边只是圆领没扣上而折过来的边"[38]。"陕西乾县唐永泰公主墓前室壁画及线雕石刻，西安韦

图一〇　克孜尔石窟龟兹供养人着大三角形翻领对襟长袍[39]

1. 克孜尔第199窟龟兹供养人　2. 克孜尔第192窟龟兹供养人

图一一　敦煌莫高窟第158窟壁画[40]

图一二　敦煌莫高窟第159窟壁画[41]

项墓线雕石刻，西安南里王村韦项墓线雕石刻"[42]中出现的身穿胡服侍女形象似乎可以印证这一说法，往往在"在其翻领的两个三角形尖端，各有一个纽扣或搭襻状小物件，如果将衣领合起扣上或系上，翻领瞬间就变成了圆领"[43]。

最后是棺板画中人物所穿的斜襟左衽束腰长袍（图一三）。郭里木M1-A射杀牦牛图中正在拉开强弩准备射杀牦牛的男子所穿即为斜襟左衽束腰长袍，左衽交领披于腰间，头上戴有高筒形头巾，脚下为一毛毯，似为吐蕃贵族或远道而来的客人，身份较高。类似的服饰在M1-A主人宴饮帐外站立的侍从身上也可看到，帐门右侧侍从身穿浅绿色斜襟左衽束腰长袍，袖口镶边，衣领着色，左衽交领垂至腰间披入束带。帐门右侧侍从与左侧侍从服饰相同，只是服饰颜色为浅蓝色。法国学者海瑟·噶尔美认为此类服饰应"是中亚或西亚的式样，适于骑马民族"[45]。式样有萨珊、粟特式，且可在衣袖、衣领或直襟上看

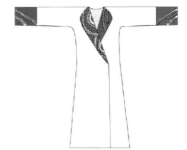

图一三　斜襟左衽束腰长袍[44]

到联珠团窠纹样。

另棺板画中的女子服饰，主要有两种，即三角形翻领长袍（图一四，1）和无领直襟式长袍（图一四，2）。与之前所述棺板画中男子服饰相差无几。经观察，棺板画中男女长袍之间的根本区别在于长袍是否盖靴席地。在敦煌第 159 窟壁画中所绘的吐蕃贵妇形象中，"其所着长袍也有三角形大翻领和直襟无领两种，与棺板画上所绘女性袍服具有相似性"[46]。

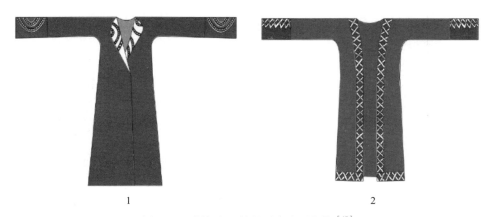

图一四 青海出土棺板画中女子服饰[47]

1. 三角形翻领长袍　2. 无领直襟式长袍

此外，我们注意到棺板画中还有一些妇女身上披有斗篷，想必应是吐蕃贵族妇女的服饰之一，既能在高原上起保暖之效，又使人物整体造型显得雍容雅贵。将青海棺板画中人物服饰图像与克孜尔、龟兹、敦煌石窟壁画图像联系起来看，当时长袍服饰在青藏高原的吐蕃和吐谷浑人中十分流行，尤其是三角形翻领对襟束腰长袍。而这种三角形翻领长袍与当时中亚粟特、西亚波斯及西域龟兹人的服饰有诸多相似之处，应是受到粟特民族服饰的影响，粟特人沿丝绸之路将这种服饰传至青藏高原地区。

（二）棺板画中的粟特金银器皿

在青海地区出土的棺板画中除了上文所论人物服饰与中亚粟特人有关之外，我们还可以观察到棺板画中出现了一些含有萨珊波斯文化因素的粟特器皿，主要为胡瓶、高足小杯等各式酒器。这为我们窥探当时的中西文化交流提供了材料。

在郭里木夏塔图 M1-A 射牛图（图一五）中有一人执壶，器身平面呈扁圆形，口部有流，束颈，鼓腹，圈足呈喇叭形，口沿与肩处安柄。另一人手捧一盘，盘中有高脚杯 3 只。A 板帐居宴饮部分也可见毡帐前也有一人手执银壶。在郭里木夏塔图 M2-A 宴饮图（图一六）中，可见毡帐前有一人执壶，另一人执酒杯，毡帐旁绘有一人酩酊大醉，另一人正搀扶大醉呕吐之人。

观察画面，可以发现人物手中所执为明显的萨珊式器物，在 20 世纪 70 年代之前，有学者研究这种鼓腹、束颈、圈足、侧边有把的容器时统一归入萨珊波斯式器物一类。但后来马尔萨克将"过去归为萨珊银品中的一部分区分出来，考定为粟特地区的产品，其中就包括了这种胡瓶，时代均在 7 世纪以后"[48]。对比萨珊波斯式胡瓶和粟特胡瓶后可以发现二者有两点明显区别：第一点，萨珊

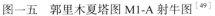

图一五　郭里木夏塔图 M1-A 射牛图[49]

图一六　郭里木夏塔图 M2-A 宴饮图[50]

式胡瓶的圈足一般细高，而粟特式胡瓶的圈足一般粗矮。第二点，萨珊式胡瓶的把跨度较长，一般从腹部以下至颈部，把柄粘在口沿下部；而粟特胡瓶的把跨度较短，一般从腹部中上至口沿，且把柄粘在口上（图一七）。按此特点比对后发现青海地区出土的棺板画人物所执正为"胡瓶"，即是中亚粟特人所制造，或为当地工匠模仿粟特"胡瓶"所制。另青海地区出土一件吐蕃时期的中亚粟特胡瓶（图一八），与棺板画中的胡瓶造型相差无几，圈足粗矮呈喇叭状，把柄从鼓腹上部直接连至口沿。

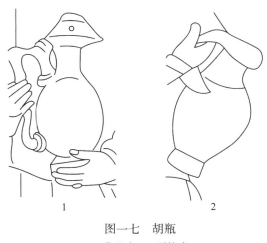

图一七　胡瓶
1. 萨珊式 2. 粟特式

图一八　美国芝加哥普利兹克藏神鸟神兽纹嵌
绿松石金胡瓶[51]

　　在太原隋代虞弘墓中出土的一石俑手中即抱有一萨珊式胡瓶（图一九），虽然虞弘为中亚鱼国人，但墓志中记载其曾出使过波斯和吐谷浑[52]，说明当时的中亚粟特人往往作为西亚、青藏高原与中原地区进行交流的中介。那么，虞弘墓这一石俑手中所抱萨珊式胡瓶的原型，有可能是粟特人从西亚波斯地区带至隋朝。在陕西富平唐房陵大长公主墓壁画中也有手持胡瓶的侍女形象（图二〇），但仔细观察，两位侍女所持胡瓶与萨珊式胡瓶及粟特胡瓶都有所区别。这表明唐朝时，由粟特人带入的胡瓶对当时的社会产生了较大影响，人们开始接受来自远方的器物，但同时也将其稍加改变，以此达到当时人们的审美观念。

图一九　虞弘墓随葬胡人石俑手绘图[53]　　　　图二〇　唐房陵大长公主墓壁画[54]

　　郭里木夏塔图 M1-A 射牛图和 M2-A 宴饮醉酒图中所见的高足酒杯，也具有中亚粟特文化因素。这类酒杯在南北朝至隋唐时期墓葬中多有发现。如"在山西大同北魏平城遗址中出土了 3 件形制各不相同的鎏金铜高足杯；大同北魏封和突墓中出土了 1 件银高足杯；隋代李静训墓中也出土了金银高足杯"[55]（图二一，1）。另在陕西西安安伽墓（图二一，2）、山西太原虞弘墓（图二二）的石棺浮雕上皆能看到相似的高足小杯形象。而安伽、虞弘皆为入华粟特人，所以我们考虑青海棺板画中出现同样类型的高足小杯应是吐蕃或吐谷浑人受到了中亚粟特人的影响。这些胡瓶、高足小杯应是由粟特人经青海道传至青藏高原，或是吐谷浑和吐蕃人受西亚波斯和中亚粟特的艺术风格影响，模仿制造了相似的器皿。中国多地出土北周、隋唐时期蕴含浓厚的中、西亚地域特色的器物，这极力说明，此时中国与粟特、波斯人之间借助丝绸之路的交通网络已有了深入交流，这种深入交流包括经济、文化和精神文明层面。

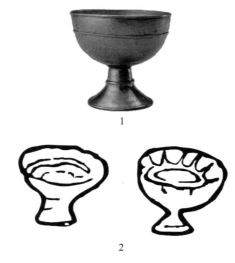

图二一　高足小杯　　　　　　　　图二二　虞弘墓石棺上执高足小杯人物[58]
1. 隋李静训墓出土高足小杯[56]　2. 安伽墓门额
浮雕中的高足小杯[57]

　　此外，郭里木夏塔图 M1-A 帐居宴饮图中的大帐前，靠近画面底部边缘有一人正高举角杯痛快畅饮（图二三，1）。无独有偶，在虞弘墓椁座浮雕中也有类似的场景（图二三，2）。角杯虽在我国商代或之前就已出现，但是考古资料显示我国先人制造的角杯溶液都是从上部口沿流出，而棺板画中的男子所持角杯溶液是从底部小口流出。这是一种典型的波斯、粟特器物，同样造型的器物在西藏吐蕃墓和西安唐代何家村窖藏遗址里都有出土，二者角杯底部皆可打开引流。出土于西藏的这件银角杯，现收藏于美国克利夫兰艺术博物馆，角杯为银质鹿首，表面饰忍冬纹，上部口沿有一圈联珠纹（图二三，3）。何家村窖藏出土的这件镶金兽首玛瑙杯十分精美，只是材质为玛瑙，而非银质，兽首嘴部有一金饰，可拔开引流。这显然与棺板画中男子所持角杯和西藏出土的银质角杯功用一样，应为西亚、中亚制品，或是受到中、西亚文化影响下的产物。

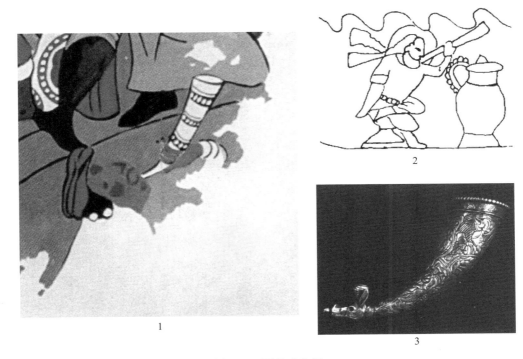

图二三　粟特式角杯

1.郭里木夏塔图 M1-A 饮酒人物形象[59]　2.虞弘墓椁座浮雕饮酒人物形象[60]　3.美国克利夫兰艺术博物馆藏西藏出土银角杯[61]

（三）棺板画中的粟特风格构图程序

　　青海地区出土的棺板画构图内容相对固定，一般有商旅出行、狩猎献祭、帐居宴饮、射杀牦牛、灵帐哀悼等几个部分。其中狩猎、帐居宴饮、商旅和灵帐等场景最为常见。可与史君墓、安伽墓、康业墓和虞弘墓中发现的石棺、石床所体现的构图程序进行比对。

1. 骑射狩猎场景

　　骑射狩猎场景在游牧民族中最易见到，这在棺板画中有所体现。如郭里木 M1-A 中就有骑手引弓射杀奔鹿、追杀牦牛的狩猎场景（图二四）。郭里木夏塔图 M2-A 和 M2-B 中都绘有狩猎图，

M2-A 相较 M1-A 狩猎场面更加复杂宏大。另在乌兰县采集到的棺板画[62]和都兰三号墓出土木箱画中[63]也有狩猎场景出现。

图二四　郭里木夏塔图 M1-A 狩猎图[64]

　　然而类似的骑射狩猎场景在几位入华粟特人的墓葬中皆有发现。如安伽墓石椁浮雕中有 3 幅狩猎图，分别位于左侧屏风第 2 幅（图二五，1）、右侧屏风第 1 幅（图二五，2）和正面屏风第 2 幅（图二五，3）。其中右侧屏风第 1 幅狩猎图中共有五位骑马猎人，一人自左向右，其余四人皆自右向左，猎杀的动物有雄狮、野兔、老虎、奔鹿等。"内容主要反映的是安伽陪同粟特客人（王子）和突厥贵族狩猎的场面，左上和下端两人据马尔萨克先生辨认应该是粟特王子，中间射兔者应该是墓主人安伽"[65]。此外虞弘墓石椁浮雕[66]和史君墓石堂浮雕都可见相关狩猎图[67]。

1　　　　　　　　　　　2　　　　　　　　　　　3

图二五　安伽墓石椁浮雕狩猎图[68]
1. 左侧屏风第 2 幅狩猎图　2. 右侧屏风第 1 幅狩猎图　3. 正面屏风第 2 幅乐舞宴饮狩猎图

2. 商旅出行场景

在郭里木夏塔图 M1-A 中与激烈的狩猎场景并行的还有商队出行场景（图二六），狩猎图的前方，绘有一支商队缓慢前行，商队的中间是一骆驼，背上驮满了货物，骆驼前方有三骑，后方有一骑，前后相继。驼后马上有一人，头上缠巾，腰束箭囊，似为该商队的武装押送人员。有可能是吐谷浑人或粟特人从远方送来的悼唁物品。

图二六　郭里木夏塔图 M1-A 商旅出行图[69]

类似的商旅场景在入华粟特贵族安伽和史君的墓葬中也有发现。安伽墓正面屏风第 5 幅野宴商旅图的下半部分为商旅歇息场景，应为远方到来的粟特或突厥客人（图二七）。画面中央有三人，一人身着橘红色长袍，双手执一瓶，头向右侧，另两人皆背身而立。三人之下有"两头毛驴背驮黑色口袋左右奔走，左侧有繁茂的树，下静卧两只羊，右侧骆驼背负重物卧地休息"[70]。

北周凉州萨保史君墓石堂西壁编号为 W3 的浮雕（图二八）下部绘有商队出行的场景，整个商队由两名骑马男子引领，其中一名男子腰上挂着充满异域风情的箭簇袋，马后跟着两头载着货物的骆驼。"骆驼后面有一头戴船形帽骑在马上的男子，右臂弯曲上举，右手握千里眼正在瞭望。在两头骆驼右上方，有两匹马和一头驴驮载货物并行，驴位于两匹马中间，其后面有一右手持鞭的男子正在驱赶前行"[71]。

想必这样的商队出行或歇息场景在丝绸之路沿线再普通不过，而石室椁壁雕刻绘画的工匠将此类场景放入进去也和墓主人的粟特身份有关，因为粟特民族是一个擅长经商的民族，自然墓葬椁壁上少不了商队出行的景象。同样，吐蕃或吐蕃统治下的吐谷浑人在青藏高原上的生存很大一部分赖于经行丝绸之路过往商队缴纳的商税，以及商队南来北往过境时留下的各种货物。所以在青海出土的棺板画中也会出现马匹、骆驼满载货物的商队出行场景，这就不难理解了。

图二七　安伽墓正面屏风第 5 幅野宴商旅图[72]

图二八　史君墓石堂西壁浮雕 W3[73]

3. 帐居宴饮场景

　　青海地区出土棺板画中的帐居宴饮场景一般包括两个部分，一是帐中（建筑内）主人饮酒场景，二是帐外（建筑外）众人宴饮乐舞场景。出土于郭里木而流散于民间的一件棺板画（图二九）中，白色大帐居于中间，外面有一胡床，主人盘坐在胡床上，脸上有赭色，头戴白色高头巾，"其左侧有人侍立，面前一人正弯腰向其敬礼。主人右后方站立有一排五位乐人，手中各执乐器正在演奏，面对主人的空地上一舞者头戴高冠，一只长袖高举过头正在起舞，左后方一排四人席地而坐，正在观看表演"[74]。

图二九　都兰出土彩绘木棺板画侧板[75]

　　郭里木夏塔图 M1-A 中有一盛大帐居宴饮图，宴饮图以中间的两座大帐而展开构图，棺板画帐篷中出现的人物一般为一对男女，身着翻领长袍，端坐在帐篷之中把酒相望。许新国分析后认为帐中的人物应与"吐蕃的'赞普'与'赞蒙'（即王与王后）"相当的身份。霍巍则认为帐中的男女身份应为"当地部落中的权贵人物，如出席丧葬仪式的当地吐蕃部落首领"[76]。帐篷之外有 17 位男女一起参加宴饮的场景，有人饮酒、有人席地而坐、有人翩翩起舞，形态各异。

　　入华粟特人石椁和石棺床中也十分流行雕刻或绘制帐居宴饮场景。较为典型的是太原隋代虞弘墓后壁居中第 5 块椁壁（图三〇）上部图案中的亭外宴饮场景，图案中心有一对男女坐在双层翘檐尖顶小亭前的平台上，似为夫妻。二人正在把酒对视，左边男子右手端着一多曲瓣碗，身后侍立两位男性侍者。右边女子右手举一高足小杯，身后侍立两位女性侍者。"在主人和侍者前面，还有很大场地，场地上，有六名男乐者，分左右跪坐于两侧，乐者之间还有一大片空地，有一男子正在中央跳着'胡腾舞'，组成一个欢乐样和的宴乐场面"[77]。此外，西安北周安伽墓[78]（图三一）、史君墓[79]及康业墓[80]中都有多幅宴饮乐舞图。

　　透过以上种种帐居宴饮场景，我们可以发现，粟特人与吐蕃人的帐居宴饮图大多是以主人帐居为中心构图，在帐篷之内是一对男女（夫妇）或是主人与亲朋端坐，帐门两侧是等待服侍的侍从，帐前均会出现热闹非凡的众人一同饮酒和乐舞场景。不同的是，在一些粟特贵族墓葬中会有中国传统的歇山顶建筑代替毡帐出现，这应是粟特墓葬主人在中原王朝担任萨保等官职汉化，融合了中原地区生活场景的结果。而地处青藏高原地区的吐蕃人或吐蕃统治下的吐谷浑人应是受到中亚粟特人或邻近地区突厥人的葬俗影响。对此，霍巍总结道，"粟特人与吐蕃人的帐中主人宴饮的题材，曾经主要流行于中亚粟特人当中，随着突厥部落的祆教化，在突厥当中也有流行。与之同时，这一习俗在青藏高原的吐蕃人当中也曾同样流行，所以在棺板画中也采用了这些在意境上相似的画面"[81]。

图三〇　虞弘墓石椁后壁居中第 5 块浮雕图案[82]

1　　　　　　　　2　　　　　　　　3

图三一　安伽墓正面屏风宴饮图[83]

1. 正面屏风第 1 幅奏乐舞蹈图　2. 正面屏风第 3 幅居家宴饮图　3. 正面屏风第 6 幅奏乐宴饮舞蹈图

4. 丧葬仪式

在青海地区出土的棺板画中有诸多体现丧葬仪式的画面，一般包括主人灵帐场景、众人悼唁场景和挂幡祈福场景（图三二）。在郭里木夏塔图 M1-B 板的右下部分（图三三）设有一座灵帐，灵帐的式样与 M1-A 板画中的帐居宴饮出现的帐篷别无二样，灵帐之上覆盖有一件联珠纹式样的丝织物。灵帐前部设门，门前有跪地奠拜的三人，与之相对位置上一人正屈身面向灵帐，双手似作合十作揖状。背对灵帐站立有三人，缠有头巾，正向主人垂首哀悼。灵帐上方站立有四人，站成一排，靠前的女子脸上流下一大串泪水，表情十分悲伤。其余三位女子也都表现出十分哀痛的神情。罗世平先生认为，"这两组夹侍灵帐的男女人物，是死者的亲属，他们为死者守灵，接受前来的吊唁者"[84]。

另一具出土于都兰县现流散于民间的棺板画中也有相似吊唁场景，"在木棺中部位置上设有一呈须弥座式的台子，台上置有一具黑色棺木，棺由棺盖与棺身构成，棺的一侧有三名守灵人，面呈

图三二　郭里木一号墓 M1-B 板挂幡祈福场景

图三三　郭里木夏塔图 M1-B 的右下部分[85]

悲色，棺台左前方在两根立木之间树立有一裸体人像，一骑手正引弓向其射击，另一骑手反身作箭射状也指向裸体人形；在棺之上方，绘出前来奔丧的一队宾客，衣着冠饰各不相同，队中高竖一华盖。棺前一人已下马站定，正面向棺木正拱手致哀"[86]。

可见，吐蕃棺板画匠在创作棺板画时已形成了相对固定且完善的构图内容和形式。而入华粟特贵族的石室椁壁上也有丧葬场景，如太原隋代虞弘前壁正中椁座上雕绘有拜火祭祀典礼，画面正中有一对鹰身人首的祭司，两祭司中间有一莲花状灯台，上有熊熊火焰。两祭司都披着带火状的飘带，身体向火坛倾靠且手抬火坛。针对这一造型，夏鼐早年指出这应是"典型的祆教礼仪的象征"[87]。

西安北周史君墓石堂南壁上也雕刻有明显粟特信奉的祆教丧葬仪式特色的画面。"在四臂守护神旁边有两个直棂窗，两个直棂窗下分别各有一个戴口罩的人身鹰足的祭司——穆护，手持火棍，并分别设有火坛"[88]，图像内容有受到粟特浮雕骨瓮的影响痕迹。且石堂东壁上刻有多组画面，展现的是粟特贵族亡灵在带翼飞天的引导下，由死后乘翼马飞入天国的全过程。

总之，"郭里木棺板画中的'灵帐举哀'主题与粟特美术中的'哀悼'主题具有相似性"[89]。源头可以追溯至中亚、西亚地区。不同的是，"粟特人是依照祆教仪轨举行死者的葬礼，而吐蕃人则是依照苯教的丧葬仪轨举行死者的葬礼"[90]。这在构图细节上有着明显的差异，但是二者为亡者祈福，希望其死后能够顺利进入天国并且与生前一样享受荣华富贵的愿景是相同的。由此可知，入华粟特贵族的葬俗仪式和椁室壁画等影响了生活在青藏高原地区的吐蕃人和吐谷浑人，这是粟特艺术经丝绸之路河南道东传至青海地区的生动表现。

三、丝绸之路青海道在粟特艺术东传中的价值

上文从人物服饰、粟特金银器皿、棺板画构图程序及画中反映的丧葬仪式这四个方面分析了青海地区出土棺板画中蕴含的粟特文化因素及粟特工艺。圆领直襟束腰长袍、三角形翻领对襟束腰长袍、斜襟左衽束腰长袍及长袍上各式联珠团窠纹样；粟特"胡瓶"、高脚小杯；骑射狩猎、商旅出

行、帐居宴饮以及蕴含特殊丧葬仪式的哀悼祈福场景，这些不同种类、不同方面的粟特元素同时出现在青海出土的棺板画中，这表明此时吐蕃、吐谷浑等民族的文化、工艺、生活等方面深受粟特人的影响。而民族文化、民族艺术的交流与传播体现出来的则是同为游牧民族的粟特人和吐蕃人之间有着诸多往来。这种往来主要依靠的是丝绸之路青海道（又称河南道、吐谷浑道，图三四）[91]。

魏晋时期，在五凉政权互相争夺河西走廊地区的控制权时，繁兴一时的河西道受阻中断。在此之前一直畅通，但默默无闻的丝绸之路河南道渐渐登上时代舞台，成为沟通中西的重要通道。保障了此时中西政治、经济、军事、文化交流交往的顺利开展。青海道沿线民族众多，文化各异，粟特人经丝绸之路进入青海后，广泛地与吐蕃、吐谷浑等民族进行交往、交流与交融。

从青海出土棺板画蕴含的多种粟特文化因素及林梅村翻译的一件出土于吐鲁番的9～10世纪粟特古文书记载的粟特人在欧亚大陆经商路线来看，当时借助丝绸之路青海道的交通路网，吐蕃与粟特之间的交流非常密切。唐朝显庆四年（659年）时，西突厥势力衰弱，部落分散，其中有弓月部等发生叛乱，后为唐朝派兵镇压。麟德二年（665年）闰二月，"疏勒、弓月引吐蕃侵于阗"[92]。还有其他相似的记载里都有这个叫弓月的部落名称出现，其与吐蕃在西域的经略、扩张有着密切的关系。据学者考证"弓月属西突厥别种、别部，是一个在草原上经商、传教的粟特人部落，弓月城是他们活动的一个中心"[93]。可见粟特人虽臣服于西突厥的统治之下，但是西突厥对吐蕃的控制较为松散，并且西突厥依靠粟特人强大的经商能力进入欧亚大陆从事贸易获利。同时，粟特人在西突厥部落中传播祆教信仰，主持祆教仪式而获得较高地位。

后来，在吐蕃一步一步控制了西域广大地区后，吐蕃人与位于中亚地区的粟特人有了更多地直接接触。两个民族在河南道的交通路网下实现了多方面、全方位的交流与交融，如生活习俗、日常用品，甚至粟特人的祆教信仰也在吐蕃地区流传。在前文已做论述的青海道沿线地区出土了许多由粟特人传入的器物，如粟特锦、粟特器皿等。在《旧唐书》《新唐书》《册府元龟》《唐会要》等文献中，"记载吐蕃历年向唐朝贡、赠送之物中，尚有金鹅、金城、金瓮、金叵罗、今胡瓶、金盘、金碗、玛瑙杯及银制犀、牛、羊、鹿等各种金银器，其中有些当系来自粟特或受粟特影响制作"[94]。而唐蕃之间的交通道路就是以青海道为基础形成的。

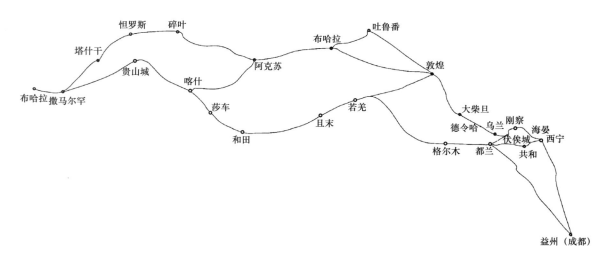

图三四　粟特艺术东传青海道路线图（自制）

此外，青海地区出土的棺板画中所绘人物服饰也与粟特民族服饰有很大的相似性，应为粟特人与吐蕃人（包括吐蕃统治下的吐谷浑人）交往过程中，吐蕃借鉴后融合了自己民族特色元素，改造为适宜在高原和特定场合下穿着的民族服饰。总之，借助丝绸之路青海道及其他路线，吐蕃（包括吐蕃统治下的吐谷浑人）和粟特两个民族，因为地缘和各自民族的特点，"不仅沟通着东西方之间物质文化的交流，同时也沟通了东西方精神文明文化的交流"[95]。粟特民族流动性和适应性极强，将带有中亚、西亚，甚至欧洲的物质文明和精神文明带到了中国，而吐蕃民族既有北方草原的文化特点，又有中原传统的汉文化特点，这些特点必将造成两个民族之间的思想交流与文化激荡，最终推动南北朝隋唐时期民族大融合与丝路文化交流互动新局面的形成。

四、结　语

中古时期，随着大量粟特胡人沿丝绸之路河西道入华，阵阵胡风胡韵吹拂中原大地。当时作为与河西道大致平行且同在使用的丝绸之路青海道也是粟特人入华的道路之一，甚至在局部战乱导致河西道中断后，青海道更是成为内地沟通西域的主要通道。因此粟特艺术也沿着青海道东传至青海等地。关于这方面的文献记载虽少，但好在近年青海地区出土了大量的棺板画，而透过棺板画或多或少可以看出粟特艺术已影响了青藏高原地区，如棺板画中体现出来的粟特民族服饰、粟特金银器皿、粟特风格构图程序等图像细节，都是粟特艺术东传的直接表现。这也为我们探究丝绸之路青海道沿线民族的交往、交流及交融提供了资料和线索，当时的吐蕃、吐谷浑人与粟特之间已有较为密切的交往。

同时这也在昭示我们，丝绸之路青海道在中古时期文化交流、民族融合方面发挥了其独特作用，其在丝绸之路路网中的地位应被重新定义。尤其青海道承担的民族交流交融方面的历史，可以为我们今天铸牢中华民族共同体意识提供历史经验与智慧。总之，青海道发挥的价值是不可磨灭的，青海道承载的历史信息与文化内涵还需我们不断挖掘与解读。

注　释

[1] 程起骏《棺板彩画：吐谷浑人的社会图景》，《中国国家地理》2006 年第 3 辑，第 92、93 页；罗世平《棺板彩画：吐蕃人的生活画卷》，《中国国家地理》2006 年第 3 辑，第 94~95 页；林梅村《棺板彩画：苏毗人的风俗图卷》，《中国国家地理》2006 年第 3 辑，第 96~98 页；仝涛《青海都兰热水一号大墓的形制、年代及墓主人身份探讨》，《考古学报》2012 年第 4 期，第 467~488 页。
[2] 霍巍《青海出土吐蕃木棺板画人物服饰的初步研究》，《艺术史研究》（第九辑），中山大学出版社，2007 年，第 257~276 页。
[3] 霍巍《西域风格与唐风染化——中古时期吐蕃与粟特人的棺板装饰传统试析》，《敦煌学辑刊》2007 年第 1 期，第 82~94 页。
[4] 许新国《郭里木吐蕃墓葬棺板画研究》，《中国藏学》2005 年第 1 期，第 56~69 页。
[5] 柳春诚《郭里木棺板彩画临摹手记》，《中国国家地理》2006 年第 3 辑，第 88~91 页。
[6] 霍巍《青海出土吐蕃木棺板画人物服饰的初步研究》，《艺术史研究》（第九辑），中山大学出版社，2007 年，第 257~276 页。
[7] 许新国《试论夏塔图吐蕃棺板画的源流》，《青海民族学院学报（社会科学版）》2007 年第 1 期，第 65~73 页。

［8］　许新国《都兰吐蕃郭里木墓棺板画报告》，《汉藏佛教美术国际学术讨论会论文提要》，上海古籍出版社，2006年，第 230 页。

［9］　霍巍《青海出土吐蕃木棺板画人物服饰的初步研究》，《艺术史研究》（第九辑），中山大学出版社，2007年，第 257～276 页；仝涛《青藏高原丝绸之路的考古学研究》，文物出版社，2021年，第 272 页。

［10］　仝涛《青藏高原丝绸之路的考古学研究》，文物出版社，2021年，第 272 页。

［11］　许新国《德令哈吐蕃墓出土丝绸与棺板画研究》，《都兰吐蕃文化全国学术论坛论文集》，文物出版社，2017年，第 208 页。

［12］　青海省博物馆《尘封千年的记忆：丝绸之路（青海道）沿线古代彩绘木棺板画》，文物出版社，2019年，第 55 页。

［13］　青海省博物馆《尘封千年的记忆：丝绸之路（青海道）沿线古代彩绘木棺板画》，文物出版社，2019年，第 43、44 页。

［14］　青海省博物馆《尘封千年的记忆：丝绸之路（青海道）沿线古代彩绘木棺板画》，文物出版社，2019年，第 58 页。

［15］　青海省博物馆《尘封千年的记忆：丝绸之路（青海道）沿线古代彩绘木棺板画》，文物出版社，2019年，第 62 页。

［16］　青海省博物馆《尘封千年的记忆：丝绸之路（青海道）沿线古代彩绘木棺板画》，文物出版社，2019年，第 64 页。

［17］　青海省博物馆《尘封千年的记忆：丝绸之路（青海道）沿线古代彩绘木棺板画》，文物出版社，2019年，第 28 页。

［18］　青海省博物馆《尘封千年的记忆：丝绸之路（青海道）沿线古代彩绘木棺板画》，文物出版社，2019年，第 47 页。

［19］　北京大学考古文博学院《都兰吐蕃墓》，科学出版社，2005年，第 14～18 页。

［20］　北京大学考古文博学院《都兰吐蕃墓》，科学出版社，2005年，第 46 页。

［21］　北京大学考古文博学院《都兰吐蕃墓》，科学出版社，2005年，第 101～103 页。

［22］　中国社会科学院考古研究所等《青海乌兰县泉沟一号墓发掘简报》，《考古》2020年第 8 期，第 19～37 页。

［23］　许新国《乌兰县泉沟吐蕃时期的壁画墓》，《都兰吐蕃文化全国学术论坛论文集》，文物出版社，2017年，第 237～240 页。

［24］　中国社会科学院考古研究所等《青海乌兰县泉沟一号墓发掘简报》，《考古》2020年第 8 期，第 19～37 页。

［25］　许新国《茶卡出土的彩绘木棺盖板》，《青海民族大学学报（社会科学版）》2011年第 1 期，第 88～90 页。

［26］　辛峰、马冬《青海乌兰茶卡棺板画研究》，《青海民族大学学报（社会科学版）》2017年第 3 期，第 1～9 页。

［27］　孙杰、索南吉、高斐《青海海西新发现彩绘木棺板画初步观察与研究》，沙武田主编《丝绸之路研究集刊》（第 2 辑），商务印书馆，2018年，第 280～290 页；张建林，才洛太《青海藏医药文化博物馆藏彩绘棺板》，Shing Müller，Thomas O. Höllmann，Sonja Filip，（eds.），*Early Medieval North China：Archaeological and Textual Evidence*（《从考古与文献看中古早期的中国北方》），Wiesbaden：Otto Harrassowitz GmbH & Co. KG，2019，pp. 261-282.

［28］　霍巍《吐蕃时代考古新发现及其研究》，科学出版社，2012年，第 140～141 页；青海省博物馆《尘封千年的记忆：丝绸之路（青海道）沿线古代彩绘木棺板画》，文物出版社，2019年，第 55～57 页；仝涛《青藏高原丝绸之路考古》，文物出版社，2021年，第 278～280 页。

［29］　霍巍《吐蕃时代考古新发现及其研究》，科学出版社，2012年，第 111 页。

［30］　Amy Heller，"Observations on Painted Coffin Panels of the Tibetan Empire"，in Christoph Cuppers，Robert Mayer，Michael Waltereds，（eds.），*Tibet after Empire Culture*，*Society and Religion between 850-1000*，*Proceedings of the Seminar Held in Lumbini*，*Nepal*，*March* 2011，Kathmandu: Dongol Printers，2013，p. 147.

［31］　郭芯萌《青海吐蕃时期棺板画人物服饰研究》，西安工程大学硕士学位论文，2018年，第 38 页。

［32］　中国美术全集编辑委员会《中国美术全集·绘画编（2）·隋唐五代绘画》，人民美术出版社，1984年，图

版二。

［33］〔俄〕马尔夏克著，毛铭译《突厥人、粟特人与娜娜女神》，漓江出版社，2016 年，第 57 页。

［34］〔俄〕马尔夏克著，毛铭译《突厥人、粟特人与娜娜女神》，漓江出版社，2016 年，第 55 页。

［35］郭芯萌《青海吐蕃时期棺板画人物服饰研究》，西安工程大学硕士学位论文，2018 年，第 38 页。

［36］〔匈〕西瑟尔·卡尔梅著，胡文和译《七世纪至十一世纪西藏服装》，《西藏研究》1985 年第 3 期，第 85～90 页。

［37］〔匈〕西瑟尔·卡尔梅著，胡文和译《七世纪至十一世纪西藏服装》，《西藏研究》1985 年第 3 期，第 85～90 页。

［38］〔法〕海瑟·噶尔美著，熊文彬译《早期汉藏艺术》，中国藏学出版社，1994 年，第 37 页。

［39］张爱红《克孜尔石窟壁画精选·服饰》，新疆人民出版社，2006 年，第 74、77 页。

［40］中国敦煌壁画全集编辑委员会《中国敦煌壁画全集（7）·敦煌（中唐）》，天津人民出版社，2006 年，第 59、60 页。

［41］中国敦煌壁画全集编辑委员会《中国敦煌壁画全集（7）·敦煌（中唐）》，天津人民出版社，2006 年，第 117 页。

［42］杨清凡《从服饰图例试析吐蕃与粟特关系（上）》，《西藏研究》2001 年第 3 期，第 54～65 页。

［43］杨清凡《从服饰图例试析吐蕃与粟特关系（上）》，《西藏研究》2001 年第 3 期，第 54～65 页。

［44］郭芯萌《青海吐蕃时期棺板画人物服饰研究》，西安工程大学硕士学位论文，2018 年，第 33 页。

［45］〔法〕海瑟·噶尔美著，熊文彬译《早期汉藏艺术》，中国藏学出版社，1994 年，第 37 页。

［46］霍巍《吐蕃时代考古新发现及其研究》，科学出版社，2012 年，第 134 页。

［47］郭芯萌《青海吐蕃时期棺板画人物服饰研究》，西安工程大学硕士学位论文，2018 年，第 53、54 页。

［48］许新国《郭里木吐蕃墓葬棺板画研究》，《中国藏学》2005 年第 1 期，第 56～69 页。

［49］柳春诚《郭里木棺板彩画临摹手记》，《中国国家地理》2006 年第 3 辑，第 91 页。

［50］仝涛《青藏高原丝绸之路的考古学研究》，文物出版社，2021 年，第 272 页。

［51］王旭东、汤姆·普利兹克《丝绸之路上的文化交流——吐蕃时期艺术珍品》，中国藏学出版社，2020 年，第 163 页。

［52］山西省考古研究所、太原市考古研究所、太原市晋源区文物旅游局《太原隋代虞弘墓清理简报》，《文物》2001 年第 1 期，第 27～52 页。

［53］山西省考古研究所、太原市考古研究所、太原市晋源区文物旅游局《太原隋代虞弘墓清理简报》，《文物》2001 年第 1 期，第 27～52 页。

［54］于静芳《唐墓壁画女性图像风格研究》，西安美术学院博士学位论文，2018 年，第 176 页。

［55］吴晓燕《青海海西州棺板彩绘的初步研究》，中央民族大学，硕士毕业论文，2010 年，第 31 页。

［56］唐金裕《西安西郊隋李静训墓发掘简报》，《考古》1959 年第 9 期，第 507 页。

［57］陕西省考古研究所《西安北周安伽墓》，文物出版社，2003 年，第 16 页。

［58］山西省考古研究所、太原市考古研究所、太原市晋源区文物旅游局《太原隋代虞弘墓清理简报》，《文物》2001 年第 1 期，第 37 页。

［59］柳春诚《郭里木棺板彩画临摹手记》，《中国国家地理》2006 年第 3 辑，第 90 页。

［60］山西省考古研究所、太原市考古研究所、太原市晋源区文物旅游局《太原隋代虞弘墓清理简报》，《文物》2001 年第 1 期，第 45 页。

［61］A. Heller, "Tibetan Inscriptions on Ancient Silver and Gold Vessels and Artefacts", *Journal of the International Association for Bon Research*, 2013, vol.1, p. 277.

［62］许新国《茶卡出土的彩绘木棺盖板》，《青海民族大学学报（社会科学版）》2011 年第 1 期，第 88～90 页；辛峰、马冬《青海乌兰茶卡棺板画研究》，《青海民族大学学报（社会科学版）》2017 年第 3 期，第 1～9 页。

［63］北京大学考古文博学院《都兰吐蕃墓》，科学出版社，2005 年，第 102、103 页。

［64］程起骏《棺板彩画：吐谷浑人的社会图景》，《中国国家地理》2006 年第 3 辑，第 84～86 页。

［65］陕西省考古研究所《西安北周安伽墓》，文物出版社，2003 年，第 36 页。

［66］太原隋代虞弘墓中的狩猎场景共有 4 幅，东壁北部第三块椁壁图案为骑驼猎狮场景、后壁东部第四块椁壁上部也是骑驼猎狮场景、后壁西部第六块椁壁为乘象杀狮场景、椁座浮雕之四为骑射奔鹿场景，参考山西省考古研究所、太原市考古研究所、太原市晋源区文物旅游局《太原隋代虞弘墓清理简报》，《文物》2001 年第 1 期，第 27～52 页。

［67］史君墓石堂西壁编号为 W3 的浮雕中有一骑马手执弯弓射箭的男子，正追赶、射杀 5 只动物的画面，另有两只猎犬在奔跑的动物两侧，协助主人射杀。

［68］陕西省考古研究所《西安北周安伽墓》，文物出版社，2003 年，第 23、33、35 页。

［69］柳春诚《郭里木棺板彩画临摹手记》，《中国国家地理》2006 年第 3 辑，第 88～91 页。

［70］陕西省考古研究所《西安北周安伽墓》，文物出版社，2003 年，第 32 页。

［71］西安市文物保护考古所《西安北周凉州萨保史君墓发掘简报》，《文物》2005 年第 3 期，第 4～33 页。

［72］陕西省考古研究所《西安北周安伽墓》，文物出版社，2003 年，第 33 页。

［73］西安市文物保护考古所《西安北周凉州萨保史君墓发掘简报》，《文物》2005 年第 3 期，第 24 页。

［74］霍巍《吐蕃时代考古新发现及其研究》，科学出版社，2012 年，第 150 页。

［75］霍巍《吐蕃时代考古新发现及其研究》，科学出版社，2012 年，第 150 页。

［76］霍巍《青海出土吐蕃木棺板画的初步观察与研究》，《西藏研究》2007 年第 2 期，第 49～61 页。

［77］山西省考古研究所、太原市考古研究所、太原市晋源区文物旅游局《太原隋代虞弘墓清理简报》，《文物》2001 年第 1 期，第 38 页。

［78］西安北周安伽墓左侧屏风第 3 幅上半部分为野宴图；正面屏风第 1 幅为奏乐舞蹈图；正面屏风第 2 幅上半部分为乐舞宴饮图；正面屏风第 3 幅为主人居家宴饮图；正面屏风第 5 幅上半部分为一野宴场景；正面屏风第 6 幅为奏乐宴饮舞蹈图；右侧屏风第 2 幅为奏乐宴饮舞蹈图，参考陕西省考古研究所《西安北周安伽墓》，文物出版社，2003 年，第 28～32 页。

［79］西安北周史君墓石堂北壁编号为 N2 的浮雕画面为男女主人家中宴饮图；北壁编号为 N4 的浮雕有男女主人在葡萄园中宴饮的场面，参考西安市文物保护考古所《西安北周凉州萨保史君墓发掘简报》，《文物》2005 年第 3 期，第 4～33 页。

［80］西安北周康业墓正面围屏自左向右第 5 幅线刻有宴饮场景，参考西安市文物保护考古所《西安北周康业墓发掘简报》，《文物》2008 年第 6 期，第 14～35 页。

［81］霍巍《吐蕃时代考古新发现及其研究》，科学出版社，2012 年，第 153 页。

［82］山西省考古研究所、太原市考古研究所、太原市晋源区文物旅游局《太原隋代虞弘墓清理简报》，《文物》2001 年第 1 期，第 37 页。

［83］陕西省考古研究所《西安北周安伽墓》，文物出版社，2003 年，第 28～32 页。

［84］罗世平《天堂喜宴——青海海西州郭里木吐蕃棺板画笺证》，《文物》2006 年第 7 期，第 79 页。

［85］罗世平《天堂喜宴——青海海西州郭里木吐蕃棺板画笺证》，《文物》2006 年第 7 期，第 69 页。

［86］霍巍《吐蕃时代考古新发现及其研究》，科学出版社，2012 年，第 154 页。

［87］夏鼐《中国最近发现的波斯萨珊银币》，《夏鼐文集》（下册），社会科学文献出版社，2000 年，第 18 页。

［88］西安市文物保护考古所《西安北周凉州萨保史君墓发掘简报》，《文物》2005 年第 3 期，第 9、10 页。

［89］吕红亮《"穹庐"与"拂庐"——青海郭里木吐蕃墓棺板画毡帐图像试析》，《敦煌学辑刊》2011 年第 3 期，第 81、82 页。

［90］霍巍《吐蕃时代考古新发现及其研究》，科学出版社，2012 年，第 154 页。

［91］曹中俊《经丝绸之路河南道至建康僧人弘法事迹考》，《丝绸之路研究集刊》（第四辑），商务印书馆，2019 年，第 224～238 页；曹中俊、李顺庆《丝绸之路河南道视域下的河西与建康佛教关系摭议》，《河西学院学报》2019 年第 6 期，第 33～40 页；曹中俊、李永平《益州佛教文化交流与丝绸之路河南道的关系：以僧侣、义理、造像为考察中心》，《地域文化研究》2021 年第 2 期，第 28～41 页。

［92］（宋）司马光撰，（元）胡三省音注《资治通鉴》卷 201《唐纪十七》，中华书局，1956 年，第 6333 页。

［93］　王小甫《弓月部落考》，《唐、吐蕃、大食政治关系史》，北京大学出版社，1992 年，第 243～256 页。

［94］　杨清凡《由服饰图例试析吐蕃与粟特关系（下）》，《西藏研究》2001 年第 4 期，第 44～54 页。

［95］　陈海涛《唐代入华粟特人商业活动的历史意义》，《敦煌学辑刊》2002 年第 1 期，第 118 页。

蒙古国新见唐代鱼符考

徐 弛

2011年，蒙古国东戈壁省赛音山达市东南30～40千米处发现了一枚青铜鱼符。该鱼符长50毫米，最大宽度18毫米，重量15.87克[1]。一面铸有两道腮纹、背鳍和鱼鳞；一面铸有凹陷的"同"字，其下阴刻"中郎雷莫遂州長史合蠟"。侧边刻有阴文"合""同"二字的左半边（图一）。

图一　蒙古国新发现的鱼符

关于该鱼符，俄罗斯学者西达洛维奇（С. В. Сидорович）首先做出了详细考证，他利用罗振玉的《历代符牌图录》研究了该鱼符，对该鱼符的基本情况做了考证。他认为，"合蠟"一名为突厥语"勇士"之意，属于雷部的莫遂州是中文史料中未载的一个羁縻州，认为该鱼符最可能的时间在647～690年之间[2]。另外，俄罗斯学者纪希（Владимир Владимирович Тишин）撰文，将鱼符上的汉文"莫遂"与鄂尔浑突厥碑铭中的突厥语词汇进行了勘音比对[3]。随后，日本学者柿沼阳平发表《文物としての随身魚符と随身亀符》一文，综合研究了目前发现的唐代鱼符和龟符。在文中他提到蒙古国新发现的这枚鱼符，基本赞同西达洛维奇对该鱼符时间的判断[4]。几位学者为该鱼符的研究打下了坚实基础，但仍有进一步研究的必要。因此，本文将对该鱼符进行研究，敬请方家指正。

一、鱼符的类型

《旧唐书·职官志》将鱼符归纳为两类，其一是"铜鱼符"，其二是"随身鱼符"：

> 凡国有大事，则出纳符节，辨其左右之异，藏其左而班其右，以合中外之契焉。一曰铜鱼符，所以起军旅，易守长。二曰传符，所以给邮驿，通制命。三曰随身鱼符，所以明贵贱，应征召……鱼符之制，王畿之内，左三右一；王畿之外，左五右一。大事兼敕书，小事但降符，函封遣使合而行之……随身鱼符之制，左二右一，太子以玉，亲王以金，庶官以铜，佩以为饰。刻姓名者，去官而纳焉；不刻者，传而佩之[5]。

根据上述史料的记载，普通官员的随身鱼符为铜制，有的刻有姓名。蒙古国新发现的这一鱼符为刻有姓名，可知该鱼符最可能为随身鱼符。《新唐书·车服志》记载：

> 随身鱼符者，以明贵贱，应召命，左二右一，左者进内，右者随身。皇太子以玉契召，勘合乃赴。亲王以金，庶官以铜，皆题某位姓名。官有贰者加左右，皆盛以鱼袋，三品以上饰以金，五品以上饰以银。刻姓名者，去官纳之，不刻者传佩相付[6]。

从两段史料的末句可知，刻有姓名的鱼符，官员离任时应交还。可能正因如此，今日可见之唐代随身鱼符，大多不题名。除本文所述鱼符外，题名的随身鱼符仅有两例。一为俄罗斯尼古拉耶夫斯克遗址出土的鱼符，侧边亦刻有阴文"合""同"二字的左半边，背面上方阴刻"同"字，下方书"左骁卫将军聂立计"[7]。根据姚玉成的考辨，尼古拉耶夫斯克出土鱼符的年代应为唐开元以后[8]。另外，在洛阳一座墓葬中发现有"司驭少卿崔万石"鱼符，亦有阴刻"同"字。这两个鱼符一个发现于俄罗斯境内的遗址中，一个发现于墓葬中。从形制来看，这两个鱼符与蒙古国新发现的鱼符相似。根据《新唐书》记载，"随身鱼符者……左者进内，右者随身。"《新唐书》又记鱼符"左者进内，右者在外"，可知该鱼符为右侧鱼符。呼应了前述史料中的记载"辨其左右之异，藏其左而班其右"。另外，《新唐书》还记载鱼符"蕃国亦给之，雄雌各十二，铭以国名，雄者进内，雌者付其国。"可知该鱼符既可称为右鱼符，亦可称为雌鱼符。与左（雄）鱼符契合后，即为一完整鱼符。

关于随身鱼符的职能，孟宪实已有较为详尽的研究。他认为，以随身鱼符而言，"明贵贱，应徵召"仅仅是功能的核心部分，随身鱼符还可以充当领兵、出使的鱼符使用，如《唐六典》记载，"若在家非时及出使，别敕召检校，并领兵在外，不别给符契"[9]。使用随身鱼符，在这种情况下，已然替代了兵符或使符[10]。笔者赞同他的观点，不再赘述。

二、鱼符主人的官职和身份

（一）中　郎

这枚鱼符的主人名为合蜡。鱼符上刻有文字："中郎霫莫遂州長史合蠟。"中郎为唐朝十六卫的内府长官，《唐六典》记载：

> （左右卫）亲府、勋一府、勋二府、翊一府、翊二府等五府中郎将各一人，正四品下……中郎将掌领其府校尉、旅帅、亲卫、勋卫、翊卫之属以宿卫，而总其府事；左、右郎将贰焉。若大朝会及巡幸，则如卤簿之法，以领其仪仗。凡五府之亲、勋、翊卫应番上者，则以其名簿上大将军，配于所职[11]。

中郎将为正四品下，主要负责掌领其府校尉、旅帅、亲卫、勋卫、翊卫之属以宿卫。《旧唐书》记载，京官文武职事四品、五品可以拥有自己的随身鱼符：

> 高祖武德元年九月，改银菟符为银鱼符。高宗永徽二年五月，开府仪同三司及京官文武职事四品、五品，并给随身鱼。咸亨三年五月，五品已上赐新鱼袋，并饰以银[12]。

因此，自高宗永徽二年（651 年）五月始，负责在京城宿卫的中郎将就可以获得随身鱼符。而合蜡之所以获得中郎将这一官职，是因为唐朝对周边诸蕃首领的授官制度。在唐朝，授官给蕃将有一套自己的标准，《册府元龟》记载：

> （开元）六年十一月丁未，阿史特勒仆罗上书诉曰："仆罗克吐火罗叶護部下管诸国王都督、刺史总二百一十二人，谢扬国王统领兵马二十万众，罽宾国王统领兵马二十万众，骨吐国王、石汗那国王、解苏国王、石匿国王、怛达国王、护密国王、护时健国王、范延国王、久越德建国王、勃特山王，各领五万众。仆罗祖父已来，并是上件诸国之王，蕃望尊重。仆罗兄般都泥利承嫡继袭，先蒙恩勅，差使持节就本国册立为王。然火罗叶護积代以来，於大唐忠赤，朝贡不绝。本国缘接近大食、吐蕃，东界又是四镇。仆罗兄每征发部落下兵马讨论击诸贼，与汉军相知，声援应接，在于边境，所以免有侵渔。仆罗兄前后屡蒙圣泽，媿荷国恩，遂发遣仆罗入朝侍卫王阶，至愿献忠殉命，以为臣妾。仆罗至此，为不解汉法，鸿胪寺不委蕃望大小，有不比类流例，高下相悬，即奏拟授官。窃见石国、龟兹，并余小国王子、首领等入朝，元无功効，并缘蕃望授三品将军。况仆罗身特勤，本蕃位望与亲王一种比类，大小与诸国王子悬殊，却授仆罗四品中郎。但在蕃王子弟、娑罗门瞿昙金刚、龟兹王子白孝顺等，皆数改转，位至诸卫将军。唯仆罗最是大蕃，去神龙元年蒙恩勅授左领军卫翊府中郎将，至今经一十四年，久被沦屈，不蒙准例授职，不胜苦屈之甚。"勅鸿胪卿准例定品秩，勿令称屈[13]。

这段话主要描述了吐火罗特勤仆罗为自己申辩，要求朝廷给自己提高品秩一事，但也在某种意义上说明了唐朝给蕃将定阶的标准。仆罗作为吐火罗王之弟，神龙元年被唐朝授为四品左领军卫翊府中郎将。但他认为，石国、龟兹等小国王子、首领，原无功勋，地位又在吐火罗之下，却因为蕃望直接被授为三品将军。另外一些本来品秩可能与他类似的小国蕃王子弟，经过改转，品秩也已升为诸卫将军。根据这段话我们可以推断，中郎这一品秩与蕃国国王之弟、特勤、小国王子之类的身份相对应。另外，在已经发现的一些墓志中，也可印证我们的这一推断，例如《唐故契苾将军墓志》中记载：

大唐故九姓突厥赠右领军卫大将军李中郎者，西北蕃突厥渠帅之子也[14]。

九姓突厥（铁勒）契苾李中郎作为西北蕃突厥渠帅之子，被授予中郎这一品秩，去世后赠官右领军卫大将军。契苾作为突厥（铁勒）的一个部落，符合我们上述的推断。另外，如《大唐故冠军大将军史北勒墓志》记载：

> 曾祖达官，本蕃城主……祖眛嫡袭，不坠忠贞。父曰，凤使玉关，作镇金塞。乃礼遣长子削衽来庭，公之是也。皇上嘉其诚款，特拜授中郎将[15]。

由此可见，史北勒的曾祖是西域蕃国国王，此后其祖、父世袭。史北勒自本蕃赴长安之时，为该国王子，因此获得了中郎将这一官职。结合上述例证，我们推断合蜡在其本部中，应为莫遂州首领之弟或首领之子之类的身份。

（二）霅莫遂州长史

霅莫遂州，应理解为霅部的莫遂州。关于该羁縻州，史料未载。目前，学者对史料中白霅与霅是否为同族多有争论，没有达成共识，但史料中与霅部有关的羁縻州仅有两个，一为寘颜州，另一个为居延州，两地位置有显而易见的区别，寘颜州位于漠北地区，而居延部位于东北地区。《新唐书》记载：

> 其部有三：曰居延，曰无若没，曰潢水。其君长臣突厥颉利可汗为俟斤。贞观中再来朝，后列其地为寘颜州，以别部为居延州，即用俟斤为刺史。显庆五年，授酋长李含珠为居延都督。含珠死，弟厥都继之。后无闻焉[16]。

另据《资治通鉴》记载，贞观二十二年（648年）"六月，乙丑，以白霅别部为居延州"[17]。接着，至迟在高宗显庆五年（660年），居延州升为都督府。根据《资治通鉴》"显庆五年"条记载：

> 以定襄都督阿史德枢宾、左武侯将军延陀梯真、居延州都督李合珠并为冷岍道行军总管，各将所部兵以讨叛奚[18]。

虽然此处仍记为居延州都督，但都督而非刺史的设置，说明居延州已升格为羁縻都督府。另据《唐会要》记载，"显庆五年，以其首领李含珠为居延都督，含珠死，以其弟厥都为居延都督，自后无闻焉"[19]。由此推知，居延州作为管理整个霅部的行政机构，最多仅维持了十二年，在贞观二十二年至显庆五年之间。在此期间，唐朝发现在霅地设居延州并不合适，将居延州升为居延州都督府。而"州都督府"这类名称的都督府，说明羁縻都督府兼置有同名本州[20]。该鱼符反映的莫遂州，很可能是霅部受居延州都督府管辖的羁縻州，其设置年代，可能在660年居延州升格为居延州都督府之后。

关于长史，在唐朝的羁縻府州内，除都督、刺史之外的高等级官员有长史、司马等。"太宗为置六府七州，府置都督，州置刺史，府州皆置长史、司马已下官主之"[21]。据《新唐书·回鹘传》记载，铁勒诸部"皆以酋领为都督、刺史、长史、司马"[22]，由此，合蜡可能为莫遂州长史，应为酋领家族的成员。根据史料记载，霅部首领为俟斤，合蜡很可能是霅部首领、莫遂州刺史的兄弟，在本部中为特勤。此外，亦有可能是莫遂州刺史之子，与中郎将的身份完全符合。

《唐六典》中没有记载羁縻州设置的官员种类，但记载了上中下州的官员种类。在这些州内，除刺史外的最高级别长官为别驾，次为长史。在正州中，长史在刺史阙或由亲王兼领时，可代主州政。但实际上，他们基本上只是优游禄位的闲职，因其品高俸厚而无职事，所以一般用以安排贬退的大臣和宗室、武将[23]。

虽然史料中并未记载羁縻州长史的品秩，但记载了正州的长史品秩。上州为从五品上，中州正六品上，下州正六品下。由此可见，长史品秩低于中郎将，《唐六典》记载，"亲王及二品已上散官、京官文武职事五品已上、都督、刺史、大都督府长史、司马、诸都护、副都护并给随身鱼符"[24]，其中，长史为"大都督府长史"，不包括羁縻州长史。莫遂州在正史中没有记载，应该不是特别大的羁縻州。艾冲在研究中发现，羁縻府州县的行政层级，并不等同于正规府州县，实际上它们的行政层级低于正规的府州县。虽然名义上两类府州县政治地位相当，但在实际的行政管理运作中，羁縻都督府略当于内地正规的州级单位，羁縻州略当于正规的县级单位[25]。根据史料，即使正州的中下州长史仅为六品，亦不符合职事五品以上可获随身鱼符的制度。因此我们认为，蒙古发现的鱼符主人可能并非因长史一职获得鱼符，而是凭"中郎"这一官职获得的。

但是，如果合蜡以中郎之职获随身鱼符，那为何要将"莫遂州长史"这一与该鱼符无关的职务，刻写在鱼符上呢？如苏联尼古拉耶夫斯克遗址出土的唐朝鱼符，书"左骁卫将军聂立计"，聂立计其人最有可能为靺鞨贵族，根据鱼符信息，显然他是因为担任"左骁卫将军"一职而获得该鱼符。该鱼符虽然发现于前苏联尼古拉耶夫斯克城内[26]，但并未提及聂立计担任的其他官职。

新发现的合蜡鱼符上提及"莫遂州长史"，可能在暗示我们，唐朝针对羁縻府州可能另有一套制度。基于这一制度，羁縻州长史亦有可能获得铜鱼符。史料中的蛛丝马迹也暗示了这一点。《新唐书·回鹘传》记载：

> 皆以酋领为都督、刺史、长史、司马，即故单于台置燕然都护府统之，六都督、七州皆隶属，以李素立为燕然都护。其都督、刺史给玄金鱼符，黄金为文[27]。

这段文字告诉我们，唐朝给羁縻府州的都督、刺史玄金鱼符，以黄金为文。虽然未提及羁縻府州内低于都督、刺史的长史、司马是否给鱼符，但由此推知，在羁縻府州中，都督刺史给玄金鱼符，以黄金为文；羁縻州长史给铜鱼符，是很有可能的。

前文中提到，"中郎"有资格获得随身鱼符，而羁縻州长史，很可能亦有资格获得铜鱼符。鉴于此，笔者认为，这有可能是在蒙古国发现的合蜡铜鱼符上既提到"中郎"，又刻有"莫遂州长史"的缘故。关于这一疑问，我们仍期待更多新史料的证明。

三、鱼符的年代

关于该鱼符的年代，西达洛维奇做过一番考证，他认为，自从武则天统治时期（690～705年）以来，就开始使用龟符，根据现有信息，在716年后，霅部和其他部落一起南迁到唐帝国内部，因此鱼符最有可能的年代是647～690年之间[28]。他从唐与漠北诸部的关系角度，对鱼符年代进行了考证，但他的这一观点是错误的。《征突厥制》《移蔚州横野军于代郡制》中的确有霫都督比言，《征突厥制》中提到，该文写于开元六年（716年），唐朝希望联合突厥周边的各势力，一起进攻突厥。其中"九姓拔曳固都督、稽洛郡王、左武德卫大将军颉质略，同罗都督、右监门卫大将军毗伽末啜，霫（霫）都督、右骁卫将军比言，仆固都督、左骁卫将军曳勒哥等"[29]被划至同一类，可见此处的霫都督为与铁勒诸部关系密切的白霫寘颜都督府都督，与铁勒诸部一同从鄂尔浑河、土拉河流域来到唐境，并非居于东北地区的霫部。可见西达洛维奇将霫与白霫完全混为一谈。因此，我们有必要对鱼符年代进行重新考证。

通过前述考证，我们对鱼符的年代有了新的认识。前文提到，从族属的角度来看，该鱼符反映的霫莫遂州，很可能是霫部受居延州都督府管辖的羁縻州，其设置年代，可能在高宗显庆五年（660年）居延州升格为居延州都督府之后，但这一时间段仍过于宽泛，仍有进一步考证的空间。

唐朝"自永徽以来，正员官始佩鱼，其离任及致仕，即去鱼袋……开元九年九月十四日，试判及内外供奉官，见占阙者，听准正员例，许终身佩鱼。以为荣宠，以理去任，亦许佩鱼"[30]。该鱼符在边疆地区发现，说明合蜡并未将鱼符还给中央。因此，我们认为此鱼符应是开元九年庶官许终生佩鱼政策制订之后的物品。

根据漠北突厥碑铭的记载，默啜可汗统治期间，突厥进行了东征。据芮传明考证，默啜可汗于696年和697年两次东征，袭击了霫人的居地西拉木伦河[31]。此时居地偏南的霫人居地都已为第二突厥汗国控制，唐朝此前羁縻统治的霫人居地，大部分应已落入第二突厥汗国控制之中。但第二突厥汗国的统治并不是从始至终的，根据开元二十九年（741年）《唐故左监门卫大将军太原白公墓志铭》记载："又奚霫背叛，实多侵掠。"[32]根据《旧唐书》记载，墓志中所载应是奚于开元十八年叛乱之事：

> 十八年，奚众为契丹衙官可突于所胁，复叛降突厥。鲁苏不能制，走投渝关，东光公主奔归平卢军。其秋，幽州长史赵含章发清夷军兵击奚，破之，斩首二百级。自是奚众稍稍归降。二十年，信安王祎奉诏讨叛奚。奚酋长李诗琐高等以其部落五千帐来降。诏封李诗为归义王兼特进、左羽林军大将军同正，仍充归义州都督，赐物十万段，移其部落于幽州界安置[33]。

由此可知，奚于开元十八年叛乱，但唐朝只派幽州长史赵含章发清夷军击奚，进行了小规模的讨伐，而墓志中记载的"奚霫背叛"，应为开元二十年信安王祎奉诏讨叛奚，左监门卫将军白知礼，应是在这次战斗中，随军讨奚、霫，战后升为左监门卫大将军。白知礼另有一方墓志提到，"寻二十一年，特加三品，制授可左监门卫将军，勋使如故。其年幽府破奚，以表贺"[34]。亦可证白知礼参加的是开元二十年讨伐奚人的这一次战役。同时我们也了解到，至少在开元十八年前，奚与霫部仍在唐朝管辖之内，此后，唐朝将奚部移至幽州境内进行安置，但并未提到如何安置霫部。

综上，我们最后确定，这次发现的这枚鱼符，其时间最有可能在开元九年（721年）至开元十八年（730年）之间，而这枚鱼符也是目前已知发现于唐朝边疆地区，年代最早，刻有姓名的随身鱼符。

四、莫遂州考——兼论霫之三部

根据鱼符记载，合蜡为霫人，中郎将、莫遂州长史。从发现鱼符的地点判断，莫遂州应为羁縻州。从"中郎霫莫遂州長史合蠟"来看，莫遂州应属霫部。史料中有不少关于霫部的记载，但并未记载莫遂州。

笔者发现，关于霫部的记载中，有些史料中透露出莫遂州的蛛丝马迹。首先来看《新唐书》的记载：

> 白霫居鲜卑故地，直京师东北五千里，与同罗、仆骨接。避薛延陀，保奥支水、冷陉山，南契丹，北乌罗浑，东靺鞨，西拔野古，地圆袤二千里，山缭其外，胜兵万人。业射猎，以赤皮缘衣，妇贯铜钏，以子铃缀襟。其部有三：曰居延，曰无若没，曰潢水。其君长臣突厥颉利可汗为俟斤。贞观中再来朝，后列其地为寘颜州，以别部为居延州，即用俟斤为刺史。显庆五年，授酋长李含珠为居延都督。含珠死，弟厥都继之。后无闻焉[35]。

虽然《新唐书》成书较晚，但《新唐书》关于霫的记载中，却出现了不少前书未见的新史料。其中很重要的一句话是："其部有三：曰居延，曰无若没，曰潢水。其君长臣突厥颉利可汗为俟斤。"周伟洲先生曾对此做出过解释，这说明在颉利可汗统治期间（620～630年），霫有三部，其中居延在今内蒙古巴林左旗一带；潢水部应为居于潢水（今西拉木伦河）之部落，但并未对无若没进行考订[36]。由此可见，周伟洲先生认为这三部并非指位于漠北的白霫。我们赞同这一观点，虽然《新唐书》说此三部属白霫，但从其地望等角度来看，这句话更有可能指霫的三个部落。接下来，笔者将就此展开论证。

根据史料记载，东突厥汗国统治时期，霫是一个较大的民族。《新唐书·突厥传》记载：

> 颉利之立，用次弟为延陀设，主延陀部，步利设主霫部，统特勒主胡部，斛特勒主斛薛部，以突利可汗主契丹、靺鞨部，树牙南直幽州，东方之众皆属焉[37]。

在颉利可汗统治期间，霫部由步利设统率，与延陀部、胡部、斛薛部等并列，可见霫部人数众多。《旧唐书》记载：

> 霫，匈奴之别种也，居于潢水北，亦鲜卑之故地，其国在京师东北五千里。东接靺鞨，西至突厥，南至契丹，北与乌罗浑接。地周二千里，四面有山，环绕其境。人多善射猎，好以赤皮为衣缘，妇人贵铜钏，衣襟上下悬小铜铃，风俗略与契丹同。有都伦纥斤部落四万户，胜兵万余人。贞观三年，其君长遣使贡方物[38]。

由此可知，霫部亦称都伦纥斤部，部落四万户，胜兵万余人。虽然有学者认为此处"部落四万户"应为"部落四万人"[39]，即使如此，亦为大部。结合《新唐书》记载，颉利可汗统治期间（620～630年），霫有居延、无若没、潢水三部，均归步利设统率，胜兵万余人。但如此大的部落却仅设一居延州统治，甚为可疑。将其他同时期的北方部落与其比较。

常与霫并称的奚，分为五部，设饶乐都督府；仆骨，铁勒之别部，胜兵万馀。设金微都督府；同罗，铁勒之别部，户万五千。设龟林都督府。再将霫与白霫对比，白霫，在拔野古东，胜兵三千人。其渠帅各率所部归附，列地为州，即其酋长为刺史[40]。我们发现，像白霫这样仅有三千士兵的部落，设寘颜州十分合理，但像霫这样的大部落，仅以一个羁縻州来管理并不合适。

《资治通鉴》记载，贞观二十二年（648年）"六月，乙丑，以白霫别部为居延州"[41]。接着，至迟在高宗显庆五年，居延州升为都督府。根据《资治通鉴》"显庆五年"条记载：

> 以定襄都督阿史德枢宾、左武侯将军延陀梯真、居延州都督李合珠并为冷岍道行军总管，各将所部兵以讨叛奚[42]。

虽然此处仍记为居延州都督，但都督而非刺史的设置，明显说明居延州已升格为羁縻都督府。另据《唐会要》记载，"显庆五年，以其首领李含珠为居延都督，含珠死，以其弟厥都为居延都督，自后无闻焉"[43]。由此推知，居延州作为管理整个霫部的行政机构，最多仅维持十二年，在贞观二十二年至显庆五年之间。在此期间，唐朝发现在霫地设居延州并不合适，遂将居延州升为都督府。

在居延州升为居延都督府之后，原居延州刺史李合珠（李含珠）升为都督。而其管辖的其他羁縻州，很可能是按照族属与部落划分的。笔者推断，其中居延部为霫的主要部落，与奚相邻，史料中常将奚霫并称，其中"霫"很可能指居延部。其居地很可能在冷陉山（冷岍山）附近，胡三省认为冷岍山即冷径山，其地在潢水之南，黄龙之北[44]。《新唐书》记载白霫"避薛延陀，保奥支水、冷陉山"，《新唐书·白霫传》把霫与铁勒之白霫史料混淆，故避薛延陀应为霫人避薛延陀之事。太宗二十一年（647年）诏曰："其室韦、乌罗护、靺鞨等三部被延陀抄失家口者，亦令为其赎取。"其时薛延陀已到靺鞨之地，可见霫在这时保冷陉山以避之。在此之后，《资治通鉴》记载，贞观二十二年（648年）"六月，乙丑，以白霫别部为居延州"[45]。由此可见，霫之居延部应在冷陉山一带。关于冷陉山的位置，《新唐书》又记奚"盛夏必徙保冷陉山，山直妫州西北"，《资治通鉴》记载，"以定襄都督阿史德枢宾、左武侯将军延陀梯真、居延州都督李合珠并为冷岍道行军总管，各将所部兵以讨叛奚"。李荣辉又结合《辽史·地理志》以及《武经总要》的记载，认为冷陉山应在兴安岭南部一带山区[46]。笔者赞同李荣辉的观点。由此可见，霫的主要部落居延部，其居地应在冷陉山（冷岍山），即兴安岭南部一带。

关于潢水部，据《旧唐书》记载："霫，匈奴之别种也，居于潢水北。"由此可知，位于潢水北岸的霫人，很可能主要以潢水部为主。如周伟洲先生所述，潢水部应为居于潢水（今西拉木伦河）之部落。唐朝在霫之潢水部设置羁縻州的证据，目前尚未出现，但笔者认为，很可能在居延州升为居延都督府后，唐朝在霫之潢水部亦设有羁縻州。

传世史料中未提及霫之无若没部的居地，而这次出现的鱼符，有可能使我们了解霫人之无若没部的居地提供了线索。《旧唐书》记：霫"东接靺鞨，西至突厥，南至契丹，北与乌罗浑接，地周二千里"[47]。可知霫人生活的范围很大，此次发现鱼符的蒙古国东戈壁省赛音山达市东南30～40千米处，与冷陉山、潢水之间的距离均在两千里的范围之内。

从汉文的角度，"莫遂"与"无若没"的意义有一定相似性，因此，将无若没部称为莫遂州，似乎并无不可。因此笔者认为，鱼符上的莫遂州，有可能是以霫人的无若没部为主体建立的。而莫遂州的建立时间，可能在居延州升为都督府之后。

五、结　　论

经过考证，蒙古国赛音山达市新发现的"霫莫遂州长史合蜡"鱼符，虽然不是通过正规考古发掘出土，但经过考证，鱼符上所记载的"中郎""长史"等信息符合唐朝制度，可以相互印证，应为唐代文物。其年代最有可能在开元九年（721年）至开元十八年（730年）之间，为目前已知发现于唐朝边疆地区，年代最早刻有姓名的随身鱼符。通过鱼符上的信息推断，合蜡在其本部中，应为霫部莫遂州酋领家族的成员，最可能为莫遂州刺史之弟或其子。该鱼符的发现，说明在唐代羁縻府州中，可能存在都督刺史给玄金鱼符，以黄金为文；羁縻州长史给铜鱼符的制度，为研究唐代羁縻府州制度提供了新的信息。另外，鱼符上记载的"莫遂州"，史料未载，有可能是唐朝在霫之无若没部中设立的羁縻州，为唐代东北地区霫部的研究，提供了重要的新史料。

注　　释

［1］ С. В. Сидорович, "танская верительная бирка для представителя племени *си* 霫，найденная в монголии", *Эпиграфика Востока XXXII*, p. 198.

［2］ С. В. Сидорович, "танская верительная бирка для представителя племени *си* 霫，найденная в монголии", *Эпиграфика Востока XXXII*, p. 198-202.

［3］ Владимир Владимирович Тишин, "к вопросу об *amγa / *maγa ~ *amγï / *maγï qorγan хушо-цайдамских надписей", *Altaistics，Turcology，Mongolistics*，No.4，2018，p. 101-105.

［4］ 柿沼阳平：《文物としての随身鱼符と随身龟符》，《帝京大学文化财研究所研究报告》（第19集），2020年，第140页。

［5］《旧唐书》卷四三《职官志（二）》，中华书局，1975年，第1847页。

［6］《新唐书》卷二四《车服志》，中华书局，1975年，第525页。

［7］〔苏〕Э. В. 沙夫库诺夫著，步平译《苏联尼古拉耶夫斯克遗址出土的鱼形青铜信符》，《北方文物》1991年第1期，第102页。

［8］ 姚玉成《俄罗斯尼古拉耶夫斯克遗址出土鱼形青铜信符考实》，《北方文物》1993年第4期，第50页。

［9］《唐六典》卷八《门下省》，中华书局，1992年，第254页。

［10］ 孟宪实《略论唐朝鱼符之制》，《敦煌吐鲁番研究》（第十七卷），上海古籍出版社，2018年，第64页。

［11］《唐六典》卷四《尚书礼部》，中华书局，1992年，第116页。

［12］《旧唐书》卷四五《舆服志》，中华书局，1975年，第1954页。

［13］《册府元龟》卷九九九《外臣部（四十四）》，凤凰出版社，2006年，第11558页。

［14］ 周绍良、赵超《唐代墓志汇编续集》，上海古籍出版社，2001年，第593页。

［15］ 陈朝云《河南散存散见及新获汉唐碑志整理研究》，科学出版社，2019年，第266页。

［16］《新唐书》卷二一七（下）《回鹘传（下）》，中华书局，1975年，第6145页。

［17］《资治通鉴》卷一九九"贞观二十二年六月"，中华书局，1956年，第6258页。

［18］《资治通鉴》卷二百"显庆五年夏四月"，中华书局，1956年，第6320页。

［19］《唐会要》卷九八，中华书局，1975年，第1755页。

［20］ 郭声波《圈层结构视阈下的中国古代羁縻政区与部族》，中国社会科学出版社，2018年，第41页。

［21］《旧唐书》卷一九五《回纥传》，中华书局，1975 年，第 5196 页。

［22］《新唐书》卷二一七（上）《回鹘传（上）》，中华书局，1975 年，第 6113 页。

［23］张国刚《唐代官制》，三秦出版社，第 121、122 页。

［24］《唐六典》卷八《门下省》，中华书局，1992 年，第 253 页。

［25］艾冲《唐代都督府研究》，西安地图出版社，2005 年，第 186、187 页。

［26］А. Л. Ивлиев, "Эпиграфические материалы Бохая и бохайского времени из Приморья", *Россия и АТР*, no. 4（86）, 2014, p. 213.

［27］《新唐书》卷二一七（上）《回鹘传（上）》，中华书局，1975 年，第 6113 页。

［28］С. В. Сидорович, "танская верительная бирка для представителя племени *си* 霫, найденная в монголии", *Эпиграфика Востока XXXII*, p. 198.

［29］录文校点参见李宗俊《开元六年〈征突厥制〉史事考辨》，《元史及民族与边疆研究集刊》（第二十辑），第 82、83 页；《资治通鉴》卷二一二 "开元六年二月戊子"。

［30］《旧唐书》卷四五《舆服志》，中华书局，1975 年，第 1954 页。

［31］芮传明《古突厥碑铭研究》，商务印书馆，2017 年，第 35 页。

［32］周绍良《唐代墓志汇编》（下），上海古籍出版社，1992 年，第 1520 页。

［33］《旧唐书》卷一九九（下）《奚传》，中华书局，1975 年，第 5356 页。

［34］周绍良《唐代墓志汇编》（下），上海古籍出版社，1992 年，第 1443 页。

［35］《新唐书》卷二一七（下）《回鹘传（下）》，中华书局，1975 年，第 6145 页。

［36］周伟洲《霫与白霫考辨》，《社会科学战线》2004 年第 1 期，第 144 页。

［37］《新唐书》卷二一五（上）《突厥（上）》，中华书局，1975 年，第 6038 页。

［38］《旧唐书》卷一九九（下）《霫传》，中华书局，1975 年，第 5363 页。

［39］李荣辉《霫族考》，《西北民族大学学报（哲学社会科学版）》2016 年第 1 期，第 127 页。

［40］《通典》卷二百《北狄（七）》，中华书局，1988 年，第 5470 页。

［41］《资治通鉴》卷一九九 "贞观二十二年六月"，中华书局，1956 年，第 6258 页。

［42］《资治通鉴》卷二百 "显庆五年夏四月"，中华书局，1956 年，第 6320 页。

［43］《唐会要》卷九八，中华书局，1975 年，第 1755 页。

［44］《资治通鉴》卷二百 "显庆五年夏四月"，中华书局，1956 年，第 6320 页。

［45］《资治通鉴》卷一九九 "贞观二十二年六月"，中华书局，1956 年，第 6258 页。

［46］李荣辉《霫族考》，《西北民族大学学报（哲学社会科学版）》2016 年第 1 期，第 127 页。

［47］《旧唐书》卷一九九（下）《霫传》，中华书局，1975 年，第 5363 页。

一段未完成的国际学术交流往事
——李征旧藏眼罩资料研究*

袁 勇

引 言

黄文弼先生是李征走上西域史研究的引路人[1]。李征（1927～1989 年）先生的学术生涯基本都在与吐鲁番打交道，称呼他为"吐鲁番学家"，大概是最适合他的头衔。他个人的研究成果并不算多，一生没有公开出版的学术专著，发表的论文也不过寥寥数篇。他最为人熟知的工作便是参加阿斯塔那—哈拉和卓古墓群的发掘，以及吐鲁番出土文书的整理。在《新疆文物》刊登的李征生平中，对此有公道的评价：

> （李征）先后九次参加了对吐鲁番阿斯塔那、喀拉和卓晋—唐古墓的抢救清理和发掘工作，为抢救吐鲁番珍贵文物做出了重大贡献。1975 年，国家文物局组织吐鲁番出土文书的整理、出版工作，李征同志公而忘私，先后十二个寒暑，在北京文物出版社古文献研究室从事这一工作，有时连续十四个月都未回家一次。从古文书的拼对粘合、整理、编号、拍照以至文字注释，无不勤勤恳恳、任劳任怨，付出了大量心血，受到了人们一致的赞许，被誉为吐鲁番文书拼接、整理的专家[2]。

"公而忘私"正是对李征一生学术品格的最好评价。李征参加考古发掘和文书整理工作，手中掌握着大量的一手资料，但他并未秘不示人，而是主动撰写考古报告，希望尽快公开新发现和新资料，甚至无私地与学者分享自己的思考成果和研究心得[3]。

李征去世前夕，曾将部分遗稿交给时任新疆文物考古研究所所长的王炳华先生保存。2019 年，在李征逝世三十周年之际，王先生将这批文献郑重托付给新疆师范大学黄文弼中心保管并利用。笔者受黄文弼中心委托，整理和研究这批遗物中与"眼罩"相关的一组材料，于是发现：李征不仅积

---

* 本论文系 2019 年度国家社会科学基金重大项目"中国西北科学考查团文献史料整理与研究"（批准号：19ZDA215）阶段性成果之一。

极与国内学者交流学术，在关于"眼罩"的一批遗物中，还体现了他与匈牙利学者之间一段不为人知的国际学术交流史。

本文整理的材料封装在一个牛皮纸文件袋中，上题"眼罩资料"，其中包括一个信封、发表在《匈牙利民族报》（*Magyar Nemzet*）上的一篇匈牙利语论文（报纸原件及复印件）及论文英文提要、两封英文书信、三份中文译文，以及四张资料卡片等。经识别，当初信封中所寄送的内容应为：两封英文书信、一篇匈牙利语论文（报纸原件）及论文英文提要，其余则为李征收到来信后所做的研究材料。本文主要揭示这两封书信及其相关资料背后的一段国际、国内的学术交流史，表彰李征西域史研究的学术贡献。

一

两封英文书信装在同一个贴有"航空邮件"标签的信封中，经由匈牙利科学院人类学家吉思里（István Kiszely）寄给新疆社科院考古所李征教授（professor，信封与信件中都是这样称呼）。这两封信分别出自两位匈牙利学者吉思里和本克（Mihály Benkő）之手。信封上，正面的邮票和寄出地邮戳均被剪去，可能是被其提供给了集邮爱好者，体现了那一时代中国集邮的社会风气。背面收到地的邮戳年份和文字有缺损，仅能识别出"198 □ .7.7.10"与"乌鲁木齐"等字样。据第一封信的打印日期，可知是 1986 年 6 月 28 日写于布达佩斯（Budapest，28 juni[4]，1986），则邮戳上记录的信件到达乌鲁木齐的时间应即 1986 年 7 月 7 日 10 时。

第一封信是匈牙利科学院人类学家吉思里（1932～2012 年）写给李征的（图 1），内容是对李征及其同事穆舜英等给予他的帮助表示感谢。吉思里是匈牙利科学院的一名人类学家，他于 1963 年毕业于罗兰大学（Eötvös Loránd University）理学院，获得生物学和地理学学位。从 1964 年起，他在匈牙利科学院考古研究所历任研究员、高级研究员，从此开始研究匈牙利人的史前历史，著有《匈牙利人的史前史》（*A Magyar Nép Őstörténete*）等[5]。这封信件原文为英文，内容短小，不过一百余字，资料袋中无译文，笔者试译如下，并就信件内容做择要介绍：

图 1　吉思里致李征的英文信

亲爱的李征教授：

　　刚从中国归来，我谨向您和穆舜英所长以及全体同仁对我的帮助致以谢意。如我所言，我明年很可能会回来，我们又将在一起工作。我们正在准备一份有关阿斯塔那墓地的发表材料，如果您需要，我可以为您和你们的人类学家以及年轻的生物学家们展示。

　　现在，我正在收集出版物中有关匈人（匈奴）在匈牙利的考古材料和墓地资料。如果您需要在匈牙利出版的任何刊物，我可以马上给您寄去。

谨代我向乌鲁木齐的朋友们问好。

谨上

吉思里

　　吉思里在信中说，他刚从中国回到匈牙利，预备下一年再回到中国，继续和李征他们一起工作，并准备向他们展示自己所准备发表的有关阿斯塔那墓地的材料。信中既然还有对"穆舜英所长以及全体同仁对我的帮助"的致谢语，和"谨代我向乌鲁木齐的朋友们问好"的问候语，则可知吉思里在中国与李征等的见面是在乌鲁木齐。吉思里在信中还提到，他正在收集有关匈人在匈牙利的考古资料。从信件中可以看出，吉思里在不久之前应当曾和李征、穆舜英合作开展对阿斯塔那墓地的研究。吉思里作为匈牙利的人类学家，对匈人方面的问题自然也很感兴趣，他们之间的合作研究似乎也与此相关。但遗憾的是我们对吉思里在中国与李征等的合作详情知之甚少，无法进一步展开讨论。

　　第二封信件是匈牙利国立博物馆图书馆员本克写给李征的（图 2）。本克出生于 1940 年，是一名历史学家、东方学家和作家。自 1979 年以来，他一直在匈牙利国立博物馆的考古图书馆工作[6]。从信件需经由吉思里转寄可以看出，他与李征二人在此之前并不相识。本克除了给李征的一封信外，还随信附上了自己刚刚发表在《匈牙利民族报》上的一篇匈牙利语论文（报纸原件）及该论文的英文提要打印件（图 3）。在文件袋中，存有这封英文信件与论文英文提要的中文翻译手稿，用了底部印制有"新疆社会科学院中亚研究所稿纸"字样的红色横栏稿纸。据李征的朱笔记录："广达译略，征校。"可知这两份中文译文均是由张广达先生翻译，李征作了校订[7]。

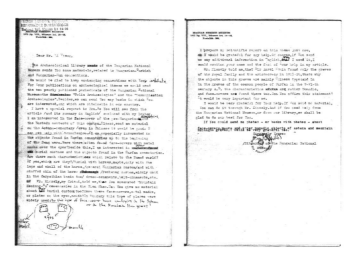

图 2　本克致李征的英文信

　　张广达当时是北京大学历史学系的教授[8]，他既是西域史方面的专家，又精通俄语、英语等多种西方语言，是翻译此文的上佳人选。至于张广达翻译这两份英文文献的时间，译稿上虽然没有记录具体的日期，但我们从其他材料中仍可以发现一些线索。王素《李征先生与〈吐鲁番出土文书〉》一文中提到：大约 1986 至 1987 年之交，"吐鲁番出土文书整理组"解散，李征先生回到新疆[9]。又据李征遗物中一份在 1986 年申报副研究员的"述职报告"，其中提到"应约参加并指导北大研

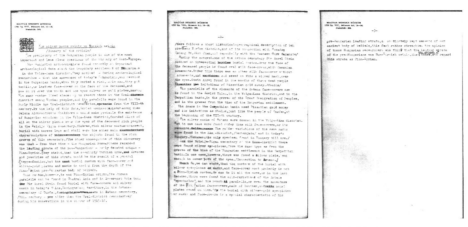

图3　本克《与突厥有渊源关系的银面具》的英文提要

究生（1986 年 9 月作实际考察研究：张广达教授参加）"。结合信件到达新疆的时间、使用的稿纸，以及上述两条信息，我们可以推断，这封英文信件和英文论文提要的翻译时间应当就是在张广达教授 1986 年 9 月赴新疆考察之时。以下，我们先对张广达这两份未经发表的中文译文进行录文，然后对这段鲜为人知的国际学术交流史略作申论。

　　两份中文译稿均以蓝色墨水钢笔书于新疆社会科学院中亚研究所的稿纸，前者共计三页（图 4），后者共四页（图 5），纸张每页右上角标有数字页码。录文依原稿录入，标点符号据现行规范，分别录文如下：

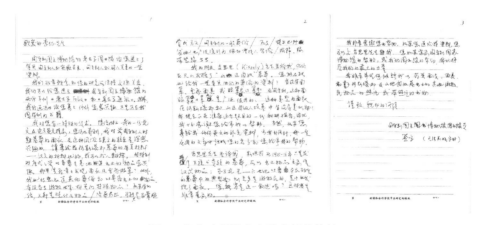

图4　张广达翻译本克致李征的信件

（一）

亲爱的李征先生：

　　匈牙利国立博物馆的考古学图书馆给您送上了有关匈牙利人和突厥关系、匈牙利人和匈人关系的一些资料。

　　我们非常愿意和您的研究所保持交换关系。我们可以给您送去匈牙利国立博物馆的两份年刊《考古学 Folia》和《考古学通讯》。此外，我们还可以给您寄上任何您感兴趣又是可在我国得到的书籍。

我对您有一特殊的请求。随信附上我的一份论文及论文英文提要，您可以看到，我对前匈牙利人时期墓葬的面衣及这种风俗与东方的联系是深感兴趣的，请寄给我阿斯塔那墓葬的有关材料——汉文的材料也好，我可以找人翻译。我特别对唐代之前吐鲁番各墓地出土的物品感兴趣。那里是否常常发现面衣及金属眼罩？此外，我也很想知道其他葬俗和吐鲁番出土的物品，有没有与游牧世界相关的特殊物品？如果有的话，又都是些什么物品？/陪葬马匹，可能只是马腿（以上第1页）骨或马头/匈牙利的一般葬俗/马皮/喀尔巴阡盆地也广泛流行的佩切涅格人习俗/服饰、腰带装饰等等。

我的朋友吉思里（Kiszely）先生告诉我，你们在天山发掘了"山区匈奴"墓葬。您能不能也给我一些有关他们的葬俗的资料？有没有面罩、金属面具或眼罩片·口罩片？在匈牙利，这种眼罩片、口罩片是广泛使用的，这种类型的面衣在阿斯塔那和山区匈奴人坟墓中有没有类似物？我现在正在准备这个题目的一份科研报告，因此，我十分感谢您给予我的帮助。当然，如果您寄给我任何英文的补充资料，当我引用时，我一定在我的文章中注明您的名字和您给予我的帮助。

吉思里先生告诉我，斯坦因在1915—16年只是发掘了王族与贵族的墓葬，所以出土物品主要是汉式物品；至于在五—六世纪吐鲁番平民百姓的墓葬中的典型物则更多是游牧民的，其中也发现了面衣。您能肯定这一叙述吗？这对我是非常重要的。（以上第2页）

我非常感谢您的帮助，如果您送给我资料，您可以交吉思里先生转我。您如果需要匈牙利国家博物馆的帮助，或我们图书馆的帮助，我们将尽我们的最大的力量。

我非常希望您能赠我以有关面皮、面具和阿斯塔那及山地匈奴墓出土的其他游牧民物品的照片或带照片的书物。

谨致亲切的问候

匈牙利国立博物馆图书馆员
签字（无法判明字母）[10]（以上第3页）

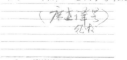

图5 张广达翻译本克英文提要的中文手稿

（二）

与突厥有渊源关系的银面具

（论文提要）

匈牙利人的史前史是东欧史上最重要的但又不太清楚的问题之一。

匈牙利考古学家近来发现了匈牙利人曾经暂住伏尔加—卡马河地区的重要考古学证据。他们在考古研究时注意到：今天匈牙利人的祖先在住到喀尔巴阡盆地时，埋葬富人、贵人都要给死人脸上放上一片织物或皮制面衣，在嘴上和两眼部位缝上金片或银片、面具。在乌拉尔的乌格里人中间，这种习俗几乎保持到近代，八世纪以来中世纪早期乌拉尔地区的墓葬中也有相类似的情况，苏联考古学家（如叶莲娜·恰里科娃）藉助于这些资料能够大致判定匈牙利人曾经存在于伏尔加—卡马河地区，其根据首先就是包勒西耶·提干墓地的死去的富人双眼上放（在）［着］银片。刀、富丽的银服饰、随葬的马腿骨、马头骨是这一墓地富人坟墓中出土的其他富有特征的物品。（以上第1页）

这一发现的另一结果是，从这时候起，匈牙利学者认为前匈牙利人的统治阶层是芬—乌格里人——关于匈人的起源是争辩激烈的问题。他们说，这个统治阶级使用的看来像是突厥的武器、衣着、宝饰只是草原生活方式的结果，而面衣、金·银罩片和面具才源于更久远的芬—乌格里系的前匈牙利人的信仰。

但是，这种习俗并不起源于芬—乌格里人。中亚和内陆亚洲可以找到与它直接平行的东西。斯坦因于1915—16年冬在今天中国新疆地区七世纪的吐鲁番阿斯塔纳墓地——这比乌拉尔葬区年代早得多——发掘时就发现了面衣和银面具。

/ 以下简介唐代以前吐鲁番地区的历史地理状况及其与匈奴、柔然，特别是与西突厥汗国的关系 /

斯坦因在发掘阿斯塔纳墓区时注意到一种有趣的葬俗。死人脸上覆盖以丝织的、萨珊纹饰的面衣。这层面衣之下还有一层没有纹饰的面衣，（以上第2页）上面缝着盖眼的银面具。斯坦因在三具死人的口中发现仿拜占庭的金币 /obulus/。

在苏联的伏尔加—卡马河地区，在喀尔巴阡盆地的民族大迁徙时期的墓葬及匈牙利人定居时期的墓葬中，可以找到与阿斯塔纳面衣相平行的因素。

喀尔巴阡盆地的阿哇尔人正像七世纪初的吐鲁番人一样，使用拜占庭金币及其仿制币（obulus）。

阿斯塔纳的银面具也常见于伏尔加—卡马河地区。不止一次，这种面具或其残部置于丝织面衣之下。在卡马河地区的戈尔本扎塔，在今天的匈牙利的拉卡马兹（这是迄今匈牙利发现的唯一一例）还发现了同类面具的金制品。

在卡马河地区的包勒西耶·提干墓区发现了银眼片，其形制与喀尔巴阡盆地的匈牙利定居时期墓中者相同。然而，有一例出土的银片长盖两眼，这说明与阿斯塔那的关系。（以上第3页）

这样，我们可以说，覆以银眼片或面具，覆以面衣的葬俗极不可能是芬—乌格里人的风俗。而（几）［将］近几十年来发现了阿斯塔纳"眼镜"上的绘制类似物和全然相同物，甚至发现了皮制的缝上金属片的匈牙利面衣祖型，使我们更有理由这样认为。如果说，覆以银—金眼片或面具及面衣的葬俗是前匈牙利统治阶层的特征，那么，我们古老的信仰保持着一种顽强的韧性，这一事实有助于加强匈牙利一些学者的如下意见：前匈牙利人领导阶层渊源于匈奴—突厥，而不是来自芬—乌格里人。（广达译略，征校）（以上第 4 页）

<h1 style="text-align:center">二</h1>

从上述论文提要和信件中，我们可以看出，本克在 1986 年 6 月 7 日刚发表的匈牙利语论文研究中，注意到了吐鲁番阿斯塔那墓地与喀尔巴阡盆地的匈人墓葬的丧葬习俗之间存在着相似性。

他给李征写信，主要是出于以下三个原因：首先，是他"对前匈牙利人时期墓葬的面衣及这种风俗与东方的联系是深感兴趣的"，希望李征能给他寄送"阿斯塔那墓葬的有关材料"。其次，是他通过自己的朋友吉思里得知了李征等在天山发掘"山区匈奴"墓葬的消息，希望获得"一些有关他们的葬俗的资料"；他特别想了解"这种类型的面衣在阿斯塔那和山区匈奴人坟墓中有没有类似物"。最后，是他希望核实吉思里所述阿斯塔那墓葬中出土物品的信息是否准确。

本克在信中提到他"现在正在准备这个题目的一份科研报告"，希望李征能寄给他一些补充资料。这份正在准备中的"科研报告"，应当就是本克在稍后的 1992 年发表于《匈牙利科学院东方学报》上的英文论文：《迁徙时期（公元第一个千年）欧亚游牧民族的丧葬面罩研究》[11]。而在此文发表之前，李征是否曾给他回信或者寄送相关材料呢？对于这个问题，我们目前还没有任何直接证据。不过，本克在信中还提到："如果您寄给我任何英文的补充资料，当我引用时，我一定在我的文章中注明您的名字和您给予我的帮助。"一方面，从本克在 1992 年发表的这篇文章来看，共有五处地方引用了阿斯塔那墓地出土的"眼罩""覆面"等考古材料，其中两处是根据斯坦因发表在《亚洲腹地考古图记》（*Innermost Asia*）中的发掘资料（参见其英文论文 116 和 119 页），另两处分别转引了里布（K. Riboud）和俄国学者鲁伯—列斯尼契科（Любо-Лесниченко）有关阿斯塔那墓地论文中的"面罩"资料[12]。最后一处是引用了 1962 年王㠯发表在《文物》第 7、8 期上《复面、眼罩及其他》一文中 84 页的"面衣、眼罩复原图"。这是本克在论文中引用的关于阿斯塔那墓地研究的唯一一条中文资料。

事实上，由李征执笔发表在《文物》1972 年第 2 期上的《吐鲁番阿斯塔那 363 号墓发掘简报》一文中提到一件"眼罩"随葬品，其中写到"铅眼罩一件，长 17 厘米，宽 4 厘米，厚约 3 毫米，在两眼部位上凿有许多小孔，沿铅片上下边缘镶有 1 厘米宽白绢，原置于死者眼上"[13]，文末同时附有文物图片。鲁伯—列斯尼契科在其论文中已经引用了这条材料，但是本克在论文中却并未使用这条新材料，文中致谢的人员里也未见李征的名字。至于本克迫切渴望了解的信息，即所谓"山区匈奴"墓葬与"这种类型的面衣在阿斯塔那和山区匈奴人坟墓中有没有类似物"等，在文件资料袋中也并未见到有李征留下的材料。上述这些信息都表明李征似并未给本克回信或寄送相关材料。

　　但是，根据眼罩资料文件袋中保存的材料，至少从两处地方可以看出李征对于本克的来信和论文给予了特别关注。首先，关于本克的论文，在资料中就存有两份中文译文，其中一份就是上文整理录文的张广达对英文提要的全文译稿。另外一份是节译稿，仅翻译了匈牙利语论文的六个小标题和概述了论文大意。据李征的朱笔批注，可知这份节译稿是林惠（穗）芳先生所译（详下节）。这就充分体现了李征对本克论文的重视和关注，因此才会两次请专家学者帮助其将论文译为中文。

　　其次，李征不仅对本克的论文进行了批注，还收集整理了有关"面罩""眼罩"的资料，我们在资料袋中发现了四张资料卡片和两条批注，分别整理如下（书刊名均改用"《》"，编号为笔者所加）：

1. 资料卡片（图 6）

（1）北京出土鎏金银面具，《文物》83 年 9 期，p. 96。

（2）四川广汉出土商代晚期或西周初期青铜人面罩[14]，《光明日报》1986.12.10。

（3）唐"唐幢海随葬衣物疏"称银眼农（籠）（4 行），《吐鲁番出土文书》第四册，p. 32（查《汉书·晁错传》有木蒙龍）。

（4）"籠"见《说文通训定声》，p. 33 起"今苏俗：规园，又秀龍巢"[15]（疑非是？），唯《汉书·晁错传》中"木蒙龍"，注：覆蔽之貌。为是。

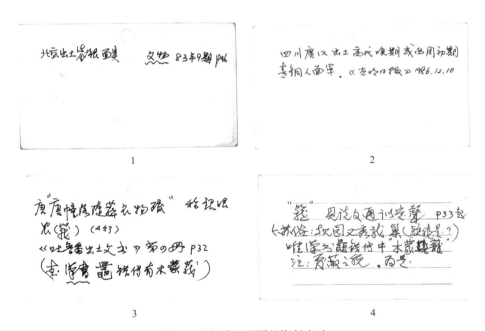

图 6　李征关于眼罩的资料卡片

2. 批注

（1）《吐鲁番出土文书》第四册，p. 32 衣物疏载银（按：批注至"银"字而止，此条批注于《匈牙利民族报》论文原件剪贴本天头）。

（2）吉尔吉斯的眼罩（质地？）、出土地点、资料来源（按：此条批注于《匈牙利民族报》论文复印件上）。

在四张资料卡片中，两张是有关 20 世纪 80 年代在北京和四川新发现的"面罩"资料，尤其是三星堆的发现恰好是在李征收到匈牙利学者来信的同年 12 月，在当时可谓真正的"新材料"。另两张卡片是对"眼罩"名称的考察。两条批注应当是李征在阅读中所做的笔记，其中第一条批注写至"银"字便戛然而止。不过结合李征制作的资料卡片 3，我们仍可以了解这条批注的完整内容。

值得我们注意的是，这条批注与资料卡片 3、4 中的记录，对于揭示"眼罩"的性质极为重要。李征结合吐鲁番出土文书中的衣物疏，即批注 3 中的"唐幢海随葬衣物疏"（出自阿斯塔那 15 号墓地），指出了此类银质"眼罩"的正确名称为"银眼籠"，并尝试结合《汉书》颜师古注，考证"籠"字的含义。李征的考释在正确理解眼罩的名称、性质和意义上迈出了重要的一步。虽然王㳀早已指出"覆面"的正确称呼应为"面衣"[16]，但就笔者所见，直至 2014 年才有学者发文指出，"眼罩"的正确称呼应为"眼籠"[17]。李征之所以能较早利用衣物疏正确考释出"眼籠"这一名称，这大概与他后来长期参与吐鲁番出土文书的整理工作不无关系，因为在上文所提到的 1972 年李征所撰写的考古报告中，他也还在使用"眼罩"一名。

从上述材料中已经可以看出，李征一方面让西域史专家张广达全文翻译了书信和英文论文提要，另一方面也亲自动手收集了相关资料，但最终李征似乎未给本克回信，因而也未能将自己关于"（银）眼籠"和"面衣"的正确见解和最新材料分享给本克，一场原本双向的国际学术互动因此戛然而止。这也使得本克在 1992 年的论文中，仍在继续使用"覆面（face-cover）"和"眼罩"这类不恰当的术语名称，为这桩国际学术交流留下了一丝遗憾。推想其中最直接的原因，是李征在尚未将中国方面关于"面衣"的资料收集完备并梳理清楚相关的论证之际，便在不久罹患绝症，并于 1989 年赍志以殁。他的早逝，不仅使得本身积累的学术成果未能面世，同样也使得一次国际性的学术交流不幸夭折。

今日，我们公布李征的这份遗留资料，正是为了揭示以李征为代表的学者为这一国际学术交流做出过的努力。

三

在上一部分的论述中，我们揭示了李征与本克之间的一段"单向"学术交流史，而促成这一学术交流也离不开林穗芳和张广达两位先生的翻译之功。上文已经提到，在眼罩资料袋中，保存有李征将匈牙利语论文（图 7）委托林穗芳翻译的节译文稿（图 8）。这件文稿书于两页稿纸上，我们整理了这件节译文稿，录文如下：

（李征朱笔按语[18]）：此件曾请教林先生（按惠芳先生为板门店谈判时任我方翻译首席）

《匈牙利民族报》1986 年 6 月 7 日

　　标题：（1）有关匈牙利原始时代的新知识银罩（银质眼罩）来源于突厥人

　　　　　（2）沿着丝绸之路

（3）在 Astana（大概在吐鲁蕃（番）[19]）出土的银质眼罩和萨珊王朝带花纹
图案的殓衣

（4）维吾尔统治者的墓葬

（5）吉尔吉斯的遗迹

（6）卡玛河地区杰米扬基出土的银质眼罩（资料来源未交代）[20]

文 章 大 意

在喀尔巴阡山盆地古代匈牙利贵族埋葬时用织物或皮革做的殓衣裹脸，在眼睛和嘴上缝银箔或金箔，或放钱币。本文沿丝绸之路追溯这种风俗习惯的起源，说 1915 年冬斯泰因在 Astana 发现吐鲁蕃人有这种墓葬，死者口含拜占庭皇帝查士丁尼（公元 527—565年）的金币，有的在眼罩下放（以上第 1 页）波斯六世纪统治者的银币。在伏尔加河—卡玛河地区或民族大迁移时期的匈牙利，都有类似的风俗习惯。在喀尔巴阡盆地古代匈牙利贵族埋葬时，像 Astana 的吐鲁蕃人一样，嘴里放拜占庭的金币（有真的，也有假的）。

文章认为使用银质眼罩和殓衣的墓葬大概不是来源于乌果尔人共同生活时代的古匈牙利人的风俗习惯，源自突厥人可能性较大，即：通过土耳其斯坦游牧民族沿丝绸之路经波斯、大夏传入匈牙利。（以上第 2 页）

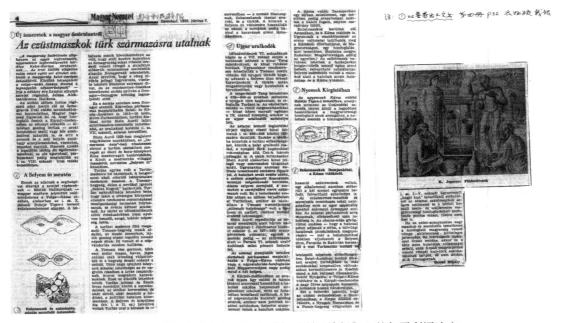

图 7　李征剪贴本克发表在《匈牙利民族报》上的匈牙利语论文

李征批注中的"惠芳"应该是"穗芳"的笔误。批注中"惠（穗）芳先生为板门店谈判时任我方翻译首席"这一说法也不准确，这一点也得到林穗芳先生哲嗣、北京大学考古文博学院林梅村教授的确认[21]。林穗芳（1929～2009 年），广东信宜人。1947～1951 年就读于中山大学文学院语言学系，1950 年 8 月起，即在广州《南方日报》半工半读，开始了他的编辑生涯。1951 年加入中国人民志愿军，任英语翻译。1956 年 8 月调入人民出版社，负责多项重要出版工作，直到 1995 年退休。出版有《书籍编辑学概论》《标点符号学习与应用》等著作，翻译作品等身。林梅村教授在《忆父亲》一文中特别提到其父亲出色的外语能力：

> 据统计，人民出版社从 1950 年成立至 1985 年 35 年中，共出版翻译书 1500 多种，译自 22 种外语。所有社会主义国家和大部分发达资本主义国家的语言，几乎一网打尽。为此他一口气儿学了 17 种外语，其中包括 12 种欧洲语言（希腊语、拉丁语、英语、法语、德语、俄语、意大利语、西班牙语、塞尔维亚语、罗马尼亚语、匈牙利语、阿尔巴尼亚语）和 5 种东方语言（日语、朝鲜语、越南语、印尼语、马来语）[22]。

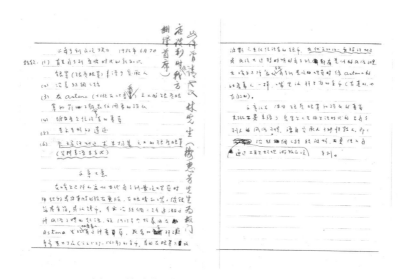

图 8　林穗芳翻译本克匈牙利语论文的手稿

据林梅村回忆，林穗芳"似乎在中山大学得到了赵元任、李方桂、王力等名师的真传，凭借这个功底以及他个人的勤奋努力，才易如反掌地学会了那么多外语"[23]。

通过对比译稿和原论文可知，这是对匈牙利语论文的六个小标题的翻译和论文大意的概述。由此可以看出，林穗芳是直接根据匈牙利语论文原文概述了论文大意。虽然林穗芳所使用的一些词汇与今天所习用的不太一致，比如"斯泰因"今天通常译作"斯坦因"，所谓"殓衣"一词也不大准确（应即张广达译文中的"面衣"），但总体而言其所概述的论文大意仍不失简明和准确。

至于林穗芳翻译此篇论文的前后经过。据林梅村教授回忆，他 1982 年大学毕业分配到中国文物研究所工作时，李征正在该所参加吐鲁番出土文书整理工作，因此相识。不过李征获得来自匈牙利的信件时，已经回到乌鲁木齐，到新疆考察的张广达帮助他翻译了英文资料。张先生并不懂匈牙利语，因此通过张先生将论文带到北京，请林梅村委托其父帮忙翻译。林梅村的回忆也确认是张先生交给了他这份材料，而由其父代为翻译的。

上文已经提到，张广达翻译英文书信和论文摘要的时间是在 1986 年 9 月赴新疆考察之时。林穗芳翻译匈牙利语论文的时间应当就在张广达此次考察回京后不久。资料袋中有一份匈牙利语论文的报纸复印件，笔者推测这应当就是李征提供给林穗芳翻译的底件。结合李征的批注与林穗芳的译文即可看出这一点。林穗芳在译文中特别括注说明"资料来源未交代"，即是对李征在报纸复印件上的批注2"资料来源"一项的回应，李征相应地也用朱笔特意标注了此处译文。

本克在1986年6月7日刚发表了关于"面罩"的匈牙利语论文，在同月28日就将论文原文和英文摘要寄送给了中国学者李征，开启了一场"面罩"研究的国际学术交流。虽然由于种种原因，此次学术交流戛然而止，他和李征之间或者说匈牙利学界与中国学界之间的一场互动也就此湮没无闻。但正如上文所述，在1992年，本克再次发表了一篇关于"面罩"研究的英文论文，他在这篇论文中结合考古学和民族志资料，进一步阐发了自己的观点："面罩"葬俗并非起源于芬—乌格里人，而是经由中亚的突厥人在向西迁移的过程中传入西伯利亚、喀尔巴阡盆地等地。

21世纪之初，本克的这篇论文又一次得到了中国学界的关注，苏银梅译为中文的《亚欧大陆骑马民族迁徙时期的随葬面具》在中国发表[24]。若将苏氏的译文与张广达的译文略作对比，高下立判，这一点尤其体现在专业术语的翻译上。本克的论文中包含大量外国地名和人名，这是翻译其文章的一大难点，而苏氏的译文则多有讹误，诸如，把"Ponthian sea（庞蒂海）"译作"波斯海"；"Carpathian Basin（喀尔巴阡盆地）"译作"卡帕斯盆地"；"Ob-Ugrian（鄂毕—乌戈尔人）"译作"屈服的乌戈尔人"；"Altai-Sayan（阿尔泰—萨彦）"译作"阿尔泰—碎叶"；"Sir A. Stein（斯坦因爵士）"译作"斯坦因教授"等等。此类错误在文章中频繁出现，这些错误不仅仅有音译的问题，背后更反映了其专业背景知识的缺失[25]。反观张广达1986年的译文，其中对"Carpathian Basin（喀尔巴阡盆地）"等外国地名和人名的翻译处理都相当准确，同时张广达的两份中文译文中早已正确地将"face-cover"译作"面衣"而非"覆面"，可见他对所谓"覆面"的名称和性质也早有清晰而准确的认识。这既体现了张广达深厚的外语素养，也反映了他熟谙西域历史的专业素养。

李征委托张广达翻译英文摘要和信件，诚有识人之明，而张广达的专业素养和外语素养也为李征提供了准确的译文。他们二人的相识大概也是李征在北京参加"吐鲁番出土文书整理组"期间。据李征申报副研究员的"述职报告"，其中在"学术活动"一项中提到"1981年在北京大学历史系讲专题：'吐鲁番出土文书的鉴别依据'（王永兴教授、张广达教授等均参加）"[26]"参加北大并指导研究文书（毕业生）二十天""应约参加并指导北大研究生（1986年9月作实际考察研究：张广大教授参加）"。从这三项活动可以看出，二人的结缘离不开吐鲁番文书的整理与研究。在这一过程中，王永兴、张广达等对李征也多有提携，不仅邀请他到北大历史系做讲座，还让他参与指导研究生。这对于长年在新疆工作的李征来说，应当也是一次难得的机会，故此他才会郑重地将其写入自己的述职报告之中。李征与张广达在北京的交往也为二人今后的进一步交流奠定了基础，由此才滋生了这一段"笔译之交"。

余　论

本文整理了李征遗留的眼罩资料，作为一次未完成的学术交流，它的意义仍然非常突出。

一方面，这份资料揭示书信背后一桩湮没无闻的国际学术交流，体现出李征西域史研究的学术贡献。"面罩"和"眼罩"研究是东西交流史中的一项重要课题。李征结合吐鲁番出土文书中的衣物疏，考证出银眼罩的正确名称为"银眼籠"，为进一步弄清"眼罩"的起源、性质和功能奠定了重要基础。并且，通过匈牙利学者本克的来信，李征得以了解国外"眼罩"研究的最新进展，同时也有机会借此向国外学者公布自己手中的新材料与考释成果。遗憾的是，李征并未继续与本克通信，未能告知他这一正确见解，使得这一桩国际学术交流成为未完成的事业。

另一方面，我们也不应遗忘促成这桩学术交流的两位译者。正是得益于与西域史专家张广达和语言学家林穗芳的交往，李征才能准确地了解本克论文的主要内容，由此得以进一步搜集资料，考释出"眼罩"的正确名称。

综观这一国际学术交流的历程，在丝绸之路东西方文化交流的研究课题中，中国学界在 20 世纪 80 年代已经重新积淀起了步入国际学界的学术基础，而不同学科领域之间的学者密切合作与交流，也成为学术发展非常重要的研究途经。

注　释

[1]　参见朱玉麒《黄文弼旧藏李征书信及相关文献笺证》，《吐鲁番学研究》2019 年第 2 期，第 16～33 页。

[2]　《吐鲁番学家李征同志》，《新疆文物》1989 年第 4 期，第 1 页。

[3]　参见朱雷《记良师益友李征先生二三事》，《吐鲁番学研究》2019 年第 2 期，第 1、2 页；前引朱玉麒《黄文弼旧藏李征书信及相关文献笺证》。

[4]　按：英文原文如此，"juni"当作"june"。

[5]　参见：https://hu.wikipedia.org/w/index.php?title=Kiszely István（antropológus）&oldid=24553959.

[6]　关于其个人的详细介绍及其论著参见网址：https://terebess.hu/keletkultinfo/lexikon/benko.html.

[7]　中文译文中多处"银面板"被涂抹修改为"银片"，似即李征所校改。

[8]　张广达先生出生于 1931 年，河北青县人。1953 年毕业于北京大学历史系，留校任教。现为台湾"中研院"院士、政治大学历史系讲座教授。主要从事唐史、西域史、敦煌吐鲁番文书、中外文化交流史的研究。

[9]　王素《李征先生与〈吐鲁番出土文书〉》，《吐鲁番学研究》2019 年第 2 期，第 8 页。

[10]　按：据英文信件，此处签名即："Benkő Mihály"。

[11]　Mihály Benkő, "Burial Masks of Eurasian Mounted Nomad Peoples in the Migration Period（1st Millenium A.D.）", *Acta Orientalia Academiae Scientiarum Hungaricae*, Vol. 46, No. 2/3, 1992/93, pp. 113-131. 感谢荣新江老师提示。

[12]　Khrisna Riboud, "Some remarks on the face-covers（Fu mien）discovered in the tombs of Astana", *Oriental Art* 33, 1977, pp. 444-445; E. I. Lubo-Lesničenko, "Mogil'nik Astana", in *Vostočnyj Turkestan i Srednaja Azija*. Moskva, 1984, p. 116; fig. 54. 后者主要内容已被译为中文，参见〔苏〕鲁伯—列斯尼契科撰，李琪译《阿斯塔那古代墓地》，《西域研究》1995 年第 1 期，第 104～110 页。

[13]　新疆维吾尔自治区博物馆《吐鲁番阿斯塔那 363 号墓发掘简报》，《文物》1972 年第 2 期，第 7 页。

[14]　按：报纸原标题作《广汉县青铜雕像群室内清理工作展开》。

[15]　按：据中华书局 1984 年《说文通训定声》影印本，此一句出自第 34 页，原文作："今苏俗谓之规圆，又秀龍巢也。"此条出自"龍"字之下，此句本为解释水果"龍眼""龍目"一名。

[16]　王𣾷《复面、眼罩及其他》，《文物》1962 年第 7、8 期，第 84 页。

[17]　陆锡兴《吐鲁番眼笼考》，《中国国家博物馆馆刊》2014 年第 1 期，第 69～74 页。

[18]　原按语用朱笔竖行书于稿纸右侧。

[19]　原文为"蕃"，李征用朱笔校订为"番"。

〔20〕　此一句有李征的朱笔下划线。

〔21〕　林梅村教授在邮件中指出："他（林穗芳）当时年仅 20 多岁，不可能是首席翻译。板门店谈判的首席翻译是乔冠华。"感谢林梅村教授提供信息。

〔22〕　林梅村《忆父亲》,《南方周末》2010 年 1 月 21 日。

〔23〕　林梅村《忆父亲》,《南方周末》2010 年 1 月 21 日。

〔24〕　〔匈〕米哈里·本克著，苏银梅译《亚欧大陆骑马民族迁徙时期的随葬面具》,《西北第二民族学院学报》2000 年第 2 期，第 40～44、53 页。苏银梅的译文删去了论文的全部脚注，甚至把作者本克（Mihály Benkó）的国籍误作德国。

〔25〕　译文中的错误也有不少，我们仅举一例，苏氏译文第 41 页最后一句"目前这一面具被中国一隐士收藏"，翻译明显错误。英文原文为"it is now kept in the Chinese collection of the Hermitage"（它现收藏于艾尔米塔什博物馆的中国收集品中），苏氏不识"Hermitage"为艾尔米塔什博物馆（冬宫），致有此误。

〔26〕　此事得到荣新江老师回忆的印证，参见荣新江《重读〈安乐城考〉追忆李征先生》,《吐鲁番学研究》2019 年第 2 期，第 14 页。

青铜时代战车的动力学特性

〔意〕安杰洛·玛苏　斯坦法诺·尤贝蒂　埃莱娜·博迪尼
迭戈·帕德诺　安德里亚·戴奈斯　著

王娜娜　译

一、引　　言

现代科技是一个长期进化的结果，自史前时代以来，科技受到许多人类、环境和历史因素的推动[1]。公元前 20 世纪欧亚大陆双轮战车的发明，是古代社会的重大技术进步。当马被驯养并用作挽车牲畜时，其运输速度比用牛拉的车要快 10 倍[2]。很快，人们就意识到，给这种速度很快的牲畜搭配一辆轻便灵巧的车，可以提升他们的狩猎效率和在战斗中的战斗力，于是就耗费精力对车进行改进和优化。

在欧亚大陆和北非，战车具有不同的类型，并体现了不同的技术。Chechushkov 和 Epimakhov 认为，与战车建造相关的技术最早出现在公元前 2000 年前，位于欧亚大陆北部草原地区，当时的社会背景虽已较为复杂，但还没有成型的国家[3]。虽然这一假设并未得到普遍的认可，并且有人提出战车应起源于近东，但是 Chechushkov 和 Epimakhov 为此假设提供了令人信服的论据，即在草原社会中，战车不仅用于各方间的冲突战争，也用于迁徙和领土扩张，所以它们不仅用于礼仪活动，也不可能是对外来车辆的仿制[4]。这种战车需要复杂的制造技术，而这些技术应该只掌握在少数高度专业化的战车制造者手中。战车制造的耗费由军事权贵来支持，对他们来说，战车不仅是一种军事武器，更是一种显示其权力地位的工具。

在赫梯和埃及帝国，大约从公元前 1600 年开始，战车首次在真正的战场得以应用[5]。公元前 1274 年，埃及法老拉美西斯二世和赫梯国王穆瓦塔利什之间爆发的卡迪什之战，是青铜时代记录最完整的战役，在这场战役中，大约有 5000 或 6000 辆战车全部投入使用。埃及底比斯城总督及大臣合浦墓葬的壁画上有详细记载，如此大规模的战车使用需要复杂的组织工作，战车制造工匠对生产和组装过程的每一阶段都要高度专业化。这种战车至少载有两人：御手，负责驾驭车辆；战士，负责使用武器（弓、矛或标枪）。有时，还可能载有第三个佩戴盾牌的人。

在希腊和意大利，也记载了在青铜时代，尤其是在亚该亚文明和伊特鲁里亚文明的两轮战车[6]。然而在这些文明中，由于其社会结构不那么完善，并且地形也不太适合高速作战，所以战车的使用可能不像近东帝国那样具有战略意义。

在多种多样的制造技术方案中，所有已知战车都有一些共同的特征。基于 Lchasen（亚美尼亚）发现的一辆战车，绘制出战车的主要构件示意图，如图 1 所示。车厢内部站有乘客，它的正面和侧面都有轻型厢壁遮挡；有时，后面可加一挡板把它关上，并可以在两乘客间再放一个分隔板[7]；底板可能是皮条编织而成[8]。车轴固定在车厢底架上，轮子绕轴转动，从而保证两侧轮可以以不同的速度转动，有利于转急弯行驶。辀固定在车厢与车厢底架下面的车轴之间，通常它是由受热弯曲而成的长木制作。轭固定在辀的另一端，轭通常也是弯曲的木杆，构件之间是由皮条绑缚连接在一起。在图 1 中，如安装在车轴上的横辐车轮所示，它们是通过中间一根坚硬的横辐条榫接到轮辋上，并有不通过中心的辅助辐条榫接到轮辋和中间横辐条上，轮毂直接嵌入中间横辐条的中心孔。在意大利半岛，这种车轮特别普及[9]，它在刚度和强度上是一个巨大的进步，但是如 Mazzù 等文章所示，辅助的辐条可能是车轮的弱点[10]。也许正是出于这个原因，这种车轮后来不再被使用，取而代之的是辐条车轮，辐条车轮提供了横向载荷上均匀的支撑力，以及优化的刚度／重量比。

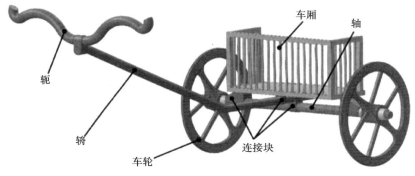

图 1　青铜时代战车示意图

这些战车会受到较大的加速度和应力。Spruytte 的研究表明，两匹马拉的战车车速可达 40km/h，战斗过程需要频繁地和突然地刹车和转向[11]。在东方式战斗中，快速急转的能力是很有战术意义的，比如箭或标枪应该从战车的侧面或后方射向敌人。比赛也是一样，这些比赛沿着细长的环形赛道进行，交替有直线和急弯[12]。此外，马的奔跑确实给辀造成了纵向和垂直方向的振荡。考虑到如此严苛的动态条件，毫无疑问御手和战士都应该拥有非凡的个人技能，并且需要进行高水平的训练才能达到。无论是在战斗中还是在比赛中，乘坐人员的稳定性应该是成功的关键因素，而且战车也不能给马匹过大的压力，所以战车部件的构造及其之间组装方式很大程度上影响了战车的性能。

Sandor 的两篇文章强调了埃及战车高超的技术水平，他将其命名为"图坦卡蒙型"战车[13]。其中包括八辆几乎保存完好的战车，年代为公元前 2 千纪下半叶，其中有六辆是在图坦卡蒙的陵墓中发现的。他对车轮复杂的构造技术，以及辀和车厢的连接感到惊叹，这种连接起到纵向振动阻尼器和防侧倾的作用。而且他强调，所有提升车辆整体弹性的构件的制造和组装方式都是用于减少垂直方向振动。Rovetta 等的文章评估了这些弹性参数，得出的结论是图坦卡蒙战车的技术应用了运动学、动力学和润滑理念相关的知识[14]。Sandor 和 Littauer 的文章中都讨论到的一点是轴的位置，近东和埃及战车（图2b）的车轴安装在靠近车厢底板的后边缘位置；希腊、凯尔特和意大利的战车（图2a）的车轴安装在车厢底板相对中间的位置，大约在乘客的脚下。他们对这些安装方式的利弊观点一致，即轴在中间减少了马的垂直负担，因为乘客的大部分重量都由轴本身支撑；轴在后边减少了轴旋转方向的振动，有利于战车全速行驶时的平稳性[15]。Littauer还提出，带有后侧轴的战车降低了乘客在弯道或碰撞中被甩出去的风险[16]。

图2　公元前13世纪的战车
a.迈锡尼战车（中间轴，来自皮洛斯宫殿）　b.埃及战车（后侧轴，阿布辛贝神庙雕刻品复原图）

然而学术界尚未对这些问题展开定量研究，同时仍有一些问题亟待解决，特别是不同组装方式的动态特性影响规律，包括：底板的作用是什么？为什么不简单使用木质底板？车轴位置不同时究竟有哪些影响因素？

Mazzù等的文章中开始使用现代工程工具来评估与古代车辆相关的技术问题，特别是，他们使用视觉技术和有限元模拟来研究一辆据推测属于青铜时代的战车的横辐车轮[17]。此外，他们开始研究恶劣运行条件下战车的动力学特性[18]。

本文采用仿真与实验相结合的方法，对战车的动力学问题进行了探讨。首先，采用有限元（FE）和多体动力学（MB）方法进行模拟，确定战车构件在严重超负荷情况下的作用。随后，我们做了一个实验来确定编织型底板和木质底板的响应差异。最后，对不同组装方式的战车以不同速度在粗糙地面上行驶的特性进行了有限元频响分析。

二、车辆碰撞凸起物和转向时的有限元分析

动态有限元分析可以评估动力学系统在受到外力（力或冲击位移）、惯性和阻尼作用下的动态响应。在本文的有限元分析中，以车轮中心点（作为战车的一个代表点）和乘客头部一点的轨迹为分析点，研究了战车受到偶然超负荷时，包括单轮或双轮在经过凸起物时的振动，以及战车在相对较高速度下进行急转弯时的响应，并且研究了车轴的位置对战车和被运输物体动力学特性的影响规律。

（一）有限元模型

图 3 显示了用于模拟的有限元模型，设定了两种车轴：一种车轴大约在乘客脚下（中间轴），另一种车轴安装在车厢下面靠后的位置（后侧轴）。总体尺寸与 Chehushkov 等文章[19]中所描述的战车平均尺寸相一致。

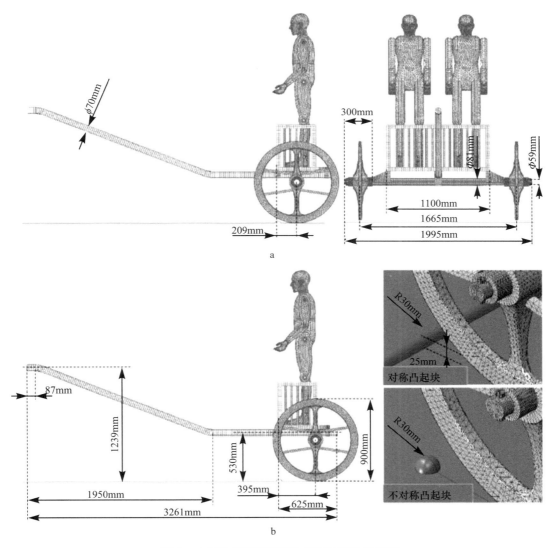

图 3　中间轴战车和后侧轴战车的有限元模型
a. 中间轴战车　b. 后侧轴战车

设定两种运行条件，即辀端分别以匀速 40km/h 直线运行和以恒定的切向速度 20km/h 沿半径 5m 的曲线运行，对整个车体模型和乘客进行分析。此外，还给车轮施加了与车速一致的初始转速。在直线行驶中，模拟了两个严重事件，分别为对称越过凸起块，即两个车轮同时撞击一个半径为 30mm 高出地面 25mm 的圆柱形凸起物，另一种为非对称越过凸起块，即单轮撞击半径为 30mm 的半球形凸起物。

地面设置为刚性表面，而战车构件和乘客被建模为线性实体原件。战车的所有构件，除了轮子，都是用黏合剂连接的。车轮以无摩擦无穿透的接触关系连接到车轴末端，这样可以保证车轮围绕轴转动，无摩擦的目的是模拟有润滑剂时的润滑效果。人与战车之间设置为无摩擦无穿透接触，车轮与地面设置摩擦系数为 0.5 的无穿透接触。模型体被赋予线性弹性材料特性，如表 1 所示。赋予辀、轴、车轮和车厢底架以胡桃木顺向纹理的特性[20]，胡桃木特性被认为是十分接近用于战车构造材料。严格地说，木材应被视为正交各向异性材料，但由于模型主要是弯曲的细长梁，因此其主要特性是沿纹理方向的弹性模量，因此没有考虑其他方向的正交各向异性。连接处和车厢底板被假定为皮革材料，为了模拟皮革的性能，调整其弹性模量，使底板在乘客的静重量下的最大垂直位移约为 27mm，战车总质量为 41kg。这些人的弹性模量是任意的，但密度调整到使每个人的质量为 80kg，计算时考虑了地球引力。

在转弯模型设计上，又施加了一个内部约束。正如 Littauer 所强调的那样，驾乘者使用了一些应急方法对抗离心力保持平衡，例如，用后方的盾牌或内部的壁板来支撑依靠，或者战士会把自己绑在战车上，有时，车夫会把缰绳系在战士的腰上，这样既能让缰绳驾驭马匹，又能让战士有支撑物倚靠[21]。无论他们使用了什么方法，在仿真中，这种效果是通过乘客脚底和车厢底板之间的一个捆绑约束来模拟的。虽然现实中不是这样约束，但可以将乘客的重力和离心力转移到战车上，用以评估战车的稳定性和翻车的风险。

表 1　有限元模拟中的材料特性[22]

对象	材料	弹性模量（N/mm^2）	泊松比	密度（kg/m^3）
战车（结构件）	硬木	11600	0.3	615
战车（连接底板）	皮革	9000	0.35	1000
人体	待定	1000	0.3	1250

（二）分析结果

以乘客头部参考点和车轮中心点的垂直位移为评估项，在战车越过对称的凸起物和不对称的凸起物时，分析组装成中间轴的战车和组装为后侧轴的战车的动力学特性。图 4a 显示了在对称越过凸起物仿真中，两种战车上人头部评估点的垂直位移。由于位移过大，后侧轴战车很快就被撞毁，但撞毁前的数据也提供了有用的内容。与中间轴的战车相比，在后侧轴战车上的乘客被抛起更高，这主要是由于在后侧轴的战车上，乘客一部分重量是由辀来支撑，并且由于辀长且弹性较高，在冲击期间挤弯，随后对乘客起到一种"弹绳"的作用，如图 5 的框架序列图所示。图 4b 显示了车轮中心点的垂直位移。在中间轴战车的模拟结果中，左右轮位移轨迹不对称，这是由于轴在撞击后会发生随机倾斜。在中间轴的战车中，与乘客的头部点位移轨迹相反，车轮被抛起更高，这是因为在冲击过程中战车内部弹性势能较低，撞击后人对车轴的反作用力也较低。

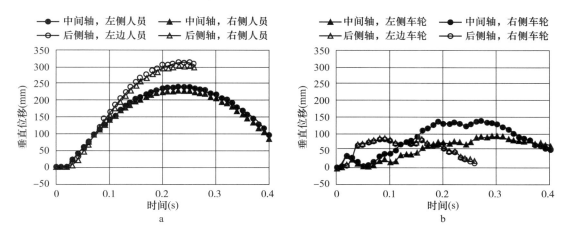

图 4　中间轴战车和后侧轴战车在对称碰撞中评估点的垂直位移
a. 乘客头部评估点　　b. 车轮中心评估点

图 5　中间轴战车（左）和后侧轴战车（右）在对称越过障碍时的仿真框架顺序图

　　图6所示为非对称碰撞时的数值，分析的参数同图4一致，但是仅左侧碰撞凸起物。同样，在后侧轴战车中，两个人都被抛起相对更高（图6a），后侧轴战车车轮（图6b）的左右不平衡比中间轴战车的车轮不平衡要明显得多。这是因为当后侧轴战车受一侧车轮冲击时，车轴上没有相对正上方的乘客站在上面施加反作用力，从而使轴上产生了更高的扭转振动，这一点也可以在图7中直观看到，图7比较了中间轴和后侧轴战车的车架冲击顺序图。

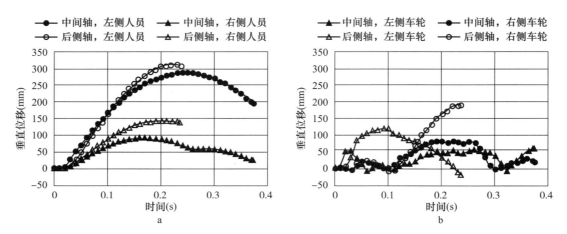

图6　在中间轴战车和后侧轴战车的不对称碰撞中评估点的垂直位移

a. 乘客头评估点　b. 车轮中心评估点

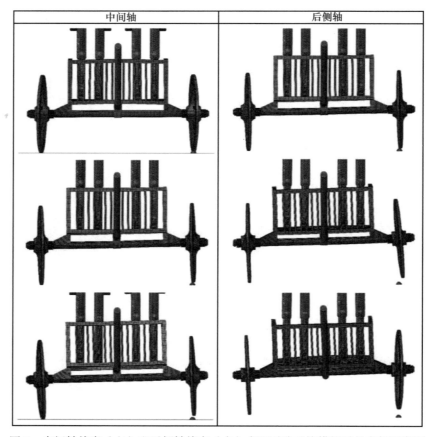

图7　中间轴战车（左）和后侧轴战车（右）在不对称碰撞模拟时的车架顺序图

　　图8显示了在转弯时,中间轴的战车和后侧轴的战车上乘客头部评估点和车轮中心评估点的垂直位移。头部的垂直位移是由于转向时人的前后摆动造成,因为乘客是被模拟成用脚来固定在战车上的,真实情况中人不是这样的,但这也表明了战车的稳定性。而且,由于后侧轴的战车具有更高的弹性,乘客的振动幅度更大。车轮中心保持在初始的垂直坐标上,这意味着车轮始终与地面保持接触,这样战车不易翻覆。

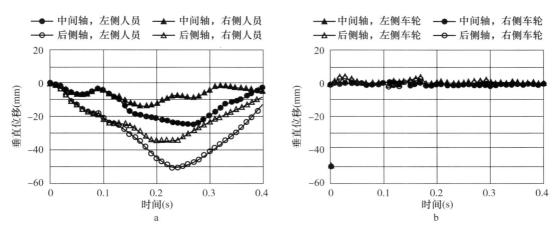

图8　中间轴和后侧轴战车在转向时评估点的垂直位移
a. 乘客头部评估点　b. 车轮中心评估点

　　总的来说,这些结果表明,在碰撞凸起物和转向行驶的情况下,将车轴固定在后方没有任何优势,这种战车在近东和埃及军队中能够广泛使用必定是有其他原因。

三、阻尼对多体动力学系统的影响特性

　　阻尼是需要考虑的一个重要参数,在现代车辆中,振动阻尼是通过特定的动能耗散装置获得的[23]。正如Sandor文章提到的,图坦卡蒙类战车有一些技巧,可能是专门加入滑动部件,将其之间的摩擦作为振动阻尼[24]。然而一般来说,所有战车都有一些可以抑制振动的部件,例如连接垫块可能允许连接部件之间有一些小的滑动,这样就可以耗散振动能量。由于编织纤维之间的摩擦,底板也可以减少振动。上一节的有限元模型中整个模型只设置了一种阻尼,然而,引入包括连接有弹簧和阻尼器的刚体多体动力学模型,可以研究在严重超负荷情况下,作用于单独构件的局部振动阻尼对车辆整体性能的影响。

(一)多体动力学模型

　　真实的战车是由多体动力学模型模拟的,能够体现主要构件之间的相互作用。模型中包含的战车元件有:车轮、主体(车厢、车轴和辀位于车厢下的部分)、辀的上升部分和轭(图9)。乘客被建模为具有等效质量和惯性的任意形状。两名乘客被放置在两个圆盘上,这样在发生碰撞时,他们也可以掉下来,这两个圆盘通过一对弹簧阻尼元件连接到主体上。

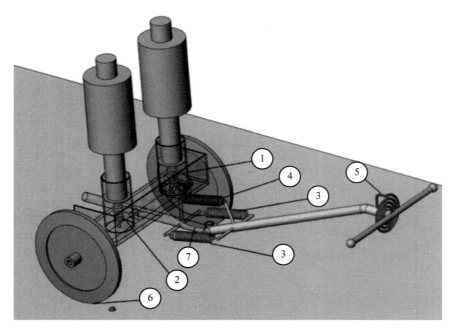

图 9 采用多体动力学模型对非对称越障进行动力学模拟

辀是对系统动力学影响较大的元素，为了更好地模拟其运动特性，将辀分为三部分。一部分在车厢底板下，与主体紧密相连；另一部分通过一个万向节与前一部分连接，这个万向节有两个自由度（DOF），即可围绕两个正交轴转动。每个自由度由适当的弹簧—阻尼耦合系统来限制，其中图 9 中的弹簧—阻尼耦合系统 3 被用来控制围绕垂直轴线的扭转，弹簧—阻尼耦合系统 4 被用来控制绕水平轴线的扭转，从而将辀水平方向和垂直方向的刚度进行分离。辀以 1 个自由度的约束与轭连接，即围绕辀的轴线扭转的自由度，由扭转弹簧阻尼器控制。因此，整个模型由 7 个部分（加上 2 个辅助部分，如乘客下方的圆盘）组成，并由 6 对弹簧—阻尼耦合系统连接。轭端与模拟的滑动导轨连接，用于模拟马匹产生的位移。

为了校准连接弹簧，静态有限元分析使用了之前用过的同一网格。为了分离多体动力学模型中战车每个内部自由度的响应，分别建立了 7 个有限元模型（图 10）。

整个战车模型除车厢底板外均设置为刚性材料制成，底板承受均匀的压力。车厢底框设置为静止状态。该模型用于确定每个乘客脚下底板的垂直刚度。

整个战车模型除车轴外均设置为刚性材料制成，在车厢底框上施加了均匀的压力。车厢底框和战车被限制只能在垂直方向移动，不能旋转。该模型用于确定轴的垂直刚度。

整个战车模型除辀外均设置为刚性材料制成，轴上施加了纵向力，辀端是固定的，而车轴和车厢被限制纵向位移，不能旋转。该模型用于确定辀的纵向刚度。

整个战车模型除辀外均设置为刚性材料制成，轴上施加了横向力。辀端固定不动，而车轴和车厢被限制在横向位移，不能旋转。该模型用于确定辀的横向刚度。

整个战车模型除辀外均设置为刚性材料制成，两个相反的垂直力施加在轴端，而辀端固定不动。该模型用于确定辀的侧倾刚度。

整个战车模型除辀外均设置为刚性材料制成，在轴上施加一个围绕侧向方向的扭矩，阻止辀端

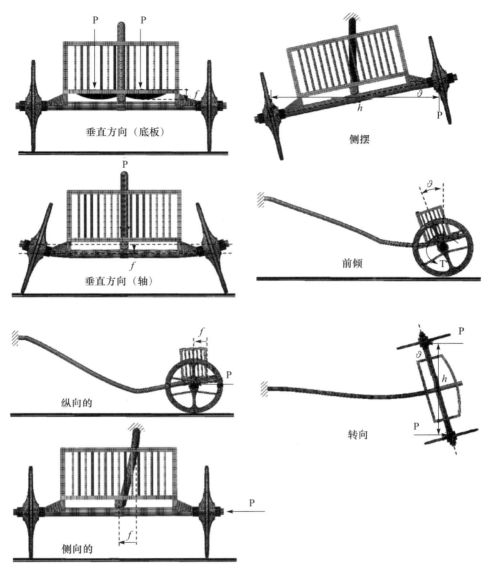

图 10　用于确定多体动力学模型中等效刚度的有限元模型

和轴在轴线方向发生位移。该模型用于确定辀的俯仰刚度。

整个战车模型除辀外均设置为刚性材料制成，两个相反的纵向力被施加到轴端，而辀端是固定的，轴端被限制在水平面上保持位移。该模型用于确定辀的侧摆刚度。

由于每个弹簧—阻尼耦合系统都会影响车辆整体特性，因此需要一个迭代过程来获取准确参数，以便更好分析多体动力学模型。该模型进行了一组特定的测试，例如从 500mm 的固定高度下落测试，通过设置与每个自由度相关的阻尼和弹簧常数，以获得战车的真实响应。作为经验法则，弹簧最初是根据有限元静态分析的结果进行校准，而阻尼常数被设置为每个单自由度的临界值。然后，通过重复下落测试模拟，对弹簧和阻尼常数进行迭代修正，当三次反弹后，系统振幅降低到初始振幅的 10% 时，认为获得理想结果。这样的调整阈值是任意的，但对于模拟战车来说具有合理性。经过大约 70 次校准试验，得到了表 2 中总结的弹簧和阻尼的值，其中编号参考了图 9 的注释。

在模型参数确定后，针对中间轴和后侧轴的对比，分别进行了单侧轮和双轮同时碰撞模拟。由于多体动力学分析不允许设置初始非零速度，战车首先在大约10秒内以恒定加速度从0加速到40km/h，然后在碰撞前保持恒定速度几秒，地面凸起的障碍物的参数同之前所做的有限元分析中的障碍物参数一致。为了分析车厢底板的作用和乘客的响应，采用三种乘客脚底下的阻尼系数值来分析，分别为零阻尼系数（案例1）、真实阻尼系数（案例2）和高阻尼系数（案例3）。作为比较，增加了另一种情况（案例4），即人脚下无阻尼，且其他地方阻尼较低，这种情况仅适用于后侧轴战车的碰撞。

表2　在多体动力学模型中弹簧和阻尼器的参数

轴向弹簧阻尼耦合							扭转弹簧阻尼	
对象		1	2	3	4	6	7	对象	5
阻尼 [N/(s/mm)]	案例1	0	0	2.5	5.5	0.5	0.5	阻尼 （Nmms/deg）	200
	案例2	0.7	0.7	2.5	5.5	0.5	0.5		
	案例3	6	6	2.5	5.5	0.5	0.5		
	案例4	0	0	0.1	0.1	0.1	0.1		
刚度 （N/mm）		7.8	7.8	150	330	2855	2855	刚度 （Nmm/deg）	90000

（二）结　果

图11为对称碰撞条件下，人脚下方阻尼系数变化时，右侧乘客头部与右侧车轮中心的垂直位移，图11a和b也显示了案例4情况下，乘客脚下没有阻尼，且所有其他阻尼器的阻尼系数都很低时，相同评估点的数据。图12显示的是非对称碰撞条件下，乘客脚下阻尼系数变化时，相同评估点的垂直位移。可以得出以下结论：

将多体动力学分析结果与有限元分析结果进行比较，发现数值结果存在较大差异，这可能是由多个因素造成的，因为这两个模型是基于不同的理论基础分析的。多体动力学模型是将系统模化为由弹簧和阻尼连接的刚体来建立的，是对现实情况的一个粗略的模拟，但有限元模型中多阻尼的考虑相对较少，并且模型中人的弹性也进行了较大简化。但是，两种方法的仿真结果在主要信息上是一致的，即在对称和非对称碰撞条件下，后侧轴和中间轴构件在动力学特性上没有显著差异。

从图11c和d中可以看出，案例1和案例4之间没有显著差异。这两种情况下，除乘客脚下的阻尼器外，所有阻尼器的阻尼系数都不同，这意味着在碰撞后，乘客和车轮的反弹几乎完全由乘客脚下的阻尼决定，即由车厢底板的阻尼决定，其他部分（如构件间的连接）阻尼的影响可以忽略不计。

案例2中，乘客脚下阻尼系数预设认为是最接近真实情况的，在降低振动幅度方面表现最好。较低的阻尼系数（在模拟中接近于0时）使得乘客和车轮的振幅最大，但过大的阻尼系数虽然能够阻断第一次振动之后的振动，但会加大第一次振动的幅度。

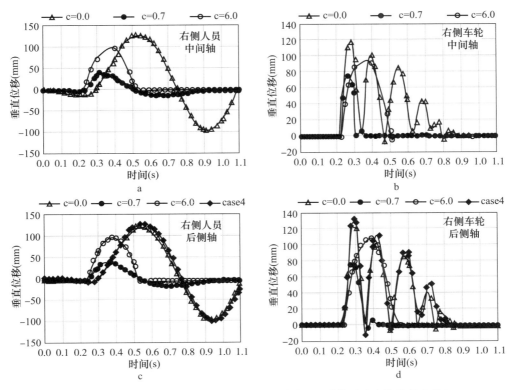

图 11　对称碰撞时的动力学特征比较（不同阻尼系数下垂直位移的变化）

a. 中间轴战车上的右侧乘客　b. 中间轴战车的右轮　c. 后侧轴战车上的右侧乘客　d. 后侧轴战车的右轮

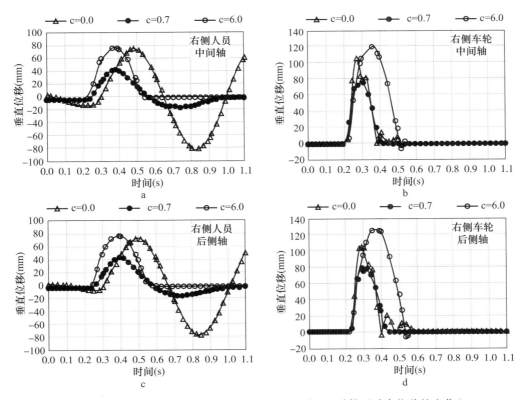

图 12　非对称碰撞时的动力学特性比较（不同阻尼系数下垂直位移的变化）

a. 中间轴战车上的右侧乘客　b. 中间轴战车的右轮　c. 后侧轴战车上的右侧乘客　d. 后侧轴战车上的右轮

这些结果表明车厢底板，尤其是其振动阻尼，对乘客的稳定性起着关键作用。出于这个原因，接下来是对车厢底板的特性进行更为深入的研究，旨在研究编织型底板是否比木质底板在振动消减方面更为有效。

四、车厢底板动力特性实验

毫无疑问，用编织的皮条（或其他有机材料，如植物纤维）制作底板，比简单地在底板框架上固定一些木板更加费时费力，古代工匠必定有充足的理由选择编织型底板。根据上一节的分析结果，人们认为编织型底板比木质底板有更好的减振性能，因此，我们将通过测量从给定高度落在木制底板和编织型底板上物体反弹的振幅来比较它们的阻尼特性，即反弹振幅下降得越快，动能耗散就越高，从而产生的阻尼效应也就越大。

（一）材料和方法

制作了两辆战车底板的样本，其外形尺寸如图13所示，其外形相对于图3所示的底板进行了简化，但总体尺寸相似。其中一个样本是用10mm厚的云杉木通过形状卡扣在一起，钉在框架上（图13c）。另一个是用3mm植物纤维圆绳编织而成，如图13d所示。样本被放置在一端被钉住的木锤下面；当在水平位置放置时（例如：$\alpha=0°$，α为锤杆与水平方向的角度），底板上锤子的静态重量为17.5 N，锤子从垂直位置（$\alpha=90°$）敲到底板上并用高速摄像机记录固定在锤柄上的刻度盘角度来测量锤子的转动；通过转动角度计算锤的高度h。

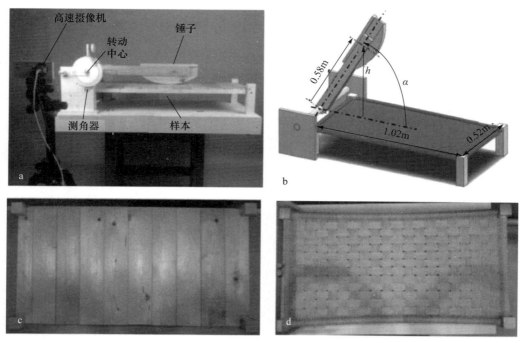

图13　车厢底板动力特性实验装置
a. 车厢底板动特性的实验设置　b. 测量系统示意图　c. 木质底板　d. 编织型底板

（二）结　　果

图 14 显示了在编织型底板和木质底板上测试时锤头高度 h 随时间的变化。对于两个样本，第四次反弹的振幅都约为第一次反弹振幅的 20%，这表明上一节预估的阻尼系数基本符合实际情况。

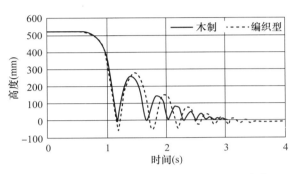

图 14　锤子在木质和编织型实验底板上随时间变化的降落及反弹高度

两个底板的性能差别并不显著，其中编织型底板更有弹性，振幅更高，振荡频率更低，这主要是由于编织型底板的特性就像一层薄膜，它将张力转移到框架上，以适应变形。相反，木底板表现得像一块刚性板，不能变形。

这一结果表明，虽然后侧轴战车结构和编织型底板在减振方面有一定作用，但并非关键因素，因此，为何近东和埃及军队中普遍应用后侧轴战车和编织型底板一定存在其他原因，需要在其他方向分析。

五、有限元频响分析

通过考虑之前研究的偶尔超负荷时战车发生的振动，本节将分析战车在崎岖不平的地面上以最大速度运行时发生的振动，有限元频响分析正好可用于此类分析，它可分析系统在外部不同激励频率下的动力学特性。以战车为例，地面的凸出物导致车轮的垂直振动，根据战车的结构和外部施加的激励频率和振幅，不同地区的战车的振动形式可能不同。外部施加的频率和振幅是随机变量，取决于地面情况和战车速度，同样一个随机的外力可以是不同频率和振幅下的各种作用力的叠加。本节所建立的模型参数为：车轮直径为 1m，运行速度在 20km/h～40km/h，根据地面凸起之间的平均间距，推断车轮受到的激励频率范围位于 100Hz～400Hz，因此，着重分析此频率范围内车轮的响应。

（一）有限元模型

频率响应分析的有限元模型与图 3 所示相同，但为了加快计算速度，对乘客的形状进行了简化（但保持相同的质量和总体尺寸）。在车轮同地面接触位置施加 20mm 振幅的垂直位移激励，频率范围为 0～600 Hz。模型中底板厚度为 5mm，通过改变其材料的弹性模量，来模拟与材料和组装工艺相关的底板弹性差异。所选用的底板最大的弹性模量（条件1）为与战车中其他构件的刚度保持一致，它模拟的是具有高抗弯强度的木制底板。其他两种底板材料，具有中等弹性模量（条件2）和低弹性模量（条件3），模拟用其他材料和技术制作的底板，使抗弯强度下降，并趋于膜结构的特性。人的材料属性被设定了一个非常高的弹性模量，使其类似于刚体，这种情况下分析结果就只取决于战车的变形能力。材料参数见表3。本节再一次对比了中间轴战车和后侧轴战车。

表3　有限元频响分析仿真中的材料特性

对象	弹性模量（N/mm²）	泊松比	密度（kg/m³）
战车（除底板外的所有构件）	11600	0.3	615
底板	11600（条件1）	0.3	615
	6000（条件2）		
	1000（条件3）		
人体	100000	0.3	1200

（二）结　果

为了了解战车在不同频率振动下的表现，在图15对比了案例2情况下中间轴战车的两种典型条件，随着位移振幅的增加，颜色由暗到亮变化。图15a为低频情况（约8Hz），人的振幅与施加在车轮上的振幅相似；图15b为高频情况（约200Hz），人的振幅远低于战车车厢的振幅。这意味着在低频时，整个战车的振动直接传递给乘客，而在高频时，战车倾向于围绕乘客"振动"，只将一小部分振动传递给他们。

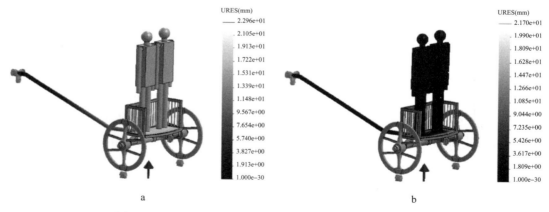

图15　具有中间轴和中等刚度底板的战车振动幅度（条件2）

a. 8Hz 频率　b. 200 Hz 频率

图16显示了轴位置不同和底板刚度不同时，左侧乘客头部一点的振幅，该振幅在约8 Hz达到峰值后，随着外力频率的增加，振幅锐减。考虑到战车全速行驶时的估计频率范围，我们对应关注

的频率范围为 100～400Hz，一般来说，后侧轴战车的振幅要低于中间轴战车；此外，底板刚度越低，振幅越低。像我们设想的那样，如 200 Hz 激励频率时，后侧轴战车相对于中间轴战车的振幅降低，底板刚度最高的情况下（案例 1）振幅降低 31%，在底板刚度中等的情况下（案例 2）振幅降低 25% 和在底板刚度最低的情况下（案例 3）振幅降低 16%。

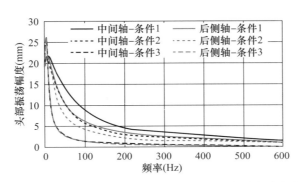

图 16　中间轴战车和后侧轴战车在底板刚度变化情况下的振动幅值与外力频率的比较

这一结果表明，制造具有后侧轴和编织底板战车的目的是增加战车的灵活性，以减少在高速行驶下的振动，尤其是如果还使用弓箭的话，将会是一个优势。事实上，弓是一种可远程攻击的武器，尤其是弓箭手可以从高速行驶的车辆中射出；而且，弓箭射击需要精度，如果战车的振动在传递给乘客时没有明显减弱或阻断，弓箭手就无法精准发射。

六、结　　论

多种仿真技术被用于研究青铜时代战车的动力学特性，特别是研究车厢底板和车轴的位置在其中的作用（轴位于中间或位于后侧）。

有限元动力学分析表明，车轴的位置在战车偶尔的超负荷中，例如在单侧轮或双轮与凸起物碰撞时，或车在转弯时，并不会显著影响战车的性能。

多体动力学分析证实了有限元模拟得出的结论，并研究了战车构件在振动阻尼方面的作用，突出了车厢底板所起的关键作用。

在两个样品上进行的实验测试显示，战车的木质底板和编织型底板在振动控制能力方面没有显著差异。另一方面，测试突出了编织型底板较高的弹性，主要是由于编织部分就像一层能适应底板变形的膜结构。

最后，有限元频率响应分析研究了战车在崎岖不平地面行驶的特性。这些分析突出了战车运行在 20km/h 至 40km/h 之间时的灵活性，对降低传递给乘客的振动起着关键作用。后侧轴战车比中间轴战车更能有效地降低乘客的振动幅度，此外，编织型底板比木质底板更有效，因为它们具有更高的弹性。

这些结果可以解释为什么后侧轴战车在青铜时代，特别是在近东和埃及能够得到普遍应用。事实上，"东方式"的战斗是在带有投掷式武器（尤其是弓箭）的大型战车上作战，在这种情况下，隔断传递给乘客战士的振动，对于提高他们的射击精度和射击效率至关重要。近东强大的统治者拥有维护如此昂贵军队的经济力量和组织能力，并能驯养大量不事生产的牲畜。

在希腊和意大利半岛上，社会结构和地理环境都不太适合使用战车，主要是由于地形主要是坡地，不太适合大部队在开阔的战场上作战。更不要说那些由较小部落组成的政治与社会组织，他们更没有可能有能力建造大型战车。在这种情况下，战车在军事上的作用可能就不那么重要了，所以安装中间轴以减轻牲畜的负重则比安装后侧轴带来的振动控制的优势更为重要。

这个结论只是基于本文技术分析结果的一个假设，事实上，其他可能的历史原因未被考虑到，如文化和社会因素，或不同社会之间的知识模仿和共享，可能也在不同类型战车的传播过程中发挥了重要作用。然而，这些结果提供了定量的数据，可以为接下来的考古研究提供帮助，从而解决相关古代战争技术的一些悬而未决的问题。

注　释

[1] Dimarogonas, A. D., *Machine design：A CAD approach*, New York：Wiley, 2000.

[2] Piggott, S., *The earliest Wheeled Transport-From the Atlantic Coast to the Caspian Sea*, New York：Cornell University Press, 1983.

[3] Chechushkov, I. V., Epimakhov, A. V., "Eurasian steppe chariots and social complexity during the Bronze Age", *J. World Prehist.*, 2018, 31, pp. 435-483.

[4] Chechushkov, I. V., Epimakhov, A. V., "Eurasian steppe chariots and social complexity during the Bronze Age", *J. World Prehist.*, 2018, 31, pp. 435-483.

[5] Littauer, M. A., Crouwel, J. H., *Wheeled vehicles and ridden animals in the ancient Near East*, Leiden/Köln：E. J. Brill, 1979.

[6] Littauer, M. A., Crouwel, J. H., "The origin and diffusion of the crossbar wheel?" *Antiquity LI 202*, 1977, pp. 95-105；Littauer, M. A., "The military use of the chariot in the Aegean in the late Bronze Age", *Am. J. Archaeol*, 1972, 76（2）, pp. 145-157；Rossi, C., Chondros, T. G., Milidonis, K. F., Savino, S., Russo, F., Ancient road transport devices：developments from the Bronze Age to the Roman Empire, *Front. Mech. Eng.*, 2016, 11（1）, pp. 12-25.

[7] Littauer, M. A., "The military use of the chariot in the Aegean in the late Bronze Age", *Am. J. Archaeol.*, 1972, 76（2）, pp. 145-157.

[8] Piggott, S., *The earliest Wheeled Transport-From the Atlantic Coast to the Caspian Sea*, New York：Cornell University Press, 1983.

[9] Littauer, M. A., Crouwel, J. H., "The origin and diffusion of the crossbar wheel?" *Antiquity LI 202*, 1977, pp. 95-105.

[10] Mazzù, A., Gambari, F. M., Bodini, I., Pasinetti, S., Sansoni, G., "An engineering investigation on the Bronze Age crossbar wheel of Mercurago", *J. Archaeol. Sci. Rep.*, 2017, 15, pp. 138-149.

[11] Spruytte, J., *Études expérimentales sur l'attelage：contribution à l'histoire du cheval*, Paris：Crépin-Leblond, 1977.

[12] Rossi, C., Chondros, T. G., Milidonis, K. F., Savino, S., Russo, F., "Ancient road transport devices：developments from the Bronze Age to the Roman Empire", *Front. Mech. Eng.*, 2016, 11（1）, pp. 12-25；Sandor, B. I., The genesis and performance characteristics of Roman chariots", *J. Rom. Archaeol.*, 2012, 25, pp. 475-485.

[13] Sandor, B. I., "The rise and decline of the Tutankhamun-class chariot", *Oxf. J. Archaeol.*, 2004, 23（2）, pp.

153-175；Sandor，B. I.，"Tutankhamun's chariots：secret treasures of engineering mechanics"，*Fatigue Fract. Eng. Mater. Struct.*，2004，27，pp. 637-646.

[14] Rovetta，A.，Nasry，I.，Helmi，A.，"The chariot of the Egyptian Pharaoh Tut Ankh Amun in 1337 B.C.：kinematics and dynamics"，*Mech. Mach. Theory*，2000，35，pp. 1013-1031.

[15] Sandor，B. I.，"The rise and decline of the Tutankhamun-class chariot"，*Oxf. J. Archaeol.* 2004，23（2），pp. 153-175；Sandor，B. I.，"Tutankhamun's chaiots：secret treasures of engineering mechanics"，*Fatigue Fract. Eng. Mater. Struct.*，2004，27，pp. 637-646；Littauer，M. A.，"The military use of the chariot in the Aegean in the late Bronze Age"，*Am. J. Archaeol.*，1972，76（2），pp. 145-157.

[16] Littauer，M. A.，"The military use of the chariot in the Aegean in the late Bronze Age"，*Am. J. Archaeol.*，1972，76（2），pp. 145-157.

[17] Mazzù，A.，Gambari，F. M.，Bodini，I.，Pasinetti，S.，Sansoni，G.，"An engineering investigation on the Bronze Age crossbar wheel of Mercurago"，*J. Archaeol. Sci. Rep.*，2017，15，pp. 138-149；Mazzù，A.，Gambari，F. M.，Uberti，S.，Bodini，I.，Pasinetti，S.，Sansoni，G.，"An engineering study of a Bronze Age war chariot"，*IOP Conf. Ser.：Mater. Sci. Eng.*，2018，364，012016.

[18] Mazzù，A.，Gambari，F. M.，Uberti，S.，Bodini，I.，Pasinetti，S.，Sansoni，G.，"An engineering study of a Bronze Age war chariot"，*IOP Conf. Ser.：Mater. Sci. Eng.*，2018，364，012016；Mazzù，A.，Uberti，S.，Bodini，I.，"Dynamical and structural analysis of a Bronze Age war chariot"，*IOP Conf. Ser.：Mater. Sci. Eng.*，2020.949，012093；Mazzù，A.，Gambari，F. M.，"Dynamical loads on the Bronze Age crossbar wheel of Mercurago"，*Glob. J. Archaeol. Anthropol.*，2018，6（2），555684.

[19] Chechushkov，I. V.，Epimakhov，A. V.，"Eurasian steppe chariots and social complexity during the Bronze Age"，*J. World Prehist.*，2018，31，pp. 435-483；Rovetta，A.，Nasry，I.，Helmi，A.，"The chariot of the Egyptian Pharaoh Tut Ankh Amun in 1337 B.C.：kinematics and dynamics"，*Mech. Mach. Theory*，2000，35，pp. 1013-1031；Piggott，S.，*The earliest Wheeled Transport-From the Atlantic Coast to the Caspian Sea*，New York：Cornell University Press，1983.

[20] Green，D. W.，Winandy，J. E.，Kretschmann，D.，"Mechanical properties of wood"，in *Wood Handbook——Wood as an Engineering Material*，Gen. Tech. Rep. FPL–GTR–113 U.S. Department of Agriculture，Forest Service，Forest Products Laboratory，Madison，WI，1999.

[21] Littauer，M. A.，"The military use of the chariot in the Aegean in the late Bronze Age"，*Am. J. Archaeol.*，1972，76（2），pp.145-157.

[22] Mazzù，A.，Uberti，S.，Bodini，I.，"Dynamical and structural analysis of a Bronze Age war chariot"，*IOP Conf. Ser：Mater. Sci. Eng.*，2020，949，012093.

[23] Dimarogonas，A. D.，*Vibration for engineers*，（2nd ed.），London：Prentice-Hall，1996；Dimarogonas，A. D.，Paipetis，S. A.，Chondros，T. G.，*Analytical Methods in Rotor Dynamics*，（2nd ed.），New York & London：Springer，2013.

[24] Sandor，B. I.，"The rise and decline of the Tutankhamun-class chariot"，*Oxf. J. Archaeol.*，2004，23（2），pp. 153-175；Sandor，B. I.，"Tutankhamun's chariots：secret treasures of engineering mechanics"，*Fatigue Fract. Eng. Mater. Struct.*，2004，27，pp. 637-646.

迁徙时期（公元第一个千年）欧亚游牧民族的丧葬面罩研究[*]

〔匈〕本克（Mihály Benkő） 撰 袁 勇 译

一、面罩葬俗的起源与传播

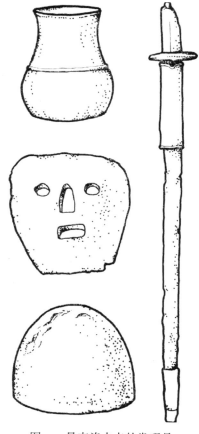

图一 曼韦洛夫卡的发现品

1973 年，在乌克兰第聂伯罗彼得罗夫斯克（Dneprope-trovsk）城附近一个名叫曼韦洛夫卡（Manvelovka）的小村庄的田野中，农作之际，一个游牧骑士的坟墓偶然露出地表。在运送到第聂伯罗彼得罗夫斯克博物馆的发现品中，有如下物品：一个铁头盔、一把银壶、一把单刃直剑以及一件曾覆盖于死者面部的薄银面罩（图一）。面罩四角皆有孔洞，表明它曾被缝在一块织物上。当地博物馆的考古学家们匆忙赶往发现地点，在墓中发现了盔甲、箭头、一具男性人骨以及一匹马的骨头。此墓穴的朝向为东—西向。

1986 年，丘里洛娃（L. N. Churilova）发表了在曼韦洛夫卡的发现[1]。这一发现在第聂伯罗彼得罗夫斯克地区是独一无二的，她推测其与前匈牙利人有关，当时他们正在向西推进（公元 9 世纪）经过当今著名的乌克兰大草原。正如丘里洛娃所述"将贵金属丧葬面罩、覆面与部分的马一起合葬是乌拉尔地区'前匈牙利人'墓地的独特特征"[2]。

我们提及这个例子是为了展示研究马扎尔人（匈牙利人）征服的著名学者伊斯特万·迪内斯（Istvân Dienes）的重大发现对苏联考古学家们的深刻影响：依凭从喀尔巴阡盆地的匈牙利征服者坟墓中出土的带有银—金眼的丝绸（或其他织物）面罩[3]，苏联考古学家和其他研究民族迁徙的科学家普遍将这一习俗与生活在西西伯利亚和乌拉尔地区的乌戈尔—匈牙利人联系在一起[4]，或

* 本文英文原文信息：Mihály Benkő, "Burial Masks of Eurasian Mounted Nomad Peoples in the Migration Period（1st Millenium A. D.）", *Acta Orientalia Academiae Scientiarum Hungaricae*（《匈牙利科学院东方学报》）, Vol. 46, No. 2/3，1992/93，pp. 113-131.

者认为是他们（乌戈尔—匈牙利人）对其他民族的文化和种族的影响（例如在公元 6～8 世纪期间抵达乌拉尔地区的布勒加尔—突厥人）。这些学者的假设是基于这样一个事实，即这种丧葬习俗在民族志上的相似性至今仍然存在于与匈牙利人语言最接近的鄂毕—乌戈尔人中。沃古尔人（Vogul）和奥斯加克人（Ostyak）用织物或动物皮覆盖死者的脸，并在覆面上缝上银币，在死者的眼睛、嘴巴和鼻子上缝上铜扣。他们相信这样死者就会待在他们的坟墓里，不会打扰活人，也不会把他们中的任何人带进冥界[5]。

然而，这种葬俗不仅是民族迁徙时期的芬—乌戈尔人的特征。它的直接相似物——我们甚至可以说：初级的（preliminaries）——可以在中亚地区和亚洲中部找到；再往前它的起源可以追溯到古代地中海和近东文明的深处[6]。

古代美索不达米亚和东地中海地区的国王和贵族们经常以金面罩、眼罩和口罩入葬。我们在此不作详述，仅想提及埃及人、迈锡尼人[7]和色雷斯人[8]的面罩，在乌尔（Ur）王家墓葬[9]和莫克洛斯岛（Mochlos）[10]发现的眼罩，以及来自塞浦路斯[11]和特拉—哈拉夫（Tel Halaf）[12]的口罩（epystomions）。从公元前第三个千年开始，直到公元前第一个千年的后半期，这一习俗在该地区间歇性出现。大约在公元纪元初期，这种做法由帕提亚人传播到了近东更广泛的地理区域[13]。由于帕提亚人的文化影响，它很快也出现在帕提亚帝国的边境地区：在罗马的叙利亚行省和高加索山脉的缓坡地区，以及包括克里米亚半岛在内的黑海北部沿岸[14]。有时在帕提亚人的坟墓中，在同一个头骨上发现有金面罩和口罩[15]。这种系有一根细丝带的覆面遮盖着死者双眼，最早出现在帕提亚人的墓地中[16]。奥雷尔·斯坦因爵士（Sir Aurel Stein）在阿斯塔那墓地（中国新疆，吐鲁番）中发现了这种帕提亚覆面的相似物[17]，并把它们称作"眼镜"。

代替简易金质眼罩的"眼镜"样式的出现，是形式发展的结果。也即是说，地中海世界的面罩、眼罩和口罩不是缝在织物上的，而只是用金属丝固定在死者的后颈上。这些金属丝系在面罩各角所打的小孔上，或者小金片上。随后是帕提亚人的创新：他们用一条金丝带将两个眼罩连在一起。这样，两根短线就足以将两个眼罩系在死者的头上。用"眼镜"式的眼罩入葬很快在高加索地区的民族中传播，直到庞蒂海（Ponthian sea）的北部海岸，以及克里米亚半岛。在公元第一个千年的前半期，它的变体——由不同的贵金属制成并缝在丝绸上——出现在中亚；公元 6 世纪以后，出现在乌拉尔地区富有的游牧者的坟墓中（图二）（在喀尔巴阡盆地发现了一例这样的"眼镜"：劳考毛兹（Rakamaz）的匈牙利王子墓——公元 10 世纪）[18]。

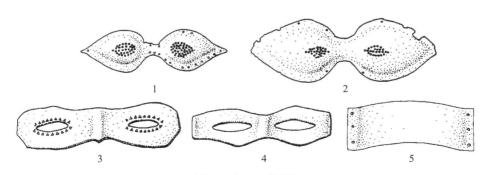

图二　出土"眼镜"

1、2. 出自阿斯塔那墓地（吐鲁番）的银眼镜　　3、4. 出自德米翁基（乌拉尔地区、卡马河地区）　5. 出自前匈牙利人的包勒西耶·德干墓地（巴什基里亚）

在 20 世纪 20 年代，米哈伊尔·罗斯托夫采夫（Michael Rostovtzeff）曾推测，某些具有希腊化世界特征的图案和物品不是从黑海沿岸和欧亚大草原渗入中亚，而是直接从小亚细亚和叙利亚，经由南方的道路，即通过帕提亚和巴克特里亚[19]。这条商业道路——后来在十九世纪之时——被称为丝绸之路，在中国、中亚和地中海之间建立了直接联系。除了商业联系外，丝绸之路也充当了文化影响的中介。罗斯托夫采夫推测的准确性可由以下事实证明，两种地中海地区的葬俗，丧葬面罩、眼罩和覆面，以及所谓"卡戎的银币"（Charon's obols）[20]都是通过这条路线传入中亚的。在以游牧为主的中亚地区，从中国向北，从天山山脉到阿尔泰—萨彦地区，用面罩、眼罩和覆面入葬的习俗与周代的礼仪著作——《仪礼》中所描述的中国古代丧葬习俗相遇并融合在一起。这种习俗是用丝绸包裹贵族死者的头，或者说，丝绸覆面被用作面罩。从公元 2～3 世纪之交开始[21]，在中亚游牧人的丧葬中，面罩、眼罩被缝制或放置在丝绸覆面上。

尼古拉·米哈伊洛维奇·普尔热瓦尔斯基（Nikolai Mikhailovich Prževalskij）在通向中国的丝绸之路南道——塔里木盆地南侧的车尔臣河岸边，发掘了一个富裕的女性的墓葬，那时这里还没有出现丝绸覆面[22]。然而，奥雷尔·斯坦因爵士在 1915～1916 年发现和发掘的三处墓地，即阿斯塔那墓地（吐鲁番绿洲）[23]、营盘墓地[24]和楼兰墓地[25]中，所发现的面罩的基本材质都是丝绸。在由科兹洛夫（P. K. Kozlov）和博罗夫卡（G. I. Boroffka）领导的诺颜乌拉[26]（蒙古国中部）亚洲匈奴人墓葬发掘活动中，还发现了一个用丝绸制成的眼罩。在吉尔吉斯斯坦肯科尔（Kenkol）文明的九座墓葬中出土了用丝绸缝制的面罩、眼罩和口罩[27]。这些游牧民族的丧葬面罩，与公元 1 至 7 世纪之间出现的中亚面罩相似。吉尔吉斯斯坦的考古学家们越来越相信，将肯科尔文化带到天山山脉的骑马游牧民族是从中亚抵达的亚洲匈奴人。

重要的是，在西伯利亚的西部和西南部、乌拉尔地区、乌克兰大草原和喀尔巴阡盆地出土的那些眼罩、口罩和面罩的年代可追溯到公元第一个千年的后半期，它们像中亚和内亚的面罩一样被缝在丝绸上，而并未像中东和地中海地区那样用金属线固定在死者的头上。这一事实足以证明，这种葬俗是在迁徙时期从中亚传入西伯利亚和东欧的，而不是直接从庞蒂海和高加索地区传入的。

还必须提到的是，在西伯利亚和东欧草原发现的属于迁移时期的所有三种丧葬面罩，在吐鲁番绿洲（古代高昌）中古时期的墓地中也有发现。中国考古学家们正在那里继续从事勒柯克（Le Coq）和奥雷尔·斯坦因爵士八十多年前已开始的研究。吐鲁番地区最常见的丧葬面罩的变种是银的或青铜的"眼镜"，它缝在丝绸覆面上，而覆面缠绕着死者的头部。这种面罩是吐鲁番阿斯塔那墓地的一大特色，它上面覆盖着所谓的"覆面"（中文意为"面罩"），这是一种非常珍贵的彩色丝绸，以萨珊风格装饰（图三）[28]。除了这种面罩，在已故贵族的嘴中，有时还会发现有"卡戎的银币"[29]。

图三 阿斯塔那墓地出土面罩的复原（据王㸚《文物》1962 年第 7、8 期）

吐鲁番地区最古老的丧葬面罩出自一座公元561年的墓葬。在素色的丝绸覆面上，死者的眼睛处缝了两颗骨珠，嘴上缝着一块玛瑙（agate）[30]。这与公元9～10世纪的匈牙利征服者以及19世纪的乌戈尔人所使用的带有金—银眼的面罩完全相类，肯定是其前身。吐鲁番也曾出土一件鎏金的铁质面罩，边角有数个可供缝合的孔洞，现收藏于艾尔米塔什博物馆（冬宫）的中国收集品中[31]。

回到在曼韦洛夫卡的发现，检视我们所掌握的资料，我们无法证明埋在那里的骑士是一个匈牙利人。因为，覆盖着尸体整张脸的银或金面罩从未出土于匈牙利征服者的坟墓中。相反，在乌拉尔地区最大的布勒加尔—突厥人墓地中出土了十几件在每个细节上都与在曼韦洛夫卡所发现的面罩相似的银面罩（出自坦克耶夫卡（Tankeevka）富有的战士坟墓中，年代为10～11世纪）[32]。在曼韦洛夫卡的其他发现既不是匈牙利征服者墓地的特征，也不是坦克耶夫卡墓地的特征。按照丘里洛娃的说法[33]，曼韦洛夫卡的墓穴中所发现的银壶的相似物最常出现在公元8～9世纪之间阿尔泰地区的古突厥人墓地中。匈牙利征服者更常用弯刃马刀而不是单刃直剑。在坦克耶夫卡没有发现头盔，在喀尔巴阡盆地，已知的只有一件头盔是属于匈牙利征服时期。迄今为止，在匈牙利征服者的坟墓和坦克耶夫卡墓地中都没有出土过盔甲。

头盔、盔甲和单刃剑的组合是迁移时期两大游牧民族的特征。即公元7～8世纪的阿瓦尔人和公元9～10世纪的乌古斯—钦察人[34]。在曼韦洛夫卡的坟墓中发现的骑马战士似有可能是加入了阿瓦尔人的布勒加尔—突厥骑兵，或者乌古斯—钦察战士。我本人比较倾向于后一种观点。原因是迄今为止，在草原上没有出土过属于阿瓦尔时期的面罩，只在喀尔巴阡盆地发现了一件：从昆巴博尼（Kunbábony，匈牙利中南部）的一座阿瓦尔可汗墓中出土了缝在织物上的T形金片（图四）。昆巴博尼的这座墓葬可以追溯到7世纪。另外，固定在死者头盔上的铁制丧葬面罩在草原上的钦察贵族中很常见。正如在切尔卡（Chelkar）地区的一座钦察骑兵墓中（公元11～12世纪，哈萨克斯坦北部），发现了缝在丝绸上的银面罩所证明的那样[35]——他们也熟悉本文中所详细描述的这种葬俗。

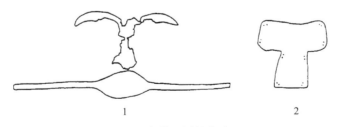

图四　丧葬面罩的金片
1.出自坎土曼托贝（吉尔吉斯斯坦，公元5～6世纪）　2.出自昆巴博尼王族墓地（匈牙利中南部，公元7世纪）

除了银面罩之外，带有金属眼的丝绸面罩在公元9～10世纪时住在哈萨克斯坦和西西伯利亚的乌古斯—钦察人中也广为人知。1895年，丘古诺夫（S. M. Chugunov）在巴拉巴（Baraba）草原上，从乌斯季—塔尔塔斯（Ust' Tartass）墓地的第5座墓葬中发掘出了一具游牧骑兵的骨骼。在头骨的眼窝中发现了两块心形青铜片，上面穿着银线，嵌入薄而易裂的织物中[36]。这座墓中还有其他发现物：镀金的银耳坠、带有青铜配件和带端的皮带、十一件铁箭镞（其中两件有骨制的哨型构件）、一把已经碎成碎片的单刃直剑、马镫、辔头。在死者眼窝中发现的心形青铜片与乌斯季—

塔尔塔斯墓地中所使用的带有金属眼的匈牙利式丝绸面罩有关。这一发现与喀尔巴阡盆地的发现有直接的相似之处。1925年，约翰·索雷吉（János Sőregi）在匈牙利东部城镇豪伊杜伯瑟尔梅尼（Hajdúböszörmény）的牧场中发掘了一座匈牙利征服战士的墓葬。在死者的眼窝中发现了两个方形的金片，在他的嘴里发现了一个心形的铜片（图五）[37]。

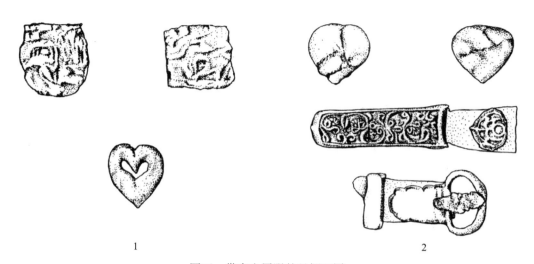

1　　　　　　　　　　　　　　　　　　　2

图五　带有金属眼的丝绸面罩
1. 出自豪伊杜伯瑟尔梅尼附近的金眼罩和青铜口罩　2. 出自乌斯季—塔尔塔斯墓地第5座墓的
青铜眼罩、带端和腰带配件（据丘古诺夫的照片）

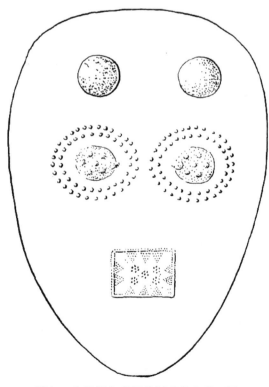

图六　由丝绸和青铜片制成的丧葬面罩
出自巴桑达伊卡墓地（南西伯利亚托木斯克地区，公元
14世纪）

当今的西伯利亚考古学家们将乌斯季—塔尔塔斯墓地的第5座墓的年代定在公元9～10世纪之间，并将其与古老的突厥人部族乌古斯—钦察人或基马克人联系起来（乌斯季—塔尔塔斯墓地的其他所有墓葬早已被盗，因此在那里没有别的发现）。他们的研究清楚地表明，巴拉巴草原上的墓葬不能像以前假设的那样与乌戈尔人联系在一起[38]。众所周知，乌斯季—塔尔塔斯墓地的第5座墓葬中出土的青铜带端和腰带配件的直接相似物是出自米努辛斯克（Minussinsk）盆地和阿尔泰山区的公元9～10世纪的古突厥人墓地[39]。

西西伯利亚地区带有银—青铜眼的丝绸丧葬面罩（乌斯季—塔尔塔斯、巴尔索夫—戈罗多克（Barsov Gorodok）[40]、巴桑达伊卡（Basandajka）[41]）（图六）与中亚、乌拉尔地区、欧亚草原和喀尔巴阡盆地的相似发现物之间的联系需要进一步调查。这些带有金眼、银眼或青铜眼的丧葬面罩的最直接的相似物，在匈牙利征服者的领导者和杰出战士之中广泛传播。更重要的是，它们是在公元第一个千年的后半期从中亚迁移到西伯利亚的古突厥人和土著乌格尔人共同生活的领地上发现的。因此，这种带有金属眼的丝绸面罩以及其他织物的或皮革的丧葬面罩习俗很可能是以亚洲匈奴人和古突厥人为中介，从中亚方向传入西西伯利亚、哈萨克斯坦北部和乌拉尔地区。

二、与蒙古国阿尔泰地区哈萨克人在民族志上的相似性

最近两次去蒙古共和国考察时（1990~1991年），我在蒙古国中部以及阿尔泰地区的哈萨克人中进行了有关历史民族志的实地考察。这些人在他们的伊斯兰教信仰的掩护下，保留了许多与古老的萨满教有关的习俗[42]。正如我收集的资料所示，古突厥人用带有金眼、银眼或青铜眼的丝绸面罩和部分的马入葬的习俗在他们之中存续至今。我还收集了一些关于这些习俗的解说，这些解说可以揭示哈萨克人的古老信仰。作为介绍，我必须提到蒙古国哈萨克人中的每一个男人（和女人）都坚持埋葬在他（或她）的家乡——阿尔泰山的巴彦乌列盖（Bayan Ölgiy），其家族墓地大多自17世纪末以来就存在于此。如果这个哈萨克人住在蒙古国的其他县，当他（她）因为年老或疾病而感觉到最后的时刻将要来临，他（她）会要求家人把他（她）带回巴彦乌列盖。他希望能活着回到他的家乡，因为葬礼必须在死后一天或至迟两天内举行。

在葬礼（当天）的早晨，在吊唁者与死者一起开启前往家族传统墓地的旅途前不久，死者最喜欢的马被带到了举行葬礼的蒙古包。动物脖子上的白纱表明这匹马将要被献祭。在这匹马被杀死之前，人们会聚在一起瞧一瞧它。然后，这位死去的哈萨克人与他的亲朋好友一起开启他最后的旅途，穿越蒙古国阿尔泰地区的河谷和山口，前往家族墓地。以前，尸体是用马或骆驼运送，但现今是用卡车运送。

与此同时，死者最喜欢的坐骑（马）的尸体被带到葬礼上，不被允许直接参加葬礼的妇女将马肉煮熟，并在送葬者抵达墓地时提供给他们。按照巴彦乌列盖的传统，作为献祭动物的马可以用羊羔代替，但绝不能用牛或骆驼。

在葬礼后的第七天，用于献祭的动物的骨头被埋在其中一座山峰上。有时马的头会被放在一根杆子的顶部。从前，动物的皮和骨头都是一起埋的。在过去的几十年里，由于交纳动物皮已经成为义务，因此皮被交给主持仪式的伊玛目，以便他履行交纳的义务。在丧失亲人后的整整一年里，由于某些原因不能参加葬礼的亲友们可以参观蒙古包，看一看死者的衣物和他最喜欢的物品，比如他的烟斗、烟具、鞭子、武器、战利品。如果他的家人搬到另一个地方，他最喜欢的第二匹马会运送这些东西，并且没有人会骑这匹马。这样，在搬家过程中遇到这家人的每一个人都可以看出这家有丧事，丧年还未过去。

在其去世后的第一个周年忌日，亲属们在家族墓地参加哀悼仪式。他们不仅在逝去的家人的坟墓上祈祷，还要在死者的父亲、母亲和兄弟姐妹的坟墓上祈祷，而且——正如我有一次所看到的——在其家族祖先的坟墓上祈祷。于是，死者最喜欢的第二匹马被带到埋葬第一匹马的地方，被献祭、烹煮和食用。然后，这第二匹马的骨头被埋在第一匹马的旁边。这样死者的灵魂在另一个世界就有了他最喜欢的两匹坐骑。若在非常富有的家庭，死者可以拥有各种各样的马。一位八十岁的阿克萨卡尔（Aksakal），他属于蒙古国阿尔泰地区与中国接壤地区之间一个占支配地位的哈萨克家

族。他告诉我，在他哥哥去世后的第一个周年忌日，献祭了三匹马，这些马的骨头和皮在宴会结束后，被埋在第一匹马旁边的一个十字形坑洞中。（死者的）这位兄弟住在中国新疆，他非常富有：拥有 5000 多匹马。

直到 20 世纪的前几十年，在战斗中丧生的巴彦乌列盖的英雄们都会以装饰着金银配件的腰带、马刀和其他贵重物品陪葬。这些英雄的马在墓地附近被献祭，葬礼也在那里举行。在墓坑里，马的头骨和胫骨，连同装饰精美的马具、马鞍、马镫，都被放置在一个小洞中。于是，"马的灵魂"也随战士一起入葬了[43]。如果这匹马也是在战斗中被杀的，它就与战士的装备一起被埋葬在战士旁边。在当地的传统中，食用战死的马被认为是一种大罪。

巴彦乌列盖的所有哈萨克人都知道巴图鲁们（Baatur）（阵亡英雄们）的坟墓。他们的坟墓是神圣不可侵犯的，不仅因为哈萨克族的英雄们——关于他们的英雄诗歌在被吟唱——躺在那里，还因为这些坟墓中藏着贵重物品。

正如我从巴彦乌列盖的阿克萨卡尔们那里所得知的，上述英雄们以及哈萨克部落的酋长和重要成员都用丝绸和贵金属制成的面罩入葬。死者的头被裹在白色的丝绸面纱中，他的眼睛和嘴上放着金币或银币、金属片，或者有的非常富有的人会把整个银或金面罩缝在面纱之上。

我的线人告诉我，白色的丝绸面纱象征着死者的纯真和诚实。按照蒙古和新疆哈萨克人的信仰，金币或银币和金属片会发光，把它们缝在死者的眼睛上，这样死者在冥界就能看见。嘴上的钱币或金属片代表嘴本身，而由丝绸和贵金属制成的面罩代表了死者的脸。对于比较贫穷的人，钱币或金属片通常由青铜制成。

将这种丧葬习俗与贵金属发光的想法联系起来的解释在中亚有着古老的传统。不久前，在中国西北边陲地区发掘了一座骑马武士的墓。这座墓葬的年代可追溯至公元 11～12 世纪契丹王朝统治中国北方之时。出土的武士头骨完整。在他的一只眼睛中发现有一枚金币，在另一只眼睛中有一枚银币。换句话说，"从他的一只眼睛里散发出太阳的光芒，而从另一只眼睛里散发出月亮的光芒"。在中国中古时期和早期的象征意义中，黄金是阳光的象征，而白银是月光的象征[44]。

今天，这种习俗在蒙古国西部正在消亡，因为哈萨克族群体拥有的贵金属很少。死者的头部用纱布或白色织物包裹，因为白色丝绸也变得稀有。纱布或织物在男子头上缠绕五圈，在女子头上缠绕七圈。在眼睛上方的布上留下一个缺口，并将一嫩树枝或草放置于缺口中。这样可以确保死者在冥界中仍然可以看见。因此，尽管有所妥协，传统丧葬习俗的精神仍然留存。

关于马祭以及部分的或完整的马葬的民族志描述，在迁移时期的游牧民族考古中广为人知，从拉德洛夫（V. V. Radloff）时代起就大量呈现在科学文献中[45]。但是，这种带有金眼和银眼的织物面罩的民族志相似物，众所周知，主要出自乌戈尔人活动地区（西西伯利亚地区）。即便如此，突厥世界中也出现了一些——并不广为人知的——相似之物。例如，在费尔干纳，在给死者穿衣服的过程中，给死者的头上戴一条围巾，并在这条围巾上划一个十字形的切口，使其落在死者的眼睛上[46]。

有趣的是，最近甚至匈牙利的农村地区和邻国的匈牙利人居住区都在使用这种覆面形式，如特兰西瓦尼亚（Transsylvania）、斯洛伐克（Slovakia）均见有相关遗物出土。根据资料，在大多数情况下对这种习俗是这样解释的：覆面上的十字形缺口是必要的，这样死者在地下才能看见和呼吸[47]。这些信息的收集者认为，这种带有十字形缺口的覆面可能是对留存至今的匈牙利征服者的带有银或金眼的丝绸面罩的改良[48]。因此，尽管匈牙利的天主教会禁止和迫害异教徒的丧葬习俗，但这种习俗可能仍然存在，尤其是在中世纪。

安德拉斯·罗纳—塔斯（András Róna-Tas）引用了一首楚瓦什语民谣：七兄弟去打仗，其中六人幸存下来，但最小的一个在战斗中阵亡。当他的妻子问起丈夫时，哥哥们告诉她，她的丈夫睡在山上的大房子里，他躺在马皮上，脸上戴着一条白色的围巾，手里拿着一根绿色的狼牙棒[49]。"高山上的房子"这一意象让我想起了用石头和木头建造的，隐藏在蒙古国西部高山之中的哈萨克族巴图鲁们的坟墓——战士们蒙着脸和他们的马一起躺着，就像楚瓦什语民谣中阵亡的战士一样。

萨满教的丧葬习俗是巴彦乌列盖地区哈萨克人的宗教秘密。女性与50岁以下的男性一样被阻隔在这些秘密之外。这些信息代代相传地传给50岁以上的男性，他们将在以后成为哈萨克人群体的宗教领袖。我成功地从传授者那里获得信息的唯一原因是因为我的翻译和领路人是哈萨克人中受人尊敬的人，他也是我线人的亲戚[50]。

保密的程度各不相同。我所有的线人都愿意谈论马祭以及部分的或完整的马葬[51]。但是，要获得任何有关带有金眼或银眼的覆面和口罩的信息都要困难得多。当问及丧葬面罩时，线人们讲述的一个传说吸引了我的注意力。相传阿尔泰山区的古墓深处有石门，门后有上弦的箭矢，等待着闯入者[52]。这个传说表明，老哈萨克人多么担心，如果他们向任何不完全值得信赖的人谈论他们的民族埋在坟墓中的金银，寻宝者将会扰乱他们祖先的不朽之梦。

尽管有这些困难，但我的资料清楚地表明，上述习俗在蒙古国阿尔泰地区的居民中已经存续了几个世纪，并且一直以改良的形式流传至今。

在过去的三百年里，居住在巴彦乌列盖的乌古斯—钦察哈萨克人，从新疆一批一批迁移到蒙古国阿尔泰地区。他们从家乡带来了用带有金—银眼的面罩入葬的习俗，这种习俗已经在那里存在了至少1500年[53]。

因此，越来越多的考古学和民族志资料表明，这种过去被视为乌戈尔人和古匈牙利人民族特征的习俗——以带有银眼和金眼的丝绸面罩及部分的马入葬——在中亚操突厥语的民族中广为人知，直到今天依然如此。正如我们在本文考古部分中所总结的那样，我们可以正确地假设：当几个操突厥语的中亚部落在迁移时期向西方推进时，以这种面罩入葬的习俗通过他们的直接影响和文化影响，在西西伯利亚和乌拉尔地区的民族中间传播开来，并扎根于前匈牙利人的主要（社会）阶层，而他们在公元9世纪末将这种习俗带入了喀尔巴阡盆地。

部分马葬也是如此。与蒙古国阿尔泰地区和新疆接壤地区之间的哈萨克人一样，古匈牙利人在葬礼上烹食他们阵亡战友的马的肉，然后再把这匹战马的头骨和胫骨，连同它的鞍一起搁在叠好的马皮上，一并放在它主人的脚下；或者把它们塞进马皮里，放在死者的旁边[54]。

所以，我们的祖先在前往冥界的时候，也带着他们的战马的灵魂，而他们的带有金眼和银眼的丧葬面罩，确保了他们不会在冥界中一望无际的草地上盲目游荡（图七）[55]。

刚刚在对这项研究进行第一次修订时，我收到了一封来自Gábor Ilon的信，日期为1993年11月1日，其中提及了一项信息：在1972年，S. Mithay在Bakonytamási-Hathalompuszta Avarian墓地的第6号墓（公元7世纪末）中发掘时，在一名12～14岁儿童的一个眼窝中发现了一块薄银片碎块。没有发现另一块银片，它可能未被注意到（这是一次抢救性发掘），或者可能随着时间的推移已完全腐朽。我非常感谢 Gábor Ilon，因为他的信件让我有可能在最后一刻（按字面意思）发表这一非常重要的信息。

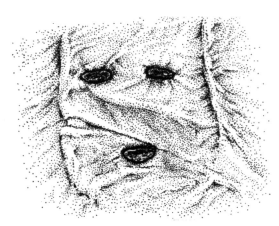

图七　带有金眼和口罩的丝绸覆面
出自蒙古阿尔泰哈萨克地区（蒙古国巴彦乌列盖省，新近的发现，作者摄影）

最后，我要感谢那些研究游牧民族历史和生活的研究员，他们以鼓励、建议和批评的方式帮助和支持我的工作，而我在上文中没有提到的有：A. Abetekov，I. Dienes，I. Erdélyi，I. Fodor，J. Harmatta，A. Kiss，K. Mesterházy，T. Nagy，A. Róna-Tas，D. D. Vasil'ev.

附记：线描图由 Ágnes Váry（匈牙利国家博物馆）制作。我也要对他的帮助表示最深切的感谢。

注　释

[1]　丘里洛娃（L. N. Churilova）《第聂伯罗彼得罗夫斯克地区曼韦洛夫卡（Manvelovka）村的丧葬银面罩》（Pogrebenie s serebranoj maskoj s sela Manvelovki na Dnepropetrovisce），《苏联考古》（Sovetskaja Archeologija），1986，（4），第 261～266 页。

[2]　丘里洛娃（L. N. Churilova），同上，第 265 页。

[3]　迪内斯（I. Dienes）《关于起源于乌戈尔时期的征服者匈牙利人丧葬习俗中的一个要素》（Honfoglalóink halottas szokásainak egyik ugor kori eleméről [Über ein aus der Ugrischen zeit stammandes element der bestattungssitten der landnehmenden Ungarn]），《考古通讯》（Archeológiai Értesítő）90，1963 年，第 108～113 页。德语和俄语摘要：第 112、113 页；福多尔（I. Fodor）《关于征服时代考古学的一些古史关系》（Honfoglaláskori régészetünk néhány óstörténeti vonatkozásáról [Über einige frühgeschichtliche beziehungen unserer Landnahmezeitlichen archäologie]），《考古研究通讯》（Folia Archaeologica）24，1972 年，第 150～174 页。德语摘要：第 175、176 页。

[4]　丘里洛娃（L. N. Churilova）同上，265 页；另见:《中世纪的芬—乌戈尔人和波罗群岛人》（Finno-ugri i balty v epocha srednevekovja），《苏联考古》（Archeologija S. S. S. R），莫斯科，1987 年，第 236～239 页，表格 103，图 10。

[5]　卡加莱宁（K. F. Karjalainen）《乌戈尔人的宗教》（Die religionen der Jugra-Völker），赫尔辛基，1921 年，第 92 页。

［6］　本克（M. Benkő）《丧葬面罩与卡戎的银币》（Halotti maszk és sírobolus. [Burial mask and Charon's obol]），《古物研究》（Antik Tanulmányok [Studia Antiqua]）ⅩⅩⅩⅢ，1987、1988 年 /Ⅱ，189～200 页。

［7］　米洛纳斯（Mylonas）《迈锡尼与迈锡尼时代》（Mycenae and the Mycenaen Age），新泽西，1966 年，第 90、92、102、132 页；图 84、97。

［8］　里特（A. Rieth）《古代黄金面罩》（Antike Goldmasken），《古代世界》（Antike Welt），1973 年第 1 期，图 4。

［9］　伍利（L. C. Woolley）《乌尔发掘（二）：王家墓葬》（Ur Excavations Ⅱ：The Royal Cemeteries），纽约，1934 年，第 195、196、202、203 页；图 147。

［10］　西格（R. B. Seager）《考察莫克洛斯岛》（Explorations in the island Mochlos），纽约，1912 年，第 26～28 页；图 9。

［11］　马歇尔（F. H. Marshall）《英国博物院古物部的希腊、伊特鲁里亚和罗马珍宝目录》（Catalogue of the Jewellery，Greek，Etruscian，and Roman，in the Department of Antiquities of the British Museum），伦敦，1911 年，图 3；《塞浦路斯的宝藏》（Sokrovišča Kipra），莫斯科，1976 年，图 18。

［12］　冯·奥本海姆（M. von Oppenheim）《特勒—哈拉夫（四）》（Tel Halaf IV），柏林，1962 年，第 4、5 页；表 1、2；图 8、8a、9。

［13］　柯蒂斯（J. Curtis）《尼尼微的帕提亚黄金》（Parthian gold from Niniveh），《英国博物院年鉴（一）》（The British Museum Yearbook I），1976 年，第 47～66 页。

［14］　伯格列波娃（N. N. Pogrebova）《那不勒斯地区斯基泰人墓葬中的金面片》（Zolotye licevye plastiny iz pogrebenij mavzoleja Neapolja Skifskogo），《古代克里米亚的历史与考古》（Istoria i archeologija drevnego Kryma），基辅，1957 年，第 142～155 页。

［15］　柯蒂斯（J. Curtis），同上，第 53 页，图 87～90。

［16］　柯蒂斯（J. Curtis），同上，第 53 页，图 90。

［17］　斯坦因《亚洲腹地考古图记》（二），牛津，1928 年，第 646 页。

［18］　《乌拉尔民族》（Les peuples Ouraliennes），布达佩斯，1975 年，图 23。

［19］　罗斯托夫采夫（M. Rostovtzeff）《俄罗斯南部和中国的动物风格》（The Animal Style in South Russia and China），普林斯顿，1929 年，第 86 页。

［20］　译者按：卡戎（Charon/Χάρων）是希腊神话中冥河的摆渡人。

［21］　塔尔格伦（A. M. Tallgren）《西伯利亚南部奥格拉特基地区的汉代墓地》（The South Siberian cemetery of Oglatky rom the Han period），《欧亚北部古物》（E. S. A）（译者按：Eurasia Septentrionalis Antiqua），Ⅺ，1937 年，第 82 页。

［22］　普尔热瓦尔斯基（N. M. Prževalskij）《从恰克图到黄河河源，考察西藏北部边缘以及经罗布泊沿塔里木河流域行进的路线》（От Кяхты на истоки Желтой реки. Исследование северной окраины Тибета и путь через Лоб-Нор по бассейну Тарима），圣彼得堡，1886 年，第 366 页。

［23］　斯坦因，同上，第 549～718 页。

［24］　斯坦因，同上，第 755～758 页。

［25］　斯坦因，同上，（一），第 256 页；（三），图 15。

［26］　卢登科（S. I. Rudenko）《匈奴文化与诺颜乌拉墓地》（Kul'tura chunnov i noinulinskie kurgany），图ⅩⅥ，图片 1。

［27］　阿贝特科夫（A. Abetekov）《古代吉尔吉斯斯坦的游牧文化》（Kul'tury kocevnikov drevnej Kirgizii），《千古》（Skvoz' veka）（译者按：直译为"Through the ages"），莫斯科，1986 年，第 39 页。

［28］　斯坦因，同上，（二），第 646～648 页。

［29］　斯坦因，同上，（二），第 648 页。

［30］　克利希纳·里布（Khrisna Riboud）《关于阿斯塔那墓地所发现覆面的几点意见》（Some remarks on the face-covers (Fu mien) discovered in the tombs of Astana），《东方艺术》（Oriental Art）1977 年第 33 期，第 444、445 页。

［31］ 鲁伯—列斯尼契科（E. I. Lubo-Lesničenko）《阿斯塔那墓地》（Mogil' nik Astana），《东突厥斯坦与中亚》（Vostočnyj Turkestan i Srednaja Azija），莫斯科，1984 年，第 116 页，图 54。

［32］ 查利科娃（E. Chalikova）、卡扎科夫（E. P. Kazakov）《坦克耶夫卡墓地》（La cimetière de Tankeevka），艾尔代伊编（I. Erdélyi，ed.）《古匈牙利人与东方邻族》（Les anciens Hongrois et les ethnies voisines à l'Est），布达佩斯，1977 年，第 56 页，图 14；插图 I、III、V、XI、XII、XXII、XXIII。

［33］ 丘里洛娃（L. N. Churilova），同上，第 261 页。

［34］ 胡佳科夫（U. S. Hudjakov）《南西伯利亚和中亚中世纪游牧民族的武器》（Vooruženije srednevekovych kočevnikov Juznoi Sibiri i Central'noj Azii），新西伯利亚，1986 年，第 192～203 页。

［35］ 福多尔（I. Fodor），同上，第 173 页，注 74。

［36］ 丘古诺夫（S. M. Čugunov）《托木斯克州凯恩斯基地区的墓地》（Kurgany Kainskogo okruga Tomskoj gubernii），《托木斯克帝国大学学报》（Izvestija Imperatorskogo Tomskogo Universiteta）16，1900 年，第 54 页。

［37］ 索雷吉（J. Sőregi）《发掘豪伊杜伯瑟尔梅尼附近的农场》（Ásatások a hajdúböszörmény-vidi pusztán. [Excavations on the farmstead of Hajdúböszörmény-Vid]），《自由皇家城市德布勒森博物馆和公共图书馆 1926 年的运营情况报告》（Jelentés Debrecen szabad királyi város múzeumának és közművclődési könyvtárának 1926. évi működéséről [Report on the 1926 year's operation of the museum and public Library of the free royal town Debrecen]），第 18 页。

［38］ 《突厥时代的巴拉巴》（Baraba v tjurskoje vremja），新西伯利亚，1988 年，第 10～13 页；萨维诺夫（D. G. Savinov）《古突厥时代的南西伯利亚民族》（Narody Južnoj Sibirii v drevnetjurskuju epochu），列宁格勒，1984 年，第 114～118 页。参见：莫吉尔尼科夫（V. A. Mogil'nikov）《阿纳涅夫斯科定居点与关于普里尔蒂斯中部和巴拉巴突厥化时代的问题》（Anan'evskoje gorodisče i vopros o vremeni tjurkizacii Srednego Priirtisa i Baraby），《苏联考古》（S. A.），1963 年，第 275～282 页。

［39］ 我在此对德卢日涅夫斯卡娅（G. V. Dlužnevskaja）友好的口头信息表示感谢。

［40］ 阿恩（T. J. Arne）《巴尔索夫镇》（Barsoff Gorodok），斯德哥尔摩，1935 年，第 69 页；图 154、155。

［41］ 格里涅维奇（K. E. Grinevič）《巴桑达伊卡：关于托木斯克地区考古学的材料收集和研究》（Basandajka：Sbornik materialov i issledovanij po archeologii Tomskoj oblasti），托木斯克，1947 年，第 29 页，图 LXVI～LXVII。

［42］ 在此，我必须感谢英国科学院的阿诺尔德·施泰因探索基金和乔治·索罗斯—匈牙利科学院基金会的经济资助，使我能够支付 1990～1991 年到蒙古探险的费用。此外，我要感谢伊斯特万·曼多基·孔古尔（István Mándoky Kongur）就居住在巴彦乌列盖的哈萨克人的丧葬习俗所提供的信息和建议。

［43］ 拉斯洛（Gy. László）《考古研究》（Régészeti Tanulmányok [Archaeological Studies]），布达佩斯，1977 年，第 107～115 页。

［44］ 我感谢伊尔迪科·埃西迪（Ildikó Ecsedy）和乔治·卡拉（György Kara）与我就古代中亚黄金和白银的象征意义进行了富有启发性的对话。乌戈尔人对同一习俗的解释见上文 115 页（译者按：指英文论文页码）。

［45］ 拉德洛夫（V. V. Radloff）《源自西伯利亚》（Iz Sibiri），莫斯科，1989 年，第 371～377 页，表 1；图 4；彼斯特洛夫（S. P. Pesterov）《中世纪中亚操突厥语部落崇拜中的马》（Kon' v kultah tjurkojazicnych plemen Oentral'noj Azii v epohu srednevekovja），新西伯利亚，1990 年，第 51～59 页。

［46］ 卡米舍娃（B. Ch. Karmysheva）《费尔干纳乌兹别克人丧葬仪式中的古老象征意义》（Archaičeskaja simbolika v pogrebal' noj pominal' noj obriadnosty uzbekov Fergany），《中亚民族的古老信仰和崇拜》（Drevnije verovanija i kul'ty narodov Srednej Azii），莫斯科，1986 年，第 145 页。

［47］ 绍博（L. Szabó）《匈牙利人割裂丧葬覆面的习俗》（A halotti maszk felhasításának szokása a magyaroknál [The custom of slitting the burial face-covers among the Hungarians]），《匈牙利人民族志的初步成果》（Elómunkálatok a magyarság néprajzához [Premilinary works to the Hungarians' ethnography]）10，第 163～184 页。

［48］ 绍博（L. Szabó），同上，第 177～179 页。

［49］《罗纳—塔斯关于福多尔（István Fodor）候选资格作品的反对意见》（*The opinion of A. Róna-Tas as opponent on the candidacy work of István Fodor*），《约萨·安德拉斯博物馆年鉴》（*Jósa András Múzeum Évkönyve*）XXI-XXII(1978-1980)，第 117 页。

［50］借此机会，我要感谢 T. Eedge，他是我在蒙古阿尔泰地区考察的领路人、翻译和同志。没有他的帮助，我无法获得巴彦乌列盖当地居民的信任。

［51］只有阿克萨卡尔德勒（Aksakal Delel）一人向我透露了关于坟墓中埋葬的贵重物品的一些信息。他在远离巴彦乌列盖哈萨克人群体的地方度过了他一生的大部分时间，直到 1991 年夏天他才回去，逝世于他的出生地（我参加了他的葬礼，由此而获得了关于我调查工作的重要信息）。当我们 1990 年在乌兰巴托谈话时，他警告我，巴图鲁们的坟墓是神圣的、不可触碰的和不可侵犯的，因为其中有很珍贵的物品。

［52］有趣的是，古代阿尔泰地区的哈萨克人是否根据同时代的历史记录（司马迁《史记》）而知道中国第一位皇帝秦始皇用这样的弓箭守卫陵墓，或者这个传说是哈萨克人自己创造的？

［53］克利希纳·里布（Khrisna Riboud）《阿斯塔那墓地的丧葬习俗》（*Pratiques funéraires dans les nécropoles d'Astana*），《伊斯兰化前中亚的宗教信仰和遗迹》（*Cultes et monuments réligieux dans l'Asia Centrale préislamique*），巴黎，1987 年，第 90～97 页。

［54］拉斯洛（Gy. László）《阿尔帕德人》（*Árpád népe* [*The people of Árpád*]），布达佩斯，1989 年，第 54 页。

［55］1992 年，我成功地在萨克塞河地区和 3945 米（约 12000 英尺）高的宗海尔汗（Cengel Khairkhan）山的高山牧场上收集了有关上述哈萨克人丧葬习俗的一些图像资料。这些材料呈现在本文附图一〇～一二和图七中。带有金质眼罩和口罩的白色丝绸葬衣的原照由于技术原因无法打印，这就是我发表它的素描图的原因。这件带有金眼与口罩的丝绸裹尸布与征服者匈牙利人带有银—金眼的面罩是历史—民族志研究中完美且毋庸置疑的相似物。它是在中国新疆的吐鲁番绿洲制造的（巴彦乌列盖的哈萨克人可以自由到访中国新疆）。这位顾客是一位住在蒙古阿尔泰地区的老哈萨克人，他希望在他未来的葬礼上把它戴在自己的脸上。

附　图

附图一　出自杜拉—欧罗普斯地区帕提亚人墓地的金"眼镜"和口罩（公元 1～2 世纪）

附图二　丝绸"眼镜"

1. 出自诺颜乌拉第 6 号墓（蒙古中部，公元 1～2 世纪）　2. 出自喀拉布拉克墓地（吉尔吉斯斯坦，公元 2～4 世纪）

附图三 出自阿斯塔那墓地的"覆面"残片

附图四 出自沙姆希的金面罩（吉尔吉斯斯坦，公元4~5世纪）

附图五 出自 Džalak Džebe 墓地的金面罩的仿品（吉尔吉斯斯坦，公元3~5世纪）。

附图六 出自坦克耶夫卡地区布勒加尔—突厥人墓地的银面罩和银覆面（乌拉尔地区、伏尔加—卡马河地区，公元10~11世纪）

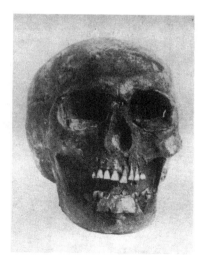

附图七 出自蒂绍艾期拉尔—巴沙洛姆征服者匈牙利武士的头骨，眼睛和嘴上都有银片（匈牙利东部，公元10世纪）

附图八 出自劳考毛兹地区匈牙利王子墓的金"眼镜"和口罩（匈牙利西北部，公元10世纪）

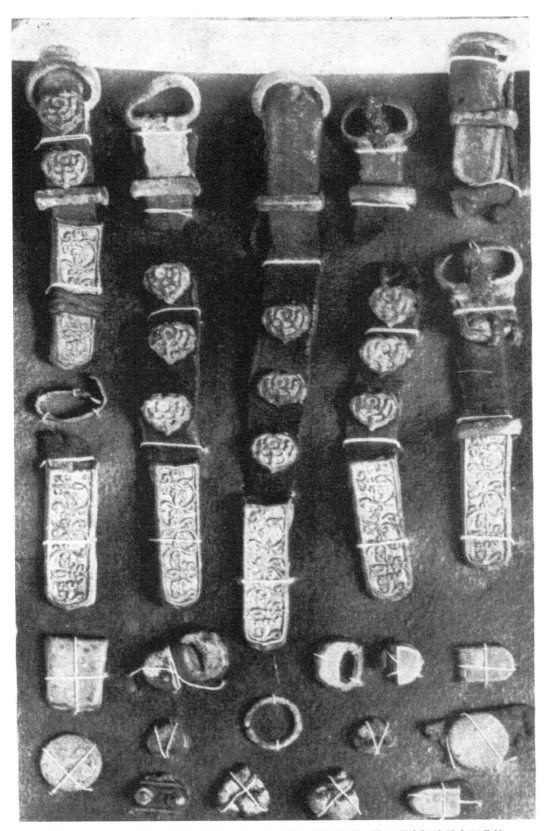

附图九　出自乌斯季—塔尔塔斯第 5 号墓地（第一排下方有两块心形青铜片是在埋葬的
骑马战士的眼窝中发现的）

附图一〇 1.哈萨克的阿克萨卡尔和他的妻子在帐篷里（蒙古国西北部巴彦乌列盖省）；2.阿克萨卡尔的床头上方有三枚银币一直作为保佑他健康的护身符，直至他生命的尽头，然后将会被缝在他的丝绸覆面上，代表他死后的眼睛和嘴巴

附图一一　在用于丧葬仪式的地毯的末端有两个三角形，代表两只眼睛。在死者死后的
第一个晚上，死者的亲友就躺在蒙古包里的这块地毯上

附图一二　献祭后的马的头骨和胫骨，被哈萨克牧民们放置在蒙古阿尔泰地区的岩石上。
绑在头骨上的白色面纱显示了祭品的纯洁（蒙古国西北部巴彦乌列盖省）

北朝[1]遗址出土金属头部结束具与项饰

——以其在欧亚东部草原地带上的广泛分布为视角

〔日〕大谷育惠　著　刘萃峰　译　马　强　校

一、序　　言

　　笔者近年讨论了迄今为止鲜卑相关遗址出土的金属制装饰物，首先明确了其型式的变化，在此基础上注意到型式变迁中新要素的出现和消失的节点，并考察了其背景。装饰物可根据装饰的身体部位分成头饰、耳饰、项饰、带饰、手相关的装饰（戒指、腕饰）等，再加上不能确定装饰部位的饰板类牌饰。目前与鲜卑慕容部三燕相关的几乎全部种类均已发表[2]，拓跋部相关的遗址则只以《中国北方金属制装饰物研究（1）》为副标题发表了耳饰相关的情况[3]。本文将接着前文考察鲜卑拓跋部相关金属装饰物中的头饰和项饰，故可作为《中国北方金属制装饰物研究（2）》。不过，将讨论对象中的头部结束具称作"装饰物"，在外人看来未免有文不对题之嫌，因此本文不加这个副标题。头部结束具是为了防止死者的下颚骨脱落，而将头盖骨与下颚骨固定的葬具，可以说是一种"寿衣"。与之相对，装饰物是日常或者特定场合下装饰身体的物品。金属装饰物大多从埋葬遗构中出土，因而虽然都是考察死者下葬时身上穿戴的材料，但根据资料不同，性质也有所区别。本文依据死者埋葬时身上穿戴的广义定义，将头部结束具也作为考察对象。

　　讨论的时代是北魏，根据文献记载，拓跋猗卢在内蒙古中南部扩展势力，并在310年被西晋封为大单于代公，标志着代政权的建立，但是376年它为前秦所灭。不过前秦在与东晋的淝水之战中失败，势力大为削弱。于是386年拓跋珪从贺兰部逃回，在牛川即代王之位，复兴势力，同年4月改称魏王，此后逐步扩大势力，并于天兴元年（398年）将都城从盛乐迁往平城，正式即皇帝位。考古学上鲜卑相关的年代划分如附表1和附表2所示，确定可以称作北魏墓的最早只能上溯到太延元年（435年）的沙岭7号墓。本文与前文一样，以颈部施有暗纹的细颈壶和平沿罐、盘口罐等被视为北魏平城时期的典型遗物作为时代划分标志，全面搜集出土这些器物出现之后的遗址中的相关资料。讨论对象的年代下限虽然是北朝，但同型式的头部结束具和项饰此后依然继续使用，为了看出其此后的发展，适当将唐代的资料也纳入其中。

二、头部结束具

（一）研　究　史

头部结束具是为了防止死者下颚骨脱落，而将下颚骨与头盖骨固定的葬具。中国将这种托住脸颊的装具命名为"下颌托"[4]。

覆颚金属片的存在，在各类发掘调查报告中虽有报道，但金属制头部结束具受到关注的契机却是大同南郊北魏墓群的调查。该墓地共发掘调查包括 167 座北魏墓在内的多座墓葬，而北魏墓占大多数，为深入北魏平城时期的考古学研究提供了诸多资料（表 1）。该墓地共出土 12 件头部结束具[5]，发掘报告的"葬俗"部分对其进行了考察[6]。此后关于金属头部结束具的专论有穆勒（即宋馨）、冯恩学、吴小平、王春燕、王飞峰等人[7]。为了对这些研究的内容进行考察和检讨，我想首先对北魏时期头部结束具及其出土遗迹进行确认。

表 1　唐宋以前金属头部结束具出土一览表

序号	遗迹名	地名	纪年	形态	材质	文献	照片·图	备考
1	大同南郊 M24：9	山西省大同市	北魏	—	青铜	《大同南郊北魏墓群》p.161 图 77b-4*，图版 4-2，54-6	图	1 期／女性（50～55）岁／颚下出土
2	大同南郊 M35：11	山西省大同市	北魏	—	青铜	同上 p.36 记载	无	3 期／女性（25～30 岁）／头部出土
3	大同南郊 M53：8	山西省大同市	北魏	—	铅	同上 p.13 记载，图版 1-1	无	4 期／女性（50～55 岁）／头部出土
4	大同南郊 M87	山西省大同市	北魏	—	铅	同上 p.197 记载	无	4 期／儿童（10～15 岁）／已朽
5	大同南郊 M107：6	山西省大同市	北魏	U/箍	青铜	同上 p.233 图 105G*，图版 75-4	照·图	3 期
6	大同南郊 M109：7	山西省大同市	北魏	U/箍	青铜	同上 p.238 图 107A，彩版 1-1*	照	3 期／女性（20～25 岁）／头部出土／拍摄出土情况照片
7	大同南郊 M116：15	山西省大同市	北魏	—	青铜	同上 p.248 记载	无	3 期／头部出土
8	大同南郊 M208	山西省大同市	北魏	—	青铜	同上 p.293 记载	无	4 期
9	大同南郊 M211：7	山西省大同市	北魏	—	青铜	同上 p.25 记载	无	2 期／女性（15～20 岁）／头部出土
10	大同南郊 M214：1（南棺）	山西省大同市	北魏	—	青铜	同上 p.300 图 128d-5*，图版 91-7	照·图	3 期／颚下出土
11	大同南郊 M239：9	山西省大同市	北魏	—	青铜	同上 p.328 记载	无	5 期／头部痕迹部位出土

续表

序号	遗迹名	地名	纪年	形态	材质	文献	照片·图	备考
12	齐家坡北魏墓	山西省大同市	北魏	—	金	《文物季刊》1995（1），p. 16记载	无	
13	迎宾大道M37	山西省大同市	北魏	—	青铜	《文物》2006（10），p. 53记载	无	女性／墓葬平面图（图8）内明示
14	大同市博物馆	—	北魏	U	银	大同市博物馆展出*	照	与项饰一同展示
15	尉迟定州墓	山西省大同市阳高县	北魏太安三年（457年）	—	青铜	《文物》2011（12）图9	照	出土情况照片
16	伊和淖尔M1	内蒙古锡林郭勒盟正镶白旗	北魏	U/箍	金	《2015中国重要考古发现》p. 94*；《文物》2017（1），p. 31图53-4, 6, 11*	照·图	
17	伊和淖尔M3	内蒙古锡林郭勒盟正镶白旗	北魏	U/箍	不明	《2015中国重要考古发现》p. 93*；The Silk Road, vol. 14	照	出土情况照片
18	邵真墓（任家口M229）	陕西省西安市莲湖区	北魏正光元年（520年）	—	银？	《文物参考资料》1955（12）记载	—	记载说是银质，但墓葬平面图解说却为"16. 锡口带"／邵真（天生）为阿阳令假安定太守
19	皮埃尔·乌德里藏	—	北魏～北朝	U/箍	金	Chinesisches gold und silber, 121*	照	5世纪后期～6世纪初（左记出典）
20	个人藏（比利时）	—	北朝？	U/箍	金	L'Asie des steppes, p. 164, tab. 153*	照	
21	阿库齐·卡拉斯墓地	吉尔吉斯斯坦贾拉拉巴德州	1～5世纪	U	金	Степнея полоска, таб. 30-21；Шедевры древнего искусства Кыргызстана, c. 13*	图·照	肯科尔文化（1～5世纪）
22	九龙山M28：2, 3	宁夏固原市原州区	隋末～初唐	U？	银	《固原九龙山汉唐墓葬》p. 121图49-3, 4*／图版44-3, 4*	照·图	
23	九龙山M33：5	宁夏固原市原州区	隋（527以后）～初唐	U/冠	金	同上p. 128图52-4, 5*，图版46-1*；《文物》2012（10），p. 60图4-9	照·图	男性人骨上佩戴／同时出土拜占庭金币（查士丁尼一世，527～565年）
24	固原县城1998年征集	宁夏固原市原州区	唐？	U	金	《文物天地》2017（9），p. 53图19*	照	
25	贺若厥墓（咸阳国际机场）	陕西省咸阳市渭城区	唐武德四年（621年）	环	金	《考古与文物》2000（4）封面；《考古与文物》1993（6）	照	独孤罗合葬墓
26	史道德墓（M1）	宁夏固原市原州区	唐仪凤三年（678年）	U/冠	金	《文物》1985（11），p. 23；《固原历史文物》124	照·图	同时出土仿制拜占庭金币／给事郎兰池正监
27	李徽墓（郧县砖瓦厂M5）	湖北省郧县城关镇	唐嗣圣元年（684年）	U	不明	《文物》1987（8），p. 31图1（墓葬图No.50）	—	新安郡王／濮王李泰与阎婉（本表30）之子

序号	遗迹名	地名	纪年	形态	材质	文献	照片·图	备考
28	阎识微（智）·裴氏墓（马家沟 M1：115）	陕西省西安市灞桥区	唐神龙二年（706年）	环	银	《文物》2014（10），p. 35 图 35	照	陪伴裴氏（691年卒）/还出土冠饰
29	金乡县公主·于隐合葬墓	陕西省西安市灞桥区	唐开元十二年（724年）	环	青铜	《文物》1997（1），p. 14 图 34；《唐金乡县主墓》	照·图	公主系高宗之孙/夫于隐 689年卒，690年葬
30	阎婉墓（郧县砖瓦厂 M6：7）	湖北省十堰市郧阳区	唐开元十二年（724年）	U	银	《文物》1987（8），p. 38 图 16-1	图	青铜冠饰也一起出土/阎婉系濮王李泰妃，李徽（本表28）之母/690年卒，695年葬，724年改葬
31	李淑娴（倕）墓	陕西省西安市	唐开元二十四年（736年）	—	银	Das grab der Li Chui，p. 79，tab. 9-3	图·照	
32	雷君夫人宋氏墓（功德山居长墓）	陕西省西安市	唐天宝四载（745年）	环	金	《考古通讯》1957（5），p. 60 图 2；《考古与文物》1991（5）	照	内侍雷府君夫人/道教徒
33	郑夫人墓（杏园 M5109）	河南省偃师市	唐天宝十三载（754年）	不明	青铜	《偃师杏园唐墓》p. 99 图 84（墓葬图），p. 166 出土遗物统计表	无	夫李全礼系游击将军河南辕府折冲都尉兼渤海副使上柱国
34	窦承家墓（杏园 YHM3）	河南省偃师市	唐至德元载（756年）	不明	铅	同上 p. 166 出土遗物统计表	—	润州丹阳主簿
35	郑洵墓（杏园 M5036）	河南省偃师市	唐大历十三年（778年）	—	青铜	同上 p. 100 图 85（平面图），p. 135 记载	—	2件/监察御史贬岳州沅江县尉
36	韦河墓（杏园 M2003）	河南省偃师市	唐大和三年（829年）	—	青铜	同上 p. 170 图 156（平面图），p. 209 记载	—	偃师县主簿
37	高秀峰·李氏墓（东明小区 C5M1542：15，28）	河南省洛阳市	唐大和三年（829年）	环	银	《文物》2004（7），p. 35 图 35	照	两人都佩戴
38	崔防·郑夫人墓（杏园 M5013）	河南省偃师市	唐会昌二年（842年）	不明	青铜	《偃师杏园唐墓》p. 252 出土遗物统计表	—	崔防系舒州怀宁县令/相当于"铜颌"？
39	李邹墓（杏园 M2443）	河南省偃师市	唐会昌三年（843年）	不明	青铜	同上 p. 171 图 157（墓葬图）	—	贺州刺史
40	李归厚·卢夫人墓（杏园 M1819）	河南省偃师市	唐大中十二年（858年）	不明	青铜	同上 p. 175 图 163（墓葬图）	—	李归厚系亳州鹿邑县主簿

续表

序号	遗迹名	地名	纪年	形态	材质	文献	照片·图	备考
41	田王二队唐墓	陕西省西安市灞桥区	唐	环	金	《文博》1992（3）图版3-6；《西安文物精华·金银器》135；《遥かなる長安》3-49	照	1979年出土/《文博》刊布的照片是冠饰与金条片，呈连接状态
42	风雷仪表厂唐墓	陕西省西安市	唐	环	青铜	《大唐皇帝陵》40	照	连接前端为叉子状
43	杏园 M0954	河南省偃师市	晚唐	不明	青铜	《偃师杏园唐墓》p.185图178，p.251出土遗物统计表	—	开元通宝
44	雷家坪 M1：4	湖北省巴东县	唐	环	银	《湖北库区考古报告集》（4），p.92图56-1	图	
45	庙坪 M38	湖北省宜昌市秭归县	唐	不明	银	《秭归庙坪》p.192	—	开元通宝1/记载为银头饰
46	庙坪 M90	湖北省秭归县	唐宋	复杂	银	同上 p.212图172	图	开元通宝1，天禧元宝2，不明87/记载为银头饰
47	登天包 M6：5	湖北省秭归县	唐	不明	银	吴小平·崔本信2010（吴小平承吴春明提供）	—	
48	上关 M34：2	重庆市奉节县	唐	环	青铜	《重庆库区考古报告集·1998卷》p.292图4	图	
49	上关 M44：2	重庆市奉节县	唐	环	青铜	同上 p.293 记载	—	
50	宝塔坪 M1006	重庆市奉节县	晚唐	环	银（乌银）	《奉节宝塔坪》；《边疆考古研究》（7），p.314图1	照	男性
51	宝塔坪 M1010：8	重庆市奉节县	唐	环	青铜	《重庆库区考古报告集·2000卷》p.542图19-3	图	开元通宝1
52	江东嘴Ⅱ M5：6	重庆市巫山县	唐	U	银	同上 2001卷 p.31图34-6	图	
53	皇帝岗木椁墓	广东省广州市	晚唐	环	银	《考古》1959（12），p.668图1（墓葬图）	图	出土墓志，但无法识读

　　*　表示刊布图版出典

（二）北魏时期的头部结束具

　　北魏平城时期的头部结束具出土于大同市及其近郊4座墓地和内蒙古自治区的2座墓地。而迁都洛阳以后的资料则出土于陕西省的1座纪年墓中。

　　大同南郊北魏墓群（电焊器材厂墓地）：大同南郊北魏墓群为1988年调查的墓地。墓地中虽然密集分布着167座墓，但墓葬之间几无打破关系。从构造来对墓进行分类的话，只有遭到盗掘的117号墓1座为砖室墓，17座竖穴土坑墓，其余均为洞室墓。

　　如前所述，这片墓地中的12座墓出土了12件头部结束具。我们来确认下其中保存最好的107号墓出土资料的构造。头部结束具M107：6（图1-2），由头箍形的带状金片和托住脸颊的颚托金具两个部分构成。头箍长64厘米，宽1.4厘米，一端近方形，上有两个竖长方形孔，另一端的10厘米处略细，插入头部的两个孔中以便将其固定于头部。颚托金具托住脸颊的部分为舟底形凹坑，周边凿有 30 个小孔。从颚部分的两端伸出缠绕固定头箍所用的带状金片。这条带贴着脸颊，从颚部分往上是一整条，但在两颊的位置有圆形的切口，从这个切口分成两岔，成 Y 形。带状金片合计四条，横向切开插入头箍中，端口的弯曲部分尚存。出土时该头部结束具内外侧均有丝织物残留，有的地方残留的丝织物呈絮状，推测是用毡类织物包裹。青铜片外侧的丝织物上有刺绣的圆形图案。

109 号墓的头部结束具无线图，但从出土时照片可以看出额部有头箍形的带状金片（图 1-1），亦能确认包下颚的颚托金具（图 1-1）。颚托金具的颚部分系的带状金片出土后遭破坏，但从其破损部圆形的大小来看，推测其为与 M107∶6 同样形状的两部分构成的头部结束具。此外该墓值得注意的一点是，墓主额头部分出土的三角形青铜饰金属具 M109∶10[8]。该金属具呈等腰三角形，两侧镂空雕成火焰纹，内侧两只凤鸟衔胜侧身对立。底边凿有等距离小孔，可能缝有头箍等物。这种三角形镂空雕刻金属具与金铛不同，截至目前并无其他类似的例子。但其纹饰为凤凰和胜等中国式的元素，也许是想制作双凤纹的金铛[9]。经人骨鉴定，墓主系 20～25 岁的女性。

该墓地出土的头部结束具中其他有线图只有 24 号墓和 214 号墓出土的 2 件。M24∶9（图 1-4）外缘未穿小孔。表面涂蓝色颜料，有丝织物的痕迹。M214∶1 颚托金具的颚部分沿着两侧边缘凿了 10 个小孔（图 1-3）。

齐家坡北魏墓：齐家坡北魏墓是大同市小南头乡发现的土洞墓。该墓出土 195 件随葬品，另有 1 具保存较好的木棺，但人骨大部分腐朽。据报告记载，墓主头盖骨附近出土两片船形的金制品[10]。虽无图版，但可以据形状和出土状况推测为佩戴的头部结束具。

迎宾大道 37 号墓：迎宾大道北魏墓群是大同市东郊道路建设时发现的北魏墓群，调查了 75 座墓，其中一部分资料的简报已经公布[11]。从刊布的墓葬平面图来看，洞室墓 37 号墓中，可以确认墓主头部附近出土青铜制头部结束具。形状不明。

尉迟定州墓：2010 年大同市阳高县发现的砖室墓，墓室内备有房屋形石椁。墓门上有尉迟定州买砖铭。石椁内的石棺床上确认有成年女性人骨 1 具，佩戴头部结束具[12]。虽然刊布了石棺床与墓主的照片，但头部结束具的形状不明。

大同市博物馆展示资料：详细情况虽然不明，但大同市博物馆也展出了 1 件银制颚托（图 1-7右）。Y 形分岔的带状金片前端有穿孔。

伊和淖尔墓地：位于内蒙古自治区锡林郭勒盟正镶白旗，2010 年因盗掘被发现。6 座墓中的 5 座洞室墓是北魏墓[13]。头部结束具出土于 1 号墓和 3 号墓。

被盗掘的 1 号墓中追回了头部结束具（图 1-6）。整体形状与大同南郊 M107∶6 相同，但颚托金具的颚部分和沿着两颊的 Y 形金片分开制作，3 个部分似由 2 个铆钉连接。头箍形金片上无豁口，2 件 Y 形金具分岔的顶端有 2 个或 4 个洞。此外，这件头部结束具周身有纹样，椭圆金片和 Y 形金具上饰有联珠构成的格子形纹样，颚托金具的颚部分外缘压印一圈忍冬纹，内侧为两条身体翻转成 C 字形对望的龙和两只鹦鹉。

从简报所载照片来看，3 号墓墓主也佩戴了头部结束具（图 1-5）。木棺内安放着全身包裹黄色丝织物的遗体，死者头戴头箍形金片，颈部戴金项饰，腰部系金蹀躞带，手戴金戒指，脚穿革靴[14]。

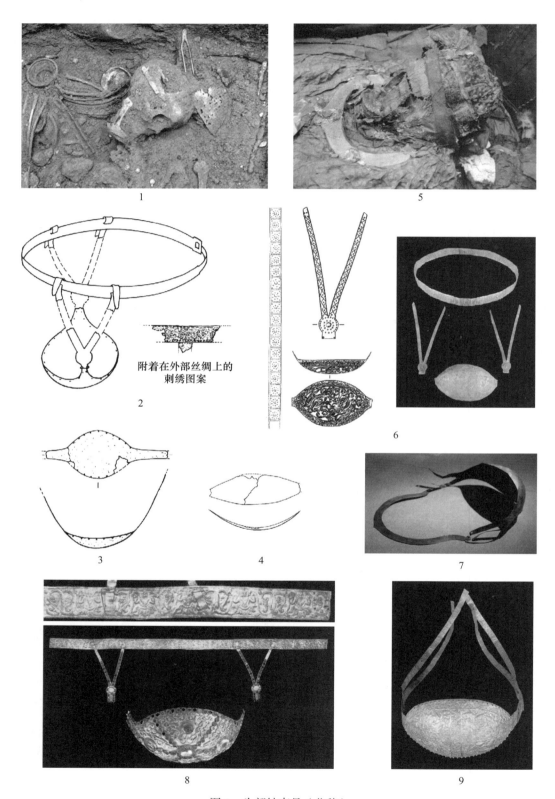

图 1　头部结束具（北魏）

1. 大同南郊 109 号墓　2. 大同南郊 M107：6　3. 大同南郊 M214：1　4. 大同南郊 M24：9　5. 伊和淖尔 3 号墓
6. 伊和淖尔 1 号墓　7. 大同市出土　8. 个人收藏　9. 皮埃尔·乌德里藏品

邵真墓（任家口 229 号墓）：邵真墓是陕西省西安市西郊外发现的一座未遭盗掘的墓。据甬道出土的墓志可知，墓主邵真于正光元年（520 年）下葬[15]。银制头部结束具[16]出土于墓室内一级高砖垒成的棺床床面上。简报云：“1 件，是箍住头盖同时包住下颚的几条银片连成，在下颚处，成勺状。”

（三）北魏～北朝时期的收藏资料

迄今为止的收藏资料中疑似北魏时期头部结束具的资料有 2 件。

个人收藏资料：系比利时的个人收藏资料（图 1-8）。由 1 个头箍和 3 个部件构成的颚托组成，十分完整。颚托金具的 3 个部件用合叶连接。头箍饰连续忍冬纹和双手悬挂的莲花化身人物像。颚托金具的颚部分还饰有龙凤纹，框架内镶嵌宝石和玻璃装饰。椭圆形外边也凿有小孔。

皮埃尔·乌德里藏品资料：瑞士的瑞特保格博物馆收藏的皮埃尔·乌德里藏品中有 1 件颚托金具（图 1-9）。沿脸颊的 Y 形金片上有圆形切口，下与颚部的金片用合叶连接。3 个部件均饰有纹样。金片的外缘用忍冬纹划成四等分割线，四等分割的范围内有狮子或吐火兽[17]，具体无法识别。外缘凿有 60 个小孔。

构造与分类：以上为北魏墓出土及推定为北魏～北朝时期金属制头部结束具的集成。宋馨在确认头部结束具构造的基础上，将其分为三类。I 型（北魏平城时期）由颚托金具和用于固定它的头箍构成，II 型相对简化，颚托金具的带两端互相连接以为固定，III 型颚托金具的带退化成只到耳高，只固定住头盖[18]。从上文新增的出土资料来看，宋馨的分法目前依然有效，北魏的头部结束具均为 I 型。需要指出的北魏时期金属制结束具的特色有两点，一是从连接方法的来看，其由头箍和颚托金具两个部分构成，二是颚托金具的颊部金带多呈 Y 形。此外，关于颚托金具的构造，周身饰有纹样的颚托金具，颚部分与两条 Y 形的颊部金带这三个部件是分开制作而后连接起来的。

（四）金属制头部结束具的出现与背景

如前所述，关于头部结束具的专门讨论有宋馨、冯恩学、吴小平、王春燕、王飞峰等人。首先，我想整理这些论文中提出的关于头部结束具的出现、谱系，以及使用背后存在的宗教性或文化性背景等问题的意见。

宋馨的论文注意到大同南郊北魏墓群中新出的金属制头部结束具，同时广泛搜罗东西方布质等其他材质的头部结束具。关于头部结束习俗的起源及其谱系，她认为欧亚大陆上亚洲地区头部结束习俗起源于前 8 世纪的塔里木盆地（扎滚鲁克遗址），并认为它与西亚和地中海世界最早的资料几乎同时。头部结束的习俗此后也相继出现在同地的其他绿洲国家（营盘、尼雅、山普拉遗址），到公元 5 世纪这一习俗被鲜卑拓跋氏带到平城，传入中原。

冯恩学对唐墓出土的头部结束具进行了讨论，认为其源自祆教文化[19]。头部结束具由祭司为防止圣火熄灭而戴的口罩转化而来[20]，传入汉地后逐渐演变为葬具。王春燕同样认为其受到祆教影响，她对吐尔基山辽墓（10 世纪初）（图 2）出土的头部结束具进行了考察，并认为从头部结束具的出土可以看出契丹人生活中受到祆教文化的影响。

图2　吐尔基山辽墓出土头部结束具

吴小平则提出了另一种不同意见。关于头部结束具的起源，吴小平利用宋馨论文中举出的古希腊的例子，认为新疆与大同出土的头部结束具都是它东传的结果。中亚地区唯一可以确认的出土资料来自阿富汗提利亚遗址，因其墓主为旧居新疆的大月氏人，故当系新疆所传，希腊与新疆之间的广大地区没有出土头部结束具，原因不明。吴小平认为头部结束具的出现早于祆教诞生，新疆头部结束具的出现也早于粟特人定居中国，从而否定了冯恩学的观点。对于头部结束具的使用背景，吴小平从其早期分布基本集中于草原游牧地区，认为其与当地流行的萨满教灵魂观密切相关。

此外，也有学者对上述所有观点均表反对。首先，针对祆教起源说，王飞峰认为，从信奉祆教的入华中亚、西亚人墓地（安伽墓、史君墓、虞弘墓等）中并未出土头部结束具，并无考古资料能够证明中国境内出土的金属制头部结束具与祆教之间有直接联系。而关于与萨满教有关的说法也是一样，从唐代以降金属制头部结束具的分布状况和使用者身份来看，无法说明其与萨满教有关。因此他指出，头部结束具的使用背景与"事死如事生"[21]的观念密切相关。不仅是这两种观点，对宋馨揭示的古希腊与新疆出土的最早期头部结束具，王飞峰同样持慎重立场，认为不能排除二者独立发生的可能性。不过，对于阿富汗提利亚遗址出土的金制头部结束具，他认为是受到新疆布制头部结束具影响的产物，此后北魏时期平城出现的头部结束具可能受到提利亚头部结束具的影响。

梳理以上学者提出的意见，在讨论北魏平城时期金属制头部结束具起源的问题时，有一点是没有异议的：北魏平城时期出现的金属制头部结束具是非中国性的装饰葬具。问题在于这个非中国性要素的起源，宋馨推测其从新疆绿洲地区传入，但新疆出土的为绢制，北魏平城则是金属制，二者材质不同，结束方法和构造同样有异，因此二者未必一定有关。此外，其与提利亚出土资料有关的意见也需要重新考量，北魏平城时期的资料为4世纪末到5世纪，而提利亚遗址则在公元前后1世纪间，两者年代相去甚远，从下文附论中民族迁移期的观点来看，无法认定二者之间有相互影响的关系[22]。

此外，针对冯恩学头部结束具的使用与祆教有关的看法，我赞同吴小平的反对意见。不过，关于时代稍后的北朝至初唐宁夏固原遗址出土的一批金属制头部结束具，如下文所述，我推定其与中国境内居住的粟特人有关。至于其他诸如萨满教灵魂观、为保持生前的状态的观念而使用等说法，既无法否定亦不能肯定。特别是中唐以降，其分布范围向南扩大，同时黄河以北或中国西北部反而没有出土的实例，这与北魏平城时期一开始出现时的使用背景相比，情况可能已发生变化。例如宁夏固原出土的一批被推测与中国境内居住的粟特人有关，而雷君夫人宋氏墓（745年）中，从出土墓志的内容来看，宋氏为道教徒[23]，墓主的信仰与葬具之间的关系不可一概而论。

因此想要指出北魏平城时期头部结束具的使用与民族之间的关联性，几乎是不可能的。如表3所示，出土墓志的墓葬，墓主的身份均可明确，据墓志可知，他们是居住在平城的各色人群，再从出土资料来看，基本都属于北魏平城时期的考古学文化，无法通过随葬品来辨别其出身。因此关于头部结束具的使用与民族之间的关系，也并不能根据其出土地为平城便将其与拓跋部关联起来。近年来在伊和淖尔墓地的调查可以明确，平城以外的地区也在使用此物，等今后详细的报告公布后还须进一步考察。此外，关于头部结束具的使用与社会阶层之间的关系，正如宋馨所指出的那样，亦难得出确凿结论。而关于头部结束具与使用者的性别，仅考虑北魏的情况，女性占据压倒性多数，但也有邵真墓这样的男性用例，不可一概而论。

以上就是笔者对北魏时期头部结束具的起源及其使用背景的看法，通过本文笔者想指出的是，必须对包括欧亚大陆东部草原地带在内的用例加以考察。宋馨的论文中并不包含这些资料，而且宋馨论文发表之后，今天中国境外的资料也须补充。因此，以下将介绍前面提到过的宁夏固原的一批头部结束具和欧亚东部草原地带的两件出土资料。

（五）宁夏固原带冠饰的头部结束具

这批头部结束具每件都是由冠饰与颚托金具两个部分构成的（图3）。

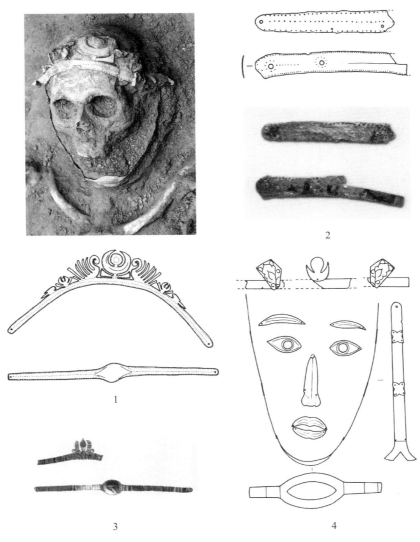

图 3　头部结束具（宁夏，北朝以降）

1. 九龙山 M33：5　2. 九龙山 M28：2、3　3. 固原县城 1998 年征集　4. 史道德墓（678 年）

　　九龙山墓地：位于宁夏回族自治区固原市原州区。33号墓为有长斜坡墓道的单室土洞墓，葬有35~40岁的男性和25~35岁女性两具遗体。其中男性人骨佩戴金制头部结束具，口中含1枚金币（图3-1）[24]。头部结束具M33：5的颚托金具是一根沿颊的带子，两端各开一个孔。金具的外缘一圈和中心线饰有一排连珠纹。冠饰的纹样中央为日月纹和绸带，两侧鸟翼、小日月纹与绸带、鸟（？）并排，三面日月鸟翼冠[25]。关于33号墓的时代，其口中所含拜占庭金币为查士丁尼一世（527~565年）时代之物，由此可知其埋葬时代在北魏孝昌二年（527年）之后，再结合墓中的白瓷可以判断其为隋墓。

　　另外，同墓地28号墓出土的2件银片可能也是颚托金具的一部分（图3-2）。

　　宁夏固原县城1998年征集资料：具体情况虽不明，但征集的冠饰和颚托金具比较完整（图3-3）。

　　史道德墓：宁夏回族自治区固原市原州区小马庄乡史氏墓地中的一座。据墓志可知，墓主史道德为给事郎兰池正监，唐仪凤三年（678年）死亡下葬[26]。该墓出土的颚托金具的贴脸颊部分中央削成柳叶形，左右各有两枚用铆钉连成一体的金片（图3-4）。冠饰中央为月牙装饰，两边为两个五角形金片。五角形金片表面刻有纹样，头箍状的带状金片上涂蜡。史道德墓中还出土了眉、目、鼻、唇形的剪过的青铜镀金板，这些部分缝合后可能为盖在脸上的面具。

　　以上是宁夏固原出土的带有冠饰的头部结束具的集成。冠饰上有日月纹，关于这些冠饰资料，影山悦子已有专论。她将冠分为三面日月冠（正面与左右两侧有月牙的冠[27]）和鸟翼冠（鸟的翼向两侧展开的样式）两类，前者并非萨珊朝的王冠，而是嚈哒国王金吉剌王[28]的王冠，后者可能也是嚈哒的王冠，这是粟特人之间喜好用的冠。诚如王飞峰指出的那样，史君墓等中亚出身、居住在中国境内之人的墓中并未出土头部结束具，但固原周边集中出土了带有冠饰的头部结束具，结合史道德粟特人的身份与影山对冠饰考察的结果，可以推测这批材料与粟特人有关[29]。

（六）中亚的出土示例

　　吉尔吉斯斯坦的遗址中可以确认有一件资料。

　　阿库齐·卡拉斯墓地：也有报告称之为"图尔坎墓地"[30]，实际遗址的名字应该是阿库齐·卡拉斯（Акчий-Карасу）墓地，位于纳伦河中游的克特曼·土波盆地的地下墓地[31]。墓地未出报告，只有这件头部结束具公布在了莫什科娃编的《考古学概论》中《克特曼·土波盆地、费尔干纳、阿拉依的早期游牧民》一章"乌孙时期的遗址"中（图4）。"偶然在富人的墓葬中发现金薄板做的几个构件（口罩和鼻罩）组成的埋葬面具"，公布的图只有一件，但同一地点也有出土其他头部结束具的可能性。阿库齐·卡拉斯墓地被认为与肯科尔文化有关，时代为公元1~5世纪。

图4　阿库齐·卡拉斯墓地出土的头部结束具

三、项　饰

北魏墓中还出土有"翼状金片"或者中文称之为"月牙形金片"（三日月形）的板状项饰[32]。结合伊和淖尔遗址的出土情况，可以确认这些资料是项饰（图1-5）。

北魏墓出土的项饰可据形状分为三型：Ⅰ型为月牙形，Ⅱ型为月牙外侧的弧线中央有方形的突出部分，Ⅲ型为月牙外侧的弧线中央位置有个向外的尖头。

（一）北魏墓出土的项饰

项饰在山西省大同市内的一处遗址和内蒙古自治区的三处遗址中有出土，都是相当于北魏平城时期的墓葬。

大同南郊北魏墓群：107号墓和208号墓出土。M107：10为Ⅰ型（图5-1）。左右两端头上各有一个安装用的小孔。项饰背面附有丝织物的残留。M208：10为Ⅱ型，突出部分下方的位置有一个小孔（图5-2）。沿着青铜板的外缘围有条纹。左侧顶端缺失，情况不明，右侧顶端作成向内卷的环。青铜板的外侧涂蓝色颜料，背面附有丝织物残留。

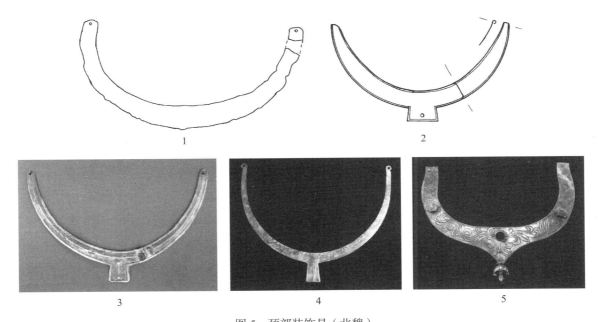

图5　颈部装饰具（北魏）

1. 大同南郊M107：10　2. 大同南郊M208：10　3. 陈武沟M10：1　4. 伊和淖尔6号墓　5. 伊和淖尔3号墓

大同市博物馆收藏资料：系Ⅲ型项饰（图1-7左）。

陈武沟墓地：陈武沟墓地位于内蒙古乌兰察布市化德县，2010年配合集宁—通辽之间的铁路施工调查发掘。共有15座墓，其中14座竖穴土坑墓和1座偏洞室墓[33]。10号墓出土的项饰M10：1为Ⅱ型，外缘与月牙部分的中心线俱施条纹（图5-3）。方形部分也有两道凸棱纹。

伊和淖尔墓地：伊和淖尔墓地有两座墓出土项饰。6号墓的项饰为Ⅱ型，与陈武沟M10：1饰同样纹样（图 5-4）。两肩的左右两头部分的处理与大同市博物馆收藏资料类似。

另一件 3 号墓的项饰为Ⅲ型，突出部分的下面附有半月形垂饰（图 1-5；图 5-5）。月牙部分全饰忍冬纹，三处镶嵌圆形玻璃。随项饰出土的玻璃有六块，据 X 光分析，四块圆形玻璃中的一块浅蓝色玻璃为植物灰玻璃，三块深蓝色玻璃为苏打玻璃；两块水滴形垂饰深蓝玻璃和一块垂饰透明玻璃也是苏打玻璃[34]。

（二）与北魏～北朝同时期的项饰

以上确认了北魏平城时期的项饰，具有北魏平城时期特征的Ⅱ型项饰的资料在中国境外也有出土。这些中国境外出土的资料与收藏资料可能也相当于北魏平城时期，不过因为牵涉到所在地区编年的确定等问题，无法草率认定年代。因此，这里先将北魏～北朝同期中国境外出土的、收藏的以及北朝时期中国境内出土的项饰资料举例如下（图 6）。

巴彦洪戈尔省嘎鲁特县的古墓：1973 年蒙古国巴彦洪戈尔省嘎鲁特县古墓出土的资料。这座墓其他的资料缺失，只公布了项饰（图 6-1）[35]。Ⅱ型，全身有菱形剪口。外缘与一些地方有小孔，可能是缝有某物。

库拉斯尼·斯特洛依凯里（курган <<красный стороитель>>）：1985 年比什凯克东北郊外学生们偶然发现的遗物群，因遭破坏具体情况不明，原本可能是墓。出土资料的一部分已经公开发表，参见 Yu. S. 福迭科夫与 K. Sh. 塔巴鲁迪埃夫近年对其出土遗物的报告和考察[36]。项饰为Ⅱ型，周身施斜格子纹。月牙部分的左右两端部分有一个小孔，方形部分下端有三个小孔（图 6-2）。

毕克齐镇古墓：呼和浩特市毕克齐镇施工时发现的墓，出土、追回人骨一具与金制品[37]。项饰为不规则的Ⅱ型，方形部分微微外张（图 6-3）。整体可分为三个部分，左右部分的主体纹样为像鳄鱼的龙与 S 形十字交叉的纹样，中央部分施兽面纹（？）。月牙前端部分和中央突出部分的两角有穿孔。报告并未记做项饰，但在该遗物的照片中还有两件山形金片和一件长方形金片，合计四件器物。附属金片与项饰的关系不明，其他报告中也有一起出土的示例，先记于此[38]。关于毕克齐镇古墓的年代，一同出土的有一枚利奥一世的拜占庭金币（457～474 年），因此其年代上限为北魏文成帝太安三年（457 年）。而其他遗物中有两件素面有脚银杯，杯身中央有一道环箍，同样的金杯与银杯还出土于隋大业四年（608 年）下葬的李静训墓，因而其年代定为北朝应该比较妥当。

皮埃尔·乌德里藏品资料：项饰外侧的弧边有三处短凸部分，从朝背面弯曲的角度考虑当为Ⅰ型，但从毕克齐镇的例子来看当为Ⅱ型项饰（图 6-4）。外缘围连珠纹，分为三个部分。左右两部分为三头鹿（一头为雄鹿，两头为无角鹿），中央部分施鬼面纹。一同收藏的还有一件山形金片，外缘围连珠纹，内部纹样为雄鹿。外围有小孔。

个人收藏资料：与头部结束具（图 1-8）一起收藏。Ⅲ型项饰，首先映入眼帘的是五个镶嵌的巨大圆点，中间施有纹样（图 6-5）。纹样通过照片无法识别，不过从外侧往中心顺时针，好像是一条龙→数只野兽争斗的纹样→以骑马人物为中心的狩猎纹。骑马人物像可以与宁夏盐池县出土的"白乌二年方奇"（418 年？）[39]对比考察。

布尔霍图伊文化的遗址出土资料：布尔霍图伊文化是外贝加尔东部的中世文化。虽然没有项饰出土墓葬相关的报告，但可知有 6 件项饰出土，其中三件为Ⅱ型，三件为Ⅲ型（图 6-6）。

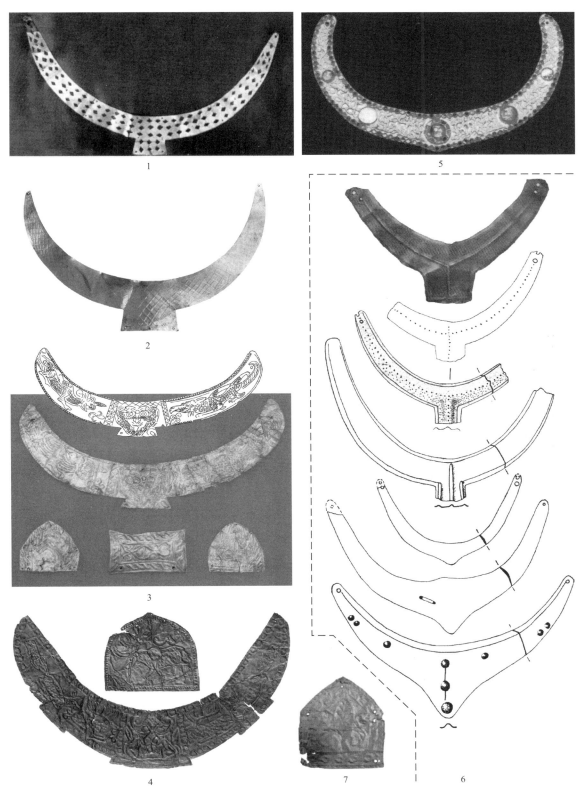

图 6　颈部装饰具（北魏～北朝）

1. 巴彦洪戈尔省嘎鲁特县的古墓出土　2. 库拉斯尼·斯特洛依凯里　3. 毕克齐镇古墓出土　4. 皮埃尔·乌德里藏品
5. 个人收藏品　6. 布尔霍图伊文化的遗址出土　7. 特雷津采集

特雷津采集：2007 年图瓦共和国查—霍勒旗境内调查的叶尼塞河萨扬—舒申斯克大坝南岸的特雷津墓地（图 6-7）。应当是调查时在大坝岸边被破坏的墓中出土而后收回的遗物。据报告，是与特雷津墓地年代不同的遗物中的一件，类似毕克齐镇古墓山形金片的五角形金片[40]。

四、代 结 语

以上对北魏～北朝时期的头部结束具和项饰资料进行了集成。关于项饰的集成资料和论考尚无，而头部结束具近年则颇受关注，正如本文第二章第三节所列那样，有诸多考察和观点。这些先行研究中，宋馨对时代跨度极大、地理位置相去甚远的资料进行了集成，认为东西间当有交流，其间或有某种联系，不过她对时代上同时期的 4～6 世纪今天中国境外的出土资料则有未提及。本文增加了中国境外出土的资料，相关情况可总结如下。

北魏平城时期的遗址出土的头部结束具都属宋馨划分的 I 型，由头箍与颚托金具构成。这一时期的颚托金具多具备如下特征：颊部金带的圆形装饰分散为两股呈 Y 形。此外，从伊和淖尔遗址的出土资料还可以明确，同时期还存在周身饰有纹样等装饰的资料。北朝以降头部结束具在中国继续使用，值得关注的是北朝到初唐时期宁夏固原周边出土的资料群。固原周边出土的资料群是由冠饰和颚托金具构成的头部结束具，它们从粟特人的墓中出土，结合头带上的装饰纹样，推测其与该地居住的粟特人有关。而中国境外出土的资料中，阿库齐·卡拉斯墓地中有一件。鼻、眉上盖的面具虽很独特，但颚托金具的形状方面则与固原周边的资料群相似。

再来看项饰，北魏平城时期的项饰可依据外形分为三型。根据近年来伊和淖尔遗址的调查可知，同时期的项饰也有 II 型和 III 型。而与此 II 型和 III 型项饰类似的资料，在蒙古国南部、外贝加尔东部地区、吉尔吉斯斯坦也有出土。

作为补充，这里还想提一下民族迁移时期的遗址中出土的金属制面具，其目的在于保持死者容貌（图 7）。而其分布仅限于今天山周边。部分头部结束具会伴有金片做的面部部件，将来有必要对两者之间的关系进行比较研究。

1　　　　　　　　　2　　　　　　　　3

图 7　金属面具

1. 波马古墓出土　2. Shamsi　3. Dzhalpak-Dyube

从上文对头部结束具和项饰的资料集成结果来看，在考察北魏～北朝时期的金属制装饰具时，必须注意欧亚大陆东部草原地带的出土资料，将之纳入考察范围之内。伴随北魏平城时期的考古发现可以明确，带有非中国式纹样的金银器等各种源自西方的文物不断传入。这个"西方"根据不同资料可以代指各种地区，但草原地带并不在"西方"的范畴内，因此欧亚东部草原地带上遗址的相似性尚未引起注意。草原地带不仅仅是西来文物的路过之地。

对于 4~6 世纪欧亚草原地带的东西交流，我在后文的附论中将其设定为民族迁移时期的考古学。在贵金属制品方面，从伊和淖尔墓地出土的镶嵌有红色玻璃（宝石）的资料来看，金属加工资料——这类民族迁移时期的典型器物——的东部边界并非天山地区，而是直达内蒙古中南部草原地带。不过，本文整理的头部结束具和项饰绝大多数出土于北魏平城时期的遗址中，其在装饰纹样方面，与显示民族迁移时期典型特征的金属加工资料在特征上尚有差异。将来要像本文讨论的资料那样，对民族迁移时期金属加工资料的每个资料分布进行仔细整理，然后据此考察欧亚东部草原地带上的交错情况及其背景。

（附论）如何看待伊和淖尔墓地出土的金属加工资料？
——浅谈其作为欧亚东部民族迁移时期金属加工资料的重要性

4~6 世纪（约与北魏~北朝同期）的七河地区和天山周边地区考古资料的公布，单从遗址单位来看，几无进展。该地区遗址与遗物的概述可见于《苏联考古学》丛书中的 M. G. 莫什科娃[41]和 A. K. 阿布罗兹[42]。前者研究斯基泰·萨尔马提亚时期，后者关注中世，都曾提及 4~6 世纪的情况。按前者的时代划分，1~5 世纪为乌孙期（中后期阶段），后者则强调应从民族迁移时期的视角来看待 4~5 世纪。七河地区和天山周边地区的考古学文化与民族及其编年等特定地域的问题，我将另撰他文（如肯科尔文化与匈奴的问题等），这里我想着眼于广阔的欧亚草原地带上，具有同一时代特征的民族移动时期，指出其典型器物。那就是鞍构造及饰鱼鳞纹的金制鞍饰品、镶嵌红色宝石或玻璃的贵金属制品、鍑等，其中镶嵌红色宝石、玻璃的贵金属制品，前面提到的 A. K. 阿布罗兹和 I. P. 扎塞茨卡亚[43]已经整理了东西方的出土资料。从其分布来看，大约以吉尔吉斯斯坦的天山地区为东限，韩国庆州鸡林路 14 号坟虽然也曾出土与哈萨克斯坦的沃洛沃埃湖（оз.Боровое）附近出土短剑相似的资料，但中国北部边疆地区并无出土之例，宛如飞地。此后，新疆波马古墓[44]、吉林台遗址[45]中虽然出土镶嵌红色宝石、玻璃的贵金属资料，但遗址均位于伊犁哈萨克自治州，中国北部边疆地区依然是空白[46]。

不过新近伊和淖尔墓地的发现，因 3 号墓和 6 号墓出土的镶嵌红色玻璃或宝石的全套带金具，使得这一认识有了重新修正的必要。也就是说，资料最东的到达点虽然是鸡林路 14 号坟的短剑，但伊和淖尔墓地是草原地带上的遗址，它是民族迁移时期同时代扩展到中国北部边疆地区的例子。伊和淖尔墓地从墓葬结构和出土遗物来看，均明确属于北魏平城时期的考古学文化，但将其置于欧亚草原地带间，从民族迁移时期考古学的方向进行认识也同样必要。既有对伊和淖尔墓地文化因素的考察指出，其混杂了多种文化因素[47]，但并未触及前苏联考古学者关注的民族迁移时期。期待今后伊和淖尔墓地发掘资料的进一步公布，以推进草原地带上分布的遗址之间的比较研究。

引用、参考文献

<日文>

大谷育惠《汉唐遗址出土的指环及其出现背景》,《辽西地区东晋十六国时期都城文化研究》, 辽宁人民出版社,
　　2017 年。日文版:《漢～唐代の遺跡で出土した指輪とその出現背景》, 載奈良文化財研究所編集:《東アジア
　　考古学論叢Ⅱ——遼西地域の東晋十六国期都城文化の研究》, 奈良文化財研究所学報 (第 98 册), 岡村印刷工
　　業株式会社, 2020 年。

大谷育惠《漢—北魏期における耳飾の展開とその画期——中国北辺を対象とした金属製装身具の研究 (1)》,《山
　　口大学考古学論集Ⅱ——中村友博先生退任記念論文集》, 山口大学考古学研究室, 2012 年。

大谷育惠《三燕金属製装身具の研究》,《金沢大学考古学研究室紀要》32, 金沢大学人文学類考古学研究室, 2011 年。

大谷育惠《新疆出土の貴石象嵌製品の位置づけをめぐって》,《ユーラシア文化における東西交渉》(アフロ・ユ
　　ーラシア内陸乾燥地文明叢書 14), 中部大学中部高等学術研究所, 2016 年。

福岡市博物館《遥かなる長安　金銀器と建築装飾展——唐朝文化の輝きを求めて》, 1988 年。

吉田丰《ソグド人とソグドの歴史》,《ソグド人の美術と言語》, 臨川書店, 2011 年。

九州国立博物館《契丹:草原の王朝》, 西日本出版社, 2011 年。

奈良県立橿原考古学研究所附属博物館《大唐皇帝陵》(博物館特別展図録第 73 册), 2010 年。

奈良県立美術館《シルクロード・オアシスと草原の道》(シルクロード大文明展), 1988 年。

邵清隆監修, 吉田順一協助監修《中国・内モンゴル自治区博物館所蔵チンギス・ハーンとモンゴルの至宝展》,
　　東映株式会社, 2008 年。

影山悦子《中国新出ソグド人装具に見られる鳥翼冠と三面三日月冠——エフタルの中央アジア支配の影響》,《オ
　　リエント》50-2, 日本オリエント学会, 2007 年。

<中文>

安英新《新疆伊犁昭苏县古墓葬出土金银器等珍贵文物》,《文物》1999 年第 9 期。

包桂红《内蒙古锡林郭勒伊和淖尔 M1 文化因素试析》,《文物》2018 年第 8 期。

陈永志、宋国栋、李春雷、曾鹏《内蒙古正镶白旗伊和淖尔墓群》,《2015 中国重要考古发现》, 文物出版社, 2016 年。

重庆市文物局、重庆市移民局《奉节宝塔坪》, 科学出版社, 2010 年。

重庆市文物考古研究所《奉节上关遗址发掘简报》,《重庆库区考古报告集・1998 卷》, 科学出版社, 2003 年。

崔剑锋、刘爽、魏东、吴小红《中国乌银工艺的首次发现和初步研究》,《边疆考古研究》(第 7 辑), 科学出版社,
　　2007 年。

大同市考古研究所《山西大同七里村北魏墓群发掘简报》,《文物》2006 年第 10 期。

大同市考古研究所《山西大同沙岭北魏壁画墓发掘简报》,《文物》2006 年第 10 期。

大同市考古研究所《山西大同阳高北魏尉迟定州墓发掘简报》,《文物》2011 年第 12 期。

大同市考古研究所《山西大同迎宾大道北魏墓群》,《文物》2006 年第 10 期。

冯恩学《下颌托——一个被忽视的祆教文化遗物》,《考古》2011 年第 2 期。

广州市文物管理委员会《广州皇帝岗唐木椁墓清理简报》,《考古》1959 年第 12 期。

国家文物局《中国文物地图集・新疆维吾尔自治区分册》, 文物出版社, 2012 年。

湖北省博物馆、郧县博物馆《湖北郧县唐李徽、阎婉墓发掘简报》,《文物》1987 年第 8 期。

湖北省荆州博物馆《巴东县雷家坪遗址 2003 年发掘报告》,《湖北库区考古报告集・第 4 卷》, 科学出版社, 2007 年。

湖北省文物事业管理局、湖北省三峡工程移民局《秭归庙坪》, 科学出版社, 2003 年。

吉林大学边疆考古研究中心、重庆市文物局、奉节县文物管理所《奉节宝塔坪墓群唐宋墓葬的发掘》,《重庆库区考
　　古报告集・2000 卷》, 科学出版社, 2007 年。

洛阳市文物工作队《洛阳市东明小区 C5M1542 唐墓》,《文物》2004 年第 7 期。

马丽亚・艾海提、金诚实、静永杰《内蒙古北魏墓出土萨珊玻璃器及其相关问题》,《文博》2017 年第 4 期。

马强《白乌二年金方奇及相关问题》，《文物》2015 年第 4 期。

南京大学历史系、重庆市文物局、巫山县文物管理所《巫山江东嘴遗址发掘报告》，《重庆库区考古报告集·2001 卷》，科学出版社，2007 年。

内蒙古文物工作队、内蒙古博物馆《呼和浩特市附近出土的外国金银币》，《考古》1975 年第 3 期。

内蒙古自治区文物考古研究所、乌兰察布市博物馆、化德县文物管理所《化德县陈武沟鲜卑墓地发掘简报》，《草原文物》2014 年第 1 期。

宁夏文物考古研究所《固原九龙山汉唐墓葬》，科学出版社，2012 年。

宁夏文物考古研究所《宁夏固原九龙山隋墓发掘简报》，《文物》2012 年第 10 期。

山西大学历史文化学院、山西省考古研究所、大同市博物馆《大同南郊北魏墓群》，科学出版社，2006 年。

陕西省文物管理委员会《西安任家口 M229 号北魏墓清理简报》，《文物参考资料》1955 年第 12 期。

孙危、魏坚《内蒙古地区鲜卑墓葬的发现与研究》，《内蒙古地区鲜卑墓葬的初步研究》，科学出版社，2004 年。

田立坤《三燕文化墓葬的类型与分期》，《汉唐之间文化艺术的互动与交融》，文物出版社，2001 年。

仝涛、李林辉《欧亚视野内的喜马拉雅黄金面具》，《考古》2015 年第 2 期。

王春燕《关于吐尔基山辽墓金下颌托的一点思考》，《北方文物》2014 年第 2 期。

王飞峰《关于下颌托的几个问题》，《中国北方及蒙古、贝加尔、西伯利亚地区古代文化》，科学出版社，2015 年。

王银田、韩生存《大同市齐家坡北魏墓发掘简报》，《文物季刊》1995 年第 1 期。

王长启《西安市出土唐代金银器及装饰艺术特点》，《文博》1992 年第 3 期。

吴小平《论我国境内出土的下颌托》，《考古》2013 年第 8 期。

吴小平、崔本信《三峡地区唐宋墓出土的下颌托考》，《考古》2010 年第 8 期。

西安市文物保护考古所《西安文物精华·金银器》，世界图书出版社西安有限公司，2012 年。

西安市文物保护考古研究院《西安马家沟唐太州司马阎识微夫妇墓发掘简报》，《文物》2014 年第 10 期。

西安市文物保护研究所《唐金乡县主墓》，文物出版社，2002 年。

西安市文物管理委员会《西安唐金乡县主墓清理简报》，《文物》1997 年第 1 期。

肖婷《文化交融　丝路遗珍——宁夏固原博物馆藏金银器》，《文物天地》2017 年第 9 期。

贠安志《陕西长安县南里王村与咸阳飞机场出土大量隋唐珍贵文物》，《考古与文物》1993 年第 6 期。

张正岭《西安韩森寨唐墓清理记》，《考古通讯》1957 年第 5 期。

张志忠《大同七里村北魏杨众庆墓砖铭析》，《文物》2006 年第 10 期。

赵瑞民、刘俊喜《大同沙岭北魏壁画墓出土漆皮文字考》，《文物》2006 年第 10 期。

中国历史博物馆、新疆维吾尔自治区文物局《天山古道·东西风——新疆丝绸之路文物特辑》，中国社会科学出版社，2002 年。

中国人民大学历史学院考古文博系、锡林郭勒盟文物保护管理站、正镶白旗文物管理站《内蒙古正镶白旗伊和淖尔 M1 发掘简报》，《文物》2017 年第 1 期。

周铮《功德山居长墓志考释》，《考古与文物》1991 年第 5 期。

<西文>[48]

Ambroz A. K.，Амброз А. К.，"Кочевнические Древности Восточной Европы и Средней Азии V-VIII вв."，*Степи Евразии в эпоху средневековья*，*Археология СССР*，М：Наука，1981.（《5～8 世纪东欧大陆与中亚的游牧文物》，载《中世的脚步欧亚》）

Aseev I. V.，Kirillov I. I.，Kovychev E. V.，Асеев И. В.，Кириллов И. И.，Ковычев Е. В.，*Кочевники Забайкалья в эпоху средневековья*（*По материалам погребений*），Ноб：Наука сибирское отд，1984.（《中世贝加尔地区的游牧民（基于墓葬资料的研究）》）

Chen Yongzhi，Song Guodong，Ma Yan，"The results of the excavation of the Yihe-nur cemetery in Zhengxiangbai banner（2012-2014）"，*The Silk Road*，vol.14，Saratoga：The Silkroad foundation，2016，pp. 42-54.

Geniatulin P. F.，Гениатулин Р. Ф.，（гл. ред.），*Малая энциклопедия Забайкалья：Археология*，Ноб：Наука，2011.

（《贝加尔小百科事典：考古学》）

Greiff Susanne, et al., "Das grab der Li Chui：Interdisziplinäre detailstudien zu einem Tang-zeitlichen fundkomplex", Verlag des Römisch-Germanischen Zentralmuseums, 2013.（哥雷夫·苏珊等《李倕墓：唐代发现的跨学科研究》）

Isiralieva A. F., Исиралиева А. Ф., *Кыргызстандын байыркы көркөм өнөрүнүн кереметтери*（*КР МТМнин коллекцияларынан*）, 2014.（国立吉尔吉斯斯坦历史博物馆搜集《吉尔吉斯斯坦古代美术精华》）

Khdyakov Yu. S., Tabaldiev K. Sh., Borisenko A. Yu., Худяков Ю. С., Табалдиев К. Ш., Борисенко А. Ю., "Оружие, украшения и принадлежности костюма с памятника «красный сторитель» в Чуйской долине Кыргызстана", *Археология, этнография и антропология Евразии* 2015-1, Ноб：Инс-т ИАиЭ СО РАН, 2015, cc. 61-72.（《吉尔吉斯斯坦丘里盆地 "库拉斯尼·斯特洛依凯里" 遗址出土的武器、装饰与衣服》，载《考古学·民族学·人类学》2015-1）

Leus P. M., "New finds from the Xiongnu period in Central Tuva. Preliminary communication, Xiongnu archaeology, multidisciplinary prepectives of the first steppe empire in Inner Asia", Vor-und Frühgeschichtlicha archäologie Rheinische Friedrich-Wilhelms-Universität Bonn, 2011.

Moshkova M. G., Мошкова М. Г., （ред）, "Степная полоса Азиатской части СССР в Скифо-Сарматское время", *Археология СССР*, M：Наука, 1992.（《斯基泰·萨尔马提亚时代的苏联亚洲地区的草原地带》，载《苏联考古学》）

Müller Shing, "Chin-straps of the early Northern Wei：New perspectives of the Trans-Asiatic diffusion of funerary practices", *Journal of East Asian Archaeology*, vol.5, Society for East Asian Studies, 2006.

Museum Rietberg Zürich, *Chinesisches Gold und Silber：die Sammlung Pierre Uldry*, Zürich：Museum Rietberg, 1994.（苏黎世瑞特保格博物馆《中国的黄金和白银：皮埃尔·乌德里的收藏》）

Navaan D., Наваан Д., *Алт эрдэнэсийн дурсгал*, УБ, 2004.（《黄金财宝》）

Otani Ikue, "Inlaid rings and East-West interaction in the Han-Tang era",《中国北方及蒙古、贝加尔、西伯利亚地区古代文化》，科学出版社，2015 年。

Ploskikh V. M., Vinnika A. F., Плоских В. М., Винника А. Ф., （ред）, *Кетмень-Тюбе, археология и история*, Фрунзе：Илим, 1977.（《克特曼·土波（考古学与历史）》）

Réunion des musées nationaux, *L'Asie des steppes：d'Alexandre le Grand à Gengis Khân*, 2000.（法国国家博物馆联合会《草原亚洲：从亚历山大大帝到成吉思汗》）

Sarianidi V. I., *The golden hoard of Bactria：from the Tillya-Tepe excavation in northern Afghanistan*, Aurora Art Publishers, 1985.

注　释

[1]　译者按：原文为 "北魏·北朝并行期"，一般北朝是从公元 439 年北魏统一北方算起，此前的北魏通常不被算作 "北朝时代"。本文讨论是实际上是包括整个北魏时代在内的北朝（有时甚至包括隋代），标题中若用 "北魏、北朝并行时期"，容易产生歧义，故此处直接译成 "北朝"，正文中出现相关概念时，再随文灵活处理。

[2]　大谷育惠《三燕金属製装身具の研究》，《金沢大学考古学研究室紀要》32，金泽大学人文学类考古学研究室，2011 年；《汉唐遗址出土的指环及其出现背景》，《辽西地区东晋十六国时期都城文化研究》，辽宁人民出版社，2017 年。日文版：《漢～唐代の遺跡で出土した指輪とその出現背景》，载奈良文化財研究所編集：《東アジア考古学論叢Ⅱ──遼西地域の東晋十六国期都城文化の研究》，奈良文化財研究所学報（第 98 冊），岡村印刷工業株式会社，2020 年，第 313～326 頁。

[3]　大谷育惠《漢─北魏期における耳飾の展開とその画期──中国北辺を対象とした金属製装身具の研究（1）》，《山口大学考古学論集Ⅱ──中村友博先生退任記念論文集》，山口大学考古学研究室，2012 年。

[4]　中国对其也有 "饰" "饰具" "下颚托" "护嘴饰" "下颌托" 等各种各样的名称，但《大同南郊北魏墓群》（山

西大学历史文化学院、山西省考古研究所、大同市博物馆《大同南郊北魏墓群》，科学出版社，2006 年，第 491 页）中指出，"下颌托"的称呼是最为贴切的。报告指出，"饰具"或"饰"的对象范围过于广泛，用途与名称并不一致，而"下颚托"中的颚指的是现在的腭（口腔上壁），因此不太准确。不过作为日语表达的意思比较难懂，因此据其用途称作"头部结束具"。英语则用 chin-strap 一词，见 Müller Shing，"Chin-straps of the early Northern Wei：New perspectives of the Trans-Asiatic diffusion of funerary practices"，*Journal of East Asian Archaeology*，vol.5，Society for East Asian Studies，2006.

[5] 据《大同南郊北魏墓群》报告，167 座北魏墓中有 12 座墓出土了共计 12 件（其中 1 件腐蚀严重，无法提取）。报告中表 1 只能确认 11 件，无法提取的那件的资料应该没有记载。

[6] 山西大学历史文化学院、山西省考古研究所、大同市博物馆《大同南郊北魏墓群》，第 490、491 页。

[7] Müller Shing，"Chin-straps of the early Northern Wei：New perspectives of the Trans-Asiatic diffusion of funerary practices"，*Journal of East Asian Archaeology*，vol.5，Society for East Asian Studies，2006；冯恩学：《下颌托——一个被忽视的祆教文化遗物》，《考古》2011 年第 2 期；吴小平《论我国境内出土的下颌托》，《考古》2013 年第 8 期；王春燕《关于吐尔基山辽墓金下颌托的一点思考》，《北方文物》2014 年第 2 期；王飞峰《关于下颌托的几个问题》，《中国北方及蒙古、贝加尔、西伯利亚地区古代文化》，科学出版社，2015 年。又，以下所引诸人的观点均出自本注中的各自论文中，除必要情况外，不再逐一出注。

[8] 译者按：器物编号有误，当为 M109：8。下文如出现类似校对错误，径改，不再逐一出注。

[9] 关于金铛，可参见大谷育惠《三燕金属製装身具の研究》。

[10] 王银田、韩生存《大同市齐家坡北魏墓发掘简报》，《文物季刊》1995 年第 1 期。

[11] 大同市考古研究所《山西大同迎宾大道北魏墓群》，《文物》2006 年第 10 期。

[12] 大同市考古研究所《山西大同阳高北魏尉迟定州墓发掘简报》，《文物》2011 年第 12 期。

[13] 4 号墓为辽墓。目前 2010 年遭盗掘的 1 号墓和 2012 年遭盗掘的 2 号墓的简报已经发表，分别见中国人民大学历史学院考古文博系、锡林郭勒盟文物保护管理站、正镶白旗文物管理站《内蒙古正镶白旗伊和淖尔 M1 发掘简报》，《文物》2017 年第 1 期；内蒙古自治区文物考古研究所、锡林郭勒盟文物保护管理站、正镶白旗文物管理所《正镶白旗伊和淖尔墓群 M2 发掘简报》，《草原文物》2016 年第 1 期。其他墓只有速报。

[14] 陈永志、宋国栋、李春雷、曾鹏《内蒙古正镶白旗伊和淖尔墓群》，《2015 中国重要考古发现》，文物出版社，2016 年。

[15] 陕西省文物管理委员会《西安任家口 M229 号北魏墓清理简报》，《文物参考资料》1955 年第 12 期。

[16] 头部结束具正文中归入银器类中，报告中也写作"银片"，但第 61 页的墓葬平面图的说明文字却写作"锡口带"。

[17] Museum Rietberg Zürich，*Chinesisches Gold und Silber：die Sammlung Pierre Uldry*，Zürich：Museum Rietberg，1994.

[18] 头盔具体指代何处，不得而知（Ⅰ型的头箍则用了 headband 一词）。另外，宋馨分类之后，冯恩学和吴小平也提到了分类。关于本文涉及的北魏时期资料的分类，两人均与宋馨意见一致，因此只在注释中略加一提。冯恩学综合唐墓出土的资料，用了环形和 U 形等词，而"环形"为Ⅱ型，"U 形"为Ⅰ型或Ⅲ型。吴小平着眼于结束时的条进行了修正，A 型：冠或头箍是必要的；B 型：带的顶端无环，相互缠绕；C 型：带的一端有环，另一端插入环中；D 型：带的两端有环（两端的环通过纽等打结）。把吴小平的分类与宋馨的分类对应的话，Ⅰ型 =A 型，Ⅱ型 =B、C 型，Ⅲ型 =D 型，需要注意的是，二人对阎婉墓资料的定位不同（宋馨归为Ⅲ型，吴归为 A 型）。

[19] 译者按：关于祆教，现在学者多认为它与琐罗亚斯德教不是一种宗教（参见沈睿文《中古中国祆教信仰与丧葬》，上海古籍出版社，2020 年，第 1～16 页），本文日语原文仍为"ゾロアスター教"，即琐罗亚斯德教的音译，作者似乎并未区分二教，在谈到西亚、中亚、中国时，均用此词，故译文亦径作"祆教"，不作区分。

[20] 译者按：冯恩学原文并非此意，他认为从祭司戴的口罩并不遮鼻，只遮挡口部以下推测祭司戴口罩是为了防止圣火烧到胡子，作者可能误读了冯文。见冯恩学《下颌托——一个被忽视的祆教文化遗物》。

[21] 典出《中庸》，意思是死后也要保持生前一样。

［22］ 在考察宝石镶嵌戒指时也可以看到，提利亚的宝石镶嵌戒指与北朝的在年代、文化背景上均呈现出不同的谱系。参见 Otani Ikue（大谷育惠），"Inlaid rings and East-West interaction in the Han-Tang era"，载内蒙古博物院等《中国北方及蒙古、贝加尔、西伯利亚地区古代文化》，科学出版社，2015 年，第 644~648 页。

［23］ 周铮《功德山居长墓志考释》，《考古与文物》1991 年第 5 期。

［24］ 宁夏文物考古研究所《固原九龙山汉唐墓葬》，科学出版社，2012 年，第 61 页。

［25］ 影山的论文表 2 将九龙山 33 号墓的资料分在鸟翼冠类中，不过其上亦有三面日月，因此本文姑且称为"三面日月鸟翼冠"。见影山悦子《中国新出ソグド人装具に见られる鸟翼冠と三面三日月冠——エフタルの中央アジア支配の影响》，《オリエント》50-2，日本オリエント学会，2007 年。

［26］ 宁夏固原博物馆《宁夏固原唐史道德墓清理简报》，《文物》1985 年第 11 期。

［27］ 译者按：中文一般称作月牙冠，三日月形即月牙形。

［28］ 译者按：金吉剌王，约 430~490 年，为嚈哒特勤，统一嚈哒各部落并创建嚈哒帝国，因而被立为王。

［29］ 关于冯恩学的祆教影响说，这里再多说几句。萨珊朝的国教为祆教，其与粟特未必相同。祆教的下葬是只把遗体的骨头放入素烧的容器（纳骨瓮）内，再葬入墓地设置的收纳库中，而中国境内居住的粟特人并未使用这种葬俗（新疆以东确认没有这种葬俗）。如果用纳骨瓮收骨的葬法，就不必使用头部结束具，虽说固原的头部结束具与粟特人有关，但这里指的是中国境内居住的粟特人。另外，祆教在中国是怎样传播的也是一个很有意思的问题，有必要先搞清楚。唐代的三夷教是景教、摩尼教和祆教（琐罗亚斯德教），但只有祆教没有留下汉译经典，这可能是因为伊朗民族固有的宗教而没有传教的缘故，而另一方面，邪教式的宗教礼仪似乎吸引中国人。参见吉田丰《ソグド人とソグドの历史》，《ソグド人の美术と言语》，临川书店，2011 年，第 40~42 页。

［30］ Moshkova M. G.，Мошкова М. Г.，（ред），"Степная полоса Азиатской части СССР в Скифо-Сарматское время"，Археология СССР，М：Наука，1992，p. 90.

［31］ 墓地相关资料参见 Isiralieva A. F.，Исиралиева А. Ф.，Кыргызстандын байыркы көркөм өнөрүнүн кереметтери（КР МТМнин коллекцияларынан），2014. 克特曼·土波除土坑墓和竖穴墓道洞室墓之外，还有公元 1 世纪的地下墓穴，这些作为图尔坎群体以区别于其他墓葬（Moshkova，1992，p. 89），后者参考文献的墓地名应当就是出土遗址名。阿库齐·卡拉斯墓虽无报告，但 T. P. 恰托齐娜详细报告了该墓地 12 座墓出土的人骨。见 Ploskikh V. M.，Vinnika A. F.，Плоских В. М.，Винника А. Ф.（ред），Кетмень-Тюбе，археология и история，Фрунзе：Илим，1977，p. 207-209.

［32］ 同样形状的板状项饰在春秋战国时期北方草原地带的墓葬中也有出土，但无法判定它们有直接的谱系。辽宁省的三燕墓葬也有板状项饰出土，但与它们形状不同，属于别的型式，参见大谷育惠《三燕金属製装身具の研究》。

［33］ 内蒙古自治区文物考古研究所、乌兰察布市博物馆、化德县文物管理所《化德县陈武沟鲜卑墓地发掘简报》，《草原文物》2014 年第 1 期。

［34］ 马丽亚·艾海提、金诚实、静永杰《内蒙古北魏墓出土萨珊玻璃器及其相关问题》，《文博》2017 年第 4 期。根据检测报告的分析，无法判定被检测的玻璃与项饰的组合关系。大小不明因此只能推测，垂饰透明玻璃没有破损，从形状来看，它可能是嵌入月形垂饰内的（原本镶嵌六件圆形玻璃，四件基本完整，两件严重破损）。

［35］ Navaan D.，Наваан Д.，Алт эрдэнэсийн дурсгал，УБ.，2004. 另有青铜器时代的带有羊头装饰的耳饰照片，但据纳瓦安说，只是因为相去不远的地方发现两件遗物，他单纯放一起拍照了而已。

［36］ Khdyakov Yu. S.，Tabaldiev K. Sh.，Borisenko A. Yu.，Худяков Ю. С.，Табалдиев К. Ш.，Борисенко А. Ю.，"Оружие，украшения и принадлежности костюма с памятника «красный сторитель» в Чуйской долине Кыргызстана"，Археология，этнография и антропология Евразии 2015-1，Ноб：Инс-т ИАиЭ СО РАН，2015，cc. 61-72.

［37］ 内蒙古文物工作队、内蒙古博物馆《呼和浩特市附近出土的外国金银币》，《考古》1975 年第 3 期。

［38］ 如伊和淖尔 3 号墓（图 1-5），也有是头饰的可能，目前还无法确定。

［39］ 马强《白乌二年金方奇及相关问题》,《文物》2015 年第 4 期。

［40］ 据报告记载,特雷津采集的山形金片系蒙古时代（13～14 世纪）。报告还说,一同收回的遗物中有汉代以后的五铢钱（6 世纪中叶铸造）,即常平五铢钱,除山形金片以外还有北朝时期的文物,因此该地资料有可能是北朝时期的。Leus P. M.,"New finds from the Xiongnu period in Central Tuva. Preliminary communication, Xiongnu archaeology, multidisciplinary prepectives of the first steppe empire in Inner Asia", Vor-und Frühgeschichtlicha archäologie Rheinische Friedrich-Wilhelms-Universität Bonn, 2011, p. 524.

［41］ Moshkova M. G., Мошкова М. Г., （ред）, "Степная полоса Азиатской части СССР в Скифо-Сарматское время", *Археология СССР*, M：Наука, 1992.

［42］ Ambroz A. K., Амброз A. K., "Кочевнические Древности Восточной Европы и Средней Азии V-VIII вв.", *Степи Евразии в эпоху средневековья*, *Археология СССР*, M：Наука, 1981.

［43］ 译者按：A. K. 阿布罗兹上文确已提到,其著作见上一条注。但 I. P. 扎塞茨卡亚并未见过,参考文献中亦无,不知是否为阿布罗兹著作的合著者。

［44］ 安英新《新疆伊犁昭苏县古墓葬出土金银器等珍贵文物》,《文物》1999 年第 9 期。

［45］ 国家文物局《中国文物地图集·新疆维吾尔自治区分册》,文物出版社,2012 年。

［46］ 大谷育惠《汉唐遗址出土的指环及其出现背景》。

［47］ 包桂红《内蒙古锡林郭勒伊和淖尔 M1 文化因素试析》,《文物》2018 年第 8 期。

［48］ 译者按：原文作"英文·俄文·蒙文",但实际内中还有德文和法文文献,故改为"西文"。又,为方便读者阅读,对所有非英文的论著,均括注出中文翻译,英文论著不再翻译。

附表 1　鲜卑相关遗迹年代划分表

孙危（2004 年）	大同南郊北魏墓群编年（2006 年）	纪年墓（大同）	纪年墓（三燕）		三燕	田立坤（2001 年）
第 1 期：大兴安岭北部→"大泽"移动、居住期（前 1 世纪末～1 世纪末 / 西汉末～东汉前期）						
第 2 期：第二次南迁至"匈奴故地"之前（2 世纪初～2 世纪后期 / 东汉中后期）						
第 3 期："匈奴故地"期（2 世纪末～3 世纪中叶 / 东汉末～西晋）						
第 4 期：盛乐期（258～398 年）					徒河青山（289 年～）棘城（294 年～）	前期
			324 年	李庑墓		中期
			354 年	袁台子壁画墓	前燕（337～370 年）龙城（342 年～）邺（357 年～）	
	迁都平城以前（～398 年）		355 年	大丰屯村古墓		
			395 年	崔遹墓	后燕（384～409 年）	后期

续表

孙危（2004年）	大同南郊北魏墓群编年（2006年）	纪年墓（大同）	纪年墓（三燕）		三燕	田立坤（2001年）
第5期：平城期（398～496年）	平城初期（迁都平城～统一黄河流域，（398～439年）		415年	冯素弗墓	北燕（409～436年）	后期
		435年	纪年墓（北魏/疆外、辽宁、冀）			
	统一黄河流域～太和初年（439～477年）	457年	443年	嘎仙洞祭祝文刻石		
		461年	452～465年	刘贤墓（辽宁）		
		466年	468年	张略墓（辽宁）		
		476年	469年	南正村M1（北京）		
		477年				
	迁都洛阳以前（478～496年）		481年	定县石函		
		484年				
		490年	487年	南正村M2（北京）		
	迁都洛阳以后（497年～）		499年	姚齐姬墓（内蒙古）		
		504年	507年	小营村北魏墓（北京）		

附表2　平城纪年墓

年代	参考：大同出土墓志	卒/葬	墓葬	所在地	备考	文献
太延三年（437年）	万纵□·樊合会家墓记	太延元年（435年）	沙岭M7（破多罗太夫人）	大同市水泊寺乡	漆器铭文"……元年岁次豕韦月建中吕廿一日丁未，侍中主客尚书领太子少保平西大将军……破多罗太夫人"/（破多罗氏后改为潘氏）	《文物》2006（10）
正平（451～452年）	孙恪墓铭					
兴安三年（454年）	韩弩真妻王亿变墓碑	太安三年（457年）	尉迟定州墓	大同市阳高县王官屯镇	"太岁在丁酉二月辛巳朔十六日丙申，步胡豆和民，莫堤，尉迟定州"/（尉迟氏后为尉氏）	《文物》2011（12），《文物》2014（2）
		和平二年（461年）	梁拔胡墓（仝家湾M9）	大同市西韩岭乡	题记"大代和平二年岁在辛□三月丁巳朔十五日辛未，□□（散）骑常侍选部□□安乐子，梁拔胡之墓"	《2009中国重要考古发现》p.106
皇兴二年（468年）	鱼玄明墓志	天安元年（466年）	叱干渴侯墓（迎宾大道M70）	大同市水泊寺乡	"天安元年岁在丙午十一月甲申朔廿六日己，长安人京兆郡长安县民叱干渴侯冢铭""长安人□一□"/（叱干氏后为侯氏）	《文物》2006（10）
延兴二年（472年）	申洪之墓铭	元徽四年（476年）	强家营北魏墓（陈永夫妇）	大同市阳高县马家皂乡	"维大代延兴六年岁次丙辰六月己未朔七日乙丑，元雍州河北郡安戎县民，尚书令史，陈永并命妇刘夫人之铭记"	《北朝研究》（2000），《山西省文物地图》p.97
		太和元年（477年）	宋绍祖墓（曹夫楼M5）	大同市水泊寺乡	"大代太和元年岁次丁巳，幽州刺史敦煌公敦煌郡宋绍祖之柩"/（敦煌宋氏？）	《文物》2001（7）

续表

年代	参考：大同出土墓志	卒/葬	墓葬	所在地	备考	文献
延兴二年（472年）	申洪之墓铭	太和八年（484年）	司马金龙·钦文姬辰合葬墓	大同市水泊寺乡	"维大代太和八年岁在甲子十一月庚午朔十六日乙酉，代故河内郡温县肥乡孝敬里，使持节侍中镇西大将军吏部尚书羽真司空冀州刺史琅琊康王司马金龙之铭""唯大代延兴四年岁在甲寅十一月戊辰朔二十七日甲午……金龙妻，侍中太尉陇西王直懃贺豆跋女，乞伏文照王外孙女，钦文姬辰之铭"	《文物》1972（3）
		太和八年（484年）	杨众度墓（七里村M35）	大同市马军营乡	"大代太和八年岁在甲子十一月庚午朔，仇池投化客杨众度，代建威将军灵关子建兴太守，春秋六十七卒，追赠冠军将军秦州刺史清水靖侯，葬于平城南十里，略阳清水杨君之铭"	《文物》2006（10），《中国书法》2007（6）
太和十四年（490年）	阳成惠也拔墓砖	太和十四年（490年）	永固陵（冯太后墓）	大同市新荣区花园屯乡	481年营建，484年告成	《文物》1978（7）
		太和十四年（490年）	屈突隆业墓	大同市大同二电厂厂区	"太和十四年十一月三日，屈突隆业冢之故记"/（屈突氏即库莫奚）	未报告（《大同雁北师院北魏墓群》p.166）
太和十六年（492年）	盖天保墓砖	正始元年（504年）	封和突墓	大同市马军营乡	"屯骑校尉领都牧令昌国子，公姓封，字和突，恒州代郡平城人也"	《文物》1983（8）
		永平元年（508年）	元淑·吕氏合葬墓	大同市水泊寺乡	"大魏故使持节平北将军肆朔燕三州刺史都督平城御夷怀荒三镇二道诸军事平城镇将，复赠使持节镇东将军都督相州诸军事相州刺史，嘉谥曰靖，元讳淑，字买仁，司州河南洛阳人也"/父为常山康王元泰（拓跋氏，后为元氏）/夫人乃贺浑	《文物》1989（8）

萨　宝[*]

〔法〕伯希和　著　施品曲　译

关于拜火仪式，1987 年一、二月期间，沙畹先生据钱大昕所引宋敏求《长安志》[1] 内一段记述，率先指出了一个当时仍不为人所知的官衔"萨宝"[2]。同年，西安府景教碑（*La stèle chrétienne de Si-ngan-fou*）的第二部分也出现了，其时夏鸣雷神父（P. Harvet）大量地运用重印于《经训堂丛书》中的《长安志》；他引述了这段文字（第 259 页），却未行翻译。

终于，1987 年十一、十二月间，戴孚礼（Devéria，亦译德微里亚）沿用了夏鸣雷该文[3]，还用错很地方，也作了翻译。这里，我提供一个略为不同的译文[4]：

> 胡人之祆[5] 神祠，坐落于布政坊西南隅，建于武德四年（621 年）。祆神乃西域胡人之天神。祆神祠中有一萨宝府官员[6]，主事祭祀天神的仪式[7]。一般也由胡人祝祭官（invocateurs）[8] 来履行这个工作[9]。

此即萨宝的官方情况？沙畹先生（参前引文，第 60 页）表示，不论是在《旧唐书》或《新唐书》皆未寻得该衔。较幸运的是，我则在《旧唐书》（卷 42，第 10 页）中找到了如下的一段文本[10]：

> 九品三十阶[11] 之内[12]，又有视流内起居[13]，五品至从九品。初以萨宝府、亲王国官[14] 及三师[15]、三公[16]、开府[17]、嗣郡王[18]、上柱国[19] 已下护军[20] 勋官[21] 带职事者[22] 府官等品。开元初，一切罢之。今唯有萨宝、祆正[23] 二官而已。又有流外自勋品[24] 以至九品……视流外亦自勋品至九品，开元初唯留萨宝祆祝及府史，余亦罢之。

翻译如下：

"流内"[12] 的九品三十阶[11] 之中，尚有"被视同流内者"[13]，等级由五品至从九品。诸此，原指萨宝府（的职官）、亲王（第一级之王）之"王国官吏"[14]，以及供职于三师[15]、三公（译注：法文原文为"ministres"）[16]、"（如三公）之开府"[17]、嗣王、郡王（分别为第二级中之第一与第二等王）[18]，由"上柱国"[19]（王国之最高级勋官）至"护军"[20] 中实际职事[22] 的"勋官"[21] 等"府中之官吏"。开元初年，悉数废除。至今仅余萨宝及"祆正"[23] 二职。尚有"流外者"，等级由"勋品"[24] 至九品……；及"视同流外者"，等级也是由"勋品"至九品。开元初年，仅剩

* Paul Pelliot："Le Sa-Pao"，*Bulletin de L'Ecole française d'Extrême Orient*，Tome 3，1903，pp. 665-671.（《法国远东学院学报》第三卷，1903，第 665～671 页。

后者，即萨宝之"天神之祝祭官（invocateur）"及其府史，其余官衔则尽遭罢除。

该文本很有可能获得《唐六典》的确认。此籍乃是了解唐代官制的基础文献[25]。事实上，《康熙字典》"萨"字条曾引《类篇》[26]道："《唐六典》有萨宝府，掌胡神祠。"遗憾的是，我没能在《唐六典》中顺利找到该段文字。

咸丰九年（1859年）崇仁谢氏刊本的杜佑（735～812年）《通典》（卷19，第17页）录有以下这段文字：

> 大唐……又置"视正五品""视从七品"，以署萨宝及正袚[27]，谓之视流内。

同书（卷40，第11页）详尽的《职官典》中包括了"视流内"，此即"视正五品"与"萨宝府祆神"，以及"视从七品"之"萨宝"。

紧接于该段文字之后，即我们更早以前便已见过的杜佑篇幅可观的释文；我早前也注意到，一如"同流外"，杜佑（卷40，第14页）只引到萨宝（府）官："勋品：萨宝府袚祝[28]，四品：萨宝率府[29]，五品：萨宝府史。"

以下则是职官典"视流内"的注疏文字：

> 祆，呼朝（也即"hao"）反[30]；祆者，西域国天神，佛经所谓摩酰首罗（Maheçvara）也[31]。武德四年（621年），置祆祠及官。常有群胡奉事，取火咒诅。贞观二年[32]置波斯寺。
>
> 至天宝四年（745年）七月，敕[33]："波斯经教，出自大秦，传习而来，久行中国。爰初建寺，因以为名[34]。将欲示人，必修其本。其两京波斯寺，宜改为大秦寺。天下诸州郡有者，亦宜准此。"开元二十年（732）七月敕[35]："末末摩尼法[36]，本是邪见，妄称[37]佛教，诳惑黎元，宜严加禁断。以其西胡等既是乡法，当身自行，不须科罪者。"

翻译如下：

祆字读音为呼、朝（意思是说"好"）两字之合音[30]。"祆"这个字，即指西域诸国信仰的天神；也是佛经里被称之为摩酰首罗（Maheçvara）者[31]。祆祠及其官员设立于武德四年（621年）。来此祭祀的胡人团体不绝如缕，他们取火、唱念咒语及祷词。贞观二年（628年）波斯寺建立。天宝四年（745年）七月，朝廷颁布敕令："来自波斯圣书（经）的宗教，乃是源出于大秦。该教乃是经由宣教活动，自波斯传来，且传播到中国已有一段很长的时间。不过，当初建立（这个宗教的）祠庙时，乃是以此（意即从波斯传来的）名之[34]。为了未来能将该教示予众人，必须让人重视到（这个宗教）的来源，朝廷谕令两京之内所有的波斯寺皆改名为大秦寺。大唐帝国境内各州、各郡内有这类祠庙者，亦咸须遵循此令。开元廿年（732年）七月敕令[35]：末摩尼[36]之教理乃是一种本质上堕落而有违伦常的信仰，该信仰假托[37]佛教之名并诓骗百姓，宜严正禁止。但，既然这是西域胡人等之原乡教理，若他们是私下进行，则毋须对之横加指责。

由这些文本，可知，当时曾有一以似乎令中国人混淆了的琐罗亚斯德教（译注：法语原文mazdéisme，英文为mazdaism）及摩尼教中的某个为名，负责处理波斯祆教的官方机构。该机构官吏被比同中国常规之国家行政官员，但不必然含括于其中。这种奇特的情况，可能出于这个职位往往是由外国人来充任的缘故。萨宝府最早应能上溯至唐代首批火祆神祠建立的时代，亦即武德四年（621 年）左右，开元年间（713～741 年）间仍被提及，

　　且似乎延续到会昌三年到五年间（843～845 年）年遭罢废为止；至少我没找到这之后任何的蛛丝马迹。与"萨宝"同名者，只可能是抄录而来[38]。它所体现的形式，似乎是指某种宗教头衔；此即沈大成的解释，他将萨宝释为"教头"，祆神为"守堂"[39]。我记得很清楚，在某个很经典的故事里，事关一条由中亚流向大海的萨宝大河，但我现在却没法儿再找到这段文字。碍于任何其他同源名称阙如，我只有支持戴孚礼的推测[40]。他在萨宝一字中看出了古叙利亚语（译注：法语：syriaque；英语：syriac）的 sâbâ，"老者""年长者、前辈、资深者"之意。

注　释

[1] 赵彦若作《长安志》序被认为成于宋神宗熙宁九年（1076 年）。当前可知的分别有明初（译注：信息有误，其所指应即嘉靖十一年（1532 年）冬西安知府李经在西安主持刊刻的版本）及明成化元年（1465 年）（译注：原文信息有误，应为成化四年（1468 年），所指即鄜阳书堂刻本）两个版本，两版传世俱稀。《长安志》实际上只见于毕沅所辑之《经训堂丛书》。该书出版于十八世纪末（乾隆年间），本身亦属珍本，光绪十三年（1887 年）再版重刻（译注：指大同书局据清乾隆中毕沅刊本）。译注：伯希和本文未引《长安志》（卷十）中文原文，谨附该文如下："布政坊西南隅胡祆祠，武德四年（621 年）立。西域胡祆神也。祠内有萨宝府官，主祠拔神，亦有胡祝充其职。"

[2] 参 Edouard Chavannes（沙畹），"Le nestorianisme et l'inscription de Kara-balgassoun（景教及外蒙喀喇巴耳伽逊 / 哈拉巴勒嘎斯（回鹘之牙帐城、蒙语之黑虎城）遗址碑铭）"，*Journal Asiatique*，janv.-févr.，1897，p. 58。

[3] M. G. Devéria（戴孚礼），"Musulmans et manichiens chinois（中国的穆斯林与摩尼教徒）"，*Journal Asiatique*，nov.-déc.，1897，p. 464；H. Harvet（夏鸣雷），*La stele chrétienne de Si-ngan fou*（西安府景教碑），tome. II.，1895，p. 259。

[4] 该段中文文本确实由夏鸣雷所举出（参前引文），需要注意，该段文字在原本的中文文本中是另行以大号字体来呈现（译注：指"布政坊：西南隅胡祆祠"），其下另有两行较小文字（译注：指"武德四年（621 年）立。西域胡祆神也。祠内有萨宝府官，主祠拔神，亦有胡祝充其职"）作注。胡祆神或许正即当时为人所知之祠庙之名。

[5] 据沙畹所见，"祆"字音"xian"；戴孚礼则以"tian"为是。两种读音皆可由《康熙字典》获得支持。而戴孚礼（p. 456）也以"祆"字中的偏旁"天"，以及《魏书》中所见为"天"，而非"祆"作为论据。所以戴孚礼此论是合宜的；只是我们所能找到年代更早的传统注疏却显示，当"祆"指的是胡人天神，读音为"xian"，而这也是我坚持到底的看法。

[6] 光绪十三年（1887 年）版《经训堂丛书》中之异文"寊"字，也即为夏鸣雷（前引文）所沿用者，乃是"宝"字之讹，毕竟，其他相关的文本中所提到的该衔，咸用此一"宝"字。

[7] 《经训堂丛书》中书之为"主祠拔神"；在该段落中的这个部分，"拔"须更正为"祆"，此一"拔"字其实是钱大昕在引用同一篇文本时所给出的异文（参：前引文，第58页）。我们分别在同一书中（参夏鸣雷：前引文，第260页，注释2）以及《两经新记》（参夏鸣雷，上引文，第260页，注4）又各都发现了一个将"祆"字误植为"祆"字之例。我们甚且可在成书年代更早的《通典》中找到一样的错误。

[8] 沙畹及夏鸣雷咸将"祝"字译为"prieur（译注：名词，意即宗教组织如隐修院院长一职）"，但"prieur"一字其实与"prier（译注：动词，祈祷、做祷告之义）"一字毫无词源上的联系。译注：至于伯希和所用 invocateur 一字，则因源于动词 invoquer（祈愿），直译其意，则为祈愿者，此字通用于中文语境中巫祝之"祝"。

[9] 紧接于该文之后便是毕沅的注疏，也就是这个部分，遭到了戴孚礼的误解（第465页；参 B.E.F.E.O.（《远东

学院学报》），第 1 卷，第 263 页，注 1；译注：信息有误），不过，这个部分在我看来却显得跟宋敏求的同一文本特别不相容。毕沅其实说道，该祠有可能是建于北魏灵太后之时，即六世纪初，而宋敏求却将建庙的年代定于唐武德七年（624 年）。恐怕，我们需要了解到，在毕沅的注疏中，他所用的语境意指的是"这类（些）胡袄神祠"，而非"此一胡袄神祠"；毕沅想说的因而毋宁是，这类（胡袄神）祠最早可能是兴建于灵太后时期。

［10］《旧唐书》虽是所有的汉学同业皆可取得的材料，我相信，将原文转录于此，仍聊有其利。译注：为方便读者对照，谨将伯希和原安插于此之（繁体）中文原文移至正文。

［11］这个九品官的分别，一直持续至今，每品之内尚有正、从之别。不过，更有甚者，唐代自正四品起，各品中之正品、从品，再各自分成上、下两阶，由是共给出了三十阶（3×2+6×2×2=30）。

［12］由"流"字，我们应该理解到职官的等级制度；在这之外，也就是"流外"可见的则是等级较低的官吏。至今，未臻官制九品中任何一品的书吏及其他低级官吏仍被称作"未入流"。

［13］由整个前后文看来，此一推测性的翻译是站得住脚的。

［14］国官。我想，鉴于一品亲王极高的级别，相对于下品散官所用之胥吏，供职其府的主要官吏则具有"国官"这样的官衔，而且，他们应即府官，我译作"王府官吏（fonctionnaires palatiaux）"。

［15］三师，即太师、太傅、太保。

［16］周代时的三公即太师、太傅及太保（参 Chavanenes, *Mémoire historiques de Se-ma Ts'ien*（司马迁的《史记》），vol. I, p. 224）；但在唐代的三公则是太尉、司徒与司空。太尉在汉代及其后多次为大司马所取代，但二职亦往往并存。司徒则自周代便已存在，且实权远远超出该衔被假定的权限，其掌理的机构实际上可对应于当今（译注：指清代）之吏部或内务府，教育及公职在中国是紧密相连的，吏部在天宝十一至十五（752～756 年）年间改称文部，后者意即"文史部""全国文官人事部"。若我以"总监（surintendant）"，而非"部（minister）"一词翻译司徒与司空二衔，这是因为在唐代二职与尚书并存，乃是各部门的实际统领，而译以"部（minister）"则是合于惯例。三公所掌，在我看来似乎很类似于某部事务的管理（surintendance），一如当今职权超乎部长之上的某些内阁实际运作的层面。参《唐六典》卷一；清咸丰九年（1859 年）崇仁谢氏刊本《文献通考》卷 52，第 12 页。

［17］"开府"（开设府第）乃是"开府仪同三司"（开设府第且仪仗同于三司）的简称，一个严格说来并非以职务内涵来命名的职衔，而是来自"文散官"，膺享该衔者被归于从一品并与同级的职事官同等奉禄。"开府"一称来自这些散官所职掌的一种府署，他们在此任命僚属（开府辟召，见《佩文韵府》"三司"条）。至于三司，即太尉、司空、司禄（参《佩文韵府》上引文）。该职衔可溯至汉代，唐代则有三个层级（参《佩文韵府》"开府"条；《旧唐书》卷 42，第 4 页；清咸丰九年（1859 年）崇仁谢氏刊本《通典》卷 19，第 20 页；《文献通考》卷 64，第 1～4 页）。

［18］我对嗣郡王是这么理解，即嗣王、郡王。嗣王，一如郡王，被归于从一品，参《旧唐书》卷 42，第 4 页。为了保留"郡王"一衔惯用的翻译，我再以"第二等王（prince du deuxième rang）"来细分诸王等级中的第二级（le second rang princier）。

［19］上柱国，比正二品。

［20］护军，比从三品。此衔之义应即"诸军将之监督官"，可溯至汉代，发明中国木偶的陈平即首位膺有此衔的名士。参《文献通考》卷 64，第 25 页。

［21］勋官。此类官吏之职衔并不意指任何实际的职，仅仅是为酬军功，才特别授予。

［22］以下可见我是如何理解这个限制的。在职事官及朝廷散官之中，仅品级至高者享有其自家府署之僚属"视流内"的特权。另一方面，即使是勋官中品级最高者，其所扮演的有可能并非行政上的角色，或仅负责次要职务。出于对他们善意的考量，对于他们之中被归于首三品且还担有某些实际职务的官吏，仍授之以等同于职官中之高衔的特权。以上对我来说至少是可兹疏理此一文本的一个说法，但我并未找到支持此一论点的其他材料；我也将补充道，《新唐书》（卷 46，第 4 页）似乎迳将勋官本身，甚至其中的品级最高（最高位）者，视为"流内"。

［23］刻本《旧唐书》中给的是"袄"（yao）字，而非"祆"（xian）字。既然这是一个确然也常见的错误，我这里

不过就是指出来而已。

［24］ 以"流外"的官吏来说，九品中的一品，衔"勋品"之名，看起来像是解决了这段文字的问题。这同时也是清同治十一年（1872 年）再版之《旧唐书校勘记》（卷 24，第 36、37 页）的作者群所得出的结论。《旧唐书校勘记》乃是由岑建功于清道光二十六年（1846 年）所辑印。

［25］《唐六典》在东瀛特别受到重视，而我所用的版本，即据明代正德十年（1515 年）苏州版所刻之日本享保九年（1724 年）汉刻本。该《唐六典》有三十卷，署为唐元宗（713~755 年）撰，李林甫等注。不过，该注之年代、作者等问题之棘手，已为王鸣盛在其光绪六年（1880 年）太原王氏刻本之《十七史新榷》卷 81 中提及。《唐六典》提供了开元年间（713~741 年）的官制；而《旧唐书》与《通典》之《职官典》所给出信息的也属同一个时期。

［26］《类篇》乃司马光所作，已有现代版，唯未收于法国（远东）学院。

［27］ 正袚（译注：伯希和原文一律将二字读音标为"zheng ba"）乃是个双重的错误；其中的"袚"字应更正为"祆"（xian）字，且两字宜反置。参本文，第 666 页（666 指法文版页数，对应的是本译文之第 1 页，可能需要据文集最后的编排而作更动），注 5；而《通典》（卷 40，第 11 页）则给出了正确的字形"祆神"。

［28］ 此处又是一个"祆"遭误植为"袚"的例子。祆祝意即"天神之祝祭官（invocateur）"。

［29］ 唐代有十个率府（《旧唐书》卷 42，第 1 页），在这种情况下，我不知道哪个率府的意思才跟这个萨宝率府的率府一样。

［30］ 这第二个字（译注：作者指"朝"，音"hao"）应为讹误，因为不论是祆（xian）还是祆（yao），都不具有音 hao 的偏旁。第一个字（译注：指"呼"）则无疑是遗自原来的注疏文字，关于该字，沙畹先生（前引文，第 59 页）据《佛祖统纪》（卷 39，第 71 页）给出跟姚宽在其《西溪丛语》（夏鸣雷曾引述于其作，见氏著，前引书，第 382 页）一致的字音。

［31］ 这种奇特的波斯宗教与湿婆信仰（çivaïsme），杜佑可能是由生于八世纪前半的韦述之《两京新记》（《粤雅堂丛书》版，第 4 页）得知，二者同时也见于《西溪丛语》（参夏鸣雷，前引书，第 462 页）。

［32］ 同事也见载于《佛祖统纪》（参沙畹，前引文，第 61 页）及《西溪丛语》（贞观五年，631 年）（参夏鸣雷，前引书，第 382 页）。虽然杜佑该作早于二者，我不认为这里需要强调其权威性。事实上，大体说来，他的注释并不十分正确。此外，《西溪丛语》及《佛祖统纪》在此给出的细节证实了他们所采用的是一个独立且更加可靠的信息来源。

［33］ 此一版本之文本已为沙畹《册府元龟》译成法语，该文与光绪十年（1884 年）南京江苏书局刻本《唐会要》（卷 49，第 11 页）版一致。唯一的不同在于"府郡"与"者"二者间"置"字的增补，该句如下"天下诸府郡置者"。相反地，《通典》该段确实收于《西溪丛语》（参夏鸣雷，前引书，第 382 页），而此很有可能正是抄自《通典》。该版与沙畹的版本主要差别在于，其敕令乃是颁于七月，而非九月。此外，以"州"代"府"，并在"郡"与"者"二字间添加了"有"字。这里，一样的是，《通典》虽早于《册府元龟》有一段时间，我们却不见得需要优先视之为准确性更高的保证。

［34］ 我的翻译与沙畹先生的翻译相当不同，他的或许也有他的好。

［35］ 该敕文已为沙畹先生所译（前引文，第 65 页），根据的是收于《佛祖统纪》里的一个差异不小的版本。《通典》给出的版本略微高明，也是该文让我们知道，该敕乃是发于七月；《通典》成书早于《佛祖统纪》450 年。

［36］ 我们在此首次发现"末摩尼"这个怪词，而非一般的 Mo-ni（"摩尼"或"末尼"）。这个"末摩尼"，我曾在一本十二世纪的典籍中指出来（译注：伯希和此处指的是《佛祖统纪》引述洪迈（1123~1202 年）《夷坚志》道："吃菜事魔，三山（福州）尤炽，称为明教会。所事佛衣白，又名末摩尼。"此外，关于该书年代，他在该文第 320 页已特别强调，应将戴孚礼所指之"十二世纪"更正为"十三世纪"，且也有人在《化胡经》中找到。参 P. Pelliot, "Les Mo-ni et le Houa-Hou-King（摩尼教与化胡经）", *Bulletin de l'École française d'Extrême-Orient*, tome. III, 1903, p. 321 之译文与注释）。或许，与我的第一个推测相反的，末摩尼可能来源于两种 mo-ni 拼写法的合并。咸丰九年（1859 年）崇仁谢氏刻本《通典》事实上是写成"末摩尼"，但引用杜佑文本的沈大成《皇朝经世文编》（上海点石斋刻本（1887 年），卷 69，第 6 页），则两度写道"末摩尼"，我因此毫不迟疑地沿用。

［37］ 沙畹将"称"译成"可比、等同于"（s'égaler à），但我认为夏鸣雷（前引书，第461页）所用"自称为、兀自冠上（佛教之名）"（s'intituler）更能掌握原意；而《佛祖统纪》中之异文"託"字，对我来说最为恰切。译注：该段，伯希和的翻译为："末摩尼之教法乃是一种本质上堕落而有违伦常的信仰，该信仰假托佛教之名并诓骗百姓。"

［38］ 《旧唐书校勘记》（卷24，第36页）的作者群发现了这个费解的名称时，曾疑是否出于讹误。他们最终赖《通典》所给出的同一名称而底定该称。

［39］ 前引书（译注：指沈大成《皇朝经世文编》），第6页。

［40］ 氏著，前引书，第481页。

从高加索到阿姆河：一位中亚考古学家的成长史

——读《热土荒丘五十年：中亚考古回忆录》

刘 斌

趁着 2022 年春节的假期，我读完了著名中亚考古学家、历史学家、钱币学家、乌兹别克斯坦科学院院士爱德华·瓦西里耶维奇·瑞德维拉扎（Эдвард Васильевич Ртвеладзе/Edward Vasilyevich Rtveladze）所著的《热土荒丘五十年：中亚考古回忆录》，该书是瑞德维拉扎院士计划撰写的回忆录三部曲之中已出版的前两部的合集。

承蒙该书责任编辑赵黎君女士厚爱，早早寄来样书，读后感慨颇多。一方面惊叹于院士对于中亚考古，尤其是北巴克特里亚地区考古开创性的贡献和等身的论著；另一方面惊叹于院士从小表现出的对于探险和考古的浓厚兴趣和惊人的语言天赋，最重要的还是羡慕他能够遇到米哈依尔·叶甫根尼耶维奇·马松和加林娜·安纳托利耶夫娜·普加琴科娃夫妇这样，品德高尚、治学严谨、才华横溢的学术和人生导师。

第一部的主要内容是瑞德维拉扎的少年时代到考入塔什干大学前的生活，从 20 世纪 50 年代末到 1967 年，讲述从小爱探险的他如何通过参加民间的考古小组迷上了考古，又如何在其导师马松和普加琴科娃教授夫妇的悉心指导和帮助下，一步一步走上了专业的考古道路。

第二部的主要内容是瑞德维拉扎在塔什干大学读书和刚毕业时期的生活和经历，从 1962～1967 年，讲述求学期间的学习和生活，实习中跟随马松和普加琴科娃教授在土库曼斯坦梅尔夫、乌兹别克斯坦卡什卡达里亚州的克什以及阿姆河右岸的哈腾拉巴特等遗址进行发掘期间的成长和收获。

随着院士的离去，回忆录的第三部，应该也是最重要的一部，关于正式独立开展考古工作以后的回忆录，恐怕再也无法与我们见面了。

跟随着院士的经历和足迹，我们看到了一位中亚考古学泰斗的成长之路，作为一名初出茅庐的中亚考古工作者，我个人更是从中学到了许多经验，也收获了很多感悟。

图一　瑞德维拉扎院士在康佩尔特佩古城遗址

（2006 年 Эрнест Куртвелиев 摄）

2017 年年底，单位委派我赴乌兹别克斯坦开展联合考古工作，先到现场进行考察，2018 年正式开始勘探和发掘工作。对于我个人来说，这是一个巨大的挑战，因为我的工作对象和研究范围一直是中国历史时期考古，去遥远的中亚开展考古工作，无疑对我提出了新的要求。作为一名考古工作者，在正式进行考古工作前，充分了解工作对象的背景资料和研究现状是不可或缺的一个工作环节，如果连自己的研究对象都不了解，考古勘探和发掘工作无疑就是盲人摸象，其效果可想而知。

2017 年 12 月下旬，我随西北大学中亚考古队一同踏上了乌兹别克斯坦的土地，先后参观了位于塔什干的国家博物馆、撒马尔罕的阿弗拉西亚阿卜博物馆、铁尔梅兹的考古博物馆，考察了铁尔梅兹老城、法雅兹特佩、达尔维津特佩、哈尔恰杨等遗址。最主要的考察点当然是 2018 年计划的工作区域——拜松市的拉巴特墓地遗址。该遗址西北大学中亚考古队在 2017 年已经做过第一次发掘，初步判断是月氏人的墓地。一周的考察紧张而又充实，初次踏入中亚的我对看到的一切都充满了新奇，不同的地域、不同的历史、不同的文化、不同的遗址、不同的文物，我努力地想把我看到的都记下来，虽然很多遗址名称和地名是后来才慢慢熟悉的。

回国以后，新奇和喜悦慢慢散去，取而代之的是焦虑不安在内心的日益累积。作为临时上阵的考古队员，没有进行过哪怕是基础的中亚考古的知识学习，这样的状态显然无法胜任眼前的考古工作，恶补一下中亚地区的考古知识成为当务之急。

中亚考古队的主要工作目标是沿着张骞的足迹寻找大月氏的考古遗存，中文的历史文献有限，当代的考古类的资料几乎是空白。这时瑞德维拉扎院士的《张骞探险之地》正好在国内出版，主要内容正是大月氏活动的主要区域——北巴克特里亚地区（即现乌兹别克斯坦南部苏尔汉河州一带）的历史和考古发现，和我们的工作区域相同。这本书阐述了古希腊、古罗马、中国和粟特等国家和民族在丝绸之路建立和发展中的作用，正是从瑞德维拉扎院士的这本书中，我学习到了这一区域历史和考古的基本知识，可以说是我中亚考古的第一本基础资料。

图二　18 岁时的瑞德维拉扎
（采自回忆录）

瑞德维拉扎院士的《热土荒丘五十年：中亚考古回忆录》虽然以自己的青少年时期的成长和求学内容为主线，但是也记述了他的导师马松和普加琴科娃教授夫妇的工作和教学内容，使我们从侧面了解到了这两位让人高山仰止的中亚考古学、美术史、建筑史的泰斗级学者治学育人的严谨态度和独特的人格魅力。

瑞德维拉扎 1942 年出生于格鲁吉亚的博尔若米，家中还有两个姐姐和一个哥哥，由于父母工作的变动，他的青少年时光基本上是在俄罗斯基斯洛沃茨克度过的。

瑞德维拉扎的父母没有受过高等教育，但都喜爱阅读，受父母影响，他们兄妹几人也都喜欢读书。因为北高加索地区民族和语言众多，他的父亲又在多地生活和工作过，所以会讲格鲁吉亚语、斯万语、俄语、土耳其语、波斯语、阿塞拜疆语和亚美尼亚语等，这对瑞德维拉扎的语言学习帮助很大。

瑞德维拉扎一开始喜欢阅读旅行和地理方面的书籍，热爱探险，14 岁就独自一人穿越山谷旅行，后来又慢慢喜欢上了历史和考古方面的书籍，开始做实地考古调查。16 岁同好友进行了第一次野外考古调查，17 岁加入当地民间考古小组，到 20 岁读大学前，已经通过自学和参与实习，成为了一名有经验的考古人员，有数十次田野实地考察经验，参加过学术会议并发过言，撰写过考察报告和研究论文。

1959 年，在基斯洛沃茨克，17 岁的瑞德维拉扎在当地考古小组负责人的引荐下，第一次遇到了他中亚考古的引路人——在此度假疗养的著名考古学家马松教授。

1960 年，马松教授指导瑞德维拉扎对老家附近的马扎尔古城遗址进行了考察，并按照马松教授的要求采集了标本，向教授作了汇报，这也是马松教授对他田野考古能力的一次考察。

图三　南土库曼斯坦考古综合考察队人员合影
（马松教授位于后排左起第 4 位、瑞德维拉扎位于前排中间。摄于梅尔夫古城，1961 年 10 月，采自回忆录）

1961 年秋，考入大学的前一年，马松教授邀请瑞德维拉扎参加南土库曼斯坦考古综合考察队在梅尔夫古城遗址的发掘工作，同时在现场设立的实践基地——田野考古学校，开展系统的考古学训练。

田野考古学校管理严格，马松教授以身作则，严格按照作息时间表工作。每天晚上各发掘点负责人向他汇报当日工作，每周日考古教研室的学术报告和大学生科学考古小组的读书报告会雷打不动地举行（甚至在 1966 年塔什干大地震的当天也没有中断），不时会有违反规定的成员被从工地除名清退。在为期 2 个月的实践中，瑞德维拉扎在此学习到了大型古代城址的田野研究方法以及科学严谨的工作和治学态度。

1962 春，应普加琴科娃教授的邀请，在此次考察中参加了乌兹别克斯坦艺术研究所在撒马尔罕地区进行的乌兹别克斯坦艺术考察活动，考察地点为米安卡拉的粟特遗存，瑞德维拉扎在此次考察中担任调查员和资料员。在工作中，普加琴科娃教授将对工作者的严格要求和耐心细致的讲授结合到一起，大大开拓了瑞德维拉扎的科学视野，让他记忆犹新。

1962～1967 年，在马松教授和普加琴科娃教授夫妇的帮助下，瑞德维拉扎进入乌兹别克斯坦塔什干大学考古系。系统地学习了中亚考古学、东南亚考古学、中亚古城历史地形、中亚钱币学、中亚各民族人类学、民族学、中亚建筑学、东方艺术史、第四纪地质学、阿拉伯哈里发史、中亚历史编纂学、中亚铭文学、波斯语、阿拉伯语等课程。同时在撒马尔罕、布哈拉、梅尔夫、沙赫里沙布兹、卡尔西等地进行了多次田野考古实践课程。

1965 年，瑞德维拉扎暑假回到家乡，利用假期参加了当地的考古发掘。还是大三学生的他，在马松教授的举荐下，获得了由苏联科学院考古研究所田野研究委员会下发的考古发掘"许可证"。作为项目负责人，完成了康斯坦丁诺夫斯克台地的考古发掘工作，使用科学、规范的考古学方法，发掘了两座迈科普文化时期的大型墓冢。发掘结束后编制了考古报告，报送至田野研究委员会并验收合格。

1967年，大学毕业的瑞德维拉扎想回到他的故乡北高加索工作，但没有如愿。10月普加琴科娃教授邀请他去乌兹别克斯坦艺术研究所的建筑和艺术史部工作。当时艺术研究所的工作主要集中在北巴克特里亚地区，哈尔恰杨、埃尔塔姆、哈腾拉巴特、达尔维津特佩等重要遗址均由该所发掘。瑞德维拉扎第一个考古发掘项目就是阿姆河右岸的哈腾拉巴特遗址，也就是在这里他开始了为之献身终身的北巴克特里亚文明研究。

参加工作以后瑞德维拉扎院士长期主持乌兹别克斯坦南部的达尔维津特佩（1968～1979年）和康佩尔特佩（1979～1992年）遗址的考古工作，对北巴克特里亚考古历史和研究做出了突出的贡献。据2012年统计，瑞德维拉扎院士编撰的各类论文、著作、序言、书评、采访及回忆总计达到了惊人的834种，主持或参与的各类考古项目达105项（部分项目按发掘季计算）（Академик Эдвард Васильевич Ртвеладзе.Биобиблиография. - Ташкент，2012 г.）

图四   在达尔维津特佩瑞德维拉扎院士与当地的牧羊人乌萨尔—帕沙在城堡的切口上绘图
（采自回忆录）

回忆录中不少久远的回忆，现在读来也让人感同身受，以下列举几件：

瑞德维拉扎院士烟瘾很大，直到现在，很多照片中的他还是夹着香烟。但是他十分尊重马松教授，从17岁第一次因为抽烟引起教授的不悦之后，就再也没有在马松教授面前抽过烟，甚至在两人见面前一小时，他就会停止抽烟。然后院士还感叹，现在像他这样尊师重道的学生是越来越少了。

塔什干大学的大学生科学考古小组每年都会出《考古》墙报，刊登大学生的考古研究成果，还编了一本《快乐探钻》杂志，内容多为学术考古实践中发生的各种趣闻轶事，非常类似于现在的各种自媒体公众号。

书中还特别提到了马松和普加琴科娃夫妇的家庭私人图书馆，这是当时塔什干最好的家庭图书馆，该馆每日对所有人开放2小时。这间图书馆藏有数千本图书，全部是私人藏书，大部分是关于中亚和东方的考古、钱币学、历史、艺术、建筑和铭文方面的，其中有不少是珍稀孤本和最新的研究成果。

图五　瑞德维拉扎院士在家中书房（2016 年）

最为吸引我的是野外考古实践这一章，瑞德维拉扎院士指出：野外考古实践，是培养考古专业学生的特别重要的核心内容。目标在于培养学生野外考古研究技能，比如了解独立的线路考察和考古勘察，掌握开展发掘的方法，学习掌握固定文化层剖面，解剖墙壁和地面。拍摄和绘出考古遗址平面图的要领等等，同时指出了考古地层学（在中亚地区由其导师马松首先应用于考古发掘）的重要作用。

中亚地区的田野考古实训基地或者叫田野考古学校，早在 70 年前的 1952 年由马松教授在尼萨遗址设立，可见马松教授对考古学野外实践的重视。近年来，各大高校也陆续在各地建立了固定的考古实践基地。

回忆之余，瑞德维拉扎院士也感叹现在的塔什干大学毕业的考古学生，没有上过专门的田野考古实践课程，甚至连地层学这样的考古基础概念都没有。更让他不满的是最近些年来，考古地层学的功能渐渐被遗忘了，有不少遗址在未考虑地层叠压打破的情况下被发掘，导致出土遗物断代发生错误。

在近年来的考古工作中，中国考古学家的田野考古技术获得了乌兹别克斯坦同行的认可和高度评价，费尔干纳大学在 2019 年提出，要联合洛阳市文物考古研究院在当地开设田野考古技术培训班，将中国的考古学理论、方法、技术传授给当地的考古工作者，希望疫情结束后，早日开班授课。

由于译者并非专业考古工作者，书中一些专业术语的翻译方面尚可略作修改，比如"地层坑"应为"探坑"、"地层发掘"应为"探方"、"地层剖面"应为"探沟"，但这些小问题都瑕不掩瑜。该书不但描写一位考古学家的心路历程和成长道路，还为我们复现了两代中亚考古工作者的考古发掘、求学教学的场景，不失为一部了解中亚考古学家的优秀回忆录。

图六　瑞德维拉扎院士和日本考古学家加藤九祚（1922～2016 年）在康佩尔特佩古城遗址（2012 年）

附记：谨以此文，纪念中亚考古学黄金时代的最后一位巨人——瑞德维拉扎院士（1942～2022年）。

权力的象征与延伸

——读李水城《耀武扬威：权杖源流考》

霍 巍

时至今天，人们常常还会说一句对于权威、权力、权势表达反对意愿的话："我（或者我们）是不会围着你的指挥棒转的！"——至于什么是"指挥棒"，大概连小孩子也都知道，那就是警察叔叔手中的那根棒子，它可以在车流人海中起到"定海神针"的作用，人们的起止行动全都得听从这根棒子的指挥，否则大街上就会人仰马翻全乱了套。

那么，为什么警察手中会是拿根棒子，而不是大刀、手枪之类更具威力的实用性武器呢？这根棒子，显然具有某种神秘的力量，体现着权力、威仪、崇信等人类社会具有的精神象征。李水城教授的新作《耀武扬威：权杖源流考》中所介绍给我们的东西方考古发现的"权杖"，就是这类遗物之一。

关于权杖，在西方古代文明中较为常见，英文称之为"Mace"或"Scepter"，一般认为它早期的功能可能是工具或兵器，具有实际的击打功能，既可用于狩猎劳作，也可用于兵器或防身的武器，后来逐渐衍生成为一种特殊的礼仪性仪杖用具，并被附加以神圣的属性，成为象征着王权、身份与等级地位的手持器具。考古遗存中的权杖既有本体性的实物，也有帝王、国君、部落酋长、军事首领、宗教祭司、长老以及精英贵族等人物手执权杖的图像。权杖的实物通常由器柄和权杖头两部分组成，器柄多为木质，大多难以保存下来，当然也有少数是用石质或黄金之类的贵重金属做成，从而流传至今。而位于顶端的"权杖头"，则多为石质或各种金属制成，所以今天我们能够看到的绝大部分权杖的遗存实物，都是各种材质、各种样式的权杖头，而杖体本身则大多只能从美术图像中窥见其一斑。

李水城先生的这部新著，就是从世界各地流传至今的"权杖头"的收集、整理和研究开始的。资料丰富，这是本书最大的一个特点。在历时近20年的漫长过程当中，他奔走于世界各地的大学、博物馆和图书馆，收集了来自中国、西亚、中亚、南亚、北亚、北非、欧洲、美洲和大洋洲从史前时代到各个历史时期考古出土或传世的权杖头，对此进行了全面的介绍，让我们看到了这个"蕞尔小物"背后宏大的历史背景和丰富多彩的历史叙事。

从考古发现来看，世界上最早的权杖头出土在西亚前陶新石器时代，李水城先生甚至认为"其源头很可能上溯到旧石器时代晚期"。西亚的安纳托利亚地区曾出土多件前陶新石器时代的石棒权杖和权杖头，其中在哥贝克力丘巨石阵（Gobekli Tepe）遗址中发掘出土的一件迄今为止所知年代最早的权杖，距今可早至 10000 年前。这件权杖残存着上半部，石棒的顶端雕凿出抽象的鸟首，由于该遗址当中还有同类器物出土，可以通过器物比较复原其原貌，器形均较短小，整体雕成抽象人形，下部拉长的肢体可为抓握的器柄，表面经过打磨显得十分光滑（图一）。这个巨石阵被认为是迄今世界上所见最古老的史前巨石阵，推测当时这里曾居住过一个有着上千狩猎者的部落，如果这些石制的带柄器物可以认定为代表某种神秘力量的"权杖"，那么，这也是世界上最早出现人类社会形态复杂化的地区。

随后，这种石质的权杖不断发展变化，不仅流行的地域不断扩大，而且自身的形态也在不断演化。伴随着世界各地金属器的制作与流行，权杖头也开始使用青铜、黄金等贵重金属制造，形态更是日趋多样化，出现了鸟首、人首、兽首、几何形首等多种样式。除了权杖头之外，李水城先生还收集了大量西方古代文明美术作品中使用权杖的图像，形象而生动地展现了西方世界帝王、君主手中执以权杖、以杖倾权的历史画卷（图二），从而令人信服地领悟到权杖在西方文明中所具有的特殊意义。

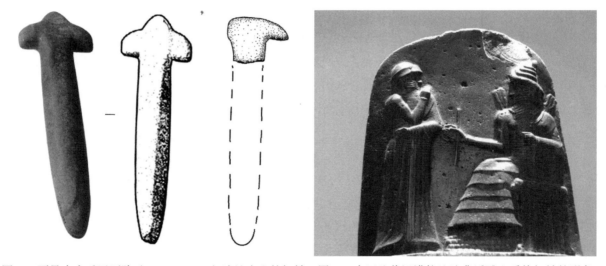

图一 哥贝克力丘巨石阵（Gobekli Tepe）遗址出土的权杖　图二 古巴比伦汉谟拉比法典浮雕上手执权杖的形象

这部新著第二个突出的特点，是作者立足中外文化交流互鉴，站在历史的高度，以宽广的学术视野观察注意到东亚、中国等地发现的不同时期可能与"权杖头"有关的遗物，这恰恰是过去中国考古学界所忽略的一个重要话题，从一个独特的角度引起我们对于中西方古代制度文明的比较和思考。

与西方文明不同之处在于，中国古代从新石器时代开始，已经孕育、产生出一套以礼玉、青铜礼器等代表和象征权力、等级制度，反映社会阶级分化的所谓"礼制"，这套礼制在中原地区定型之后，遂为历朝历代统治者所推崇，并为其他希望"入主中原"的各周边族群所遵从。然而，在这条主流之下，是否也还有过一些"暗流"的潜行和涌动？

李水城先生通过对我国西北、中原、西南和北方长城地带的考古遗存细心的梳理，从中发现了不少可能与西方的"权杖头"相关的器物，并且还观察总结出这样的一个规律："中国境内发现权杖（头）的地区主要有三个：一是西北地区，由此延及中原内地；二是北方长城沿线；三是西南地区的云南。从出土数量看，以西北地区和北方长城沿线最多，云南所见不多。从出土时间看，也是西北地区和北方长城沿线早，云南晚。"我推测，李水城先生的言外之意，是否试图以此作为西方的权杖（头）从西北和长城沿线传播到我国内陆，甚至云南边疆的一个旁证？根据考古材料提出这样的思考，重新审视"权杖"这一具有重要社会标志性意义的器物是否也曾在古老的中华文明体系中有过出现？是值得深入探索的。

目前最为迫切的问题，是要认真地分析比较，从这些外形与西方的权杖头极为相似的出土器物中，经过确认哪些的确属于代表权力、等级、威仪等含义的"权杖"，而哪些则可能与之无关。就我个人的观察，中国西南早在商代晚期，就出现过较为确凿的代表权力、等级、身份的"权杖"，最典型的例子可举出四川广汉三星堆遗址第 1 号祭祀坑中出土的一件黄金包裹的木杖残件。这件器物系用金条拓展成的金箔包裹在木芯外层而成形，残长约 143 厘米，杖体上端保存着阴线刻成的纹饰图案，一端为并列的三个头戴宝冠、耳佩大环的人头像，另一端有两组纹饰相同的图案，各由一支箭、一只鸟、一条鱼组成，其神秘的含义令人寻味[1]。由于这件金器出土于具有浓厚祭祀色彩的器物坑中，将其认定为与三星堆神权、王权有关的，代表权力、威仪和等级的"权杖"或者"神杖""王杖"，应当是可以成立的（图三）。

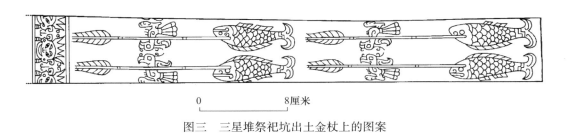

0   8厘米

图三　三星堆祭祀坑出土金杖上的图案

中国西南地区直到汉代，都还仍然保留着使用"权杖"的古老传统。例如，属于云南"滇文化"的昆明羊甫头墓地中，就出土过一件很可能与"权杖"有关的仪仗器物。羊甫头墓地中，有一座规模最大的墓葬 M113，墓中出土一件人形铜首的木杖，杖头饰为铜质，上面是一个跪坐在鼓上的妇人形象，身体前倾，头上结髻，两手垂立。十分难得的是，铜杖头之下，还保存着一段绘彩的木质杖体，上面分段绘有几何形编织纹样，中髹红漆，残长 44 厘米（图四）。与这件铜首木杖同时出土的，还有一组明显具有仪仗性质的器物共 16 件，并且往往成对出土，分别有鱼形杖头饰、无齿和带齿的狼牙棒、矛形仪仗、叉形仪杖等[2]。多件器物都还带有保存较为完好的木质杖体，可以让我们十分形象地观察到伴随这位墓主人入葬的是这组明显具有礼仪性质的仪仗用具，这在中国考古学史上是一个非常可贵的案例。

如果再细致的观察和分析一下上面这个例子，有几个很值得注意的现象。第一，这组仪仗器物多不具备实战功能。如狼牙棒有的无齿，矛、叉等甚至没有开锋，并无杀伤力。那件上面跪坐在铜鼓上的妇人像杖首，下面直接连接着杖体，更是表明其仅能作为仪仗器物，而并非实战的兵器。第二，M113 是整个羊甫头墓地中地位和等级较高的一座墓葬，据发掘者观察，类似墓中的仪仗器物从不见于小型墓葬中，即使是在大墓中也仅偶见，因此具有特殊意义。第三，这座墓的年代约处在西汉初年至公元前 109 年之际，从随葬器物上观察，墓主人是夫妻合葬，在腰坑内发现有随葬的人

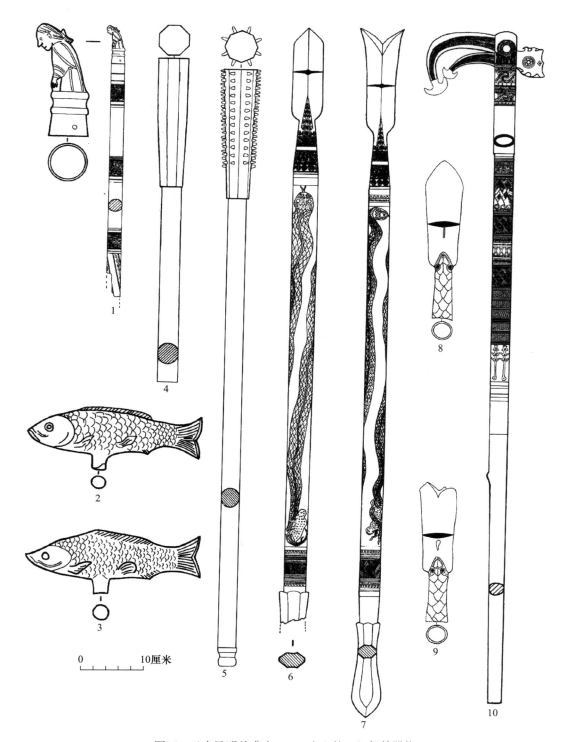

图四   云南昆明羊甫头 M113 出土的一组仪仗器物

头骨，由此推测可能存在人殉的现象，故墓主人的身份应为"滇文化"当中的高等级贵族。

综上分析，将 M113 出土的这件带有人形铜首的木杖确定为"权杖"，应当是可以成立的，它出土在滇文化高等级贵族墓葬之中，又与一组仪仗类器物伴出，其礼仪性质显而易见。如果这一推测无误，就可以引出更深层次的一些思考。从四川广汉三星堆祭祀坑出土的金杖，到云南羊甫头墓地中出土的铜首权杖，都表明在我国的西南地区始终存在着与中原文化以青铜器中的鼎为中心形成的"礼制"可以相互补充的另一种权力表达的方式。目前三星堆祭祀坑出土文物所具有的强烈的地域性特点及其可能与周边其他文明之间的交流互鉴，已经引起学术界的高度重视，对其源流演变正在进行深入的研讨。而云南羊甫头墓地 M113 的年代正好处于汉帝国势力进入到滇王国地区之前。《史记·西南夷列传》载："元封二年（前 109 年），天子发巴蜀兵击灭劳浸、靡莫，以兵临滇……于是以为益州郡，赐滇王王印，复长其民。"这座大型墓地中并未出土后期墓葬中常见的汉式环首铁刀等带有中原文化色彩的铁器，可见尚处于"滇文化"或者滇王国"自大"时期，而在其土著文化系统当中确有"权杖"的流行。

那么，我们应当如何认识中国西南地区出现的"权杖"这一文化现象呢？它是外来文化影响的产物，还是中国西南地区固有之文化传统？虽然目前还没有足够的证据来回应这个问题，但如果考虑到三星堆和羊甫头都处在边地青铜时代中国西南"半月形文化传播带"上的地理区位，外来文化因素影响的可能性不能排除。早年已有国内外学者论及云南青铜时代曾受到欧亚草原游牧文化影响[3]，并且提到在这些欧亚草原文化因素中，就包括云南青铜文化墓葬中出土的"杖头铜饰"在内，将其与"斯基泰文化"中出土的杖头铜饰相比较，认为这种器物"器形接近、用途相同"。研究者认为，云南青铜时代的此类器物"即在一根木杖的上端，另装有铜铸的人物圆雕饰件。这些木杖的确切用途不详，也许是象征权利的所谓'权杖'，或许是不同部落的标志"。同时还透露，这类杖头铜饰在云南晋宁石寨山墓葬中共发现 27 件，饰物的上端有牛、鹿、兔、孔雀、鹰、蛇、牛头、女俑等圆雕物，下端有直径 2～4 厘米的圆形銎，两侧有对称的小孔，以固定木杖。另在江川李家山也出土过 7 件杖头铜饰，上端也圆雕有女俑、吹葫芦笙俑、牛和牛头等，尤其还注意到"下端的圆形銎中，多残留木杖的碳化物"[4]，这与上述羊甫头 M113 出土的木柄铜人首权杖的情况相似。事实上，这类木杖的性质无论是象征权力的"权杖"，还是"不同部落的标志"，都已经超越了实用兵器或工具的功能，而是具有某种精神象征意义，并为社会大众所认同和膺服的标识，从这个意义而言，将其理解为广义上的"权杖"也未必不可。

上述云南青铜时代滇文化墓葬中出土的这些"杖头铜饰"，对于我们理解外来文化中的"权杖"可能流传进入中国的途径，无疑提供了一些颇具参考意义的线索。或许我们可以由此追溯到更为久远的时代和更为广阔的地域，来进一步考察由"权杖"所带来的东西方文化交流的若干片断。李水城先生在这部新作中所提供给我们的极其丰富的考古资料，为将来进一步开展不同文明之间的比较研究，展现出了一个广阔的空间。如同杨泓先生所言，通过对权杖的研究，可以总结出华夏文明对外来文化是如何"取舍有度、伸缩自如"[5]。因此，李水城先生的这部新著从考古学研究的独特视角，为我们开启了一扇观察世界、认识不同文明之间交往、交流与互鉴的窗户，从而可让读者遗形取神，透物见人，以小见大，以微观著，其深远的意义和重要的学术价值相信会越来越被人们所认识。

注　释

［1］　四川省文物考古研究所《三星堆祭祀坑》，文物出版社，1999 年，第 60、61 页。
［2］　云南省文物考古研究所、昆明市博物馆、官渡区博物馆《昆明羊甫头墓地》，科学出版社，2005 年，第

50～55 页。

［3］ 张增琪《古代云南骑马民族及其相关问题》《再论云南青铜时代"斯基泰文化"的影响及其传播者》《从出土文物看战国至西汉时期云南和中原地区的密切联系》，《云南青铜文化论集》，云南人民出版社，1991 年，第 262～278、320～354 页。

［4］ 张增琪《再论云南青铜时代"斯基泰文化"的影响及其传播者》，《云南青铜文化论集》，云南人民出版社，1991 年，第 333 页。

［5］ 李水城《耀武扬威：权杖源流考》，上海古籍出版社，2021 年，封底专家评语。

《丝绸之路考古》第6辑作者单位

曹中俊   中国—中亚人类与环境"一带一路"联合实验室、
      西北大学丝绸之路考古合作研究中心、
      西北大学文化遗产学院

关 迪   北京大学外国语学院南亚学系
霍 巍   四川大学历史文化学院
李 零   北京大学中国语言文学系
李 锐   鄂尔多斯博物馆
刘 斌   洛阳市文物考古研究院
刘萃峰   安徽师范大学历史学院
刘睿良   英国不列颠博物馆（大英博物馆）东方部
刘 翔   中国—中亚人类与环境"一带一路"联合实验室、
      西北大学文化遗产学院

刘 艳   西北工业大学文化遗产研究院
蒋佳怡   中国—中亚人类与环境"一带一路"联合实验室、
      西北大学文化遗产学院

马 强   宁夏回族自治区文物考古研究所
马 伟   中国—中亚人类与环境"一带一路"联合实验室、
      西北大学文化遗产学院

赛本加   中国—中亚人类与环境"一带一路"联合实验室、
      西北大学文化遗产学院

荣新江   北京大学中国古代史研究中心
施品曲   北京大学考古文博学院
谭盼盼   西北工业大学材料学院
徐 驰   中国人民大学历史学院
王娜娜   中国—中亚人类与环境"一带一路"联合实验室、
      西北大学文化遗产学院

王子今　　　　　西北大学历史学院

杨军昌　　　　　西北工业大学文化遗产研究院

于　春　　　　　中国-中亚人类与环境"一带一路"联合实验室、
　　　　　　　　西北大学文化遗产学院

袁　勇　　　　　北京大学历史学系

赵国兴　　　　　鄂尔多斯博物馆

《丝绸之路考古》征稿启事

　　《丝绸之路考古》由中国考古学会丝绸之路考古专业委员会、宁夏文物考古研究所、西北大学文化遗产学院联合主办，主要刊发有关丝绸之路文物考古、历史、语言、民族、宗教、艺术等方面的学术论文、译文，以及相关的学术著作书评，旨在加强学术交流，促进丝绸之路考古研究的发展。

　　《丝绸之路考古》2017 年开始出版，目前已出版 5 辑。自 2020 年起，计划每年出版 1～2 辑。现诚邀相关专家学者赐稿，中、英、日文稿件均可。为保证编辑工作的顺利进行，现将有关事项说明如下：

　　一、本书力求以专号的形式出版，每辑选取某个主题来集中发表相关文章。

　　二、来稿请提交电子文本（包含论文、插图或照片）至 JSRA2017@163.com，文末或邮件中请写明作者姓名、工作单位和职称、通讯地址和邮编、联系电话。论文纸本请寄至：宁夏回族自治区银川市利民街 121 号宁夏文物考古研究所《丝绸之路考古》编辑委员会秘书处马晓玲收（邮编：750001）。电话：0951-5014363。

　　三、稿件内容在遵守国家相关法律法规的基础上，论文须主题明确，原创性突出；译文须得到原作者或相关责任者的许可；书评对象为国内外已经公开出版的正式出版物。

　　四、遵循学术争鸣原则，文责自负。编委会有权对文字内容进行适当修改或提出修改意见，作者如不同意，请在投稿时予以注明。

　　五、来稿请遵守《丝绸之路考古》书写规范，引文正确，请作者依照要求投稿。

　　六、论文电子版或纸本收到即发回执。《丝绸之路考古》编辑委员会负责组织审稿，是否刊用将在收稿后 3 个月内通知作者。一经采用出版，将向作者寄赠样书 2 册以及本年度出版另外一辑《丝绸之路考古》1 册，稿酬从优。

　　未尽事宜，请随时与我们联系，欢迎您的建议和批评！

《丝绸之路考古》编辑委员会

2022 年 7 月 8 日

稿件书写格式及图片要求

一、《丝绸之路考古》将以简体中文字版发表（必须使用的繁体、异体、俗体字除外），电子版请使用与方正排版系统兼容的 WPS、Word 等软件。来稿字数在 1 万字左右为宜，最多不超过 2 万字。

二、一律使用新式标点符号，除破折号、省略号占两格外，其他标点均占一格。中文书刊与论文题目均用《》括示，此点尤请海外作者注意。

三、第一次提及帝王年号，须加公元纪年，公元前纪年加"前"字；第一次提及外国人名，须附原名。中国年号和古籍卷、叶数，用中文数字表示，如开元十五年、《旧唐书》卷一四八《李吉甫传》、《金石萃编》卷七八叶七正；其他公历和期刊卷、期、号、页等均用阿拉伯数字。

四、注释一律采用尾注方式。采用平角括号［1］，从头顺到最后。其位置标记在标点符号前（引号除外）的右上角。

注释号一般放于句号内，如：……的结果[1]。

如果是引用整句话，则放在后双引号的外面，如："……的结果。"[1]

再次征引，用"作者+文章名，第××页"或"作者+书名，第××页"格式，不用合并注号方式。

五、除常见的《旧唐书》《新唐书》《册府元龟》等可以略去著者外，引用古籍，应标明著者、版本、卷数、页码或叶数；引用专书及新印古籍，应标明著者、章卷数、出版者及出版年代、页码；引用期刊论文，应标明期刊名、年代卷次、页码。如：

例一：（唐）张彦远《历代名画记》，浙江人民美术出版社，2011 年，第 389 页。

例二：宿白《白沙宋墓》，文物出版社，1957 年，第 66 页。

例三：宿白《西安地区的唐墓形制》，《文物》1995 年第 12 期，第 41～49 页。

引用西文论著，依西文惯例，书名、期刊名用斜体，论文加引号。如：

例一：David L. McMullen, "The Death Rites of Tang Daizong", in Joseph P. McDermott,（ed.），*State and Court Ritual in China*, Cambridge University Press, 1999, pp. 150-196.

例二：B. I. Marshak, "The Sarcophagus of Sabao Yu Hong, a Head of the Foreign Merchants（592-98）", *Orientations*, 2004, 35（7）, p. 59.

以上引用，再次出注时，可以省略版本、出版社、出版年代、期刊名、年代卷次等项。

六、文稿插图（照片及线图）要求高分辨率，线图为 jpg 或 tif 格式，像素不低于 600dpi，单幅图片大小 2～5M。图片插入正文，并标注图片说明。图号用图一、图二……等表示，同一图中的子图号用阿拉伯数字 1、2、3……等标明。投稿时请将所有图片及说明汇总建立单独文件夹。